Leitfäden der Informatik

P. Molitor/C. Scholl
Datenstrukturen und effiziente
Algorithmen für die Logiksynthese
kombinatorischer Schaltungen

Leitfäden der Informatik

Herausgegeben von

Prof. Dr. Hans-Jürgen Appelrath, Oldenburg
Prof. Dr. Volker Claus, Stuttgart
Prof. Dr. Dr. h.c. mult. Günter Hotz, Saarbrücken
Prof. Dr. Lutz Richter, Zürich
Prof. Dr. Wolffried Stucky, Karlsruhe
Prof. Dr. Klaus Waldschmidt, Frankfurt

Die Leitfäden der Informatik behandeln
- Themen aus der Theoretischen, Praktischen und Technischen Informatik entsprechend dem aktuellen Stand der Wissenschaft in einer systematischen und fundierten Darstellung des jeweiligen Gebietes.
- Methoden und Ergebnisse der Informatik, aufgearbeitet und dargestellt aus Sicht der Anwendungen in einer für Anwender verständlichen, exakten und präzisen Form.

Die Bände der Reihe wenden sich zum einen als Grundlage und Ergänzung zu Vorlesungen der Informatik an Studierende und Lehrende in Informatik-Studiengängen an Hochschulen, zum anderen an „Praktiker", die sich einen Überblick über die Anwendungen der Informatik(-Methoden) verschaffen wollen; sie dienen aber auch in Wirtschaft, Industrie und Verwaltung tätigen Informatikern und Informatikerinnen zur Fortbildung in praxisrelevanten Fragestellungen ihres Faches.

Datenstrukturen und effiziente Algorithmen für die Logiksynthese kombinatorischer Schaltungen

Von Prof. Dr. habil. Paul Molitor
Martin-Luther-Universität Halle-Wittenberg

und Dr.-Ing. Christoph Scholl
Albert-Ludwigs-Universität Freiburg im Breisgau

 Springer Fachmedien Wiesbaden GmbH 1999

Prof. Dr. habil. Paul Molitor

Von 1978 bis 1982 Studium der Informatik und Mathematik an der Universität des Saarlandes, 1982 Diplom in Informatik. Von 1982 bis 1993 wiss. Mitarbeiter und Mitglied im an die Universität des Saarlandes und die Universität Kaiserslautern angegliederten Sonderforschungsbereich 124 *VLSI Entwurfsmethoden und Parallelität* der Deutschen Forschungsgemeinschaft. Promotion 1986, Habilitation 1992 an der Universität des Saarlandes. Von 1992 bis 1993 Lehrstuhlvertretung an der Martin-Luther-Universität Halle und der Albert-Ludwigs-Universität Freiburg im Breisgau. Von 1993 bis 1994 Universitätsprofessor an der Humboldt-Universität zu Berlin. Seit 1994 Universitätsprofessor am Institut für Informatik des Fachbereiches Mathematik und Informatik an der Martin-Luther-Universität Halle-Wittenberg. Von 1994 bis 1998 Geschäftsführender Direktor des Instituts für Informatik. Von 1995 bis 1998 Prodekan des Fachbereiches Mathematik und Informatik.

Dr.-Ing. Christoph Scholl

Von 1988 bis 1993 Studium der Informatik und Elektrotechnik an der Universität des Saarlandes, 1993 Diplom in Informatik. 1993 wiss. Mitarbeiter und Mitglied im an die Universität des Saarlandes und die Universität Kaiserslautern angegliederten Sonderforschungsbereich 124 *VLSI Entwurfsmethoden und Parallelität* der Deutschen Forschungsgemeinschaft. Von 1993 bis 1996 Stipendiat im Graduiertenkolleg *Effizienz und Komplexität von Algorithmen und Rechenanlagen* an der Universität des Saarlandes. Promotion 1996 an der Universität des Saarlandes. 1996 wiss. Mitarbeiter, seit 1997 wiss. Assistent an der Albert-Ludwigs-Universität Freiburg im Breisgau, Lehrstuhl Prof. Dr. Bernd Becker.

Die Deutsche Bibliothek – CIP-Einheitsaufnahme

Molitor, Paul:
Datenstrukturen und effiziente Algorithmen für die Logiksynthese kombinatorischer Schaltungen / von Paul Molitor ; Christoph Scholl. – Stuttgart ; Leipzig : Teubner, 1999
   (Leitfäden der Informatik)

© 1999 Springer Fachmedien Wiesbaden
Ursprünglich erschienen bei B.G Teubner Stuttgart · Leipzig, 1999
ISBN 978-3-519-02945-8   ISBN 978-3-322-84828-4 (eBook)
DOI 10.1007/978-3-322-84828-4

Vorwort

Das vorliegende Lehrbuch beschäftigt sich mit einem für das Gebiet der Informatik sehr alten Thema, dem logischen Entwurf von kombinatorischen Schaltungen, also dem Problem, eine möglichst in Platz und Zeit effiziente Realisierung einer vorgegebenen Booleschen Funktion zu finden. Viele bekannte und weniger bekannte Wissenschaftler haben sich in den letzten 50 Jahren mit dieser grundlegenden Thematik der Technischen Informatik befaßt. Stellvertretend seien C.E. Shannon, W. Quine, E.J. McCluskey, J.P. Roth und O.B. Lupanov genannt.

Während sich die Arbeiten bis in die 80er Jahre aufgrund der ungenügenden zur Verfügung stehenden Rechenkapazitäten vorwiegend mit (komplexitäts-) theoretischen Aspekten beschäftigt haben, ist in den letzten 15 Jahren der praktische Aspekt immer mehr in den Vordergrund gerückt. Ein Anstoß hierfür ist sicherlich in der rasanten Entwicklung der Höchstintegration und in der hieraus resultierenden Möglichkeit zum Entwurf sehr großer (anwendungsspezifischer) digitaler Systeme, die in ihrer Komplexität ohne Rechnerunterstützung mittlerweile nicht mehr zu beherrschen sind, zu sehen. Ein weiterer Grund besteht in der Verfügbarkeit schneller Rechentechnik, die es erst erlaubt, Instanzen, die über Spielbeispiele hinausgehen, in Angriff zu nehmen. Durch die Bereitstellung neuer Technologien – als Beispiel seien die Field Programmable Gate Arrays (FPGA) genannt, die in ihren Möglichkeiten weit über die der Programmable Logic Arrays (PLA) hinausgehen – und wiederum durch die rasant gestiegene Leistungsfähigkeit heutiger Rechner, die es erlaubt, komplexere Aufgabenstellungen anzugehen, ist das Interesse von der zweistufigen logischen Synthese weg zur mehrstufigen Logiksynthese gerückt.

Das vorliegende Buch füllt eine Lücke auf dem deutschen Markt. Es handelt sich um ein Lehrbuch, welches eine fundierte Einführung in den logischen Entwurf kombinatorischer Schaltungen gibt, beginnend mit einem detaillierten Einblick in die Verbandstheorie und die Theorie der Booleschen Algebren über zweistufige Logikminimierung und mehrstufige Logikminimierung mittels algebraischer Methoden bis hin zur funktionalen Dekomposition Boolescher Funktionen und zur Anpassung an vorgegebene Zellenbibliotheken. Damit verbunden ist eine Einführung in Binary Decision Diagrams (BDDs) und die ausführliche Behandlung verschiedener Verfahren zur Minimierung von BDDs, insbesondere von Methoden, die Symmetrieeigenschaften der darzustellenden, zum Teil unvollständig spezifizierten Booleschen Funktionen ausnutzen.

In den letzten Jahren ist sehr viel Bewegung in das Gebiet der logischen Synthese gekommen, sowohl was effiziente Darstellungen von Booleschen Funktionen als auch was Synthesewerkzeuge selbst angeht. Das vorliegende Buch umfaßt einige Kapitel zu diesen neuen Entwicklungen. So sind die Kapitel zur funktionalen Dekomposition Boolescher Funktionen und zur Minimierung von BDDs unter Ausnutzung von Don't Cares und strukturellen Eigenschaften der Funktionen sicherlich der Fachwelt bekannt, aber in keinem der uns bekannten Lehrbücher enthalten.

Sehr viel Wert haben wir auf die Anschauung der Konzepte gelegt. Wir haben mit diesem Buch den Versuch unternommen, eine theoretisch fundierte Darstellung der Thematik mit anschaulichen Illustrationen zu verbinden. Anhand zahlreicher Abbildungen soll der Leser zu einem tiefergehenden Verständnis der Sachverhalte hingeführt werden.

Das Buch ist als Lehrbuch für Lehrveranstaltungen im Bereich der Technischen Informatik für Studierende der Informatik und der Elektrotechnik konzipiert. Die Kapitel 1 bis 3 eignen sich als Einführung in den Entwurf kombinatorischer Schaltungen im Rahmen des Grundstudiums. Bei den restlichen Kapiteln handelt es sich um eine Vertiefung des Stoffes, die im Rahmen des Hauptstudiums vermittelt werden sollte.

Das vorliegende Buch ist zeitgleich mit einer Vorlesung über 6 SWS (verteilt über 2 Semester) an der Martin-Luther-Universität Halle-Wittenberg, die der erste Autor gelesen hat, entstanden. Die entsprechenden Folien (ca. 650 Stück) können von Dozenten über electronic mail (email-Adresse: molitor@informatik.uni-halle.de) angefordert werden.

Bedanken möchten wir uns an erster Stelle bei der *Deutschen Forschungsgemeinschaft*, deren Unterstützung über viele Jahre es uns erlaubt hat, speziell auf dem Gebiet der logischen Synthese intensiv zu arbeiten.

Herr Prof. Dr. Bernd Becker hat den ersten Autor in den letzten 20 Jahren als Betreuer, dann als Kollege und nicht zuletzt zusammen mit seiner Frau Ursula Becker als Freund in vielen nicht einfachen Situationen begleitet. Hierfür ein besonderes Dankeschön an Euch beide.

Viel Dank gebührt auch den Hallenser Studenten Wolfgang Abesser, Kai Baumgarten, Görschwin Fey, Riccardo Forth, Ullrich Pape, Steven Vogt, Sandro Wefel und Andreas Ziermann, die im Rahmen eines Seminars eine erste Version des Manuskripts durchgearbeitet haben und vielfältige Vorschläge gemacht haben,

die uns geholfen haben, das Buch auf die Bedürfnisse der Studenten besser
auszurichten.

Halle an der Saale   Paul Molitor
Freiburg im Breisgau   Christoph Scholl
im Herbst 1998

Inhaltsverzeichnis

Einleitung

Der rasant fortschreitende Wandel von der Industrie- zur Informations-, Kommunikations- und Wissensgesellschaft mit steigender Mobilität, die neuen Anwendungen bei Multimedia und Telematik, die Innovationssprünge auf dem PC-Markt und der weiter steigende Halbleiter-Anteil in elektronischen Geräten aller Art lassen den Halbleitermarkt sich in den nächsten Jahren weiter positiv entwickeln und überdurchschnittliche Zuwachsraten erwarten. Neue umsatzträchtige Märkte öffnen sich der Halbleiterzunft bei Identifizierungssystemen und intelligenten Chipkarten. Elektronische Wegfahrsperren im Automobil, Krankenscheine auf Plastikkarte und intelligente Fahrscheine sind nur einige Alltagsbeispiele einer Reihe von Einsatzfeldern, die eine vielversprechende Entwicklung für Halbleiterhersteller und Chipdesigner vermuten lassen.

Erfreulicherweise nimmt Europa, insbesondere Deutschland, aktiv an dieser Entwicklung teil. Siemens Halbleiter zum Beispiel ist Weltmarktführer bei integrierten Schaltungen für Chip-Karten und erzielte mit seinen weltweit rund 22.000 Mitarbeitern einen Umsatz von circa 6 Milliarden DM im Geschäftsjahr 1996/97.

Während noch vor einigen Jahren viele der oben geschilderten Halbleiteranwendungen von mit universellen Mikroprozessoren ausgestatteten Leiterplatten erledigt wurden, erlaubt sowohl die immer noch wachsende Integrationsdichte als auch die fortschreitende Automatisierung des Entwurfs, diese durch anwendungsspezifische Spezialschaltungen zu ersetzen. Der Einsatz entsprechender an die Umgebung angepaßter Spezialschaltungen ist mit einer Reihe von Vorteilen verbunden. Die Anpassung der Signallaufzeiten an die durch die vom Gesamtsystem geforderten Daten macht eine Reduzierung der Größe und des Leistungsverbrauches der Schaltungen möglich. Spezialschaltungen erreichen nur selten die Komplexität von Mikroprozessoren und sind demzufolge leichter zu verifizieren und zu testen.

Für den Entwurf und die Fertigung anwendungsspezifischer Schaltungen bedarf es hochqualifizierter Mitarbeiter, sowohl was die Spezifikation und Verifikation als auch die Synthese solcher Systeme angeht.

Thema des vorliegenden Buches ist die logische Synthese kombinatorischer Schaltungen, also die Transformation einer Booleschen Funktion in eine kostengünstige und effiziente zwei- oder mehrstufige Realisierung über einer vorgegebenen Zellenbibliothek. Kombinatorische Schaltungen spielen eine zentrale Rolle beim Entwurf digitaler Systeme, da die Synthese sequentieller Schaltungen auf der Synthese kombinatorischer Schaltungen aufsetzt. Nach der Überführung des zu realisierenden endlichen Automaten in einen Automaten mit minimal vielen Zuständen, der das gleiche Ein-/Ausgabeverhalten hat, und der Kodierung der Zustände wird die Synthese durch die Implementierung der Übergangs- und Ausgabefunktion des endlichen Automaten als kombinatorische Schaltung abgeschlossen.

Aufbau des Buches

Das Buch beginnt mit einer ausführlichen, sehr anschaulich gehaltenen Einführung in die zur logischen Synthese benötigten Grundlagen (Kapitel 1). Kapitel 2 stellt die verschiedenen Technologien vor, die heute als Zielarchitekturen benutzt werden. Wir diskutieren praxisorientierte Kostenmaße für die verschiedenen Technologien, die wir im Rahmen der in späteren Kapiteln des Buches behandelten Verfahren benutzen wollen.

Zuerst widmen wir uns dann der traditionellen zweistufigen logischen Synthese (Kapitel 3 und 4), also der Berechnung von minimalen Booleschen Polynomen. Zielarchitektur dieser Synthesewerkzeuge sind Programmierbare Logische Felder. Kapitel 3 beschäftigt sich mit der exakten Berechnung von Minimalpolynomen. Kapitel 4 stellt das an der UC Berkeley entwickelte Espresso System [BHMSV84] vor, das zur Zeit wohl effizienteste heuristische Werkzeug zur zweistufigen Logiksynthese.

Bevor wir uns dann der mehrstufigen Logiksynthese zuwenden, beschäftigen wir uns im Kapitel 5 ausführlich mit binären Entscheidungsgraphen (reduced ordered binary decision diagrams), die seit ungefähr 10 Jahren sowohl in der Verifikation als auch in der Synthese digitaler Systeme eine herausragende Rolle spielen und Syntheseverfahren für wirklich große mehrstufige Schaltungen erst möglich gemacht haben. Kapitel 5 geht insbesondere auf neue Verfahren zur Minimierung von Entscheidungsgraphen ein, d.h. auf eines der zentralen Themen der Logikverifikation und Logiksynthese. Speziell werden wir auf die Berechnung von Symmetrien und deren Ausnutzung während der Minimierung eingehen.

Im Anschluß daran beschäftigen wir uns in den folgenden Kapiteln mit der mehrstufigen Logiksynthese. Kapitel 6 führt in das Themengebiet der funktionalen Dekomposition Boolescher Funktionen ein, einer Technik, die gerade auf Field Programmable Gate Arrays (FPGA) als Zielarchitektur besonders zugeschnitten ist. Kapitel 7 stellt algebraische Methoden vor, wie sie im ebenfalls an der UC Berkeley entwickelten sis [SSL$^+$92] Paket benutzt werden. Wir schließen das Buch mit Kapitel 8, in dem wir auf die Anpassung einer abstrakten Schaltung an eine durch die gewählte Technologie vorgegebene Zellenbibliothek eingehen.

Vom groben Aufbau her folgen die Kapitel 1, 3, 4 und 7 den entsprechenden Kapiteln des Buches "Logic Synthesis and Verification Algorithms" von Hachtel und Somenzi aus dem Jahre 1996 [HS96]. Besonderen Wert haben wir auf eine vollständige Darstellung der Materie gelegt. Dies umschließt insbesondere, daß die Verfahren nicht nur vorgestellt, sondern auch als korrekt bewiesen werden. Zudem gehen wir ausführlich auf Spezialfälle und Verallgemeinerungen ein, wie zum Beispiel auf unvollständig spezifizierte Boolesche Funktionen, monotone Boolesche Funktionen, partiell symmetrische Boolesche Funktionen und Boolesche Funktionen mit mehreren Booleschen Ausgängen.

Theorie und Praxis

Bevor wir uns dem eigentlichen Thema des Buches, nämlich dem der Datenstrukturen und Effizienten Algorithmen in der logischen Synthese kombinatorischer Schaltungen, also einem recht praktischen Thema, widmen, lassen Sie uns erst einen kurzen Blick auf ein Ergebnis aus dem Bereich der Komplexität Boolescher Funktionen werfen (siehe [Weg87, Seite 87]).

Das Ergebnis sagt aus, daß es für fast jede Boolesche Funktion $f : \{0,1\}^n \to \{0,1\}$ keine in n polynomielle Schaltkreisrealisierung gibt, die diese Funktion berechnet. Greifen Sie also mit verbundenen Augen in den großen Sack der Booleschen Funktionen mit n Variablen (n groß genug) und nehmen Sie eine Boolesche Funktion aus dem Sack heraus. Sie können sich sicher sein - die Wahrscheinlichkeit ist nahezu 1 - daß Sie eine Boolesche Funktion gegriffen haben, die vom praktischen Gesichtspunkt her nicht realisierbar ist, deren kleinste Realisierung exponentiell viele Gatter enthalten muß.

Nichtsdestotrotz werden Prozessoren und anwendungsspezifische Schaltungen entworfen und in Silizium realisiert. Dies geht einher mit den spärlichen Ergebnissen in Bezug auf untere Schranken für die Größe der Realisierungen der Booleschen Funktionen $f_n : \{0,1\}^n \to \{0,1\}$ einer explizit spezifizierten unendlichen Folge $(f_n)_{n \in \mathbb{N}}$. Die beste bekannte untere Schranke liegt bei $c \cdot n$ für eine kleine Konstante c, ist also bei weitem nicht exponentiell in der Anzahl der Variablen. Also obwohl fast alle Booleschen Funktionen nur exponentiell große Realisierungen haben, ist es bis heute nicht gelungen, für auch nur eine unendliche Folge $(f_n)_{n \in \mathbb{N}}$ von explizit spezifizierten Funktionen zu beweisen, daß die Funktionen dieser Folge schwer realisierbar sind.

Welche Konsequenzen sind hieraus zu ziehen?

1. Wir werden sicherlich keine Algorithmen vorstellen können, die für jede Boolesche Funktion ein für die Praxis akzeptables Ergebnis liefern. Auch dann nicht, wenn die Algorithmen optimale Realisierungen für die Booleschen Funktionen berechnen.

2. Die in der Praxis vorkommenden Booleschen Funktionen – es sind sicherlich nur sehr wenige, die wirklich vorkommen – scheinen nicht zu den schweren Booleschen Funktionen zu gehören.

Für diese in der Praxis vorkommenden Booleschen Funktionen wünschen wir uns optimale Realisierungen in Bezug auf verschiedene zum Teil konkurrierende Optimierungsziele. Aber auch hier tun wir uns schwer. Viele der im Rahmen der logischen Synthese zu lösenden Optimierungsprobleme sind vom komplexitätstheoretischen Standpunkt her sehr schwer. Aus diesem Grunde muß in vielen Fällen auf Heuristiken zurückgegriffen werden, die aber anerkanntermaßen bei vielen Instanzen Lösungen von hoher Qualität finden.

Wir wollen nun mit einigen Grundlagen beginnen.

1 Verband, Boolesche Algebra, Boolesche Funktionen

Das zentrale mathematische Werkzeug beim Entwurf von kombinatorischen Schaltungen ist die durch Boole im Jahre 1847 [Boo47] vorgestellte "Algebra of logic", heute bekannt unter dem Namen *Boolesche Algebra*. Der Physiker P. Ehrenfest schlug 1910 erstmalig vor, die Boolesche Algebra im Rahmen des Entwurfs digitaler Systeme einzusetzen [Ehr10]. Erste Methoden der Anwendung der Booleschen Algebra beim Schaltungsentwurf wurden 1938 von Shannon vorgestellt [Sha38].

Wir werden in diesem Kapitel die für die in diesem Buch behandelte Thematik grundlegenden Begriffe einführen. Wir werden beginnen mit den abstrakten Begriffen *Verband* und *Boolesche Algebra* und ihren Eigenschaften. Wir werden dann auf die Boolesche Algebra der vollständig spezifizierten Booleschen Funktionen mit n Variablen übergehen. Wir werden sehen, wie unvollständig spezifizierte Boolesche Funktionen in diese Definition eingepaßt werden können. Illustrieren wollen wir die Konzepte anhand verschiedener graphischer Darstellungen, um die Ideen anschaulich zu halten.

1.1 Partielle Ordnung, Hasse-Diagramm, Verband

Eine partielle Ordnung auf der Menge M ist eine reflexive, antisymmetrische und transitive Relation $\leq\; \subseteq M \times M$. Steht das Element a in Relation mit b, d.h. $(a, b) \in\leq$, so sagen wir, daß a *kleiner gleich* b ist, in Zeichen $a \leq b$.

Die Menge M mit der partiellen Ordnung $\leq$, in Zeichen $(M, \leq)$, kann dargestellt werden durch ein auf ein Stück Papier gezeichnetes Diagramm, das sogenannte *Hasse-Diagramm*. Jedes Element aus M wird dargestellt durch einen Punkt im Diagramm. Ist $a \neq b$ und $a \leq b$, so ist der zu b gehörige Punkt echt weiter oben gezeichnet als der zu a gehörige Punkt. Ist $a \leq b$ nicht über das Transitivgesetz herleitbar, d.h. gibt es kein von a und b verschiedenes Element c mit $a \leq c \leq b$, so gibt es im Diagramm eine Kante zwischen a und b. Ist also das Element $x \in M$ kleiner als das Element $y \in M$, so gibt es einen Pfad im Diagramm, der am Knoten y startet und streng abwärts zum Knoten x läuft.

Um das für die Anschauung so wichtige Werkzeug besser zu verstehen, schauen wir uns einige Beispiele an.

Beispiel 1.1.1 Wir wollen mit einem abstrakten Beispiel beginnen. Sei hierzu die endliche Menge M gegeben durch $\{a, b, c, d, e\}$ und die partielle Ordnung $\leq$ durch $\{(a, b), (a, d), (c, b), (c, d), (e, a), (e, b), (e, c), (e, d)\}$, d.h. $a \leq b$, $a \leq d$ usw. Diese partielle Ordnung kann durch das Diagramm rechts veranschaulicht werden. Die gestrichelten Linien sind $\leq$-Beziehungen, die sich durch das Transitivgesetz angewendet auf andere $\leq$-Beziehungen ergeben, und sind nicht im Hasse-Diagramm enthalten.

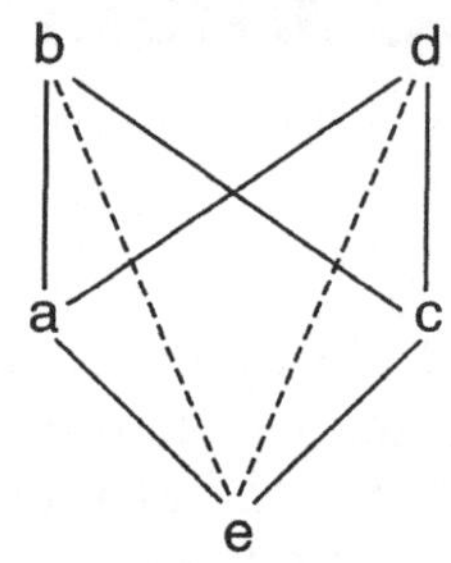

Beispiel 1.1.2 In diesem Beispiel ist die partielle geordnete Menge $(2^{\{a,b,c\}}, \subseteq)$ zu sehen. Die Menge $2^{\{a,b,c\}}$ ist die Potenzmenge von $\{a, b, c\}$. Als partielle Ordnung wird die Relation $\subseteq$ benutzt, mit $A \subseteq B$, wenn A Teilmenge von B ist.

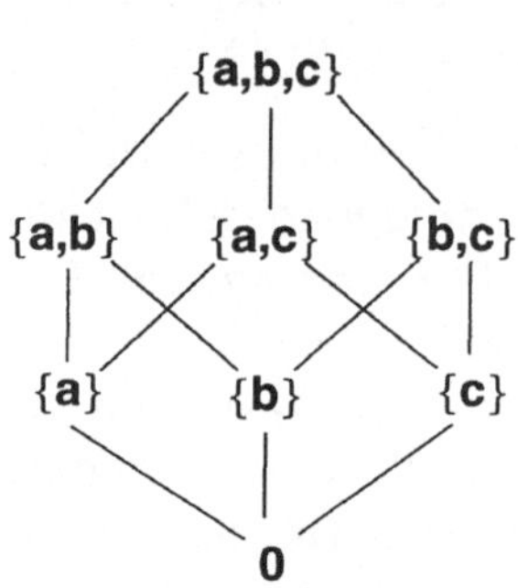

Beispiel 1.1.3 Ein weiteres bekanntes Beispiel einer partiell geordneten Menge ist die Menge $(Teiler_d, teilt)$ für eine natürliche Zahl d. Die Menge $Teiler_d$ besteht aus allen Teilern von d. Es gilt a *teilt* b für je zwei Zahlen a und b aus $Teiler_d$, wenn a Teiler von b ist. Rechts sehen Sie das dazugehörige Hasse-Diagramm für $d = 30$.

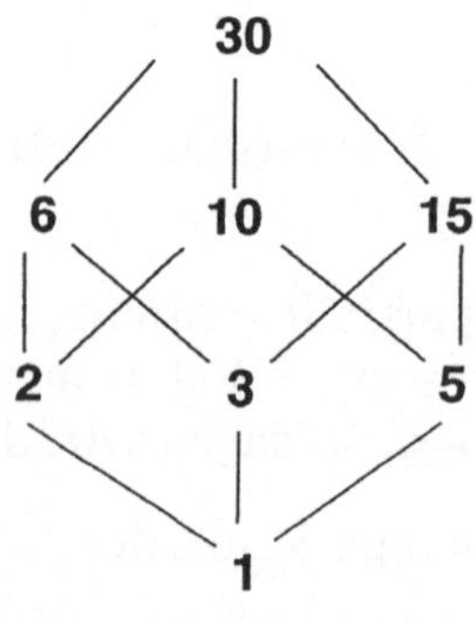

Beispiel 1.1.4 Eine für uns sehr wichtige partiell geordnete Menge ist die Menge $(\{0,1\}^n, \leq)$, also die Menge der binären Vektoren der Länge n. Bei der partiellen Ordnung "$\leq$" handelt es sich um die komponentenweise kleiner/gleich-Relation, d.h. $(x_1, \ldots, x_n) \leq (y_1, \ldots, y_n)$ gilt genau dann, wenn für jede Stelle $i \in \{1, \ldots, n\}$ die Ungleichung $x_i \leq y_i$ erfüllt ist.

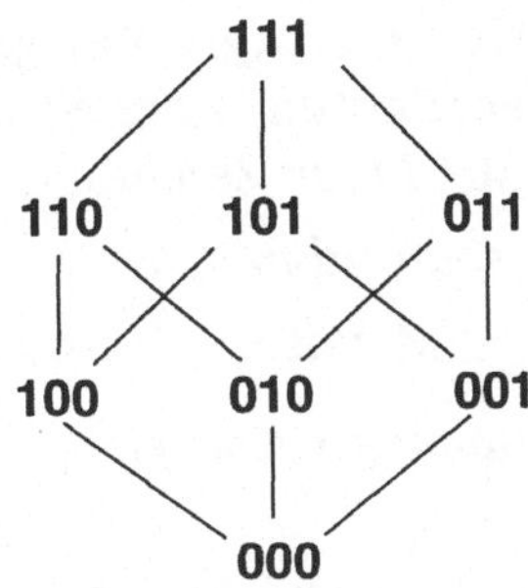

Beispiel 1.1.5 Als letztes Beispiel betrachten wir die Menge $\mathcal{P}(A)$ bestehend aus den Partitionen p einer endlichen Menge A. Eine Partition p_1 heißt *feiner* als eine Partition p_2, in Zeichen $p_1 \sqsubseteq p_2$, wenn für jede Menge $\alpha \in p_1$ es eine Menge $\beta \in p_2$ gibt, die α enthält. In der Abbildung 1.1 finden Sie zur Illustration das Hasse-Diagramm dieser partiell geordneten Menge $(\mathcal{P}(\{a,b,c\}), \sqsubseteq)$.

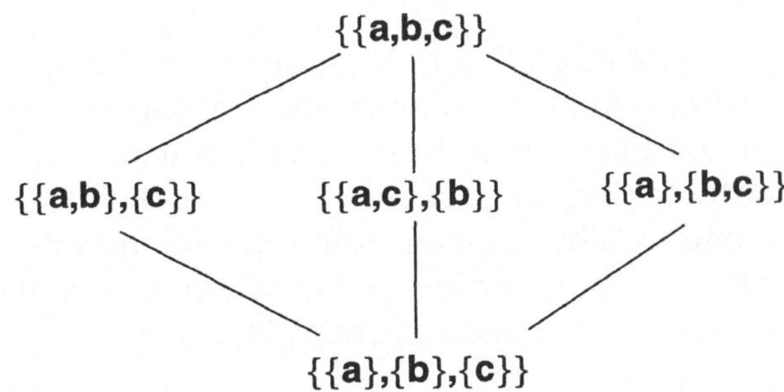

Abb. 1.1 Hasse-Diagramm von $(\mathcal{P}(\{a,b,c\}), \sqsubseteq)$

In partiell geordneten Mengen sind zwei binäre Operationen naheliegend, die Berechnung des kleinsten Elementes $\sup(a,b)$, das größer als die beiden Operanden a und b ist, und die Berechnung des größten Elementes $\inf(a,b)$, das kleiner als die beiden Operanden a und b ist. Übertragen wir diese Operationen auf das Hasse-Diagramm, so sucht $\sup(a,b)$ den kleinsten gemeinsamen Vorfahren von a und b – die Vorfahren eines Elementes sind größer als das Element – und $\inf(a,b)$ den größten gemeinsamen Nachkommen.

Definition 1.1.1 (kleinster gemeinsamer Vorfahre) *Ein Element m einer partiell geordneten Menge $(M, \leq)$ heißt* kleinster gemeinsamer Vorfahre von a und b aus M, in Zeichen $\sup(a,b)$, *wenn*

1) $a \leq m$ *und* $b \leq m$

2) $\forall n \in M$ *mit* $a \leq n$ *und* $b \leq n$: $m \leq n$.

Schreibweise 1.1.2 *Für* $\sup(a,b)$ *benutzen wir meistens die Schreibweise* $a + b$.

Definition 1.1.3 (größter gemeinsamer Nachkomme) *Ein Element m einer partiell geordneten Menge $(M, \leq)$ heißt größter gemeinsamer Nachkomme von a und b aus M, in Zeichen $\inf(a, b)$, wenn*

1) $m \leq a$ und $m \leq b$

2) $\forall n \in M$ mit $n \leq a$ und $n \leq b$: $n \leq m$.

Schreibweise 1.1.4 *Für $\inf(a, b)$ benutzen wir meistens die Schreibweise $a \cdot b$.*

Es gibt einen direkten Zusammenhang zwischen der partiellen Ordnung $\leq$ und den binären Operationen inf und sup, den wir uns sehr schön am Hasse-Diagramm klarmachen können.

Lemma 1.1.1 *Für je zwei Elemente x und y einer partiell geordneten Menge $(M, \leq)$ gilt $x \leq y$ genau dann, wenn $x \cdot y = x$ gilt. Die Gleichung $x \cdot y = x$ gilt genau dann, wenn $x + y = y$ gilt.*

Beweis: Gilt $x \leq y$, so gibt es im Hasse-Diagramm einen von oben nach unten laufenden Pfad, der beim Knoten y startet und im Knoten x endet. x ist also ein Nachkomme von y, insbesondere ist x auch ein Nachkomme von sich selbst – eine partiell geordnete Ordnung ist reflexiv. x ist damit ein gemeinsamer Nachkomme von x und y. Gibt es einen weiteren gemeinsamen Nachkommen v von x und y, so folgt hieraus sofort $v \leq x$. Das Element x ist damit der größte gemeinsame Nachkomme von x und y. Somit gilt $x \cdot y = x$.

Um die andere Richtung der ersten Aussage zu beweisen, gehen wir davon aus, daß $x \cdot y = x$ gilt. x ist also gemeinsamer Nachkomme von x und y. Also gilt auch $x \leq y$.

Die zweite Aussage zeigt man analog zu der ersten Aussage.   ∎

Betrachten Sie nun nochmals das Beispiel 1.1.1. Sie bemerken sehr schnell, daß die Operationen inf und sup nicht immer definiert sind. Ein gemeinsamer Vorfahre von b und d existiert nicht, d.h. $\sup(b, d)$ ist nicht definiert. Die Elemente a und c haben das Element b *und* das Element d als gemeinsame *direkte* Vorfahren. b und d sind nicht mit der angegebenen partiellen Ordnung $\leq$ vergleichbar. Es gilt also weder $b \leq d$ noch $d \leq b$, so daß $\sup(a, c)$ ebenfalls nicht definiert ist.

Die Beispiele 1.1.2, 1.1.3, 1.1.4 und 1.1.5 zeigen dagegen partiell geordnete Mengen, bei denen der kleinste gemeinsame Vorfahre und der größte gemeinsame Nachkomme für je zwei Elemente aus der Menge existiert und eindeutig ist. In der partiell geordneten Menge $(2^{\{a,b,c\}}, \subseteq)$ wird die Operation $\sup(X, Y)$ durch die Vereinigung und die Operation $\inf(X, Y)$ durch den Durchschnitt der Operanden X und Y realisiert. In der partiell geordneten Menge

($Teiler_d, teilt$) sind es die Operationen kgv (kleinstes gemeinsames Vielfaches) und ggt (größter gemeinsamer Teiler) und in $(\{0,1\}^n, \leq)$ das komponentenweise logische Oder und das komponentenweise logische Und.

Partiell geordnete Mengen $(M, \leq)$, bei denen inf und sup vollständig definierte Funktionen von $M \times M$ nach M sind, spielen eine wichtige Rolle in der Theorie der Booleschen Algebren.

Definition 1.1.5 (Verband) *Eine partiell geordnete endliche Menge $(M, \leq)$, bei der die Funktionen* inf, sup $: M \times M \to M$ *vollständig definiert sind, heißt (endlicher) Verband.*

Sprechweise 1.1.6 *Sprechen wir im folgenden von einem Verband $(M, \leq)$, so meinen wir immer einen endlichen Verband, bei dem die partiell geordnete Menge M also endlich ist.*

In einem Verband $(M, \leq)$ existieren diverse Rechenregeln.

Lemma 1.1.2 (Idempotenz)

$$\forall x \in M : x + x = x \text{ und } x \cdot x = x.$$

Beweis: Da $\leq$ eine partielle Ordnung auf M ist, gilt $x \leq x$ für alle $x \in M$. Mit Lemma 1.1.1 folgt dann $x + x = x$ und $x \cdot x = x$. ∎

Lemma 1.1.3 (Kommutativität)

$$\forall x, y \in M : x + y = y + x \text{ und } x \cdot y = y \cdot x.$$

Beweis: Die Kommutativität folgt unmittelbar aus der Definition von inf und sup, siehe Definition 1.1.1 und 1.1.3. ∎

Lemma 1.1.4 (Assoziativität)

$$\forall x, y, z \in M : (x + y) + z = x + (y + z) \text{ und } (x \cdot y) \cdot z = x \cdot (y \cdot z).$$

Beweis: Wir wollen zuerst die Gleichung $(x \cdot y) \cdot z = x \cdot (y \cdot z)$ beweisen. Nach Definition gelten die Ungleichungen

$$(x \cdot y) \cdot z \leq x \cdot y \tag{1.1}$$
$$(x \cdot y) \cdot z \leq z \tag{1.2}$$
$$x \cdot y \leq x \tag{1.3}$$
$$x \cdot y \leq y. \tag{1.4}$$

Aus den Ungleichungen (1.1) und (1.3) beziehungsweise (1.4) und der Transitivität einer partiellen Ordnung folgen die Ungleichungen

$$(x \cdot y) \cdot z \; \leq \; x \qquad\qquad (1.5)$$
$$(x \cdot y) \cdot z \; \leq \; y. \qquad\qquad (1.6)$$

Aus (1.2) und (1.6) folgt

$$(x \cdot y) \cdot z \; \leq \; y \cdot z,$$

die zusammen mit (1.5) die Ungleichung

$$(x \cdot y) \cdot z \; \leq \; x \cdot (y \cdot z) \qquad\qquad (1.7)$$

ergibt.

Um die andere Richtung zu beweisen, gehen wir genauso vor. Durch Anwenden der Definition von inf und der Transitivität der Ordnung folgern wir

$$x \cdot (y \cdot z) \; \leq \; x \qquad\qquad (1.8)$$
$$x \cdot (y \cdot z) \; \leq \; y \qquad\qquad (1.9)$$
$$x \cdot (y \cdot z) \; \leq \; z. \qquad\qquad (1.10)$$

Mit Ungleichung (1.8) und (1.9) erhalten wir die Ungleichung

$$x \cdot (y \cdot z) \; \leq \; x \cdot y,$$

die mit Ungleichung (1.10)

$$x \cdot (y \cdot z) \; \leq \; (x \cdot y) \cdot z \qquad\qquad (1.11)$$

ergibt.

Aus (1.7) und (1.11) folgt dann die zu beweisende Gleichung

$$(x \cdot y) \cdot z \; = \; x \cdot (y \cdot z).$$

Um die duale Gleichung $(x + y) + z = x + (y + z)$ zu beweisen, können wir den Beweis zu $(x \cdot y) \cdot z = x \cdot (y \cdot z)$ soweit übernehmen. Wir müssen nur das Symbol "$\cdot$" durch "$+$" und das Symbol "$\leq$" durch "$\geq$" ersetzen. Letzteres entspricht der

Vertauschung der linken Seiten mit den rechten Seiten der Ungleichungen. Wir wollen diese Vorgehensweise, die unter dem Begriff *Dualitätsprinzip* bekannt ist, an dieser Stelle einmal ausführen.

Nach Definition gelten folgende Ungleichungen:

$$(x+y)+z \;\geq\; x+y \tag{1.12}$$
$$(x+y)+z \;\geq\; z \tag{1.13}$$
$$x+y \;\geq\; x \tag{1.14}$$
$$x+y \;\geq\; y. \tag{1.15}$$

Aus den Ungleichungen (1.12) und (1.14) beziehungsweise (1.15) und der Transitivität einer partiellen Ordnung folgen die Ungleichungen

$$(x+y)+z \;\geq\; x \tag{1.16}$$
$$(x+y)+z \;\geq\; y. \tag{1.17}$$

Aus (1.13) und (1.17) folgt

$$(x+y)+z \;\geq\; y+z,$$

die zusammen mit (1.16) die Ungleichung

$$(x+y)+z \;\geq\; x+(y+z) \tag{1.18}$$

ergibt.

Um die andere Richtung zu beweisen, gehen wir genauso vor. Durch Anwenden der Definition von sup und der Transitivität der Ordnung folgern wir:

$$x+(y+z) \;\geq\; x \tag{1.19}$$
$$x+(y+z) \;\geq\; y \tag{1.20}$$
$$x+(y+z) \;\geq\; z. \tag{1.21}$$

Mit Ungleichung (1.19) und (1.20) erhalten wir die Ungleichung

$$x+(y+z) \;\geq\; x+y,$$

die mit Ungleichung (1.21)

$$x+(y+z) \;\geq\; (x+y)+z \tag{1.22}$$

ergibt.

Aus (1.18) und (1.22) folgt dann die zu beweisende Gleichung

$$(x + y) + z \;=\; x + (y + z).$$

■

Wir überlegen uns nun auch leicht, daß es - im Gegensatz zu Beispiel 1.1.1 - ein eindeutiges größtes Element und ein eindeutiges kleinstes Element in jedem Verband $(M, \leq)$ gibt.

Lemma 1.1.5 *Sei $(M, \leq)$ ein Verband mit $M = \{m_1, \ldots, m_q\}$. Die beiden Elemente $m_1 + \ldots + m_q$ und $m_1 \cdot \ldots \cdot m_q$ sind definiert und es gilt*

$$\forall m_i \in M : \; m_1 \cdot \ldots \cdot m_q \leq m_i \leq m_1 + \ldots + m_q.$$

Das Element $m_1 \cdot \ldots \cdot m_q$ heißt $bottom(M, \leq)$ und das Element $m_1 + \ldots + m_q$ $top(M, \leq)$.

Beweis: Die Existenz und Wohldefiniertheit folgt aus der Eigenschaft, daß die Operationen "+" und "·" vollständig definiert sind und aus der Assoziativität. Die beiden Ungleichungen folgen unmittelbar aus der Definition der beiden Operationen. ■

In Anlehnung an die Arithmetik nennt man $top(M, \leq)$ auch das *1-Element* und $bottom(M, \leq)$ das *0-Element* des Verbandes.

Lemma 1.1.6 (Regel der 0 und der 1)

$$\forall x \in M : \; x + 0 = x, \; x \cdot 0 = 0, \; x \cdot 1 = x, \; x + 1 = 1.$$

Beweis: Die Gleichungen folgen unmittelbar aus Lemma 1.1.1, da $0 \leq x \leq 1$ für alle $x \in M$ gilt. ■

Weiter gilt in jedem Verband die Absorptionsregel. Zudem ist jeder Verband "fast"-distributiv.

Lemma 1.1.7 (Absorption)

$$\forall x, y \in M : \; x \cdot (x + y) = x \text{ und } x + (x \cdot y) = x.$$

Beweis: Nach Definition von sup (bzw. inf) gilt $x \leq x + y$ (bzw. $x \cdot y \leq x$). Dies ist nach Lemma 1.1.1 äquivalent zu $x \cdot (x + y) = x$ (bzw. $(x \cdot y) + x = x$). ■

Lemma 1.1.8 ("Fast"-Distributivität)

$$\forall x, y, z \in M : \ (x \cdot y) + (x \cdot z) \leq x \cdot (y + z) \ \text{und} \ x + (y \cdot z) \leq (x + y) \cdot (x + z).$$

Beweis: Es gelten die Ungleichungen

$$x \cdot y \ \leq \ x \tag{1.23}$$
$$x \cdot y \ \leq \ y \tag{1.24}$$
$$y \ \leq \ y + z. \tag{1.25}$$

Aus (1.24) und (1.25) folgt aufgrund der Transitivität von $\leq$ die Ungleichung

$$x \cdot y \ \leq \ y + z,$$

die zusammen mit (1.23)

$$x \cdot y \ \leq \ x \cdot (y + z) \tag{1.26}$$

ergibt.

Analog zeigt man

$$x \cdot z \ \leq \ x \cdot (y + z). \tag{1.27}$$

Aus (1.26) und (1.27) ergibt sich dann nach Definition von sup

$$(x \cdot y) + (x \cdot z) \ \leq \ x \cdot (y + z).$$

Die duale Ungleichung $x + (y \cdot z) \leq (x + y) \cdot (x + z)$ folgt analog zu diesem Beweis. Wir vertauschen einfach nur "$\cdot$" durch "$+$" und "$\leq$" durch "$\geq$". ∎

1.2 Boolesche Algebren

Nachdem wir nun gelernt haben, was Verbände sind, ist der Weg zu den Booleschen Algebren, die eine ausgezeichnete Rolle im Bereich der Logischen Synthese spielen, nicht mehr weit.

1.2.1 Definition und Eigenschaften

Neben den beiden schon bekannten binären Operationen "+" und "·" benötigen wir noch eine unäre Operation, die später die Rolle der Negierung eines Signals übernimmt. Diese Operation ergibt sich aus der zusätzlichen Forderung an den Verband, daß zum einen das *Distributivgesetz* voll, d.h.

$$x \cdot (y + z) = (x \cdot y) + (x \cdot z)$$
$$x + (y \cdot z) = (x + y) \cdot (x + z),$$

gilt und zum anderen, daß es zu jedem Element x ein *inverses Element* x' mit $x + x' = 1$ und $x \cdot x' = 0$ gibt.

Definition 1.2.1 (Boolesche Algebra) *Ein Verband* $(M, \leq)$ *mit*

1. $\forall x, y, z \in M : \quad x \cdot (y + z) = (x \cdot y) + (x \cdot z)$ *und* $x + (y \cdot z) = (x + y) \cdot (x + z)$
2. $(\forall x \in M)\,(\exists x' \in M) : \quad x \cdot x' = 0$ *und* $x + x' = 1$

heißt Boolesche Algebra.

Ein Element x' *mit der im zweiten Punkt beschriebenen Eigenschaft wird inverses Element von* x *oder Komplement von* x *genannt. Eine Boolesche Algebra ist also ein distributiver Verband mit inversen Elementen.*

Beispiel 1.2.1 [Boolesche Algebra der Teilmengen] Der Verband $(2^Y, \subseteq)$, wobei Y eine beliebige endliche Menge ist, ist eine Boolesche Algebra. Erinnern Sie sich daran, daß wir festgestellt haben, daß der kleinste gemeinsame Vorfahre durch die Vereinigung der Operanden und der größte gemeinsame Nachkomme durch den Durchschnitt der Operanden berechnet werden kann. Wir überlegen uns nun leicht, daß das Distributivgesetz

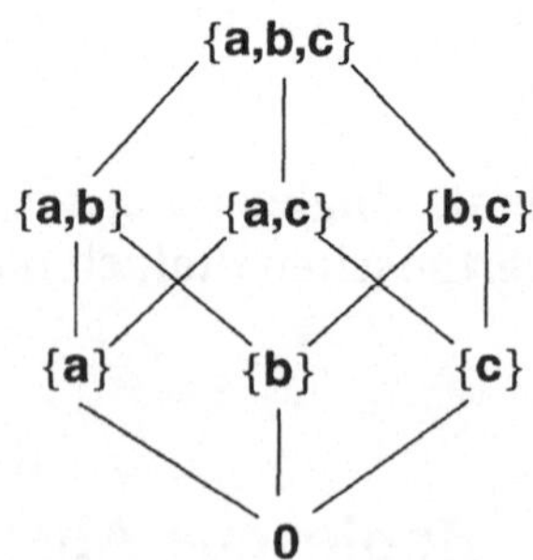

$$A \cup (B \cap C) = (A \cup B) \cap (A \cup C)$$
$$A \cap (B \cup C) = (A \cap B) \cup (A \cap C)$$

für je drei Teilmengen $A, B, C \subseteq Y$ gilt. Das inverse Element zu einer Teilmenge $A \subseteq Y$ ist gegeben durch $Y \setminus A$, also durch die Menge der Elemente aus Y, die nicht in A enthalten sind.

Beispiel 1.2.2 [arithmetische Boolesche Algebra] Der Verband $(Teiler_d, teilt)$ ist ebenfalls eine Boolesche Algebra, wenn sich d als Produkt

$$d = a_1 \cdot \ldots \cdot a_k$$

von paarweise verschiedenen Primzahlen schreiben läßt. Das inverse Element eines Elementes $a \in Teiler_d$ ist in diesem Fall gegeben durch $\frac{d}{a}$. Es gilt $kgv\left(a, \frac{d}{a}\right) = d$ und $ggt\left(a, \frac{d}{a}\right) = 1$. Lassen Sie sich bitte nicht verwirren. In diesem Beispiel ist die natürliche Zahl 1 das 0-Element der Booleschen Algebra $(Teiler_d, teilt)$.

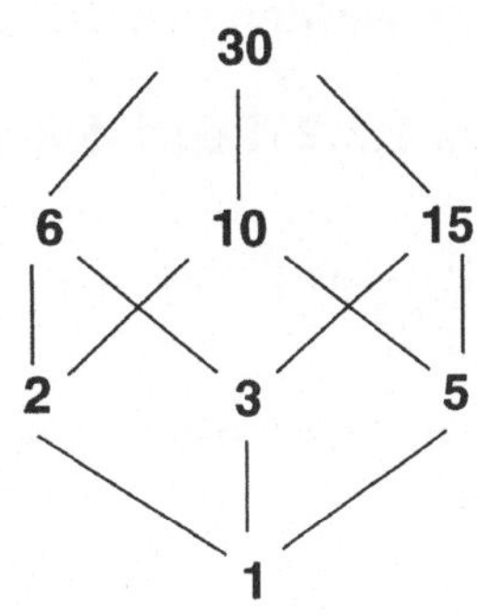

Beispiel 1.2.3 [Boolesche Algebra $\{0,1\}^n$] Wir überprüfen auch leicht, daß der Verband $(\{0,1\}^n, \leq)$ eine Boolesche Algebra ist. Das Komplement eines Elementes $(x_1, \ldots, x_i, \ldots, x_n) \in \{0,1\}^n$ ist gegeben durch $(y_1, \ldots, y_i, \ldots, y_n)$ mit $y_i = 1 \iff x_i = 0$.

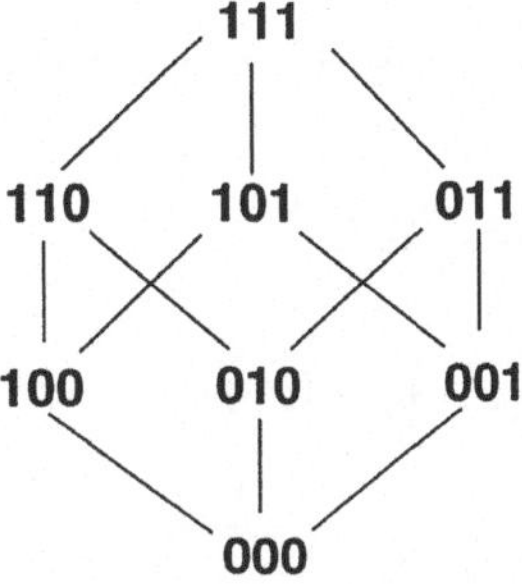

In den drei Beispielen bemerken wir, daß das inverse Element eines jeden Elementes eindeutig bestimmt ist. Diese Eigenschaft gilt bei Booleschen Algebren immer. Zum Beweis nutzen wir die Regel der 0 und der 1 aus.

Lemma 1.2.1 (Eindeutigkeit des Komplements)

$$\forall x, a, b \in M : (x \cdot a = x \cdot b = 0 \text{ und } x + a = x + b = 1) \Rightarrow a = b.$$

Beweis: Seien also a und b zwei inverse Elemente von x. Dann gilt

$$\begin{aligned}
a &= a + 0 \\
&= a + (x \cdot b) \\
&= (a + x) \cdot (a + b) \\
&= (x + a) \cdot (a + b) \\
&= (x + b) \cdot (a + b) \\
&= (x \cdot a) + b \\
&= 0 + b \\
&= b.
\end{aligned}$$

Im Rahmen der Logiksynthese benötigen wir "starke" Rechenregeln. Gute Dienste werden uns die nächsten vier Eigenschaften leisten.

Lemma 1.2.2 (Regel des doppelten Komplements)

$$\forall x \in M : \ (x')' = x.$$

Beweis: Aus $x' + x = 1$, $x' \cdot x = 0$ und der Eindeutigkeit des Komplements folgt $(x')' = x$. ∎

Lemma 1.2.3 (Regel von de Morgan)

$$\forall x, y \in M : \ (x + y)' = x' \cdot y' \text{ und } (x \cdot y)' = x' + y'.$$

Beweis: Es gilt

$$
\begin{aligned}
(x' \cdot y') \cdot (x + y) &= (x' \cdot y' \cdot x) + (x' \cdot y' \cdot y) \\
&= ((x' \cdot x) \cdot y') + (x' \cdot (y' \cdot y)) \\
&= (0 \cdot y') + (x' \cdot 0) \\
&= 0 + 0 \\
&= 0
\end{aligned}
$$

und

$$
\begin{aligned}
(x' \cdot y') + (x + y) &= (x' + x + y) \cdot (y' + x + y) \\
&= ((x' + x) + y) \cdot (x + (y' + y)) \\
&= (1 + y) \cdot (x + 1) \\
&= 1 + 1 \\
&= 1.
\end{aligned}
$$

$x' \cdot y'$ ist somit das inverse Element von $x + y$, in Zeichen $(x + y)' = x' \cdot y'$.

Die zweite Gleichung beweist man analog zu der ersten Gleichung. ∎

Lemma 1.2.4

$$\forall x, y \in M : \ x \leq y \Rightarrow (x \cdot y' = 0 \text{ und } x' + y = 1).$$

Beweis: Ist $x \leq y$, so gilt mit Lemma 1.1.1

$$
\begin{aligned}
(x \cdot z) \cdot (y \cdot z) &= x \cdot y \cdot z \\
&= (x \cdot y) \cdot z \\
&= x \cdot z
\end{aligned}
$$

und somit $x \cdot z \leq y \cdot z$ für jedes Element $z \in M$. Insbesondere gilt also

$$
x \cdot y' \;\leq\; y \cdot y'.
$$

Da $y \cdot y' = 0$ das kleinste Element in M ist, muß $x \cdot y' = 0$ gelten.

Die Gleichung $x' + y = 1$ folgt mit der Regel von de Morgan

$$
\begin{aligned}
x \cdot y' = 0 \;&\Longleftrightarrow\; x \cdot y' = y \cdot y' \\
&\Longleftrightarrow\; (x \cdot y')' = (y \cdot y')' \\
&\Longleftrightarrow\; x' + y = y' + y \\
&\Longleftrightarrow\; x' + y = 1
\end{aligned}
$$

$\blacksquare$

Lemma 1.2.5 (Consensus-Regel) $\forall x, y, z \in M$:

$(x \cdot y) + (x' \cdot z) + (y \cdot z) = (x \cdot y) + (x' \cdot z)$ **und**

$(x + y) \cdot (x' + z) \cdot (y + z) = (x + y) \cdot (x' + z)$.

Beweis: Um die erste Gleichung – der Beweis der zweiten Gleichung läuft wieder analog ab – zu beweisen, reicht es nach Lemma 1.1.1, wenn wir die Ungleichung $y \cdot z \leq (x \cdot y) + (x' \cdot z)$ beweisen. Es gilt:

$$
\begin{aligned}
(y \cdot z) \cdot ((x \cdot y) + (x' \cdot z)) &= (y \cdot z \cdot x \cdot y) + (y \cdot z \cdot x' \cdot z) \\
&= (x \cdot y \cdot z) + (x' \cdot y \cdot z) \\
&= (x + x') \cdot (y \cdot z) \\
&= 1 \cdot (y \cdot z) \\
&= y \cdot z.
\end{aligned}
$$

1.2.2 Satz von Stone

Im Rahmen dieses Buches wird eine spezielle Boolesche Algebra, die Boolesche Algebra der Booleschen Funktionen mit n Variablen im Mittelpunkt stehen. Bevor wir diese Algebra einführen, wollen wir aber darauf hinweisen, daß alle Eigenschaften, die für diese spezielle Boolesche Algebra gelten, auch für die übrigen Booleschen Algebren gelten. Dies sagt der seit 1936 bekannte Satz von Stone [Sto36] aus.

Satz 1.2.6 (Satz von Stone) *Jede Boolesche Algebra* $(M, \leq)$ *ist isomorph zu der Booleschen Algebra* $(2^Y, \subseteq)$ *für eine geeignete endliche Menge* Y.

Illustriert wird der Satz von Stone sicherlich durch die drei Booleschen Algebren, die wir in den Beispielen 1.2.1, 1.2.2 und 1.2.3 gesehen haben. Allen drei Algebren sind isomorphe Hasse-Diagramme zugeordnet, die durch Umbenennung der Elemente ineinander übergehen.

Um den Satz von Stone zu beweisen, müssen wir noch einige neue Begriffe und Sprechweisen einführen.

Sprechweise 1.2.2 *Die Elemente einer Booleschen Algebra können wir bzgl. ihrer Höhe im Hasse-Diagramm einteilen. Das 0-Element hat die Höhe 0 - wir sprechen von der* 0. *Ebene. Die Elemente direkt oberhalb der* i. *Ebene haben Höhe* $i + 1$ - *wir sprechen von Elementen der Ebene* $i + 1$.

Von besonderer Bedeutung sind Elemente der ersten Ebene.

Definition 1.2.3 (Atom einer Booleschen Algebra) *Ein* Atom *einer Booleschen Algebra* $(M, \leq)$ *ist ein Element der Ebene 1. Die Menge der Atome von* $(M, \leq)$ *wollen wir mit* Atome(M) *bezeichnen.*

Atome besitzen einige schöne Eigenschaften, aus denen der Satz von Stone folgt.

Lemma 1.2.7 *Es sei* $a \in M$. *Dann ist* $a \in$ Atome(M) *genau dann, wenn* $a \neq 0$ *und für alle* $b \in M$ *mit* $0 \leq b \leq a$ *entweder* $b = 0$ *oder* $b = a$ *gilt.*

Beweis: Ist a ein Atom von M, so ist a ein Element der ersten Ebene. a ist also verschieden von dem 0-Element. Zudem gibt es nur zwei Elemente b in M, für die $b \leq a$ gilt. Es sind dies das 0-Element und das Element a selbst.

Die Richtung von rechts nach links folgt mit ähnlichen Überlegungen.   ■

Lemma 1.2.8 *Es sei* $a \in M$. *Dann ist* $a \in$ Atome(M) *genau dann, wenn* $a \neq 0$ *und* $a \cdot c = a$ *oder* $a \cdot c = 0$ *für alle* $c \in M$ *gilt.*

Beweis: Es sei $a \in Atome(M)$ und $c \in M$ beliebig. Dann folgt mit Lemma 1.2.7 $a \neq 0$ und wegen $0 \leq a \cdot c \leq a$ auch $a \cdot c = 0$ oder $a \cdot c = a$. Hiermit ist die Richtung von links nach rechts bewiesen.

Wir beweisen nun die Richtung von rechts nach links. Sei hierzu $b \in M$ mit $0 \leq b \leq a$. Wegen der Voraussetzung unseres Lemmas gilt $a \cdot b = a$ oder $a \cdot b = 0$. Wegen Lemma 1.1.1 gilt zudem $a \cdot b = b$. Hieraus folgt $b = a$ oder $b = 0$. Mit Lemma 1.2.7 folgt hiermit die Aussage. ∎

Lemma 1.2.9 *Sind a, b zwei Atome von M und ist $a \neq b$, so ist $a \cdot b = 0$.*

Beweis: Da a ein Atom ist, gilt $a \cdot b = a$ oder $a \cdot b = 0$. Aus der ersten Gleichung folgt mit Lemma 1.1.1 die Beziehung $0 \leq a \leq b$. Da b ebenfalls ein Atom ist, muß dann $a = 0$ oder $a = b$ gelten. Beides steht im Widerspruch zu den Voraussetzungen. ∎

Lemma 1.2.10 *Es gilt*

$$\sum_{a \in Atome(M)} a = 1.$$

Beweis: Sei $v = \sum_{a \in Atome(M)} a$. Nehmen wir an, daß $v \neq 1$, also $v' \neq 0$ gilt. Wir sehen leicht ein, daß es dann (wenigstens) ein Atom a von M gibt mit $a \leq v'$. Aufgrund der Definition von v gilt für das gleiche Atom a auch $a \leq v$. Mit Lemma 1.1.1 erhalten wir damit die Beziehungen

$$a \cdot v = a = a \cdot v'$$

und somit auch

$$a = a \cdot v' = (a \cdot v) \cdot v' = 0.$$

Dies ist ein Widerspruch dazu, daß a ein Atom ist. Es muß also $v = 1$ gelten. ∎

Hiermit können wir nun folgenden Darstellungssatz beweisen, der uns direkt zum Satz von Stone führt.

Satz 1.2.11 *Es sei $(M, \leq)$ eine Boolesche Algebra mit mindestens zwei Elementen. Dann gibt es für jedes Element $c \in M$ eine Darstellung der Form*

$$c = \sum_{a \in Atome(c)} a$$

mit $Atome(c) \subseteq Atome(M)$. Diese Darstellung ist eindeutig.

Beweis: Für jedes Element c der Booleschen Algebra M gilt

$$c = c \cdot 1 = c \cdot \sum_{a \in Atome(M)} a = \sum_{a \in Atome(M)} c \cdot a = \sum_{a \in Atome(c)} a$$

mit $Atome(c) = \{a \in Atome(M) : c \cdot a \neq 0\}$.

Wir haben nun nur noch die Eindeutigkeit der Darstellung zu beweisen. Hierzu nehmen wir an, daß

$$c = \sum_{a \in A_1} a = \sum_{a \in A_2} a$$

mit $A_1, A_2 \subseteq Atome(M)$ und $A_1 \neq A_2$ gilt. Ohne Beschränkung der Allgemeinheit gibt es dann ein Element $a_1 \in A_1$ mit $a_1 \notin A_2$. Multiplizieren wir nun obige Gleichung mit diesem Element a_1, so folgt mit Lemma 1.2.9

$$a_1 = a_1 \cdot \sum_{a \in A_1} a = a_1 \cdot \sum_{a \in A_2} a = \sum_{a \in A_2} a_1 \cdot a = 0,$$

was ein Widerspruch dazu ist, daß a_1 ein Atom ist. ∎

Aus dem bisher über Atome Gesagten ergibt sich nun leicht, wie man den im Satz von Stone angesprochenen Isomorphismus definieren kann: Man bildet die Elemente der Booleschen Algebra M auf Elemente der Menge $2^{Atome(M)}$ ab. Jedem Element c von M wird durch diesen Isomorphismus Φ die Menge $Atome(c)$ zugeordnet, für die gilt, daß c sich eindeutig als Disjunktion dieser Atome darstellen läßt.

Der Disjunktion zweier Elemente c_1 und c_2 von M entspricht dann die Vereinigung der entsprechenden Mengen von Atomen: Für $c_1 = \sum_{a \in Atome(c_1)} a$ und $c_2 = \sum_{a \in Atome(c_2)} a$ gilt:

$$c_1 + c_2 = \sum_{a \in Atome(c_1)} a + \sum_{a \in Atome(c_2)} a = \sum_{a \in Atome(c_1) \cup Atome(c_2)} a.$$

Es gilt also $\Phi(c_1 + c_2) = \Phi(c_1) \cup \Phi(c_2)$.

In gleicher Weise läßt sich die Konjunktion zweier Elemente c_1 und c_2 von M als Durchschnitt der entsprechenden Mengen von Atomen interpretieren:

$$c_1 \cdot c_2 = \sum_{a_1 \in Atome(c_1)} a_1 \cdot \sum_{a_2 \in Atome(c_2)} a_2$$

$$= \sum_{a_1 \in Atome(c_1), a_2 \in Atome(c_2)} a_1 \cdot a_2 = \sum_{a \in Atome(c_1) \cap Atome(c_2)} a.$$

Also gilt $\Phi(c_1 \cdot c_2) = \Phi(c_1) \cap \Phi(c_2)$.

Schließlich ist noch zu untersuchen, ob auch die Komplementbildung mit dem Isomorphismus Φ verträglich ist. Da

$$\sum_{a \notin Atome(c)} a \cdot \sum_{a \in Atome(c)} a = 0$$

und

$$\sum_{a \notin Atome(c)} a + \sum_{a \in Atome(c)} a = 1,$$

gilt, folgt

$$c' = \sum_{a \in Atome(M) \setminus Atome(c)} a$$

und damit $\Phi(c') = \Phi(c)'$.

Die Operationen in der Booleschen Algebra $(M, \leq)$ lassen sich also alle auch als Operationen in der dazu isomorphen Algebra $(2^{Atome(M)}, \subseteq)$ interpretieren.

Es ergibt sich demnach folgendes Korollar, das den Satz von Stone präzisiert:

Korollar 1.2.12 (Satz von Stone) *Die Boolesche Algebra* $(M, \leq)$ *ist isomorph zu der Booleschen Algebra* $(2^{Atome(M)}, \subseteq)$.

Aus dem Satz von Stone folgen sehr schöne Aussagen, die einer anschaulichen Betrachtungsweise Boolescher Algebren dienen.

Als erstes stellen wir fest, daß jede Boolesche Algebra $(M, \leq)$ aus 2^m Elementen für eine geeignete nichtnegative ganze Zahl m bestehen muß. Dies folgt unmittelbar aus dem Satz von Stone, da die Potenzmenge 2^Y einer m-elementigen Menge Y genau 2^m Elemente enthält. Hiermit haben wir ein erstes notwendiges Kriterium, ob ein Verband eine Boolesche Algebra sein kann. Der Verband aus Beispiel 1.1.5 auf Seite 19 zum Beispiel besteht aus 5 Elementen, kann also keine Boolesche Algebra sein.

Besteht eine Boolesche Algebra $(M, \leq)$ aus 2^m Elementen, so besitzt M genau m Atome. Bei der Booleschen Algebra $(2^Y, \subseteq)$ sind die Atome die einelementigen Teilmengen von Y, entsprechen also den Elementen aus Y.

Jedes Element x der Ebene j aus $(M, \leq)$ läßt sich also eindeutig als Menge von j Atomen (formal als Vereinigung von j Atomen) interpretieren. Diese j

Atome sind gerade die, die wir im Hasse-Diagramm durch Pfade nach unten von x aus erreichen können. Die Menge dieser j Atome haben wir mit $Atome(x)$ bezeichnet. Umgekehrt gibt es auch zu jeder Teilmenge $A \subseteq Atome(M)$ ein Element $x \in M$ mit $Atome(x) = A$. Auch diese Eigenschaft folgt aus dem Satz von Stone: ein Element der j. Ebene der Booleschen Algebra $(2^Y, \subseteq)$ ist eine j-elementige Menge, enthält also j Atome. Umgekehrt enthält die Potenzmenge 2^Y von Y auch jede Teilmenge von Y als Element.

Definition 1.2.4 (Disjunktive Normalform) *Die Darstellung eines Elementes x als Menge (oder Summe) seiner Atome wird* Disjunktive Normalform *oder* Minterm-Notation *von x genannt.*

Aus dem bisher Gesagten folgt sofort, daß es $\binom{m}{j}$ viele Elemente auf der j. Ebene einer jeden Booleschen Algebra $(M, \leq)$ gibt. Desweiteren gibt es im Hasse-Diagramm einer Booleschen Algebra nur Kanten zwischen benachbarten Ebenen. Letzteres sehen wir durch folgende Überlegungen ein. Sind $a, b \in M$ mit $a \leq b$ und b liegt nicht auf der Ebene direkt oberhalb der Ebene von a, dann gibt es zwei Atome ω_1 und ω_2 mit $\{\omega_1, \omega_2\} \subseteq Atome(b) \setminus Atome(a)$. Offenbar ist das durch $Atome(a) \cup \{\omega_1\}$ beschriebene Element c von a und b verschieden und es gilt $a \leq c \leq b$. Demzufolge gibt es im Hasse-Diagramm keine Kante, die a mit b verbindet, da die Ungleichung $a \leq b$ durch Transitivität aus den Ungleichungen $a \leq c$ und $c \leq b$ folgt.

1.3 Die Algebra der Booleschen Funktionen mit n Variablen

Zentral für unsere Überlegungen im Zusammenhang mit der logischen Synthese kombinatorischer Schaltkreise sind Boolesche Funktionen. Unter einer Booleschen Funktion verstehen wird eine Funktion, deren Definitionsbereich die Menge der n-dimensionalen binären Vektoren und deren Bildbereich die Menge der m-dimensionalen binären Vektoren ist.

Definition 1.3.1 (Boolesche Funktion) *Eine Funktion $f : \{0,1\}^n \to \{0,1\}^m$ heißt* Boolesche Funktion *mit n Variablen und m Ausgängen.*

Wir bezeichnen die Menge der Booleschen Funktionen mit n Variablen und m Ausgängen mit $\mathcal{B}_{n,m}$. Ist m gleich 1, d.h. betrachten wir Boolesche Funktionen mit nur einem Ausgang, so schreiben wir anstelle von $\mathcal{B}_{n,1}$ auch $\mathcal{B}_n$.

Jede Boolesche Funktion $f \in \mathcal{B}_{n,m}$ fassen wir je nach Verwendung auch als m-dimensionaler Vektor $(f_1, \ldots, f_m)$ (oder als m-elementige Menge $\{f_1, \ldots, f_m\}$) von Booleschen Funktionen mit n Variablen und einem Ausgang auf.

Boolesche Funktionen aus $\mathcal{B}_{n,m}$ sind in natürlicher Weise untereinander partiell geordnet. Der Bildbereich ist die Boolesche Algebra $(\{0,1\}^m, \leq)$. Die auf dieser

Algebra definierte partielle Ordnung kann benutzt werden, um auch Boolesche Funktionen in natürlicher Weise partiell zu ordnen.

Definition 1.3.2 (Partielle Ordnung auf Booleschen Funktionen) *Eine Boolesche Funktion $f \in \mathcal{B}_{n,m}$ dominiert eine Boolesche Funktion $g \in \mathcal{B}_{n,m}$, in Zeichen $g \leq f$, wenn für jedes Argument $\alpha \in \{0,1\}^n$ die Beziehung $g(\alpha) \leq f(\alpha)$ gilt.*

Da $(\{0,1\}^n, \leq)$ eine Boolesche Algebra ist, gilt dann auch:

Lemma 1.3.1 *Die partiell geordnete Menge $(\mathcal{B}_{n,m}, \leq)$ ist eine Boolesche Algebra.*

Beweis: Seien $f, g \in \mathcal{B}_{n,m}$ zwei Boolesche Funktionen. Der kleinste gemeinsame Vorfahre $\sup(f,g)$ von f und g muß die Eigenschaft haben, daß der i. Ausgang von $\sup(f,g)$ angewendet auf eine Eingabe $\alpha \in \{0,1\}^n$ den Ausgabewert 1 liefert, wenn $f_i(\alpha) = 1$ oder $g_i(\alpha) = 1$ gilt. Diese Bedingung ist notwendig und hinreichend. Der kleinste gemeinsame Vorfahre von f und g ist also eindeutig gegeben durch $\sup(f,g)(\alpha) = f(\alpha) + g(\alpha)\ \forall \alpha \in \{0,1\}^n$, d.h. durch das komponentenweise logische Oder der Ausgabewerte der beiden Booleschen Funktionen f und g. Der größte gemeinsame Nachkomme $\inf(f,g)$ von f und g muß die Eigenschaft haben, daß der i. Ausgang von $\inf(f,g)$ den Ausgabewert 0 liefert, wenn $f_i(\alpha) = 0$ oder $g_i(\alpha) = 0$ gilt. Diese Eigenschaft ist notwendig und hinreichend. Damit ist der größte gemeinsame Nachkomme von f und g durch $\inf(f,g)(\alpha) = f(\alpha) \cdot g(\alpha)$, also durch das komponentenweise logische Und, eindeutig gegeben. Hiermit haben wir gezeigt, daß $(\mathcal{B}_{n,m}, \leq)$ ein Verband ist. Das 0-Element des Verbandes ist die Boolesche Funktion $\underline{0} \in \mathcal{B}_{n,m}$ definiert durch $\underline{0}(\alpha) = 0\ \forall \alpha \in \{0,1\}^n$. Das 1-Element des Verbandes ist die Boolesche Funktion $\underline{1} \in \mathcal{B}_{n,m}$ definiert durch $\underline{1}(\alpha) = 1\ \forall \alpha \in \{0,1\}^n$.

Das Distributivgesetz (siehe Definition 1.2.1) gilt in $(\mathcal{B}_{n,m}, \leq)$. Wir führen den Beweis auf die Distributivität der Booleschen Algebra $(\{0,1\}^m, \leq)$ zurück. So gilt für alle $f, g, h \in \mathcal{B}_{n,m}$ und für alle $\alpha \in \{0,1\}^n$:

$$
\begin{aligned}
f \cdot (g+h)(\alpha) &= f(\alpha) \cdot (g+h)(\alpha) \\
&= f(\alpha) \cdot (g(\alpha) + h(\alpha)) \\
&= (f(\alpha) \cdot g(\alpha)) + (f(\alpha) \cdot h(\alpha)) \\
&= ((f \cdot g)(\alpha) + (f \cdot h)(\alpha) \\
&= ((f \cdot g) + (f \cdot h))(\alpha).
\end{aligned}
$$

Das inverse Element einer Booleschen Funktion $f \in \mathcal{B}_{n,m}$ ist gegeben durch $f' \in \mathcal{B}_{n,m}$ mit $f'(\alpha) = (f_1(\alpha)', \ldots, f_m(\alpha)')$ für alle $\alpha \in \{0,1\}^n$. ∎

Die Argumente einer Booleschen Funktion $f \in \mathcal{B}_n$ mit einem Ausgang werden in zwei Klassen $ON(f)$ und $OFF(f)$ partitioniert.

Bezeichnung 1.3.3 *Die* ON*-Menge von f, in Zeichen $ON(f)$ ist eine Teilmenge des Definitionsbereiches $\{0,1\}^n$ und besteht aus den Elementen $\alpha \in \{0,1\}^n$, für die $f(\alpha) = 1$ gilt. Die Elemente von $ON(f)$ werden Minterme von f genannt.*

Die OFF*-Menge von f, in Zeichen $OFF(f)$ ist die Menge der Argumente $\alpha \in \{0,1\}^n$, für die $f(\alpha) = 0$ gilt.*

Natürlich benötigen wir auch eine oder mehrere Sprachen, um Boolesche Funktionen beschreiben zu können. Ohne eine solche Sprache könnte Hardware nicht spezifiziert werden. Die traditionelle Spezifikationsmethode sind die Booleschen Ausdrücke.

Definition 1.3.4 (Boolescher Ausdruck) *Es sei eine Menge $\mathcal{X} = \{x_1, \ldots, x_n\}$ von Variablen und die Menge A der endlichen Folgen über dem Alphabet $\{0, 1, x_1, \ldots, x_n\} \cup \{\cdot, +, (,),'\}$ gegeben. Die Menge der Booleschen Ausdrücke definiert über die Variablenmenge $\mathcal{X}$ ist die kleinste Menge $M \subset A$, die den Eigenschaften (a), (b), und (c) genügt.*

a)　*Jedes der Symbole aus $\{0, 1, x_1, \ldots, x_n\}$ ist Element von M, ist also nach Definition ein Boolescher Ausdruck.*

b)　*Sind $\omega_1, \ldots, \omega_k$ Elemente von M, so auch die beiden endlichen Folgen $(\omega_1 \cdot \ldots \cdot \omega_k)$ und $(\omega_1 + \ldots + \omega_k)$. Der Ausdruck $(\omega_1 \cdot \ldots \cdot \omega_k)$ heißt Produkt oder Konjunktion von $\omega_1, \ldots, \omega_k$. Der Ausdruck $(\omega_1 + \ldots + \omega_k)$ heißt Summe oder Disjunktion von $\omega_1, \ldots, \omega_k$.*

c)　*Ist ω ein Element aus M, so auch ω'. Der Ausdruck ω' heißt Negation oder Komplement von ω.*

Wir bezeichnen die Menge M im folgenden mit $\mathcal{A}(\mathcal{X})$.

Um uns die Arbeit beim Schreiben leichter zu machen, vereinbaren wir, daß das Symbol $'$ stärker bindet als das Symbol $\cdot$ und dieses stärker bindet als $+$. Dies erlaubt es uns dann, nicht immer alle Klammern hinschreiben zu müssen, ohne die syntaktische Eindeutigkeit zu verlieren.

Formal müssen wir jedem Booleschen Ausdruck die von ihm beschriebene Boolesche Funktion zuordnen, also die ihn "interpretiert". Dies geschieht über eine homomorphe Abbildung.

Definition 1.3.5 (Interpretation Boolescher Ausdrücke) *Sei $\mathcal{X} = \{x_1, \ldots, x_n\}$ die Menge der Variablen und $\phi : \mathcal{A}(\mathcal{X}) \longrightarrow \mathcal{B}_n$ die wie folgt definierte Boolesche Funktion von der Menge der Booleschen Ausdrücke über $\mathcal{X}$ in die Menge der Booleschen Funktionen mit n Variablen.*

a1)　$\forall \alpha = (\alpha_1, \ldots, \alpha_n) \in \{0,1\}^n : \phi(0)(\alpha) = \underline{0}(\alpha) = 0$

a2) $\quad \forall \alpha = (\alpha_1, \ldots, \alpha_n) \in \{0,1\}^n : \phi(1)(\alpha) = \underline{1}(\alpha) = 1$

a3) $\quad \forall \alpha = (\alpha_1, \ldots, \alpha_n) \in \{0,1\}^n : \phi(x_i)(\alpha) = \alpha_i$

b1) $\quad \forall \omega_1, \ldots, \omega_k \in \mathcal{A}(\mathcal{X}) : \phi((\omega_1 \cdot \ldots \cdot \omega_k)) = \phi(\omega_1) \cdot \ldots \cdot \phi(\omega_k)$

b2) $\quad \forall \omega_1, \ldots, \omega_k \in \mathcal{A}(\mathcal{X}) : \phi((\omega_1 + \ldots + \omega_k)) = \phi(\omega_1) + \ldots + \phi(\omega_k)$

c) $\quad \forall \omega \in \mathcal{A}(\mathcal{X}) : \phi(\omega') = \phi(\omega)'.$

ϕ wird die Interpretation der Booleschen Ausdrücke genannt.

Sprechweise 1.3.6 *Gilt $\phi(\omega) = f$, so sagen wir, daß der "Boolesche Ausdruck ω die Boolesche Funktion f beschreibt" oder "ω ein Boolescher Ausdruck von f ist". Auch werden wir oft Boolesche Ausdrücke mit ihrer Interpretation gleichsetzen, falls keine Mißverständnisse zu befürchten sind.*

Offensichtlich gibt es zu jeder Booleschen Funktion $f \in \mathcal{B}_n$ eine unendliche Menge von Booleschen Ausdrücken, die f beschreiben. Der logischen Synthese stellt sich (insbesondere) die Aufgabe, aus dieser unendlichen Menge einen besten Ausdruck für eine vorgegebene Boolesche Funktion f zu finden.

Definition 1.3.7 (äquivalente Boolesche Ausdrücke) *Zwei Boolesche Ausdrücke ω_1 und ω_2 aus $\mathcal{A}(\mathcal{X})$ heißen genau dann äquivalent, wenn sie die gleiche Boolesche Funktion aus $\mathcal{B}_n$ beschreiben.*

Wir wollen zum Abschluß dieses Abschnittes an einem Beispiel versuchen, die verschiedenen eingeführten Begriffe nochmals zusammenfassend zu illustrieren.

Illustration

In der Abbildung 1.2 sehen Sie die Verbandsstruktur der Booleschen Algebra $(\mathcal{B}_2, \leq)$. Die Elemente der Algebra, d.h. die Booleschen Funktionen mit 2 Variablen, sind in diesem Hasse-Diagramm durch ihre Funktionstafeln angegeben. Die Knotenmarkierung 0010 zum Beispiel steht für die Funktionstafel

x_1	x_2	
0	0	0
0	1	0
1	0	1
0	0	0

,

also für die Funktion $f : \{0,1\}^2 \to \{0,1\}$ mit $f(0,0) = 0$, $f(0,1) = 0$, $f(1,0) = 1$ und $f(1,1) = 0$.

Ersetzen wir die Funktionstafeln jeweils durch einen Booleschen Ausdruck, der die entsprechende Funktion beschreibt, so erhalten wir das Hasse-Diagramm aus der Abbildung 1.3. Da es unendlich viele Boolesche Ausdrücke zu jeder

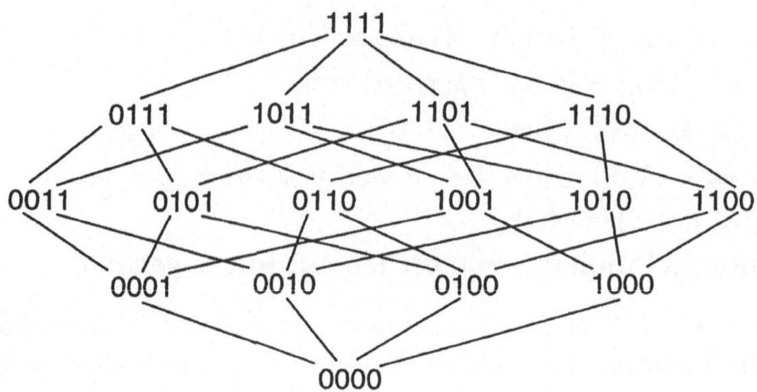

Abb. 1.2 Verbandsstruktur der Booleschen Algebra $(\mathcal{B}_2, \leq)$, wobei die Funktionen über ihre Funktionstafeln angegeben sind.

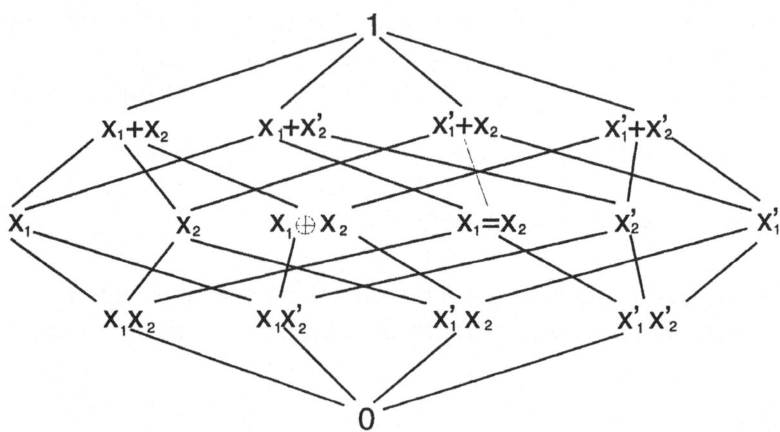

Abb. 1.3 Verbandsstruktur der Booleschen Algebra $(\mathcal{B}_2, \leq)$, wobei die Funktionen über Boolesche Ausdrücke angegeben sind. Der Ausdruck $x_1 \oplus x_2$ steht hierbei für $x_1 \cdot x_2' + x_1' \cdot x_2$ und $x_1 = x_2$ für $x_1' \cdot x_2' + x_1 \cdot x_2$.

Booleschen Funktion gibt, gibt es also auch unendlich viele entsprechende Hasse-Diagramme. Alle Diagramme sind isomorph zueinander.

Die Atome der Booleschen Algebra sind nach Definition die Booleschen Funktionen auf der ersten Ebene des Hasse-Diagramms, also die durch die Booleschen Ausdrücke $x_1 \cdot x_2$, $x_1 \cdot x_2'$, $x_1' \cdot x_2$ und $x_1' \cdot x_2'$ definierten Booleschen Funktionen. In der Abbildung 1.4 ist das Hasse-Diagramm angegeben, in dem jede Boolesche Funktion der Algebra durch die Menge der Atome beschrieben wird, aus denen sich das Element zusammensetzt. Verknüpfen wir die Atome mit dem Operator $+$, so erhalten wir die disjunktive Normalform der Booleschen Funktion. Wir sehen aus den Abbildungen 1.2 und 1.4, daß die Menge, die aus den Atomen 2, 3 und 4 besteht, die disjunktive Normalform der durch die Funktionstafel $(1, 1, 1, 0)$ beschriebenen Booleschen Funktion ist.

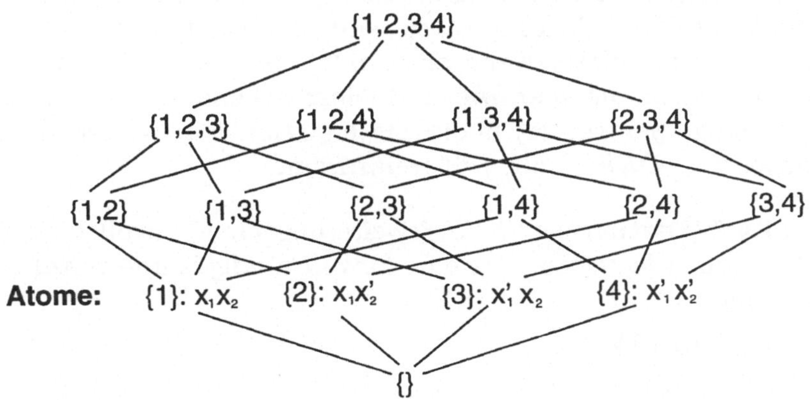

Abb. 1.4 Verbandsstruktur der Booleschen Algebra $(\mathcal{B}_2, \leq)$, wobei die Funktionen über die Atome angegeben sind.

1.4 Unvollständig spezifizierte Boolesche Funktionen

Wir kommen nun zu unvollständig spezifizierten Booleschen Funktionen, also Funktionen, bei denen nicht zu jeder möglichen Belegung der n Variablen ein Funktionswert spezifiziert ist. Dies ist zum Beispiel dann sinnvoll, wenn wir wissen, daß eine solche Belegung nie durch die Umgebung angelegt wird. Wir brauchen uns also nicht um die Ausgabewerte solcher Variablenbelegungen zu kümmern. Formal sind unvollständig spezifizierte Boolesche Funktionen wie folgt definiert.

Definition 1.4.1 (unvollständig spezifizierte Boolesche Funktionen) *Eine Abbildung $f : D \to \{0, 1\}$ mit $D \subseteq \{0, 1\}^n$ heißt* unvollständig spezifizierte Boolesche Funktion *mit n Variablen.*

D ist der *Definitionsbereich* von f, in Zeichen $DEF(f)$. Die Menge $DC(f) := \{0, 1\}^n \setminus DEF(f)$ heißt *Don't Care Menge*. Die Elemente aus der Don't Care Menge heißen *Don't Cares*. Wir benutzen auch desöfteren die Schreibweise $f(\alpha) = *$, um anzugeben, daß α ein Don't Care ist.

Die ON-Menge $ON(f)$ und die OFF-Menge $OFF(f)$ sind der Definition 1.3.3 entsprechend definiert:

$$ON(f) := \{\alpha \in D : \ f(\alpha) = 1\}$$
$$OFF(f) := \{\alpha \in D : \ f(\alpha) = 0\}.$$

Realisieren wir eine unvollständig spezifizierte Boolesche Funktion f durch eine kombinatorische Schaltung C, so wird die Schaltung C sicherlich auch einen Ausgabewert liefern, wenn ein Don't Care an die Eingänge angelegt wird. Eine unvollständig spezifizierte Boolesche Funktion f wird also durch eine (vollständig spezifizierte) Boolesche Funktion F realisiert, die auf dem Definitionsbereich $DEF(f)$ mit f übereinstimmt.

Definition 1.4.2 (Erweiterung) *Eine* Erweiterung *einer unvollständig spezifizierten Booleschen Funktion f ist eine (unvollständig spezifizierte) Boolesche Funktion F mit*

- $DEF(f) \subseteq DEF(F)$,

- $\forall \alpha \in DEF(f) : F(\alpha) = f(\alpha)$.

Die Erweiterung einer Booleschen Funktion f heißt vollständig, *wenn F eine vollständig spezifizierte Boolesche Funktion ist, d.h. wenn $DEF(F) = \{0,1\}^n$ gilt.*

Wir überlegen uns leicht, daß die Menge der vollständigen Erweiterungen einer unvollständig spezifizierten Booleschen Funktion f durch ein "Intervall" bezüglich der partiellen Ordnung $\leq$ der Booleschen Algebra $(\mathcal{B}_n, \leq)$ bestimmt ist. Dieses Intervall wird definiert durch die kleinste vollständige Erweiterung $f_{ON(f)}$ von f, bei der alle Don't Cares den Funktionswert 0 zugeordnet bekommen und die größte vollständige Erweiterung $f_{ON(f) \cup DC(f)}$ von f, bei der alle Don't Cares den Funktionswert 1 zugeordnet bekommen, also

$$DEF(f_{ON(f)}) = \{0,1\}^n$$
$$ON(f_{ON(f)}) = ON(f)$$
$$OFF(f_{ON(f)}) = OFF(f) \cup DC(f)$$

und

$$DEF(f_{ON(f) \cup DC(f)}) = \{0,1\}^n$$
$$ON(f_{ON(f) \cup DC(f)}) = ON(f) \cup DC(f)$$
$$OFF(f_{ON(f) \cup DC(f)}) = OFF(f).$$

Hieraus folgt sofort eine hinreichende und notwendige Bedingung für vollständige Erweiterungen.

Lemma 1.4.1 *Eine Boolesche Funktion $F \in \mathcal{B}_n$ ist genau dann eine Erweiterung der unvollständig spezifizierten Booleschen Funktion f, wenn die Ungleichun-*

gen

$$f_{ON(f)} \leq F \leq f_{ON(f) \cup DC(f)}$$

gelten.

Die Aussage dieses Lemmas kann sehr schön am Hasse-Diagramm illustriert werden und ersetzt auch in diesem Sinne den Beweis[1]. In der Abbildung 1.5 ist das oben angegebene Intervall für die unvollständig spezifizierte Boolesche Funktion $f : D \rightarrow \{0, 1\}$ mit $DEF(f) = \{00, 11\}$ und $ON(f) = \{11\}$ dunkel unterlegt. Eine vollständige Erweiterung von f muß in diesem Intervall liegen. Die kleinste vollständige Erweiterung $f_{ON(f)}$ von f ergibt sich durch Setzen der Don't Care-Ausgänge auf 0; die größte vollständige Erweiterung $f_{ON(f) \cup DC(f)}$ erhalten wir, wenn wir alle Don't Care-Ausgänge auf 1 setzen. Alle anderen vollständigen Erweiterungen erhalten wir dadurch, daß jedem Don't Care-Ausgang entweder der Wert 0 oder der Wert 1 zugeordnet wird. Alle diese Erweiterungen sind offensichtlich im angegebenen Intervall enthalten.

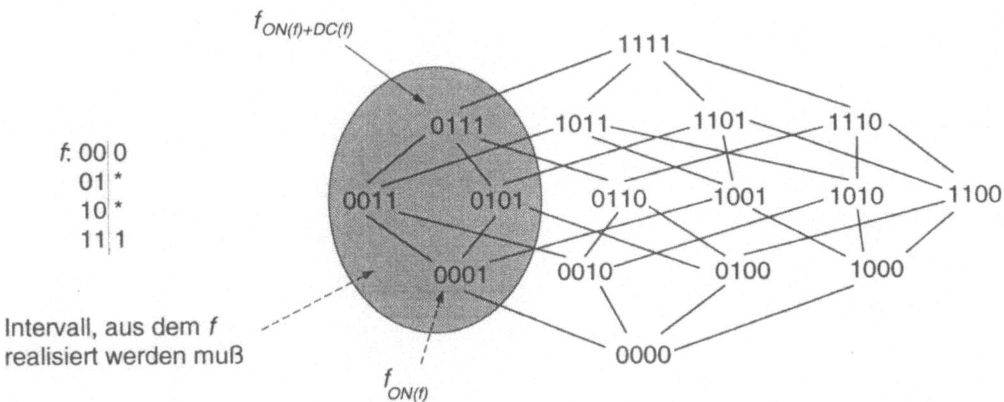

Abb. 1.5 Vollständige Erweiterungen

Im Rahmen der folgenden Kapitel werden wir auch mit der Booleschen Funktion $f_{OFF(f)}$ bzw. $f_{DC(f)}$ arbeiten, die analog zu den beiden obigen Funktionen definiert sind, also definiert sind durch

$$DEF(f_{OFF(f)}) = \{0, 1\}^n$$
$$ON(f_{OFF(f)}) = OFF(f)$$

beziehungsweise durch

---

[1]Ein Beweis ist ein 2-Personen-Spiel. Ein Beweis ist dann fertig, wenn der Gegenüber die Aussage glaubt.

$$DEF(f_{DC(f)}) = \{0,1\}^n$$
$$ON(f_{DC(f)}) = DC(f).$$

2 Technologien, Modelle und Kostenmaße

In diesem Kapitel wollen wir die heute gebräuchlichsten Technologien beim Entwurf anwendungsspezifischer Schaltungen kurz vorstellen. Es sind dies ROMs (Read Only Memories) und PLAs (Programmable Logic Arrays), Standardzellen- und Sea-of-Gate-Entwürfe, sowie seit kurzem die FPGAs (Field Programmable Gate Arrays). Wir werden bei der Vorstellung dieser Technologien nur soweit auf Details eingehen, wie es für das Verständnis der bei der logischen Synthese verwendeten Modelle und Kostenmaße notwendig ist.

Die Art der Chiprealisierung hängt entscheidend von den vom Entwerfer beziehungsweise vom Kunden gestellten Anforderungen an das Produkt ab. Aus dieser spezifischen Sicht ist die Verwendung bestimmter Darstellungen für die zu realisierenden Funktionen besonders naheliegend. Soll die Boolesche Funktion durch einen Nurlesespeicher realisiert werden, so benutzen wir als Darstellung die Funktionstabelle. Die Synthese programmierbarer logischer Felder basiert auf zweistufigen Booleschen Ausdrücken, den Polynomen. Die Synthese allgemeiner kombinatorischer Schaltungen und der FPGAs erfolgt auf logischen Netzwerken oder binären Entscheidungsgraphen (binary decision diagrams, BDD). Diese Modelle erlauben zum Teil eine sehr einfache Übersetzung in die vorgesehene Technologie. Die Kosten der Hardware entsprechen in etwa den auf den Modellen berechneten Kosten.

2.1   Nurlesespeicher und Funktionstafeln

Nurlesespeicher sind im Gegensatz zu dem üblichen Hauptspeicher eines Rechners dadurch gekennzeichnet, daß ihr Inhalt während des Rechnerbetriebs nicht verändert werden kann. Zudem ist ihr Inhalt nicht flüchtig, so daß er auch nach dem Ausschalten der Betriebsspannung erhalten bleibt. Wegen dieses Langzeitgedächtnisses verwenden wir Nurlesespeicher üblicherweise zur Speicherung von Programmen und Daten, die zur Funktionsfähigkeit des Systems dauernd und unverändert zur Verfügung stehen müssen. Als Beispiel solcher Daten sei das Mikroprogramm eines CISC-Rechners genannt. Dort wird unter der i. Adresse des Nurlesespeichers die i. Mikroprogrammzeile gespeichert.

In der gleichen Art und Weise läßt sich eine Boolesche Funktion $f \in \mathcal{B}_{n,m}$ mit n Variablen und m Ausgängen durch Nurlesespeicher realisieren. Unter der Adresse i wird der m Bit breite Funktionswert $f(x_0, \ldots, x_{n-1})$ abgelegt, wobei i der Dezimaldarstellung von $(x_0, \ldots, x_{n-1})$ entspricht, also $i = \sum_{j=0}^{n-1} x_j \cdot 2^j$ gilt. Zur Realisierung einer Funktion aus $\mathcal{B}_{n,m}$ benötigen wir also einen Speicher der Kapazität $2^n \times m$ Bit. Der Aufbau eines Nurlesespeichers ist in der Abbildung 2.1 skizziert.

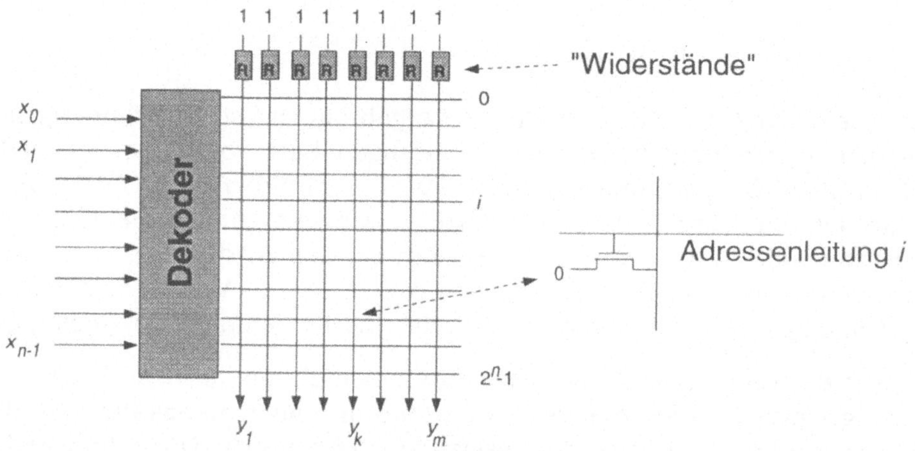

Abb. 2.1 Nurlesespeicher

Der Speicher besteht also im wesentlichen aus einem Dekoder, der die Eingabe $(x_0, \ldots, x_{n-1})$ entschlüsselt und die i. Adressenleitung – in diesem Beispiel von oben nach unten durchnumeriert beginnend mit Leitung 0 – aktiviert. Ist an der Kreuzung zwischen der i. Adressenleitung und der zu y_k gehörigen Ausgabeleitung – wie in der Abbildung 2.1 skizzenhaft dargestellt – ein mit Masse verbundener n-Kanal Transistor realisiert, so fließt die Ladung in der k. Spalte über diesen Transistor ab, und der Datenausgang y_k liegt auf dem logischen Wert 0. Ist kein Transistor an dem Kreuzungspunkt realisiert, so liegt der Datenausgang y_k auf dem logischen Wert 1.

Die Fläche setzt sich dementsprechend zusammen aus der Fläche eines n–Bit-Dekoders, die sich asymptotisch wie $O(2^n)$ [Weg89, Seite 129] verhält, und der Fläche des eigentlichen Speichers, die in etwa die Größe $m \cdot 2^n$ besitzt. Wir bemerken also, daß die Realisierung von Booleschen Funktionen mit vielen Variablen durch Nurlesespeicher nicht praktikabel ist.

2.2 PLAs und Boolesche Polynome

Die wohl am weitesten verbreitete Technologie zur Realisierung kombinatorischer Schaltungen sind die programmierbaren logischen Felder (PLA).

2.2.1 Aufbau eines PLAs

Ein PLA besteht aus zwei Stufen, die erste Stufe berechnet üblicherweise Konjunktionen über den (nichtnegierten und negierten) Eingängen - wir sprechen vom AND-Feld. Die zweite Stufe faßt die in der ersten Stufe berechneten Konjunktionen mit Disjunktionen zusammen, wir sprechen vom *OR-Feld* des PLAs. Abbildung 2.2 zeigt eine Skizze eines PLAs. Die Ausgabeleitungen m_j des AND-Feldes tragen jeweils den Wert einer Konjunktion über einer Teilmenge der negierten und nichtnegierten Eingabewerte. Die "o"-Symbole stellen Inverter dar.

Beispiel 2.2.1 Als Beispiel betrachten wir die Boolesche Funktion $f \in \mathcal{B}_{3,2}$ definiert durch $f_1(x_1, x_2, x_3) = x_1' \cdot x_2' + x_2' \cdot x_3 + x_1 \cdot x_2$ und $f_2(x_1, x_2, x_3) = x_2' \cdot x_3$. Das dazugehörige PLA ist in der Abbildung 2.3 dargestellt.

Auf der obersten horizontalen Leitung m_1 wird die Konjunktion $x_1' \cdot x_2'$ berechnet. Sind sowohl x_1 als auch x_2 gleich 0, so schaltet keiner der Transistoren dieser Leitung, die links angelegte Ladung fließt also nicht ab. Die Leitung m_1 trägt den Wert 1. Ist $x_1 = 1$ oder $x_2 = 1$, so leitet einer der beiden Transistoren und die Ladung fließt gegen Masse ab. Die Leitung m_1 liegt in diesem Fall auf dem logischen Wert 0.

Betten wir ein PLA in der in Abbildung 2.3 dargestellten Weise in Hardware ein, so belegt ein PLA eine Fläche von etwa $(2 \cdot n + m) \times s$ Einheiten. Die Zahl s ist hierbei die Anzahl der benötigten Konjunktionen in der ersten Stufe.

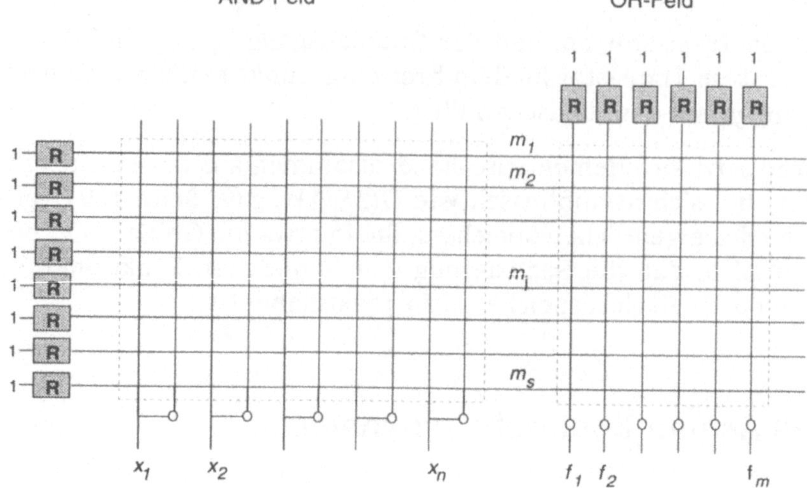

Abb. 2.2 Aufbau eines PLAs bestehend aus einem AND- und einem OR-Feld.

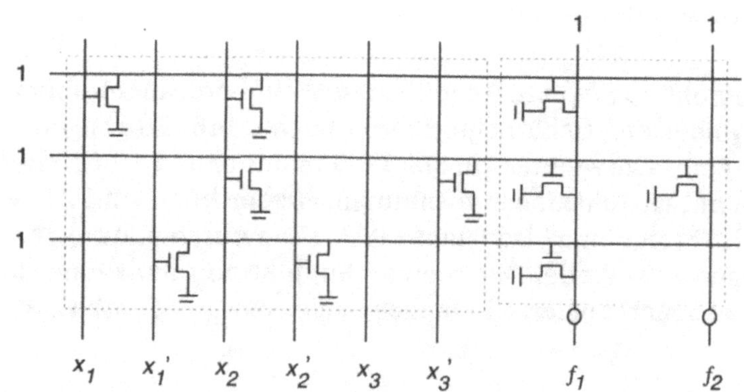

Abb. 2.3 Realisierung einer Booleschen Funktion durch ein PLA

Betrachten wir ein gegebenes PLA etwas genauer, so stellen wir fest, daß wir ein PLA gegebenenfalls falten und so Fläche sparen können. Wir haben eine solche Faltung (siehe Abbildung 2.4) an dem PLA aus Abbildung 2.3 durchgeführt.

Das Falten von PLAs ist eine Aufgabe, die im Rahmen der physikalischen Synthese integrierter Schaltungen erledigt wird. Aus diesem Grunde wollen wir an dieser Stelle nicht weiter darauf eingehen. Wir sehen aber, daß die Fläche nicht nur durch die Anzahl der PLA-Zeilen, sondern auch durch die Anzahl der im AND-Feld des PLAs enthaltenen Transistoren beeinflußt wird. Je weniger

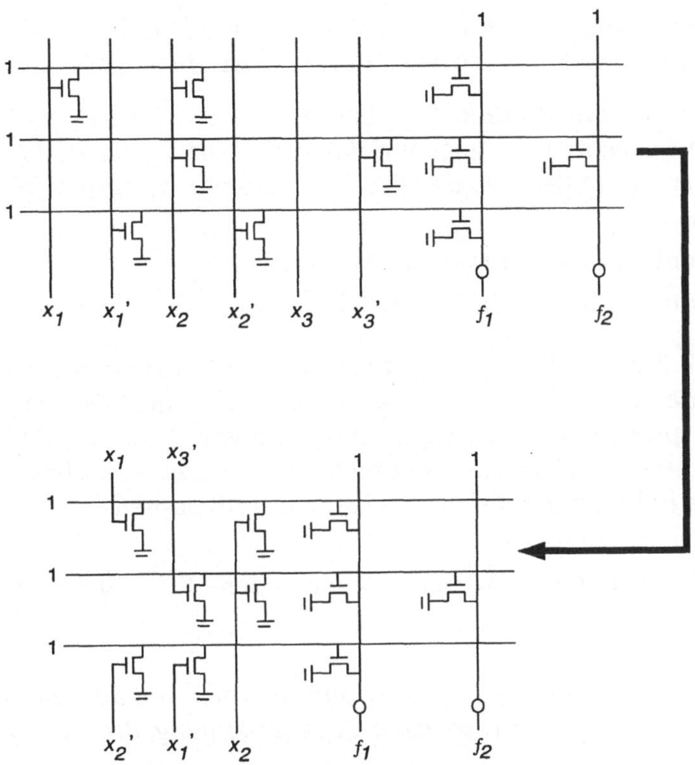

Abb. 2.4 Faltung eines PLA

Transistoren im AND-Feld des PLAs enthalten sind, desto größer die Wahrscheinlichkeit, daß ein PLA effizient gefaltet werden kann.

Auch ist es wichtig, die Anzahl der Transistoren im OR-Feld des PLAs klein zu halten. Jeder Transistor im OR-Feld erhöht die zu treibende Ausgangslast der ensprechenden Zeile und somit die Reaktionszeit des PLAs.

2.2.2   Boolesche Polynome

PLAs, wie sie gerade eingeführt wurden, werden über spezielle Boolesche Ausdrücke beschrieben, die Polynome. Um später eine einfache Terminologie zur Verfügung zu haben, benötigen wir folgende Definitionen.

Definition 2.2.1 (Literale, Monome, Polynome) *Sei $\mathcal{X} = \{x_1, \ldots, x_n\}$ die Variablenmenge.*

- *Unter einem Literal verstehen wir einen Booleschen Ausdruck* x_i *oder* x_i' *für* $i \in \{1, \dots, n\}$. x_i *ist ein positives Literal,* x_i' *ist ein negatives Literal.*

- *Ein Monom ist ein Produkt von Literalen.* Die Länge eines Monoms m_j, *in Zeichen* Länge(m_j), *ist gegeben durch die Anzahl der in diesem Produkt verwendeten Literale. Hat das Produkt Länge 0, so sprechen wir von dem* 1-Monom.

- *Ein Polynom ist eine Summe von Monomen.*

- *Ein Polynombündel ist ein Vektor* $(p_1, \dots, p_m)$ *von Polynomen.*

Sprechweise 2.2.2 *Sind keine Mißverständnisse zu erwarten, nennen wir ein Polynombündel auch oft nur Polynom. Beschreibt ein Polynom* p *eine Funktion* f, *dann sprechen wir von einem Polynom von* f. *Ist die Reihenfolge der Polynome in einem Polynombündel nicht von Interesse, so betrachten wir in der Regel das Polynombündel als Menge von Polynomen.*

Je nach Kontext verwenden wir auch verschiedene Schreibweisen für Polynome.

Schreibweise 2.2.3 *Seien* $m_1, \dots, m_q$ *Monome und* p *die Summe dieser* q *Monome. Wir verwenden für* p *je nach Zusammenhang die Schreibweise* $p = m_1 + \dots + m_q$ *oder* $p = \{m_1, \dots, m_q\}$.

Offensichtlich kann jede endliche Menge von Polynomen direkt in ein PLA übersetzt werden und umgekehrt. Da wir bei der Synthese von PLAs die Polynome als Modell benutzen, sollten die Kosten einer Menge von Polynomen in etwa den Kosten des daraus resultierenden PLAs entsprechen. Insbesondere sollte die Möglichkeit der Faltung von PLAs im Auge behalten werden.

Die Fläche eines PLAs wird primär bestimmt durch die Anzahl der Produktleitungen, also die Anzahl der Zeilen im PLA. Jede Zeile steht für ein Monom, das berechnet werden muß. Sei also $P = \{p_1, \dots, p_t\}$ die Menge der Polynome, die durch ein PLA realisiert werden sollen, dann interessiert für die Fläche primär die Anzahl der verschiedenen Monome, aus denen die Polynome aus P aufgebaut sind. Die Anzahl der Zeilen im PLA ist also gegeben durch die Kardinalität der Menge

$$M(P) = \bigcup_{i=1}^{t} p_i.$$

Wir fassen hier also die Polynome als Mengen von Monomen auf (siehe Schreibweise 2.2.3).

Definition 2.2.4 (primäre Kosten von Polynomen) *Die primären Kosten einer Menge $P = \{p_1, \ldots, p_t\}$ von Polynomen sind definiert als die Kardinalität der Menge $M(P) = \bigcup_{i=1}^{t} p_i$.*

Die Kosten eines PLAs werden aber nicht nur durch die Anzahl der realisierten Monome bestimmt, sondern auch durch die Anzahl der Transistoren im PLA. Je dünner das Feld belegt ist, desto wahrscheinlich ist es, daß das PLA platzeffizient gefaltet werden kann. Dies wollen wir in den sekundären Kosten widerspiegeln, die durch die Anzahl der verwendeten Transistoren definiert sind. Die Anzahl der Transistoren ist gegeben durch die Anzahl der Literale in den Monomen und wie oft jedes Monom in dem OR-Feld verwendet wird.

Definition 2.2.5 (sekundäre Kosten von Polynomen) *Die sekundären Kosten einer Menge P von Polynomen sind durch*

$$\sum_{m_j \in M(P)} L\ddot{a}nge(m_j) + \sum_{p_i \in P} \mid p_i \mid$$

definiert, wobei $|p_i|$ die Anzahl der in p_i enthaltenen Monome angibt.

Die erste Summe gibt die Anzahl der Transistoren im AND-Feld an. Die zweite Summe gibt die Anzahl der Transistoren im OR-Feld an - wieder wird das Polynom p_i als Menge von Monomen aufgefaßt. Zur Realisierung von p_i benötigen wir im OR-Feld genauso viele Transistoren wie p_i Monome enthält.

2.2.3 Veranschaulichung von Monomen und Polynomen durch n-dimensionale Würfel

Monome und Polynome können sehr anschaulich als mehrdimensionale Teilwürfel beziehungsweise als Menge von mehrdimensionalen Teilwürfeln dargestellt werden. Da wir diese Anschauung in den folgenden Kapiteln desöfteren benutzen werden, wollen wir sie an dieser Stelle einführen.

In Abbildung 2.5 sind die Würfel der Dimension 3 und der Dimension 4 dargestellt. Die Knoten des n-dimensionalen Würfels sind markiert mit Bitvektoren der Länge n. Ein beliebiger Knoten des Würfels wird mit dem Nullvektor $(0, \ldots, 0)$ markiert. Bewegen wir uns nun von einem Knoten zu einem Nachbarknoten über die j. Dimension des Würfels, so ändert sich in der Markierung lediglich der Wert der j. Komponente.

Eine Boolesche Funktion $f \in \mathcal{B}_n$ kann ähnlich wie durch eine Funktionstafel auch durch einen n-dimensionalen Würfel beschrieben werden. Wir

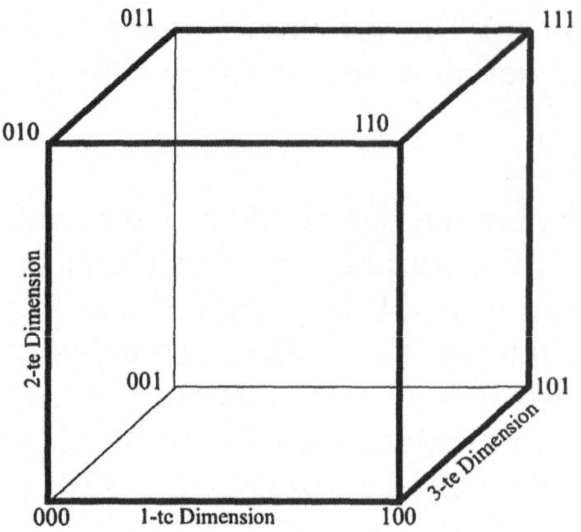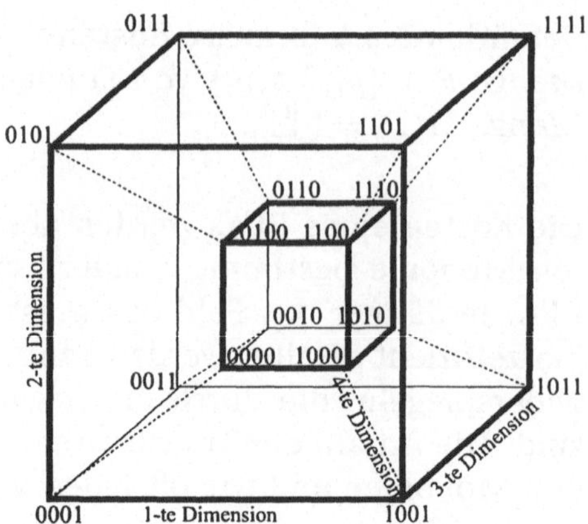

Abb. 2.5 3- und 4-dimensionaler Würfel

kennzeichnen einfach die Knoten, deren Markierung aus $ON(f)$ sind. Abbildung 2.6 zeigt dies am Beispiel der Booleschen Funktion $f \in \mathcal{B}_4$ beschrieben durch den Booleschen Ausdruck $x_1 \cdot x_2 + x_1' \cdot x_2' \cdot x_3' + x_1 \cdot x_2' \cdot x_3' \cdot x_4$. Die Menge $ON(f)$ ist in diesem Beispiel gleich der Menge $\{(0,0,0,1), (0,0,0,0), (1,0,0,1), (1,1,0,0), (1,1,0,1), (1,1,1,0), (1,1,1,1)\}$.

Der gerade angegebene Boolesche Ausdruck besteht aus drei Monomen. Jedes dieser Monome findet sich ebenfalls im Würfel wieder. Die durch das Monom $x_1' \cdot x_2' \cdot x_3'$ beschriebene Funktion entspricht dem 1-dimensionalen Teilwürfel, der aus den Knoten $(0,0,0,0)$ und $(0,0,0,1)$ und der dazugehörigen Kante besteht. Das Monom $x_1 \cdot x_2' \cdot x_3' \cdot x_4$ entspricht dem 0-dimensionalen Teilwürfel, der nur aus dem Knoten $(1,0,0,1)$ besteht. Das dritte Monom, $x_1 \cdot x_2$, entspricht der 2-dimensionalen Fläche, die durch die Knoten mit $(1,1,0,0)$, $(1,1,0,1)$, $(1,1,1,0)$ und $(1,1,1,1)$ berandet ist. Abbildung 2.7 illustriert nochmals diese Aussagen.

Beobachtung 2.2.1 *Ein Monom der Länge k entspricht in einem n-dimensionalen Würfel einem $(n-k)$-dimensionalen Teilwürfel. Umgekehrt wird auch jeder $(n-k)$-dimensionale Teilwürfel durch ein Monom der Länge k beschrieben.*

Ein Polynom wird also durch eine Menge von Teilwürfeln, die den Monomen des Polynoms entsprechen, beschrieben.

Eine der Teilaufgaben der logischen Synthese zweistufiger Realisierungen ist es, eine Überdeckung der in einem n-dimensionalen Würfel markierten Knoten zu finden, die aus möglichst wenigen maximalen Teilwürfeln besteht. Die Überdeckung darf keinen nichtmarkierten Knoten umfassen. In den Kapiteln 3

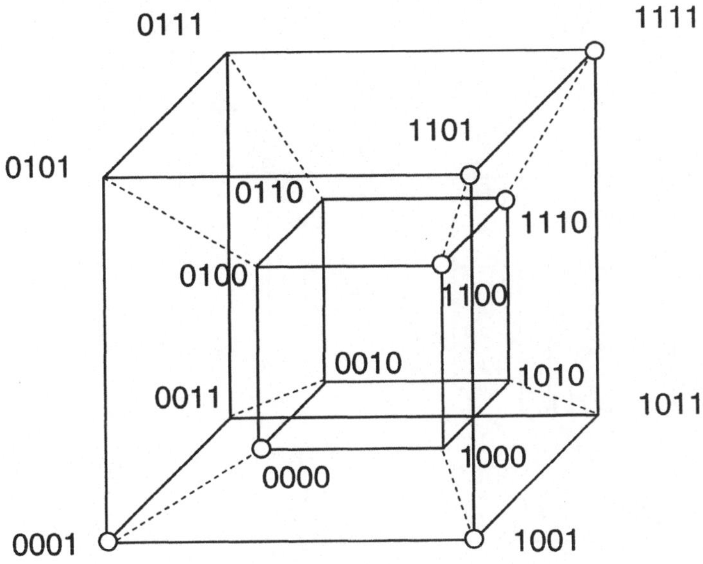

Abb. 2.6 Darstellung einer Booleschen Funktion durch einen Würfel

und 4 werden wir uns diesem Problem widmen.

2.2.4 Interne Darstellung von Polynomen

Polynome werden im Rechner natürlich nicht als n-dimensionale Gebilde abgespeichert. Vielmehr wird eine für die Bearbeitung durch den Rechner geeignetere Darstellung gewählt, die der PLA-Struktur sehr ähnelt. Wir wollen die Darstellung an einem Beispiel kurz erläutern.

Beispiel 2.2.2 Sei $f \in \mathcal{B}_{3,2}$ definiert durch die beiden Polynome

$$
\begin{aligned}
p_1 &= x_1 \cdot x_2 \cdot x_3 + x_1' \cdot x_3 \\
p_2 &= x_1 \cdot x_2 \cdot x_3 + x_2 \cdot x_3'.
\end{aligned}
$$

$p = (p_1, p_2)$ wird rechnerintern als Matrix dargestellt:

$$
\begin{array}{ccccc}
1 & 1 & 1 & 1 & 1 \\
0 & * & 1 & 1 & 0 \\
* & 1 & 0 & 0 & 1 \\
\end{array}\ .
$$

Jede Zeile stellt ein in p vorkommendes Monom dar. Der zu dem Monom q gehörige Zeilenvektor teilt sich in einen Eingabeteil der Länge 3 (= Anzahl der Variablen) und einen Ausgabeteil der Länge 2 (= Anzahl der Polynome) auf.

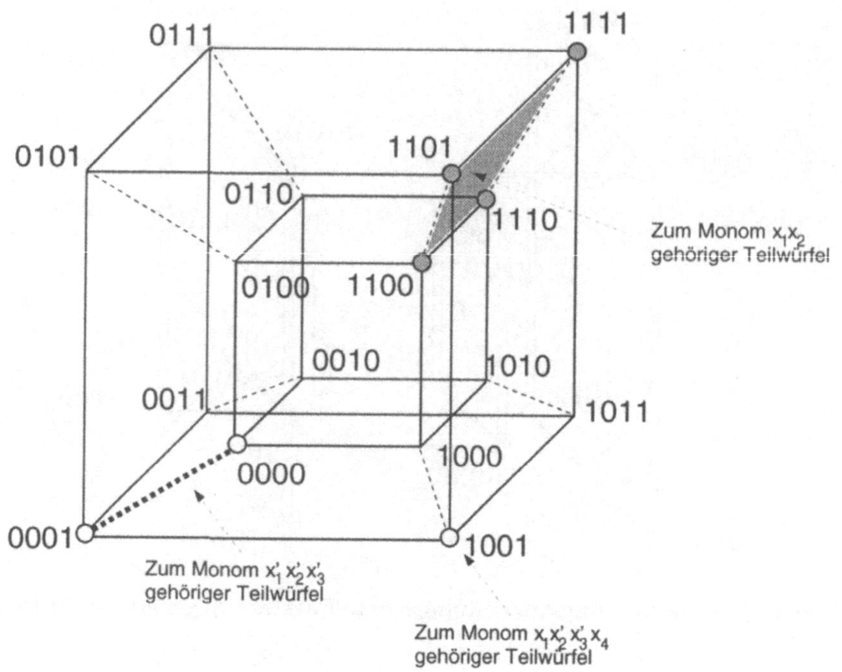

Abb. 2.7 Monome entsprechen Teilwürfeln

In der i. Komponente des Eingabeteils wird abgespeichert, ob das Monom q das positive Literal x_i, das negative Literal x_i' oder weder x_i noch x_i' enthält. Im ersten Fall ist die i. Komponente gleich 1, im zweiten Fall gleich 0 und im dritten Fall gleich *. Im Ausgabeteil wird an der j. Stelle vermerkt, ob das entsprechende Monom im Polynom p_j enthalten ist. Ist die j. Stelle gleich 1, so ist q in p_j enthalten. Ist die j. Stelle gleich 0, so ist q nicht in p_j enthalten.

Die in der obigen Matrix enthaltene zweite Zeile 0 * 1 10 steht demzufolge für das Monom $x_1' \cdot x_3$ und ist im Polynom p_1, aber nicht im Polynom p_2 enthalten.

Wir wollen das eben zu dem Beispiel Gesagte formal zusammenfassen.

Schreibweise 2.2.6 (interne Darstellung von Polynombündeln) *Sei p ein Polynombündel $(p_1, \ldots, p_m)$ über der Variablenmenge $\mathcal{X} = \{x_1, \ldots, x_n\}$ und q ein Monom, das in einem der Polynome des Polynombündels p enthalten ist. Das Monom q wird (bezüglich p) dargestellt als ein Paar (in_q, out_q) von zwei Vektoren $in_q \in \{0, 1, *\}^n$ und $out_q \in \{0, 1\}^m$. Hierbei gilt für alle $i \in \{1, \ldots, n\}$*

- $in_q[i] = 1$, *wenn q das positive Literal x_i enthält,*
- $in_q[i] = 0$, *wenn q das negative Literal x_i' enthält,*
- $in_q[i] = *$, *wenn q weder x_i noch x_i' enthält,*

und für alle $j \in \{1, \ldots, m\}$

- $out_q[j] = 1$, *wenn* q *im Polynom* p_j *enthalten ist,*
- $out_q[j] = 0$, *wenn* q *nicht im Polynom* p_j *enthalten ist.*

2.3 Mehrstufige Realisierungen und ihre Darstellungen

Der Platzbedarf mehrstufiger Realisierungen Boolescher Funktionen ist wegen des Potentials, Teilschaltungen mehrfach zu benutzen, üblicherweise wesentlich geringer als der von zweistufigen Realisierungen. So gibt es Boolesche Funktionen, für die jede zweistufige Realisierung exponentielle Größe hat, für die es aber eine mehrstufige Realisierung gibt, die mit nur wenigen Gattern auskommt. Wir werden in Kapitel 6 noch genauer hierauf zu sprechen zu kommen.

Von Seiten der Technologie unterscheiden wir in einem ersten Schritt zwischen zwei Typen von Realisierungen: programmierbare und nicht-programmierbare Bausteine.

2.3.1 Die verschiedenen Technologien

Gate-Arrays, Sea-of-Gates, Standardzellenentwurf

Gate-Arrays, Sea-of-Gates und Standardzellen sind nicht-programmierbare Bausteine. Bei Gate-Arrays und Sea-of-Gates sind die ersten Herstellungsschritte des Masters bis hin zu der Plazierung der Transistoren in sogenannten Grundzellen auf dem Master kundenunabhängig. Aus diesem Grunde nennt man diese beiden Technologien *halbkundenspezifisch*. Die Grundzellen enthalten einige wenige Transistoren und sind in Reihen angeordnet, die im Falle von Gate-Arrays durch Verdrahtungskanäle getrennt sind. Abbildung 2.8 zeigt einen Skizze eines Masters für beide Technologien.

Die Verdrahtung der Transistoren einer Grundzelle zu Funktionsblöcken, also zu Logikgatter und Speicherelementen, und die Verdrahtung dieser Funktionsblöcke zu größeren Schaltungen geschieht kundenabhängig. Funktionsblöcke können beliebig untereinander verdrahtet werden, so lange der Platz in den Verdrahtungskanälen bei Gate-Arrays beziehungsweise der Platz über den nicht verwendeten Grundzellen bei Sea-of-Gates zur Verdrahtung ausreicht.

Im Unterschied zu Gate-Arrays und Sea-of-Gates sind beim Standardzellenentwurf alle Herstellungsschritte kundenabhängig. Der Entwerfer muß sich aber, wie auch bei den beiden erstgenannten Technologien an eine vom Hersteller

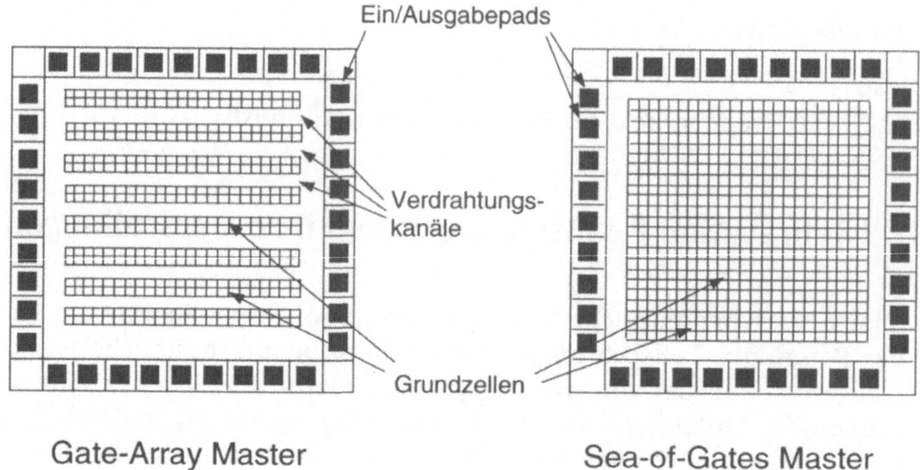

Abb. 2.8 Gate-Array Master und Sea-of-Gates Master

vorgegebene *Zellenbibliothek* halten. Die Korrektheit der Realisierungen der Funktionsblöcke wird durch den Hersteller gewährleistet. Dies begründet, daß auch die Standardzellen-Technologie als halbkundenspezifischer Entwurfsstil angesehen wird. Der Name "Standardzelle" rührt von dem einheitlichen Aufbau der Funktionszellen her. Jede Funktionszelle hat einheitliche Höhe. Die Spannungsversorgung ist bei allen Zellen so ausgelegt, daß sie durch Aneinanderreihen der Zellen automatisch verbunden ist.

Da beim Standardzellenentwurf alle Schritte kundenabhängig sind, können die Verdrahtungskanäle nach Bedarf dimensioniert werden. Dies erlaubt bessere Möglichkeiten bei der Verdrahtung verglichen mit den Möglichkeiten bei Gate-Arrays und Sea-of-Gates. Näheres zu diesem Thema der physikalischen Synthese finden Sie in dem Buch von Kolla et.al. [KMO89], Lengauer [Len90] und Sherwani [She95].

Optimierungsziele bei der Synthese von Gate-Arrays, Sea-of-Gates und Standardzellen bestehen üblicherweise darin, zum einen die Anzahl der Grundzellen zu minimieren, die zu Funktionsblöcken verdrahtet werden müssen, und zum anderen die *Tiefe der Schaltungen* zu minimieren. In den Kapiteln 6-8 werden wir auf entsprechende Syntheseverfahren eingehen.

Field Programmable Gate Arrays

Neben den gerade besprochenen Technologien gibt es seit rund 10 Jahren programmierbare Gate-Arrays, sogenannte *Field Programmable Gate Arrays*

(FPGA).

Eine solche Schaltung besteht, wie in Abbildung 2.9 angedeutet, aus einer Matrix von logischen Blöcken, die durch horizontale und vertikale Verdrahtungskanäle getrennt sind. An jedem Kreuzungsknoten der Verdrahtungskanäle steht ein programmierbares Element zur Verfügung, mit dem die entsprechenden Leitungen miteinander verbunden werden können. Zur Programmierung werden ähnliche Techniken wie bei programmierbaren ROMs eingesetzt (siehe [BFRV92]).

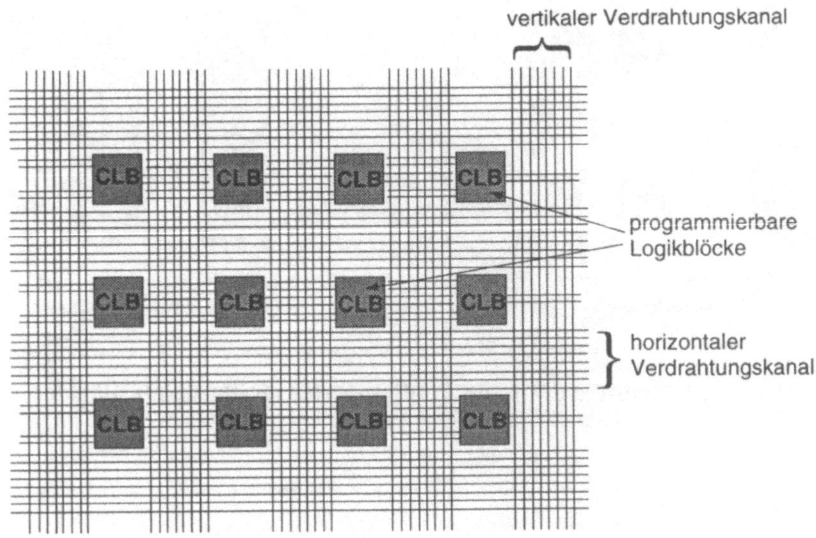

Abb. 2.9 Field Programmable Gate Array

Die Architektur eines FPGA wird neben der Anordnung der Verdrahtungskanäle durch die Architektur der konfigurierbaren logischen Blöcke (CLB) bestimmt. Wir wollen kurz auf den Aufbau von CLBs eingehen. Eine ausführliche Beschreibung findet man in [BFRV92].

Die Abbildung 2.10 rechts zeigt die Skizze eines CLB eines *look-up table* FPGAs, wie es von der Firma Xilinx bereitgestellt wird. Die Funktionstabelle besteht aus 2^k statischen RAM-Speicherzellen. Diese Funktionstabelle kann beim Systemstart mit einer beliebigen Booleschen Funktion mit k Variablen geladen werden. Auch ist es möglich die Funktionstabelle in zwei Teile zu partitionieren und 2 Boolesche Funktionen mit jeweils $k - 1$ Variablen zu laden, die zusammen weniger als k verschiedene Variablen benutzen. Wollen wir eine bestimmte Boolesche Funktion f mit n Variablen durch ein FPGA mit diesen konfigurierbaren logischen Blöcken realisieren, so besteht die Syntheseaufgabe darin, die Boolesche Funktion in Teilfunktionen zu zerlegen, so daß jede Teilfunktion von höchstens k Variablen abhängt. Wir werden in Kapitel 6, welches die funktionale Dekomposition Boolescher Funktionen behandelt, ein entsprechendes rekursives Synthesewerkzeug kennenlernen.

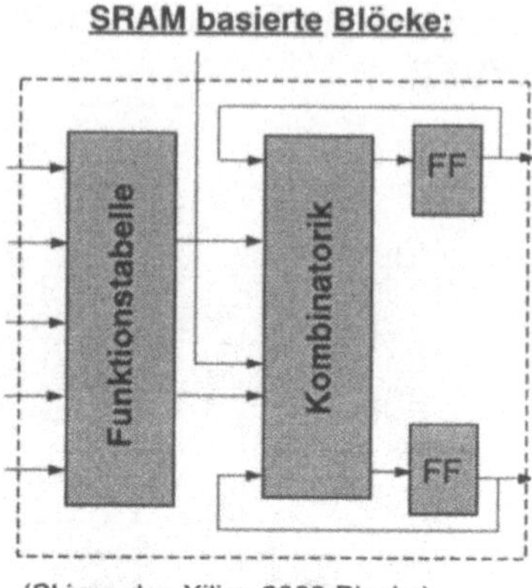

Abb. 2.10 Architekturen von konfigurierbaren logischen Blöcken

Abbildung 2.10 links zeigt eine weitere mögliche Architektur für konfigurierbare logische Blöcke. Der hier abgebildete CLB ist eine von der Firma Actel angebotene Architektur. Der CLB ist wesentlich einfacher gehalten als die gerade vorgestellte Architektur. Act-1 zum Beispiel besteht im wesentlichen aus einer Anordnung von drei Multiplexern. Wie ein solches auf Multiplexer basiertes FPGA beliebige Boolesche Funktionen realisieren kann, werden wir im nächsten Abschnitt (Abschnitt 2.3.2) sehen, in dem wir die 1986 von Bryant [Bry86] eingeführten *binären Entscheidungsgraphen* vorstellen und einen Zusammenhang zwischen binären Entscheidungsgraphen und den auf Multiplexern basierten FPGAs herstellen werden.

Nachteil der FPGA-Technologie gegenüber Gate-Arrays, Sea-of-Gates und Standardzellen sind die relativ schlechten Signallaufzeiten. Der große Vorteil ist aber, daß wir für sehr wenig Geld Prototypen von mehrstufigen Schaltungen realisieren können. Genügen die Laufzeiten im FPGA den Systemanforderungen, so lohnt es sich erst dann wirtschaftlich, zu nichtprogrammierbaren Schaltungen überzugehen, wenn die Schaltung in ausreichend hoher Stückzahl benötigt wird.

2.3.2 Logische Netzwerke und Entscheidungsgraphen

Es gibt verschiedene Modelle beziehungsweise Datenstrukturen, die im Rahmen der logischen Synthese mehrstufiger Realisierungen eingesetzt werden. Die beiden wesentlichsten sind *Logische Netzwerke* und *binäre Entscheidungsgraphen*. Logische Netzwerke werden im Rahmen algebraischer Methoden (siehe Kapitel 7) eingesetzt. Binäre Entscheidungsgraphen haben seit ihrer Einführung im Jahre 1986 durch Bryant ihre Anwendung in den verschiedensten Bereichen des logischen Entwurfs digitaler Schaltungen gefunden, beginnend bei der formalen Verifikation bis hin zur zwei- und mehrstufigen Logiksynthese.

Logische Netzwerke

In Abbildung 2.11 ist ein logisches Netzwerk für die Boolesche Funktion $f \in \mathcal{B}_{6,2}$ dargestellt, die durch

$$
\begin{aligned}
f_1(x_1, x_2, x_3, x_4, x_5, x_6) &= x_1 + x_4' \cdot (x_2' + x_3') \\
f_2(x_1, x_2, x_3, x_4, x_5, x_6) &= x_6 \cdot (x_4' + x_5') + x_6' \cdot x_4' \cdot (x_2' + x_3')
\end{aligned}
$$

definiert ist. Das logische Netzwerk ist im wesentlichen ein gerichteter azyklischer Graph. Knoten mit Eingangsgrad 0 stehen für primäre Eingänge, also für die Variablen der Booleschen Funktion, die dargestellt wird. Knoten mit Ausgangsgrad 0 stehen für primäre Ausgänge. Die übrigen Knoten sind beschriftet durch einen Booleschen Ausdruck, zumeist durch ein Polynom. Es gibt genau dann eine Kante vom Knoten v_1 zum Knoten v_2, wenn der Boolesche Ausdruck des Knotens v_2 die Variable v_1 enthält. In unserem Beispiel enthält das zu dem Knoten d gehörige Polynom nur die Variablen x_1 und c. Es gibt also eine Kante von x_1 nach d und eine Kante von c nach d.

Auf die formale Definition eines logischen Netzwerkes wollen wir an dieser Stelle verzichten. Wir sehen aber auch so, daß logische Netzwerke ein sehr allgemeines Modell sind, mit dem wir kombinatorische Schaltungen mit beliebig komplizierten Logikgattern beschreiben können. Um die Fläche einer späteren Realisierung abschätzen zu können, ordnen wir logischen Netzwerken Kosten zu. Nur die Anzahl der Knoten des logischen Netzwerkes als Kosten zu betrachten, ist sicherlich nicht praxisnah. Vielmehr sollte das Kostenmaß die Summe der Flächen der Knotenrealisierungen widerspiegeln. Um dies zu erreichen, nehmen wir als Kosten eines logischen Netzwerkes die Summe der Kosten der Polynome, die zur Beschreibung der Funktionen der einzelnen Knoten benutzt werden.

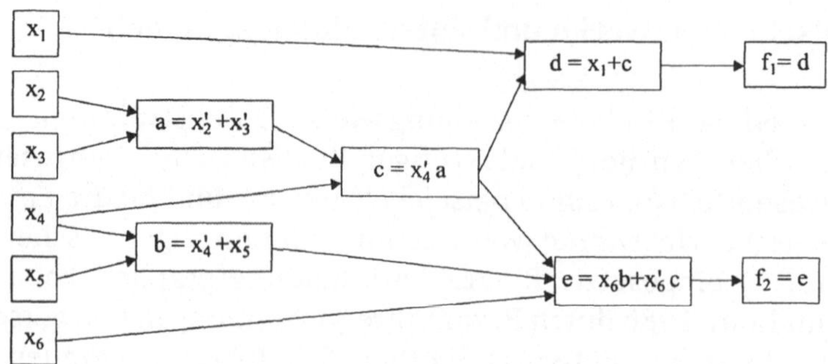

Abb. 2.11 Logisches Netzwerk

Binary Decision Diagrams

Eine weitere Möglichkeit zur Repräsentation Boolescher Funktionen stellen
reduzierte geordnete binäre Entscheidungsgraphen dar.

Binäre Entscheidungsgraphen wurden als Datenstruktur für Boolesche Funktionen von Lee [Lee59], Akers [Ake78] und Moret [Mor82] eingeführt. Erst
durch die Einschränkung auf reduzierte geordnete binäre Entscheidungsgraphen durch Bryant [Bry86] erlangte jedoch dieses Modell praktische Rele-
vanz. Reduzierte geordnete binäre Entscheidungsgraphen sind wie zum Beispiel
die disjunktive Normalform eine kanonische Darstellung Boolescher Funktionen, so daß einige als schwer bekannte Probleme wie der Test auf Tautologie oder allgemein der Test auf Gleichheit Boolescher Funktionen einfach
werden. Sie liefern auch für viele Boolesche Funktionen, für die es kein kleines Polynom gibt, eine relativ kompakte Darstellung. Zudem sind sie gutartig
in Bezug auf Boolesche Verknüpfungen. Während Boolesche Polynome allein
durch Negation exponentiell in ihrer Größe anwachsen können, läßt die Negation die Größe eines reduzierten geordneten binären Entscheidungsgraphen
unverändert. Bei der Konjunktion und der Disjunktion kann die Größe des
Resultats höchstens dem Produkt der Größen der eingehenden reduzierten geordneten binären Entscheidungsgraphen entsprechen.

Bevor wir uns diese verschiedenen Punkte näher anschauen, wollen wir zuerst
das neue Modell definieren. Zur Veranschaulichung verweisen wir schon auf
die Abbildung 2.12 auf Seite 61.

Definition 2.3.1 (binäre Entscheidungsgraphen) *Ein* binärer Entscheidungsgraph
über der Variablenmenge $\mathcal{X}$ *ist ein gerichteter azyklischer Graph* $G =
(V, E, index, value)$ *mit einer Wurzel* $w \in V$*. Jeder Knoten* v *aus* V *ist von der
Wurzel* w *aus über einen Pfad erreichbar. Die Knotenmenge* V *besteht aus
Blättern, d.h. Knoten mit Ausgangsgrad 0, und inneren Knoten. Jedem inne-*

ren Knoten v ist als Markierung eine Variable $index(v) \in \mathcal{X}$ zugeordnet. Zudem besitzt jeder innere Knoten genau zwei Nachfolger $low(v)$ und $high(v)$ aus V. Diese Nachfolger werden durch die Kantenmenge E repräsentiert. Die Kante $(v, low(v))$ wird mit low-Kante und die Kante $(v, high(v))$ mit high-Kante bezeichnet. Jedes Blatt b ist markiert mit einem Wert $value(b) \in \{0, 1\}$.

Binäre Entscheidungsgraphen dienen zur Darstellung Boolescher Funktionen. Ein binärer Entscheidungsgraph über einer n-elementigen Variablenmenge definiert wie folgt auf einfache Weise eine Boolesche Funktion $f \in \mathcal{B}_n$.

Definition 2.3.2 (Interpretation von Entscheidungsgraphen) *Ein binärer Entscheidungsgraph $G = (V, E, index, value)$ mit Wurzel w über der Variablenmenge $\mathcal{X} = \{x_1, \ldots, x_n\}$ definiert die folgende Boolesche Funktion $f_w \in \mathcal{B}_n$:*

1. *Ist w ein Blatt und $value(w) = 1$, so ist $f_w = \underline{1}$.*

2. *Ist w ein Blatt und $value(w) = 0$, so ist $f_w = \underline{0}$.*

3. *Ist w ein innerer Knoten und $index(w) = x_i$, so wird f_w definiert durch*

$$f_w(x_1, \ldots, x_n) = x_i' \cdot f_{low(w)}(x_1, \ldots, x_n) + x_i \cdot f_{high(w)}(x_1, \ldots, x_n)$$

Sprechweise 2.3.3 *Gilt $f_w = f$ für einen Knoten w eines binären Entscheidungsgraphen und eine Boolesche Funktion f, so sagen wir, daß w die Funktion f beschreibt.*

Um kanonische Darstellungen zu erhalten, müssen wir den Begriff des binären Entscheidungsgraphen einschränken. Die erste Einschränkung ist die, daß wir uns auf geordnete binäre Entscheidungsgraphen konzentrieren werden.

Definition 2.3.4 (Variablenordnung) *Sei $\mathcal{X} = \{x_1, \ldots, x_n\}$ eine Menge von Variablen und $\pi : \{1, \ldots, n\} \rightarrow \{1, \ldots, n\}$ eine beliebige Permutation auf $\{1, \ldots, n\}$. Die Permutation π induziert eine lineare Ordnung $<$ auf $\mathcal{X}$, die definiert ist durch $x_{\pi(i)} < x_{\pi(j)}$ genau dann, wenn $i < j$ gilt. Die lineare Ordnung $<$ wird als Variablenordnung bezeichnet.*

Definition 2.3.5 (geordnete binäre Entscheidungsgraphen) *Ein binärer Entscheidungsgraph $G = (V, E, index, value)$ heißt bezüglich der Variablenordnung $<$ geordnet, wenn $index(u) < index(v)$ für jede Kante $(u, v) \in E$ gilt, bei der v kein Blatt ist.*

Der geordnete binäre Entscheidungsgraph ist also so definiert, daß auf jedem Pfad von der Wurzel w zu einem Blatt jede Variable höchstens einmal als Markierung auftreten kann und zwar in der durch die Variablenordnung $<$ vorgegebenen Reihenfolge $x_{\pi(1)}, \ldots, x_{\pi(n)}$.

Die Abbildung 2.12 illustriert die letzten Definitionen. Dargestellt wird ein geordneter binärer Entscheidungsgraph über $\{x_1, x_2, x_3, x_4\}$ mit der Ordnung

$x_2 < x_1 < x_3 < x_4$ für die Boolesche Funktion $x_1 \cdot x_3 \cdot x_4 + x_2$. Die Knoten tragen als Beschriftung ihre Markierung aus $\{x_1, x_2, x_3, x_4\}$ beziehungsweise aus $\{0, 1\}$. Die *low*-Kanten sind gestrichelt und die *high*-Kanten durchgehend gezeichnet. Innere Knoten sind durch Kreise und Blätter durch kleine Vierecke dargestellt. Der Entscheidungsgraph ist geordnet, da auf jedem Pfad von der Wurzel zu einem Blatt die Variable x_2 nie nach x_1, x_3 oder x_4, x_1 nie nach x_3 oder x_4 und x_3 nie nach x_4 abgefragt wird.

Wie in Abbildung 2.12 ebenfalls zu sehen ist, können die inneren Knoten eines geordneten binären Entscheidungsgraphen in *Ebenen* partitioniert werden. Die j. Ebene besteht aus den mit $x_{\pi(j)}$ markierten Knoten des Entscheidungsgraphen. Hierdurch erhalten wir zu jedem geordneten Entscheidungsgraphen eine Abbildung *ebene* : $V \to \{1, \ldots, n\}$, die jedem Knoten seine Ebene zuordnet. In unserem Beispiel besteht also die erste Ebene aus dem mit x_2 markierten Knoten, die zweite Ebene aus dem mit x_1 markierten Knoten, die dritte Ebene aus den zwei mit x_3 markierten Knoten und die vierte Ebene aus den vier mit x_4 markierten Knoten.

Wollen wir den Funktionswert zu der Belegung $(1, 0, 1, 0)$ von (x_1, x_2, x_3, x_4) wissen, so starten wir an der Wurzel des Baumes. An der Wurzel des Baumes wird die Variable x_2 abgefragt. Da x_2 mit 0 belegt ist, muß für die Auswertung die *low*-Kante, also die gestrichelte Linie benutzt werden. Der erreichte Knoten ist mit x_1 markiert. Die Belegung von x_1 ist gleich 1. Wir laufen somit auf der *high*-Kante weiter. Diese Vorgehensweise wird fortgesetzt bis ein Blatt erreicht wird. In unserem Fall erreichen wir ein Blatt, dem der Wert 0 zugeordnet ist. Die durch den geordneten binären Entscheidungsgraphen dargestellte Funktion $f(x_1, x_2, x_3, x_4)$ liefert für die Eingangsbelegung $(1, 0, 1, 0)$ also den Funktionswert 0.

Wir haben vorhin angedeutet, daß Entscheidungsgraphen fast eins-zu-eins durch auf Multiplexer basierte FPGAs realisiert werden können. In Abbildung 2.13 haben wir exemplarisch die Überlegung mit dem Act-1 CLB (siehe Abbildung 2.10) durchgeführt. Der CLB rechts in der Abbildung 2.13 realisiert die durch den dunkel untermalten inneren Knoten beschriebene Teilfunktion. Die beiden Blätter 0 und 1 werden durch primäre Eingänge, an die die Konstanten 0 und 1 angelegt werden, realisiert. Jedem inneren Knoten des Entscheidungsgraphen ordnen wir einen der Multiplexer des CLB zu. Ist der Knoten mit der Variable x_j markiert, so wird der j. primäre Eingang mit der Auswahlleitung des Multiplexers verbunden. Die Dateneingänge des Multiplexers werden mit den Ausgängen der Multiplexer beziehungsweise mit den Konstanten 0 und 1 verbunden, die zu den beiden Nachfolgern im Entscheidungsgraphen gehören.

Wir sehen also, daß es einen Zusammenhang zwischen der Größe eines binären Entscheidungsgraphen, also der Anzahl seiner inneren Knoten, und der Fläche einer Realisierung gibt. Dies wäre dementsprechend ein gutes Kostenmaß.

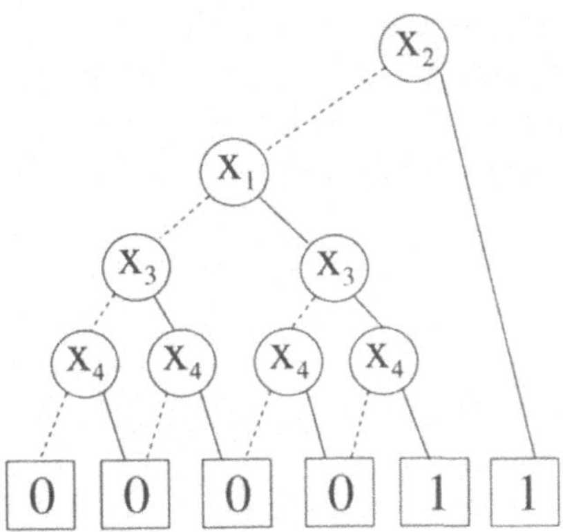

Abb. 2.12 (Nichtreduzierter) geordneter binärer Entscheidungsgraph für $x_1 x_3 x_4 + x_2$. Die gestrichelten Kanten stehen für die *low*-Kanten. Die durchgezogenen Kanten stehen für die *high*-Kanten.

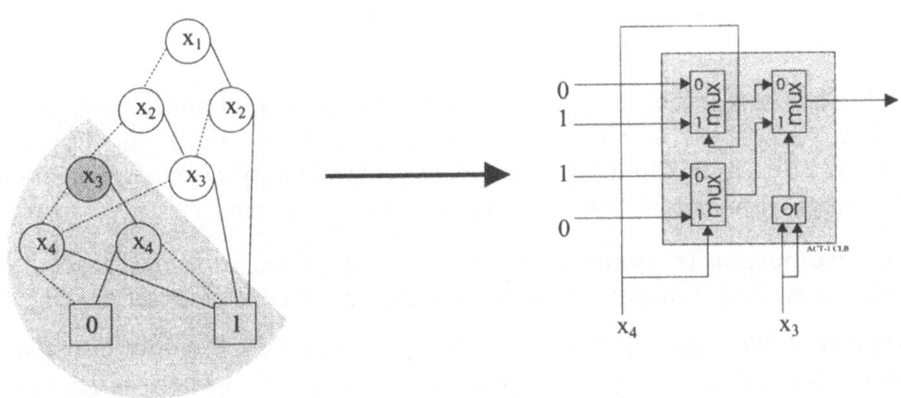

Abb. 2.13 Realisierung von Entscheidungsgraphen durch Actel-1 FPGAs

Definition 2.3.6 (Kosten binärer Entscheidungsgraphen) *Die Kosten oder die Größe eines binären Entscheidungsgraphen G, in Zeichen $|\,G\,|$, sind definiert als die Anzahl der inneren Knoten des Entscheidungsgraphen.*

Schauen wir uns nun den Entscheidungsgraphen aus Abbildung 2.12 nochmals etwas genauer an, so stellen wir fest, daß wir die gleiche Boolesche Funktion auch kompakter darstellen können. Die drei linken Knoten, die mit x_4 markiert sind, beschreiben alle die gleiche Boolesche Funktion, die Funktion $\underline{0}$. Ebenso beschreibt der linke x_3-Knoten die Boolesche Funktion $\underline{0}$. Identifizieren wir diese Knoten mit dem 0-Blatt, so erhalten wir einen kleineren binären Entscheidungsgraphen für die gleiche Boolesche Funktion $x_1 \cdot x_3 \cdot x_4 + x_2$. In Abbildung 2.14 ist dieser reduzierte binäre Entscheidungsgraph abgebildet. Neben der gerade beschriebenen Reduktion haben wir noch alle Blätter, die mit dem gleichen Wert markiert sind, zusammengelegt.

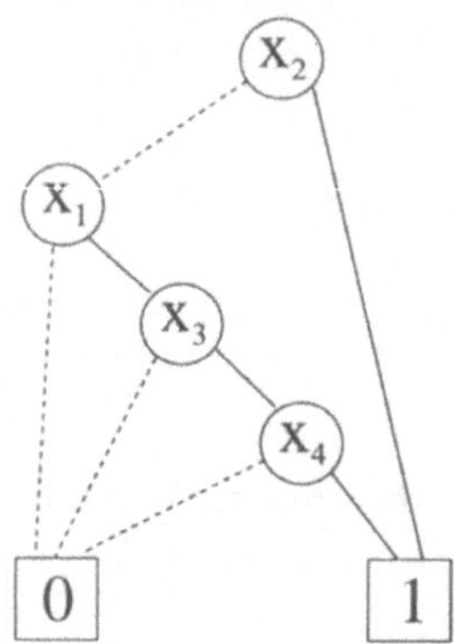

Abb. 2.14 Reduzierter geordneter binärer Entscheidungsgraph.

Es gibt also Reduktionsregeln, mit denen wir geordnete binäre Entscheidungsgraphen verkleinern können, ohne die beschriebene Boolesche Funktion abzuändern. Ist keine Reduktionsregel mehr anwendbar, so sprechen wir von reduzierten geordneten binären Entscheidungsgraphen.

Da wir isomorphe Teilgraphen in einem binären Entscheidungsgraphen zusammenlegen wollen, müssen wir diesen Begriff zuerst mal formal fassen.

Definition 2.3.7 (isomorphe Entscheidungsgraphen) *Zwei binäre Entscheidungsgraphen $G_1 = (V_1, E_1, index_1, value_1)$ und $G_2 = (V_2, E_2, index_2, value_2)$ über der Variablenmenge $\mathcal{X}$ heißen isomorph, wenn sie sowohl in der Struktur als auch in der Markierung übereinstimmen, d.h. wenn es eine bijektive Abbildung $\rho : V_1 \to V_2$ gibt, so daß für jeden inneren Knoten $v_1 \in V_1$*

1. *$\rho(v_1)$ ist ein innerer Knoten von G_2,*

2. *$index_1(v_1) = index_2(\rho(v_1))$ und*

3. *$\rho(low(v_1)) = low(\rho(v_1))$ und $\rho(high(v_1)) = high(\rho(v_1))$*

und für jedes Blatt $b_1 \in V_1$

4. *$\rho(b_1)$ ist ein Blatt von G_2 und*

5. *$value_1(b_1) = value_2(\rho(b_1))$*

gilt.

Hiermit sind wir nun in der Lage, reduzierte Entscheidungsgraphen zu definieren.

Definition 2.3.8 (BDD, reduzierte geordnete Entscheidungsgraphen) *Ein geordneter binärer Entscheidungsgraph $G = (V, E, index, value)$ heißt reduziert, wenn es keinen Knoten $v \in V$ gibt, dessen low-Nachfolger identisch zu dem high-Nachfolger ist, d.h. wenn $\forall v \in V$ die Ungleichung $low(v) \neq high(v)$ gilt, und wenn es keine zwei Knoten $s, t \in V$ gibt, so daß der Untergraph, der aus allen Knoten und Kanten besteht, die von s aus erreicht werden können, isomorph zu dem Untergraphen ist, der aus allen Knoten und Kanten besteht, die von t aus erreicht werden können.*

Im folgenden benutzen wir die Abkürzung BDD für reduzierte geordnete Entscheidungsgraphen. BDD steht an sich nur für **binary** decision **diagram**, also binäre Entscheidungsgraphen, die nicht geordnet und reduziert zu sein brauchen. Wir werden im folgenden aber nur mit reduzierten und geordneten binären Entscheidungsgraphen arbeiten, meinen also mit BDD reduzierte geordnete Entscheidungsgraphen.

Definition 2.3.8 impliziert die zwei Reduktionsregeln, die wir in Abbildung 2.15 dargestellt haben. Wird an einem inneren Knoten v keine Entscheidung getroffen, d.h. ist $low(v) = high(v)$, so können wir diesen Knoten v löschen, und die in v eingehenden Kanten weiterlenken auf den Nachfolger von v. Sind die *low*-Nachfolger ebenso wie die *high*-Nachfolger von zwei Knoten v_1 und v_2 identisch, so können wir einen von beiden Knoten löschen, und die in ihn eingehenden Kanten auf den anderen umlenken. Dieses zweite Szenario ist in Abbildung 2.15 rechts dargestellt.

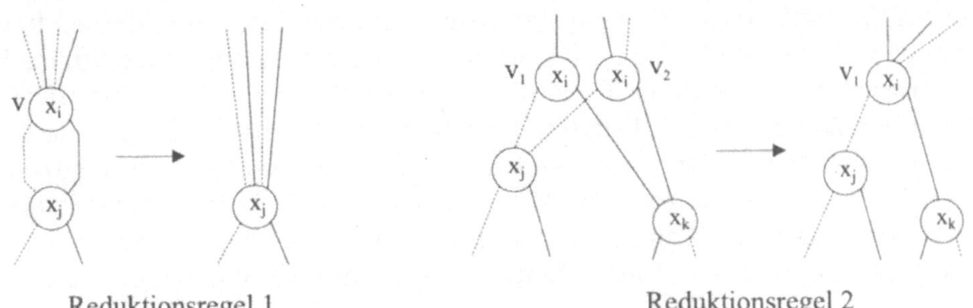

Abb. 2.15 Reduktionsregeln bei BDDs

Es stellt sich nun sofort die Frage, ob die Reihenfolge, in der die Reduktionsregeln angewendet werden, Einfluß auf die Kosten des Resultates hat, d.h. auf die Größe des entstehenden BDD. Daß dies zum Glück nicht der Fall ist, folgt aus einem Satz von Bryant [Bry86].

Satz 2.3.1 (Kanonizität der BDDs) *Sei $\pi : \{1, \ldots, n\} \to \{1, \ldots, n\}$ eine beliebige, aber feste Permutation, $<$ die durch π induzierte Variablenordnung auf der*

Variablenmenge $\mathcal{X}$. Dann gibt es zu jeder Booleschen Funktion $f \in \mathcal{B}_n$ (bis auf Isomorphie) genau einen BDD über $\mathcal{X}$, der bezüglich $<$ geordnet und reduziert ist und f beschreibt.

Beweis: Wir beweisen den Satz in zwei Schritten durch Induktion nach der Anzahl der Variablen, von denen die Funktion abhängt. Zuerst zeigen wir, daß die BDDs der konstanten Funktionen eindeutig sind (Induktionsanfang). Wir nehmen dann an, daß für ein $N \geq 0$ der BDD einer jeden Booleschen Funktion, die von höchstens N Variablen abhängt, eindeutig ist. Im Induktionsschritt zeigen wir, daß der BDD einer beliebigen Booleschen Funktion, die von $N + 1$ Variablen abhängt, dann auch eindeutig ist.

Induktionsanfang

Wir wollen zuerst zeigen, daß die BDD-Darstellung der konstanten Booleschen Funktion $\underline{0} \in \mathcal{B}_n$ eindeutig ist.

Sei $G = (V, E, index, value)$ nun ein reduzierter geordneter binärer Entscheidungsgraph mit Wurzel w bestehend aus $k \geq 0$ inneren Knoten und höchstens zwei Blättern, der die Boolesche Funktion $\underline{0}$ beschreibt. Da $f_w = \underline{0}$ gilt, führt jeder Pfad von der Wurzel w zu einem Blatt b, das mit 0 markiert ist. G enthält also nur Blätter, die mit dem Wert 0 markiert sind. Da G reduziert ist, enthält G demzufolge nur ein Blatt.

Nehmen wir nun an, daß $k \geq 1$ gilt, d.h. daß G wenigstens einen inneren Knoten enthält, so gibt es auch wenigstens einen inneren Knoten v, dessen beiden Nachfolger Blätter sind. Dies folgt unmittelbar daraus, daß jeder binäre Entscheidungsgraph nur endlich viele Knoten enthält. Nach dem eben Gesagten gibt es aber nur ein Blatt. Der *low*-Nachfolger von v muß demzufolge gleich dem *high*-Nachfolger von v sein und die Reduktionsregel 1 muß angewendet werden können. Dies ist aber ein Widerspruch dazu, daß G schon reduziert ist. Die Annahme, daß G einen inneren Knoten enthält, ist also falsch. G besteht also nur aus einem Blatt. Dieses Blatt ist mit dem Wert 0 markiert.

Der BDD, der die Boolesche Funktion $\underline{0} \in \mathcal{B}_n$ beschreibt, ist also eindeutig bestimmt. (Die Darstellung ist sogar unabhängig von der zugrundeliegenden Variablenordnung.)

Analog zeigt man, daß der BDD, der die konstante Boolesche Funktion $\underline{1} \in \mathcal{B}_n$ beschreibt, ebenfalls eindeutig bestimmt ist.

Induktionsschritt

Sei nun $f \in \mathcal{B}_n$ eine Boolesche Funktion, die von wenigstens einer Variable abhängt. f ist also verschieden von den beiden konstanten Funktionen $\underline{0}$ und $\underline{1}$. Seien $G_1 = (V_1, E_1, index_1, value_1)$ und $G_2 = (V_2, E_2, index_2, value_2)$ zwei BDDs, die bezüglich der gleichen Variablenordnung $<$ definiert sind und die Funktion f beschreiben. Da f keine konstante Boolesche Funktion ist, enthält sowohl G_1 als auch G_2 wenigstens einen inneren Knoten. w_1 sei die Wurzel von G_1, w_2 die Wurzel von G_2. Nach Definition 2.3.2 gilt

$$f(x_1,\ldots,x_n) = x_i' \cdot f_{low(w_1)}(x_1,\ldots,x_n) + x_i \cdot f_{high(w_1)}(x_1,\ldots,x_n)$$
$$f(x_1,\ldots,x_n) = x_j' \cdot f_{low(w_2)}(x_1,\ldots,x_n) + x_j \cdot f_{high(w_2)}(x_1,\ldots,x_n)$$

für $x_i = index_1(w_1)$ und $x_j = index_2(w_2)$. Wäre x_i von x_j verschieden, so würde entweder G_1 eine Boolesche Funktion beschreiben, die unabhängig von x_j ist oder G_2 eine Boolesche Funktion beschreiben, die unabhängig von x_i ist. Der erste Fall läge vor, wenn $x_j < x_i$ gilt, weil dann auf keinem Pfad in G_1, der in der mit x_i markierten Wurzel w_1 startet, ein mit x_j markierter Knoten liegt. Der zweite Fall läge vor, wenn $x_i < x_j$ gilt. Würde G_1 nicht von x_i abhängen, so wäre $f_{low(w_1)} = f_{high(w_1)}$. Nach Induktionsvoraussetzung wären dann der Untergraph, der von $low(w_1)$ aus erreicht werden kann, und der Untergraph, der von $high(w_1)$ aus erreicht werden kann, isomorph und daher wäre G_1 nicht reduziert. G_1 hängt also von x_i ab und analog sieht man, daß G_2 von x_j abhängt. Wäre also $x_i \neq x_j$, so würden G_1 und G_2 verschiedene Boolesche Funktionen beschreiben und es wären nicht beide eine Beschreibung von f. Es gilt also $x_i = index_1(w_1) = index_2(w_2)$ und

$$f(x_1,\ldots,x_n) = x_i' \cdot f_{low(w_1)}(x_1,\ldots,x_n) + x_i \cdot f_{high(w_1)}(x_1,\ldots,x_n) \qquad (2.1)$$
$$f(x_1,\ldots,x_n) = x_i' \cdot f_{low(w_2)}(x_1,\ldots,x_n) + x_i \cdot f_{high(w_2)}(x_1,\ldots,x_n). \qquad (2.2)$$

Die Booleschen Funktionen $f_{low(w_1)}, f_{high(w_1)}, f_{low(w_2)}, f_{high(w_2)}$ sind unabhängig von x_i, da G_1 und G_2 geordnet sind. Wäre nun $f_{low(w_1)}$ verschieden von $f_{low(w_2)}$, so gäbe es eine Belegung $\alpha_1,\ldots,\alpha_{i-1},\alpha_{i+1},\ldots,\alpha_n$ der Variablen $x_1,\ldots,x_{i-1},x_{i+1}\ldots,x_n$, so daß

$$f_{low(w_1)}(\alpha_1,\ldots,\alpha_{i-1},\alpha_i,\alpha_{i+1},\ldots\alpha_n) \neq f_{low(w_2)}(\alpha_1,\ldots,\alpha_{i-1},\alpha_i,\alpha_{i+1},\ldots,\alpha_n)$$

gilt, und das unabhängig von der Belegung α_i von x_i. Wählen wir $\alpha_i = 0$, so würde hieraus mit den Gleichungen 2.1 und 2.2

$$f(\alpha_1,\ldots,\alpha_{i-1},\alpha_i,\alpha_{i+1},\ldots,\alpha_n) \neq f(\alpha_1,\ldots,\alpha_{i-1},\alpha_i,\alpha_{i+1},\ldots,\alpha_n)$$

folgen, was nicht sein kann. Somit gilt $f_{low(w_1)} = f_{low(w_2)}$.

Analog zeigt man $f_{high(w_1)} = f_{high(w_2)}$.

Da sowohl $f_{low(w_1)}$ als auch $f_{high(w_1)}$ von einer Variablen weniger abhängt als f, folgt mit der Induktionsannahme, daß $f_{low(w_1)}$ und $f_{high(w_1)}$ jeweils eine bis auf Isomorphie eindeutige BDD-Darstellung haben.

G_1 und G_2 sind demzufolge isomorphe BDDs.

BDDs sind also kanonische Darstellungen für Boolesche Funktionen. Diese Eigenschaft ist sehr angenehm im Rahmen der Analyse. Der *Tautologietest* ist zum Beispiel sehr effizient realisierbar. Wir überprüfen lediglich, ob der BDD der zu testenden Booleschen Funktion nur aus dem mit dem Wert 1 beschrifteten Blatt besteht. Ist dies der Fall, so ist die Funktion eine Tautologie. Ansonsten ist sie keine Tautologie. Auch der *Äquivalenztest*, also die Überprüfung, ob zwei BDD-Darstellungen die gleiche Boolesche Funktion beschreiben, ist einfach realisierbar. Er kann in Zeit proportional zur Größe der BDDs ausgeführt werden. Implementieren wir die Datenstruktur für BDDs so, daß verschiedene BDDs gleichzeitig verwaltet werden und je zwei Knoten verschiedene Funktionen beschreiben, so kann der Vergleich von zwei BDDs in konstanter Zeit realisiert werden: wir haben nur die Adressen der beiden Wurzeln miteinander zu vergleichen.

Wir wollen uns nun anschauen, wie die Booleschen Operationen AND, OR und NOT auf BDDs realisiert werden können. Diese Operationen müssen verfügbar sein, um zum Beispiel aus einem Booleschen Ausdruck einer Booleschen Funktion einen BDD zu konstruieren. Sie lesen richtig, wir reden von 'einem' BDD und nicht von 'dem' BDD, was ja wohl richtiger wäre, da wir bewiesen haben, daß BDDs kanonische Darstellungen der Booleschen Funktionen sind. Aber Achtung: der BDD ist nur eindeutig für eine feste Variablenordnung. Ändern wir die Variablenordnung, so ändert sich auch der BDD. Insbesondere ändern sich in der Regel auch die Kosten des BDD. Mehr noch, die Kosten können exponentiell größer werden. In Abbildung 2.16 finden Sie zwei verschiedene BDDs für ein und dieselbe Funktion. Dem BDD links liegt die Variablenordnung $x_1 < x_2 < x_3 < x_4 < x_5 < x_6$ zugrunde; der BDD rechts arbeitet mit der Variablenordnung $x_1 < x_3 < x_5 < x_2 < x_4 < x_6$.

Das Beispiel kann verallgemeinert werden zu einer Booleschen Funktion $f \in \mathcal{B}_{2n}$ mit $2n$ Variablen. Für

$$f(x_1, \ldots, x_{2n}) = x_1 \cdot x_2 + \ldots + x_{2i-1} \cdot x_{2i} + \ldots + x_{2n-1} \cdot x_{2n}$$

überlegt man sich leicht, daß der BDD mit der Variablenordnung

$$x_1 < x_2 < \ldots < x_{2i-1} < x_{2i} < \ldots < x_{2n-1} < x_{2n}$$

$2n$ innere Knoten enthält. Der BDD mit der Variablenordnung

$$x_1 < x_3 < \ldots < x_{2i-1} < \ldots < x_{2n-1} < x_2 < x_4 < \ldots < x_{2i} < \ldots < x_{2n}$$

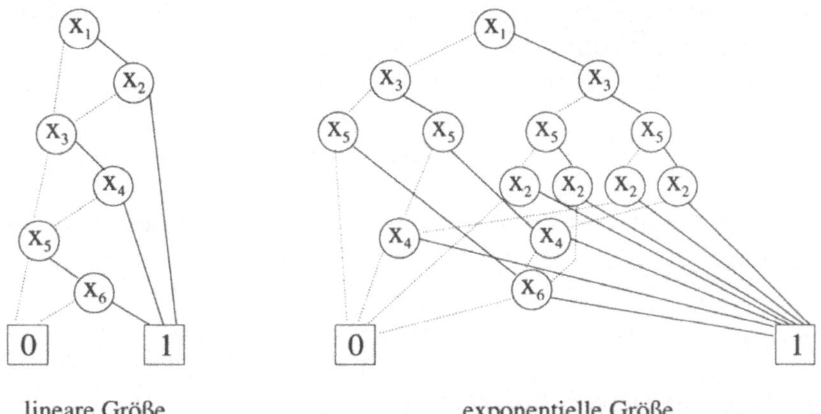

Abb. 2.16 BDDs für $x_1 \cdot x_2 + x_3 \cdot x_4 + x_5 \cdot x_6$ mit verschiedenen Variablenordnungen

hingegen enthält mehr als 2^n innere Knoten, da es unterhalb der x_{2n-1}-Ebene des BDDs wenigstens soviele Knoten geben muß, wie es verschiedene Belegungen $(\alpha_1, \alpha_3, \ldots, \alpha_{2n-1}) \in \{0,1\}^n$ der Variablen $x_1, x_3, \ldots, x_{2n-1}$ gibt.

Wir kommen nun wie schon angekündigt zu den Booleschen Operationen AND, OR und NOT. Der üblicherweise verfolgte Ansatz nutzt aus, daß die binären Booleschen Operationen auf Booleschen Funktionen alle auf einen einzigen ternären Operator

$$ITE(f,g,h) = f \cdot g + f' \cdot h$$

zurückgeführt werden können. ITE steht für

IF f **THEN** g **ELSE** h.

Wir überlegen uns nun leicht, daß die Gleichungen

$$AND(f,g) = ITE(f,g,\underline{0})$$
$$OR(f,g) = ITE(f,\underline{1},g)$$
$$NOT(f) = ITE(f,\underline{0},\underline{1})$$

gelten. Dementsprechend haben wir uns also nur um einen effizienten Algorithmus zur Berechnung des Operators ITE zu kümmern. Der Basisalgorithmus für ITE benutzt den Entwicklungssatz von Shannon, den wir schon implizit benutzt haben und im Verlauf des Buches noch oft anwenden werden. Bevor wir diesen Satz vorstellen können, müssen wir zuerst noch den Begriff des Kofaktors einer Booleschen Funktion einführen.

Definition 2.3.9 (positiver und negativer Kofaktor) *Sei* $f \in \mathcal{B}_n$ *eine Boolesche Funktion, die definiert ist über der Variablenmenge* $\mathcal{X} = \{x_1, \ldots, x_n\}$. *Die Boolesche Funktion* $f_{x_i} \in \mathcal{B}_n$, *die für alle* $(\alpha_1, \ldots, \alpha_n) \in \{0,1\}^n$ *durch*

$$f_{x_i}(\alpha_1, \ldots, \alpha_{i-1}, \alpha_i, \alpha_{i+1}, \ldots, \alpha_n) = f(\alpha_1, \ldots, \alpha_{i-1}, 1, \alpha_{i+1}, \ldots, \alpha_n)$$

definiert ist, heißt (positiver) Kofaktor von f *nach* x_i. *Die Boolesche Funktion* $f_{x_i'} \in \mathcal{B}_n$, *die durch*

$$f_{x_i'}(\alpha_1, \ldots, \alpha_{i-1}, \alpha_i, \alpha_{i+1}, \ldots, \alpha_n) = f(\alpha_1, \ldots, \alpha_{i-1}, 0, \alpha_{i+1}, \ldots, \alpha_n)$$

definiert ist, heißt (negativer) Kofaktor von f *nach* x_i'.

Die Abbildung 2.17 veranschaulicht den Begriff des Kofaktors an der Funktion

$$f(x_1, x_2, x_3, x_4) = x_1 \cdot x_2 + x_1' \cdot x_2' \cdot x_3' + x_1 \cdot x_2' \cdot x_3' \cdot x_4.$$

Die Elemente der ON-Menge von f sind mit "o" im Würfel gekennzeichnet. Der positive Kofaktor f_{x_1} von f ist gegeben durch

$$f_{x_1}(x_1, x_2, x_3, x_4) = x_2 + x_2' \cdot x_3' \cdot x_4.$$

Ein Boolesches Polynom, das f_{x_i} beschreibt, erhalten wir also dadurch, daß in einem Polynom p von f alle positiven Literale x_i durch den logischen Wert 1 und alle negativen Literale x_i' durch den Wert 0 ersetzt werden. Die so entstehenden neuen Monome werden noch unter Anwendung der Rechenregeln $1 \cdot x_j = x_j$, $1 \cdot x_j' = x_j'$, $0 \cdot x_j = 0 \cdot x_j' = 0$, $0 + m = m$ und des Kommutativgesetzes vereinfacht. Haben wir ein Polynom des negativen Kofaktors $f_{x_i'}$ zu konstruieren, so ersetzen wir in p alle positiven Literale x_i durch den Wert 0 und alle negativen Literale x_i' durch den Wert 1. Die so konstruierten Polynome werden *Kofaktoren des Polynoms* p *bezüglich der Variablen* x_i genannt. Wir verwenden für die beiden Polynome die Schreibweise p_{x_1} bzw. $p_{x_1'}$.

Um die Würfeldarstellung des Kofaktors f_{x_i} zu erhalten, gehen wir genauso vor. Wir schauen uns zuerst den Teilwürfel von f an, der zu x_i gehört. In der Abbildung 2.17 ist der zu x_1 gehörige Teilwürfel schattiert dargestellt. Die Elemente der ON-Menge von f – sie sind im Würfel mit "o" gekennzeichnet –, die sich in diesem Teilwürfel befinden, brauchen nur über die zu x_i gehörige Dimension propagiert zu werden, um die ON-Menge des Kofaktors f_{x_i} zu bekommen. Die Elemente der ON-Menge des Kofaktors f_{x_i} sind mit $\square$ gekennzeichnet.

Es gelten also folgende Eigenschaften.

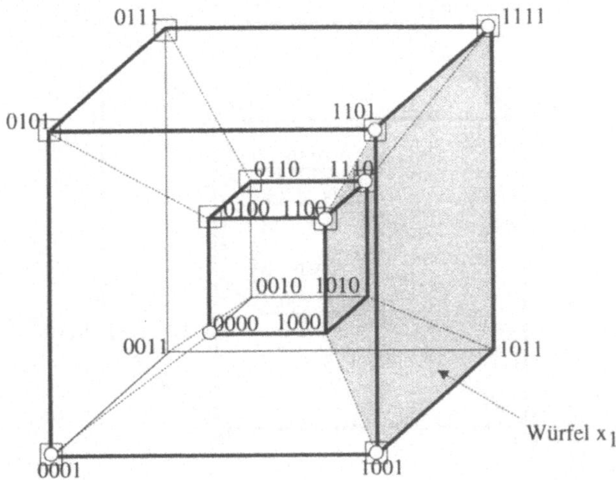

Abb. 2.17 Kofaktor von $(x_1 \cdot x_2 + x_1' \cdot x_2' \cdot x_3' + x_1 \cdot x_2' \cdot x_3' \cdot x_4)_{x_1}$

Beobachtung 2.3.2 *Der Kofaktor f_{x_i} ist symmetrisch bezüglich der zu x_i gehörigen Dimension, d.h. sind zwei Knoten bezüglich dieser Dimension benachbart, so liegen entweder beide Knoten in der ON-Menge von f_{x_i} oder beide Knoten in der OFF-Menge von f_{x_i}. Zudem stimmt f_{x_i} mit f auf dem zu x_i gehörigen Teilwürfel überein.*

Der Begriff des Kofaktors kann erweitert werden, so daß eine Funktion auch nach Monomen ausfaktorisiert werden darf.

Definition 2.3.10 (iterierter Kofaktor) *Sei $f \in \mathcal{B}_n$ eine Boolesche Funktion und $l_1 \cdot \ldots \cdot l_q$ ein Monom über der Variablenmenge $\mathcal{X} = \{x_1, \ldots, x_n\}$ mit $q \geq 2$, das aus den Literalen $l_1, \ldots, l_q$ besteht. Der Kofaktor $f_{l_1 \cdot \ldots \cdot l_q}$ von f nach $l_1 \cdot \ldots \cdot l_q$ ist gegeben durch*

$$f_{l_1 \cdot \ldots \cdot l_q} = \left(f_{l_1 \cdot \ldots \cdot l_{q-1}} \right)_{l_q} .$$

Den iterierten Kofaktor einer Funktion aus $\mathcal{B}_n$ nach einem Monom können wir uns ebenfalls sehr schön am n-dimensionalen Würfel veranschaulichen. Die Abbildung 2.18 illustriert den iterierten Kofaktor der Booleschen Funktion

$$(x_1 \cdot x_2 + x_1' \cdot x_2' \cdot x_3' + x_1 \cdot x_2' \cdot x_3' \cdot x_4)$$

nach dem Monom $x_1' \cdot x_2'$. Die Vorgehensweise entspricht genau der aus der Abbildung 2.17.

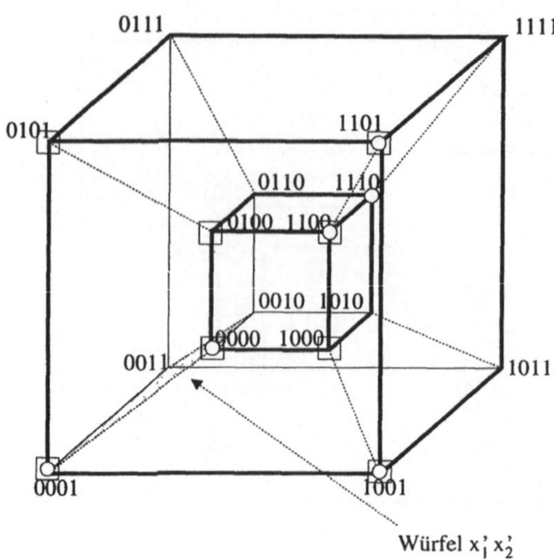

$$\text{Abb. 2.18 Kofaktor von } (x_1 \cdot x_2 + x_1' \cdot x_2' \cdot x_3' + x_1 \cdot x_2' \cdot x_3' \cdot x_4)_{x_1' \cdot x_2'}$$

Nachdem wir nun Kofaktoren kennengelernt haben, können wir zu dem Entwicklungssatz von Shannon kommen.

Satz 2.3.3 (Entwicklungssatz von Shannon) *Jede Boolesche Funktion* $f \in \mathcal{B}_n$ *kann zerlegt werden in die Form*

$$f(x_1, \ldots, x_n) = x_i' \cdot f_{x_i'}(x_1, \ldots, x_n) + x_i \cdot f_{x_i}(x_1, \ldots, x_n).$$

Diese Zerlegung wird Shannon-Zerlegung *genannt.*

Ist f durch einen BDD G mit Wurzel w und $index(w) = x$ gegeben, so entspricht der negative Kofaktor $f_{x'}$ der durch den *low*-Nachfolger von w beschriebenen Funktion $f_{low(w)}$. Der positive Kofaktor f_x entspricht der Funktion $f_{high(w)}$.

Es gelten nun folgende Rechenregeln

Lemma 2.3.4 *Für je zwei Boolesche Funktionen* $f, g \in \mathcal{B}_n$ *über der Variablenmenge* $\mathcal{X}$ *und für jede Variable* $x \in \mathcal{X}$ *gelten die Gleichungen*

$$f \cdot g = x' \cdot (f_{x'} \cdot g_{x'}) + x \cdot (f_x \cdot g_x)$$
$$f + g = x' \cdot (f_{x'} + g_{x'}) + x \cdot (f_x + g_x)$$
$$f' = x' \cdot (f_{x'})' + x \cdot (f_x)'.$$

Beweis: Die Rechenregeln ergeben sich durch einfaches Nachrechnen. Wir wollen dies hier nur an der Konjunktion vorführen.

$$f \cdot g = (x' \cdot f_{x'} + x \cdot f_x) \cdot (x' \cdot g_{x'} + x \cdot g_x)$$

$$
\begin{aligned}
&= x \cdot f_x \cdot x \cdot g_x + x \cdot f_x \cdot x' \cdot g_{x'} + x' \cdot f_{x'} \cdot x \cdot g_x + x' \cdot f_{x'} \cdot x' \cdot g_{x'} \\
&= x \cdot f_x \cdot g_x + x' \cdot f_{x'} \cdot g_{x'} .
\end{aligned}
$$

Weiter gelten die Rechenregeln

Lemma 2.3.5 *Für je zwei Boolesche Funktionen* $f, g \in \mathcal{B}_n$ *über der Variablenmenge* $\mathcal{X} = \{x_1, \ldots, x_n\}$ *und für jede Variable* $x \in \mathcal{X}$ *gelten die Gleichungen*

$$
\begin{aligned}
(f \cdot g)_x &= f_x \cdot g_x, \quad (f \cdot g)_{x'} = f_{x'} \cdot g_{x'} \\
(f + g)_x &= f_x + g_x, \quad (f + g)_{x'} = f_{x'} + g_{x'} \\
(f')_x &= (f_x)', \quad (f')_{x'} = (f_{x'})'.
\end{aligned}
$$

Beweis: Auch hier wollen wir nur eine der sechs Gleichungen beweisen. Die Beweise der restlichen Gleichungen überlassen wir dem Leser als einfache Übung. Wir prüfen die Gleichung $(f')_{x_i}(\alpha_1, \ldots, \alpha_n) = (f_{x_i})'(\alpha_1, \ldots, \alpha_n)$ für alle $(\alpha_1, \ldots, \alpha_n) \in \{0, 1\}^n$ nach.

$$
\begin{aligned}
(f')_{x_i}(\alpha_1, \ldots, \alpha_i, \ldots, \alpha_n) &= (f')(\alpha_1, \ldots, 1, \ldots, \alpha_n) \\
&= (f(\alpha_1, \ldots, 1, \ldots, \alpha_n))' \\
&= (f_{x_i}(\alpha_1, \ldots, \alpha_i, \ldots, \alpha_n))' \\
&= (f_{x_i})'(\alpha_1, \ldots, \alpha_i, \ldots, \alpha_n) .
\end{aligned}
$$

Nun haben wir alle Werkzeuge, um den Basisalgorithmus des Operators ITE vorzustellen. Die Idee ist, den Operator rekursiv unter Benutzung des Entwicklungssatzes von Shannon auszuführen:

$$
\begin{aligned}
ITE(f, g, h) &= f \cdot g + f' \cdot h \\
&= x \cdot \left(f \cdot g + f' \cdot h\right)_x + x' \cdot \left(f \cdot g + f' \cdot h\right)_{x'} \\
&= x \cdot \left(f_x \cdot g_x + (f_x)' \cdot h_x\right) + x' \cdot \left(f_{x'} \cdot g_{x'} + (f_{x'})' \cdot h_{x'}\right) \\
&= x \cdot ITE(f_x, g_x, h_x) + x' \cdot ITE(f_{x'}, g_{x'}, h_{x'}) .
\end{aligned}
$$

Die Vorgehensweise ist also recht einfach, wenn wir mit BDDs arbeiten. Sei also F der BDD von f, G der BDD von g und H der BDD von h. Entsprechend bezeichnen wir im folgenden den BDD des positiven (negativen) Kofaktors von f mit F_x beziehungsweise $F_{x'}$. Die analoge Schreibweise verwenden wir bei g und h. Wir berechnen also rekursiv $ITE(F_x, G_x, H_x)$ und

$ITE(F_{x'}, G_{x'}, H_{x'})$, kontrollieren dann, ob beide Ergebnisse gleich sind. Sind beide gleich, so wird wegen der ersten Reduktionsregel aus Abbildung 2.15 $ITE(F_x, G_x, H_x)$ als Ergebnis zurückgeliefert. Sind die Ergebnisse verschieden, so wird überprüft, ob schon ein Knoten v generiert wurde mit $index(v) = x$, $high(v) = ITE(F_x, G_x, H_x)$ und $low(v) = ITE(F_{x'}, G_{x'}, H_{x'})$. Falls ja, wird der Zeiger auf diesen Knoten v als Ergebnis zurückgegeben. Falls nein, so wird ein neuer Knoten w generiert und $index(w) = x$ sowie $high(w) = ITE(F_x, G_x, H_x)$ und $low(w) = ITE(F_{x'}, G_{x'}, H_{x'})$ gesetzt. Die Rekursion wird in Terminalfällen abgebrochen. Terminalfälle sind zum Beispiel $ITE(\underline{1}, g, h)$, was gleich g ist, $ITE(\underline{0}, g, h)$, was gleich h ist, $ITE(f, \underline{1}, \underline{0})$, was gleich f ist, und $ITE(f, g, g)$, was gleich g ist. Der geschilderte Algorithmus ist in Abbildung 2.19 zusammengefaßt.

```
 1  ITE (F, G, H)
 2  begin
 3      (ergebnis, abbruch) = Terminalfall(F, G, H);
 4      if (abbruch)
 5        then return ergebnis; fi;
 6      Sei x die kleinste Variable, die in F, G oder H vorkommt;
 7      high = ITE(F_x, G_x, H_x);
 8      low = ITE(F_x', G_x', H_x');
 9      if (high == low)
10        then return high; fi;
11      ergebnis = finde_oder_generiere(x, low, high);
12      return ergebnis;
13  end
```

Abb. 2.19 Basisalgorithmus zur Realisierung des ITE-Operators.

Im Algorithmus haben wir vorausgesetzt, daß die drei BDDs F, G, und H über die gleiche Variablenordnung definiert sind. Dies benötigen wir, damit die Bildung des Kofaktors jeweils in konstanter Zeit erfolgen kann. Ist F zum Beispiel abhängig von x, so ist der BDD F_x des positiven Kofaktors von f nach x gegeben durch den $high$-Nachfolger (und den darunter hängenden gerichteten Teilgraphen) der Wurzel von F, da x die erste Variable der zugrundeliegenden Variablenordnung ist. Der negative Kofaktor wird durch den low-Nachfolger beschrieben. Ist f nicht abhängig von x, so gilt $F_x = F_{x'} = F$.

Die Überprüfung, ob ein Knoten v mit Markierung x und gegebenem low- und $high$-Nachfolger schon existiert, erfolgt innerhalb des Unterprogramms finde_oder_generiere über Hashing (für Hashing siehe ein Buch über effiziente Suchalgorithmen, wie zum Beispiel [Meh88] oder [CLR90]). Ein BDD wird durch einen Zeiger auf die entsprechenden Daten repräsentiert. Die Hashfunktion erhält als Argumente den Index x, den Zeiger auf den *low*-Nachfolger und den Zeiger auf den *high*-Nachfolger. Die Laufzeit eines Hash-Zugriffes wird als konstant angenommen. Somit kann der Block der Prozedur ITE in konstanter Zeit abgearbeitet werden.

Der Prozedurblock ruft die Prozedur ITE bis zu zweimal rekursiv auf. Bei n Variablen führt dies zu exponentiell vielen Aufrufen. Die Laufzeit des Basisalgorithmus ist somit exponentiell in der Anzahl der Variablen, von denen die Funktionen f, g und h abhängen.

Um die eben geschilderte exponentielle Laufzeit zu vermeiden, bedienen wir uns eines Tricks, den man oft im Bereich effizienter Algorithmen anwendet: Wir merken uns alles, was im Laufe des Verfahrens berechnet wird. Das heißt im Falle der rekursiven Prozedur ITE, daß wir uns für alle Booleschen Funktionen F, G und H, für die die Prozedur aufgerufen wird, die Resultate abspeichern. Wieder benutzen wir Hashing. Brechen wir nun am Anfang des Prozedurblokkes von ITE die Rekursion ab, wenn der Operator für die gegebenen Argumente schon berechnet worden ist, so wird die Anzahl der Aufrufe von ITE zur Berechnung von $ITE(F, G, H)$ beschränkt durch die Anzahl der möglichen Argumente für die Prozedur. Als erstes Argument kann sicherlich nur ein Teilgraph von F vorkommen. Als zweites Argument kann nur ein Teilgraph von G vorkommen. Ebenso kann nur ein Teilgraph von H als drittes Argument von der Prozedur ITE vorkommen. Die Laufzeit der Berechnung von $ITE(F, G, H)$ ist also in der Ordnung des Produktes der BDD-Größen von F, G und H. Abbildung 2.20 faßt den vollständigen Algorithmus zusammen.

Lemma 2.3.6 (Laufzeit des ITE-Algorithmus) *Die Laufzeit der in Abbildung 2.20 vorgestellten rekursiven Prozedur zur Berechnung von $ITE(F, G, H)$ ist in $O(|F| \cdot |G| \cdot |H|)$.*

Hiermit erhalten wir auch die Laufzeit der binären Operatoren AND, OR und NOT.

Korollar 2.3.7

1. *Die Konjunktion zweier BDDs F und G läßt sich in Zeit $O(|F| \cdot |G|)$ berechnen, sofern F und G die gleiche Variablenordnung zugrundeliegt.*

2. *Die Disjunktion zweier BDDs F und G läßt sich in Zeit $O(|F| \cdot |G|)$ berechnen, sofern F und G die gleiche Variablenordnung zugrundeliegt.*

3. *Die Negation eines BDDs F läßt sich in Zeit $O(|F|)$ berechnen.*

Beweis: Die Aussagen folgen unmittelbar aus Lemma 2.3.6 und den Gleichungen $F \cdot G = ITE(F, G, \underline{0})$, $F + G = ITE(F, \underline{1}, G)$ und $F' = ITE(F, \underline{0}, \underline{1})$. ∎

```
 1  ITE (F, G, H)
 2  begin
 3     (ergebnis, abbruch) = Terminalfall(F, G, H);
 4     if (abbruch)
 5        then return  ergebnis;  fi;
 6     (ergebnis, abbruch) = schon_berechnet(F, G, H);
 7     if (abbruch)
 8        then return  ergebnis;  fi;
10     Sei x die kleinste Variable, die in F, G oder H vorkommt;
11     high = ITE(F_x, G_x, H_x);
12     low = ITE(F_x', G_x', H_x');
13     if (high == low)
14        then return  high;  fi;
15     ergebnis = finde_oder_generiere(x, low, high);
16     Speichere ergebnis als Ergebnis von ITE(F, G, H) ab;
17     return  ergebnis;
18  end
```

Abb. 2.20 Prozedur zur Berechnung des ITE-Operators.

Bemerkung 2.3.8 *Die Negation eines BDDs läßt sich sogar in konstanter Zeit berechnen. Wir ersetzen im BDD einfach nur das 0-Blatt durch das 1-Blatt und umgekehrt. Dies geht aber nur dann, wenn der ursprüngliche BDD nicht mehr benötigt wird.*

Erweiterungen von Binary Decision Diagrams

Verschiedene Erweiterungen von BDDs sind in den letzten Jahren eingeführt worden. Die wesentlichsten Erweiterungen sind *BDDs mit negativen Kanten* [BRB90], bei denen man durch Benutzung von negativen Kanten (v, w), die durch w beschriebene Boolesche Funktion f_w komplementieren kann, *Ordered Kronecker Functional Decision Diagrams* [Dre96], die an einem Knoten v mit Index x nicht nur die Shannon Zerlegung

$$x' \cdot f_{low(v)} + x \cdot f_{high(v)},$$

sondern auch die *positive Davio Zerlegung*

$$f_{low(v)} \oplus x \cdot \left(f_{low(v)} \oplus f_{high(v)} \right)$$

oder die *negative Davio Zerlegung*

$$f_{high(v)} \oplus x' \cdot \left(f_{low(v)} \oplus f_{high(v)} \right)$$

anwenden können, und *Multiplicative Binary Moment Diagrams* [BC95], mit denen Funktionen $f : \{0,1\}^n \to \mathbb{Z}$ kanonisch dargestellt werden können. Details zu diesen Erweiterungen findet man in dem 1998 ebenfalls im Teubner-Verlag erschienenen Buch von Becker und Drechsler [DB98] oder in der Dissertation von Drechsler [Dre96].

3 Exakte Verfahren zur 2-stufigen Logikminimierung

Nachdem wir in den letzten beiden Kapiteln die grundlegenden Begriffe für die in diesem Buch behandelte Thematik durchgegangen sind und praxisrelevante Modelle und Datenstrukturen für Boolesche Funktionen vorgestellt haben, wollen wir nun versuchen, minimale Darstellungen von Booleschen Funktionen zu konstruieren. Wir beginnen mit der zweistufigen Logiksynthese, also mit der Konstruktion eines Polynoms $p = (p_1, \ldots, p_m)$ für eine Boolesche Funktion $f = (f_1, \ldots, f_m)$ aus $\mathcal{B}_{n,m}$ mit minimalen Kosten. Wie in dem Kapitel über Technologien, Modelle und Kostenmaße in Abschnitt 2.2.2 motiviert, ist das Problem der zweistufigen Logiksynthese wie folgt definiert:

Gegeben *sei eine Boolesche Funktion* $f = (f_1, \ldots, f_m)$ *aus* $\mathcal{B}_{n,m}$ *durch eine Funktionstabelle oder ein Bündel* $p = (p_1, \ldots, p_m)$ *von Polynomen über einer Variablenmenge* $\mathcal{X} = \{x_1, \ldots, x_n\}$.

Gesucht *ist ein Bündel* $g = (g_1, \ldots, g_m)$ *von Polynomen, das* f *beschreibt und bezüglich der primären sowie der sekundären Kosten kleinste Kosten hat.*

Die primären Kosten einer Menge $p = \{p_1, \ldots, p_m\}$ von Polynomen sind – siehe Abschnitt 2.2.2 auf Seite 47 – gegeben durch die Anzahl der verschiedenen Monome, die in p enthalten sind. Die sekundären Kosten einer Polynommenge sind gegeben durch die Anzahl der Literale der in p vorkommenden Monome und wie oft jedes Monom in p verwendet wird.

Sprechweise Wir sagen, daß eine Menge p von Polynomen *kleinere Kosten* als eine Menge q von Polynomen hat, wenn die primären Kosten von p echt kleiner als die primären Kosten von q sind, oder die primären Kosten von p und q gleich sind, aber die sekundären Kosten von p echt kleiner als die von q sind.

3.1 Wie sehen Minimalpolynome aus?

Wir suchen also nach Polynomen einer Funktion mit kleinsten Kosten. Wir nennen solche Polynome minimal.

Definition 3.1.1 (Minimalpolynom) *Ein Bündel g von Polynomen $g_1, \ldots, g_m$, das die Boolesche Funktion $f \in \mathcal{B}_{n,m}$ beschreibt, heißt Minimalpolynom von f, wenn es kein Bündel von Polynomen gibt, das ebenfalls f beschreibt und kleinere Kosten als g hat.*

Bevor wir uns nun Algorithmen ausdenken, die Minimalpolynome Boolescher Funktionen berechnen, wollen wir uns anschauen, wie Minimalpolynome aufgebaut sind, um diese Eigenschaften im Rahmen der Algorithmen ausnutzen zu können.

Wir wollen uns zuerst auf Minimalpolynome von Booleschen Funktionen aus $\mathcal{B}_n$, also auf vollständig spezifizierte Boolesche Funktionen mit nur einem Ausgang konzentrieren.

3.1.1 Minimalpolynome von Funktionen mit einem Ausgang

Im Falle von Booleschen Funktionen $f \in \mathcal{B}_n$ können wir uns das Problem der zweistufigen Logikminimierung auf einem n-dimensionalen Würfel wieder sehr schön veranschaulichen. Wir wollen dies an einem Beispiel tun.

Als Beispiel nehmen wir die durch den Ausdruck

$$x_1 \cdot x_2 + x_1' \cdot x_2' \cdot x_3' + x_1 \cdot x_2' \cdot x_3' \cdot x_4$$

beschriebene Funktion f aus $\mathcal{B}_4$, die uns schon einige Male als Beispiel gedient hat. Die 4-dimensionale Würfeldarstellung der Funktion ist in Abbildung 3.1 dargestellt.

Gesucht ist nun eine Menge von Teilwürfeln, so daß genau die markierten Knoten, also die Elemente aus der ON-Menge von f, in der Vereinigung dieser Teilwürfel liegen. Ein nichtmarkierter Knoten darf nicht in dieser Vereinigung liegen. Eine solche Menge von Teilwürfeln entspricht einem Polynom von f. In diesem Zusammenhang sprechen wir auch von einer Überdeckung von f.

Jeder Teilwürfel entspricht einem Monom. Da die Anzahl der Monome in einem Polynom die primären Kosten der Darstellung ausmacht, sollten wir eine *minimale* Überdeckung finden, also eine Überdeckung mit minimal vielen Teilwürfeln. Wegen der sekundären Kosten müssen diese Teilwürfeln *maximal* sein, also Teilwürfel, die wir nicht in irgendeine Dimension ausdehnen können, ohne dann nichtmarkierte Knoten – nichtmarkierte Knoten entsprechen den Elementen aus der OFF-Menge von f – zu überdecken.

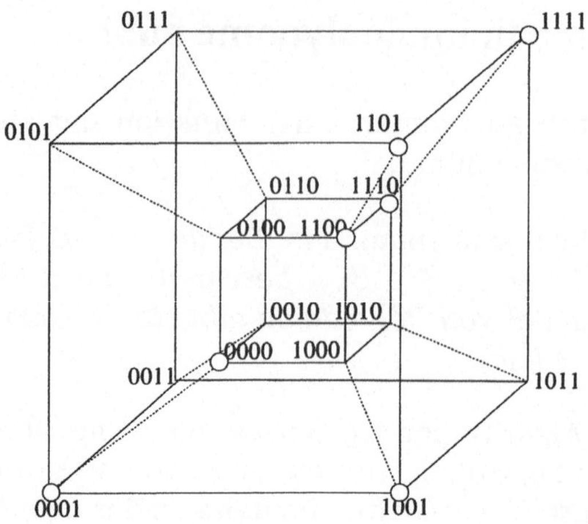

Abb. 3.1 Würfeldarstellung der Funktion $x_1 \cdot x_2 + x_1' \cdot x_2' \cdot x_3' + x_1 \cdot x_2' \cdot x_3' \cdot x_4$.

Die Abbildung 3.2 zeigt eine minimale Überdeckung unserer Beispielfunktion aus Abbildung 3.1 mit maximalen Teilwürfeln. Die Überdeckung besteht aus einem Teilwürfel der Dimension 2, der dem Monom $x_1 \cdot x_2$ entspricht, und zwei Teilwürfeln der Dimension 1, die den Monomen $x_1' \cdot x_2' \cdot x_3'$ und $x_2' \cdot x_3' \cdot x_4$ entsprechen. Die drei Teilwürfel haben wir durch Schattierung gekennzeichnet.

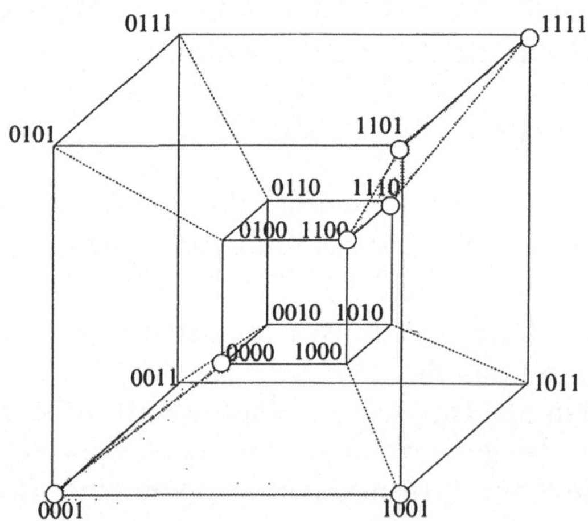

Abb. 3.2 Minimale Überdeckung mit maximalen Teilwürfeln.

Wir sehen, daß es sich um eine Überdeckung handelt. Im schattierten Bereich liegen nämlich nur mit "∘" markierte Knoten, also Elemente aus der ON-Menge von f, und zwar alle. Die Überdeckung ist minimal. Die Knoten

1100 und 1001 können nicht durch nur einen Teilwürfel überdeckt werden, der nicht auch nichtmarkierte Knoten enthält. Das gleiche gilt für die Knoten 1001 und 0000 und die Knoten 0000 und 1100. Die Teilwürfel sind auch alle maximal. Egal in welche Dimension wir einen der drei Teilwürfel ausdehnen würden, wir treffen auf nichtmarkierte Knoten, also Elemente aus der OFF-Menge von f.

Die in Abbildung 3.2 gezeigte Lösung ist also in der Tat eine minimale Überdeckung mit maximalen Teilwürfeln. Die Überdeckung entspricht dem Polynom

$$x_1 \cdot x_2 + x_1' \cdot x_2' \cdot x_3' + x_2' \cdot x_3' \cdot x_4$$

und hat primäre Kosten 3 und sekundäre Kosten 11. Wir sehen in unserem Beispiel aber auch, daß es noch eine weitere minimale Überdeckung der ON-Menge von f mit maximalen Teilwürfeln gibt. Die Überdeckung ist in Abbildung 3.3 abgebildet. Sie entspricht dem Polynom

$$x_1 \cdot x_2 + x_1' \cdot x_2' \cdot x_3' + x_1 \cdot x_3' \cdot x_4$$

und hat ebenfalls primäre Kosten 3 und sekundäre Kosten 11.

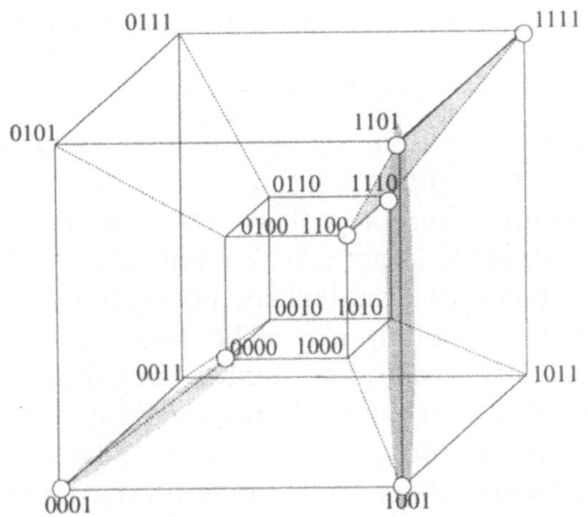

Abb. 3.3 Ein weiteres Minimalpolynom der Beispielfunktion.

Eine weitere minimale Überdeckung mit maximalen Teilwürfeln gibt es für f nicht. Da beide minimale Überdeckungen gleiche Kosten haben, sind beide Minimalpolynome von f.

Nicht immer haben alle minimalen Überdeckungen der ON-Menge der zu realisierenden Funktion, die nur aus maximalen Teilwürfeln bestehen, gleiche Kosten. Dies zeigt das folgende Beispiel.

Beispiel 3.1.1 Wir betrachten die in Abbildung 3.4 durch den 5-dimensionalen Würfel definierte Boolesche Funktion $f \in \mathcal{B}_5$. Wir haben alle maximalen Teilwürfel, die nur markierte Knoten enthalten durch dicke Striche oder schattiert gekennzeichnet. Es gibt drei maximale Teilwürfel der Dimension 2 und 8 maximale Teilwürfel der Dimension 1.

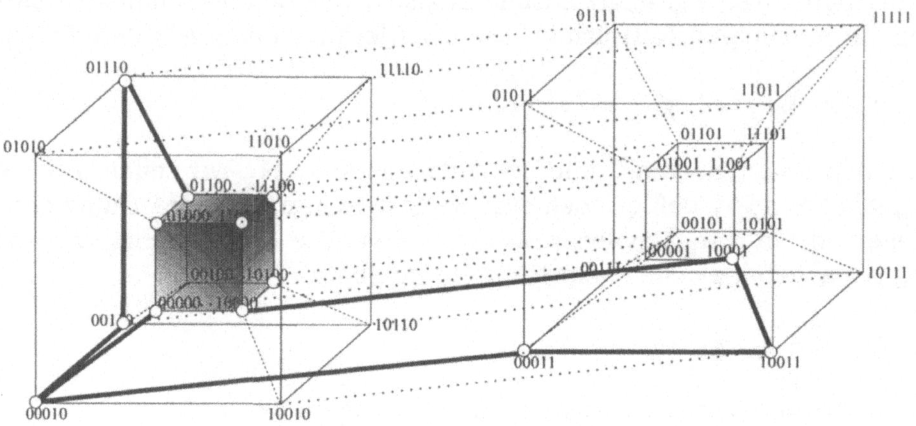

Abb. 3.4 Primimplikanten der Beispielfunktion

Betrachten Sie nun die in Abbildung 3.5 oben dargestellte Überdeckung der ON-Menge. Die Überdeckung besteht nur aus maximalen Teilwürfeln. Zudem ist die Überdeckung minimal. Mit weniger als sechs Teilwürfeln können die markierten Knoten nicht überdeckt werden. Um die Knoten 01110, 00110, 00010, 00011, 10011, 10001 zu überdecken, benötigen wir mindestens drei 1-dimensionale Teilwürfel, wollen wir nicht zugleich nichtmarkierte Knoten überdecken. Nehmen wir genau drei Kanten, um diese Knoten zu überdek-ken, so bleiben die sieben markierten Knoten in dem inneren 3-dimensionalen Teilwürfel nicht überdeckt. Diese können am kostengünstigsten durch die drei schattierten Flächen überdeckt werden. Nehmen wir vier Kanten, um die Knoten 01110, 00110, 00010, 00011, 10011, 10001 zu überdecken, so bleiben wenigstens fünf markierte Knoten in dem inneren 3-dimensionalen Teilwürfel nicht überdeckt. Um diese zu überdecken, benötigen wir noch wenigstens zwei Teilwürfel. Die primären Kosten dieser minimalen Überdeckung mit maximalen Teilwürfeln sind 6, die sekundären Kosten sind 28.

Abbildung 3.5 unten zeigt eine weitere Überdeckung der ON-Menge. Ihre primären Kosten sind ebenfalls 6, die sekundären Kosten belaufen sich aber nur auf 27. Die Überdeckung ist also billiger als die erste.

Wir wollen das eben Gesagte nochmals zusammenfassen.

Das Problem der zweistufigen Logiksynthese, das wir lösen wollen, ist äqui-

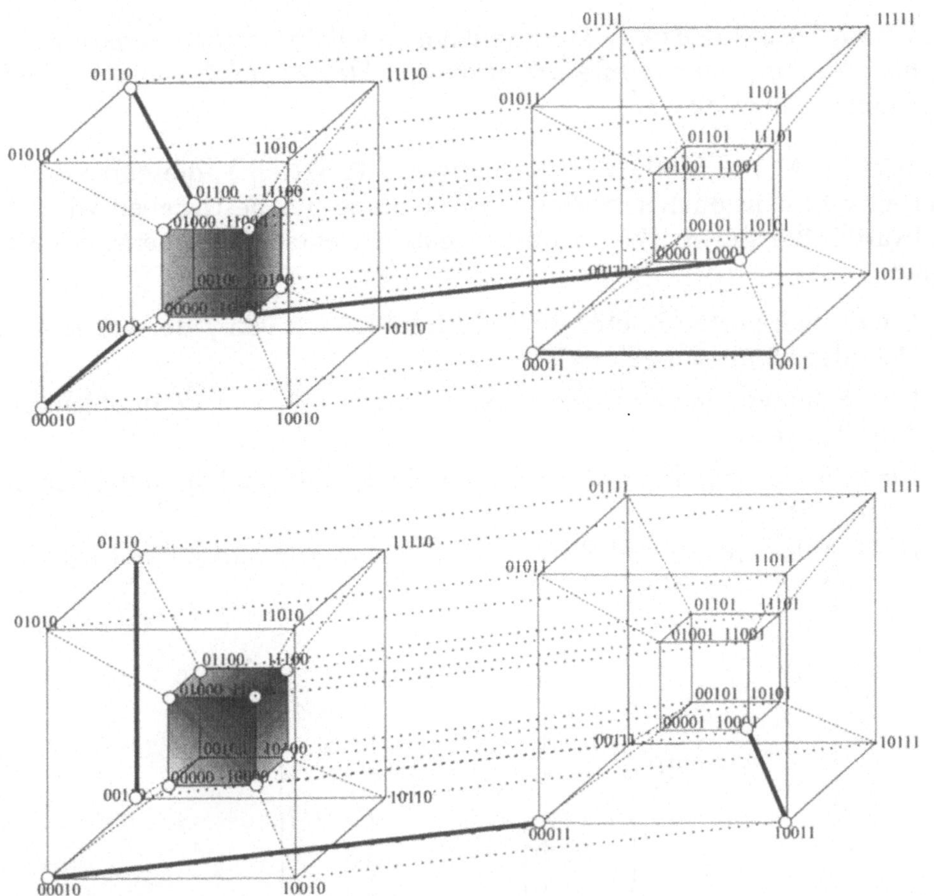

Abb. 3.5 Minimale Überdeckungen mit maximalen Teilwürfeln mit unterschiedlichen Kosten

valent zu dem Problem, zu einer Booleschen Funktion $f \in \mathcal{B}_n$, die durch einen markierten n-dimensionalen Würfel gegeben ist, eine kostenminimale Überdeckung der markierten Knoten mit Teilwürfeln zu finden.

Dieses Problem hat in der Regel mehrere Lösungen. Alle Lösungen haben die Eigenschaft, daß sie aus minimal vielen maximalen Teilwürfeln bestehen. Jeder Teilwürfel, der in einer Lösung enthalten ist, enthält nur Knoten, die mit "∘" markiert sind.

Teilwürfel, die nur mit "∘" markierte Knoten enthalten, werden Implikanten genannt. Die formale Definition geht über den Begriff der Interpretation eines Monomes aus Definition 1.3.5 auf Seite 36 und der partiellen Ordnung $\leq$ auf der Menge $\mathcal{B}_n$ der Booleschen Funktionen mit n Eingängen (siehe Definition 1.3.2).

Definition 3.1.2 (Implikant) *Ein* Implikant *einer Booleschen Funktion* $f \in \mathcal{B}_n$ *ist ein Monom* q, *dessen Interpretation* $\phi(q)$ *kleiner gleich* f *und ungleich der konstanten Funktion* $\underline{0}$ *ist.*

Beispiel 3.1.2 Betrachten Sie die Boolesche Funktion f, die durch den markierten 4-dimensionalen Würfel aus Abbildung 3.6 beschrieben wird. Jeder Teilwürfel, der nur markierte Knoten enthält, entspricht einem Implikanten von f.

- Die elf markierten Knoten sind die Implikanten von f der Länge 4 (siehe Definition 2.2.1 auf Seite 47).

- Die 16 Kanten, deren beiden Ecken markiert sind, sind die Implikanten von f der Länge 3.

- Die acht Flächen, deren vier Ecken markiert sind, sind die Implikanten von f der Länge 2.

- Der 3-dimensionale Teilwürfel x_2 ist der einzige Implikant von f der Länge 1.

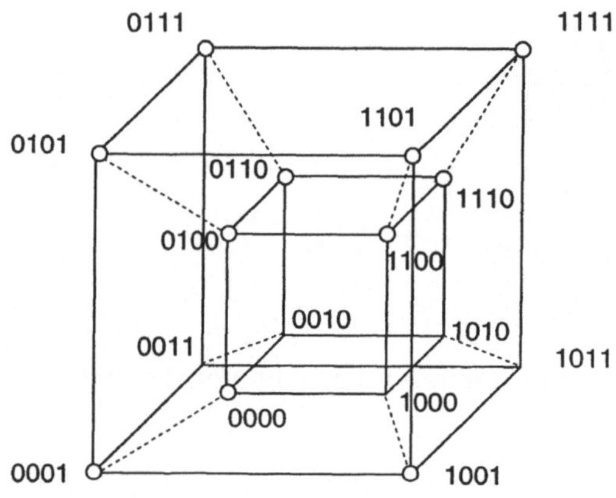

Abb. 3.6 Zur Illustration von Implikanten

Wir haben uns auch schon überlegt, daß *maximale* Teilwürfel eine ausgezeichnete Rolle bei Minimalpolynomen spielen. Maximale Teilwürfel nennen wir Primimplikanten.

Definition 3.1.3 (Primimplikant) *Ein* Implikant q *von* f *heißt* Primimplikant *von* f, *wenn er maximal ist, d.h. wenn es keinen von* q *verschiedenen Implikanten* r *von* f *gibt mit* $\phi(q) \leq \phi(r)$.

Sprechweise 3.1.4 *Gilt* $\phi(r) \leq \phi(q)$ *für zwei Monome* r *und* q, *so sagen wir, daß das Monom* q *das Monom* r *bzw. die Boolesche Funktion* $\phi(r)$ *überdeckt* *oder umfaßt.*

Beispiel 3.1.3 In dem Beispiel 3.1.2 gibt es drei Primimplikanten, nämlich x_2, $x_1' \cdot x_3'$ und $x_3' \cdot x_4$. Die Primimplikanten haben wir in der Abbildung 3.7 veranschaulicht.

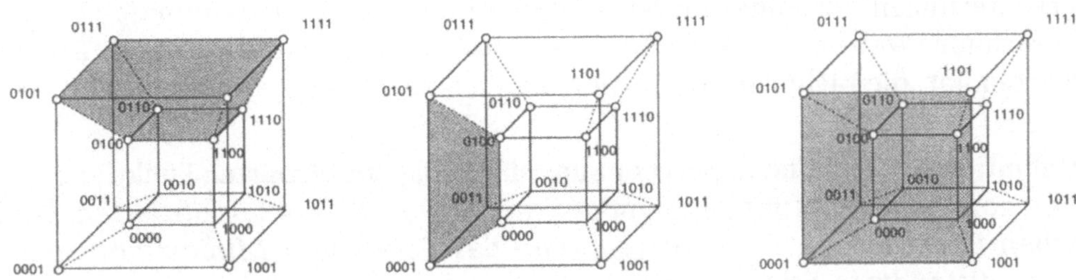

Abb. 3.7 Die Primimplikanten der dargestellten Booleschen Funktion

Enthält ein Polynom p einer Booleschen Funktion f aus $\mathcal{B}_n$ einen Implikanten r von f, der nicht prim ist, so können wir diesen Implikanten durch einen Teilwürfel q ersetzen, der r umfaßt und nur markierte Knoten überdeckt. Das so entstehende Polynom $p_{r \leftarrow q}$ ist ebenfalls ein Polynom von f. Zudem enthält q wenigstens ein Literal weniger als r, so daß $p_{r \leftarrow q}$ billiger als p ist. Hieraus folgt unmittelbar

Satz 3.1.1 *Jedes Minimalpolynom einer Booleschen Funktion f besteht ausschließlich aus Primimplikanten von f.*

Der Satz legt folgendes Vorgehen nahe, um ein Minimalpolynom einer Booleschen Funktion f mit einem Ausgang zu bekommen:

1. Berechne alle Primimplikanten von f.

2. Berechne eine Teilmenge der Primimplikanten von f, die eine kostenminimale Überdeckung der ON-Menge von f darstellt.

Den ersten Schritt dieses Vorgehens werden im Abschnitt 3.2, den zweiten Schritt im Abschnitt 3.3 ausführlich behandeln. Zuerst wollen wir uns aber noch überlegen, wie Minimalpolynome von unvollständig spezifizierten Booleschen Funktionen mit einem Ausgang und wie Minimalpolynome von Booleschen Funktionen mit mehreren Ausgängen prinzipiell aussehen.

3.1.2 Minimalpolynome von unvollständig spezifizierten Funktionen

Unvollständig spezifizierte Boolesche Funktionen haben wir im Abschnitt 1.4 eingeführt. Insbesondere haben wir gesehen, daß eine unvollständig spezifizierte Boolesche Funktion $f : D \to \{0,1\}$ mit $D \subseteq \{0,1\}^n$ durch eine vollständig spezifizierte Boolesche Funktion aus $\mathcal{B}_n$ realisiert wird, die das gleiche Ein-/Ausgabeverhalten auf dem Definitionsbereich D von f hat. Bei der zweistufigen Logiksynthese von unvollständig spezifizierten Booleschen Funktionen haben wir also das Problem zu lösen, eine vollständige Erweiterung der Funktion zu finden, die das billigste Minimalpolynom von allen vollständigen Erweiterungen der Funktion hat und dann für dieses ein Minimalpolynom zu berechnen. Welche Ausgabewerte diese vollständige Erweiterung bei Eingabewerten hat, die nicht zum Definitionsbereich von f gehören, interessiert nicht.

Definition 3.1.5 (Minimalpolynom unvollständig spezifizierter Funktionen) *Ein Polynom g heißt* Minimalpolynom *einer unvollständig spezifizierten Booleschen Funktion $f : D \to \{0,1\}$, wenn das Polynom g Minimalpolynom einer vollständigen Erweiterung von f ist und es kein Minimalpolynom r einer vollständigen Erweiterung von f gibt, das kleinere Kosten als g hat.*

In Abbildung 3.8 haben wir eine unvollständig spezifizierte Boolesche Funktion $f \in \mathcal{B}_4$ als 4-dimensionalen Würfel dargestellt. Die mit "□"gekennzeichneten Knoten sind Don't Cares, gehören also nicht zum Definitionsbereich $DEF(f)$. Die mit "○" markierten Knoten sind – wie immer – die Elemente der ON-Menge von f. Welche Teilwürfel können nun in einem Minimalpolynom der Funktion benutzt werden? Wie bei den vollständig spezifizierten Booleschen Funktionen darf kein Teilwürfel in die Überdeckung aufgenommen werden, der einen Knoten aus der OFF-Menge enthält. Ob Knoten aus der Don't Care-Menge überdeckt werden, interessiert nicht. Es kann uns ja egal sein, ob die Erweiterung an einem Don't Care eine 1 oder eine 0 ausgibt. Aus diesem Grunde wird in unserem Beispiel der Teilwürfel $x_2 \cdot x_3 \cdot x_4$ sicherlich nicht in einer billigsten Realisierung von f benutzt werden. Nehmen wir nämlich zu diesem Teilwürfel noch die Knoten 0101 und 1101 hinzu, erhalten wir einen größeren (also billigeren) Teilwürfel, der auf dem Definitionsbereich $DEF(f)$ von f das Gleiche tut.

Wir sehen also, daß in einem Minimalpolynom einer unvollständig spezifizierten Booleschen Funktion f nur (nicht unbedingt alle) Primimplikanten der größten vollständigen Erweiterung $f_{ON(f) \cup DC(f)}$ von f vorkommen können, also Primimplikanten der vollständigen Erweiterung, bei denen die Funktionswerte der Don't Cares auf den Wert 1 gelegt werden.

Wir fassen zusammen:

Definition 3.1.6 (Implikant unvollständig spezifizierter Funktionen) *Ein Monom q ist ein* Implikant *einer unvollständig spezifizierten Booleschen Funktion $f : D \to \{0,1\}$, wenn*

$$\phi(q) \leq f_{ON(f) \cup DC(f)}$$

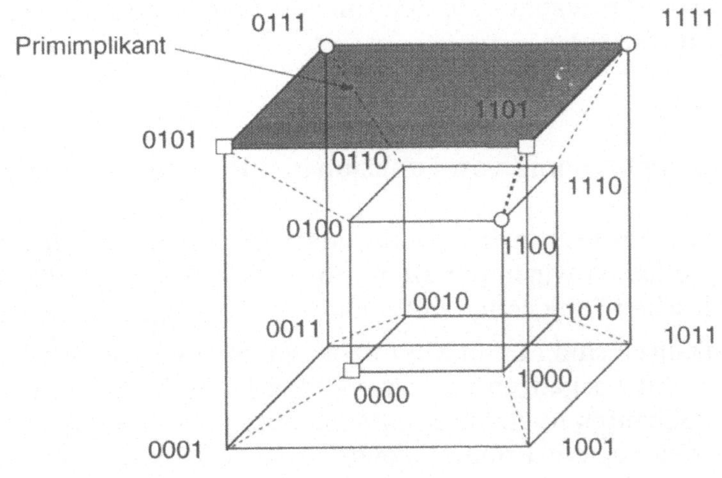

Abb. 3.8 Primimplikanten einer unvollständig spezifizierten Funktion

ist und

$$\exists \alpha \in D : \quad \phi(q)(\alpha) = 1$$

gilt.

Die erste Eigenschaft sagt aus, daß q ein Implikant der größten vollständigen Erweiterung von f sein muß, und die zweite Eigenschaft, daß q auf dem Definitionsbereich von f nicht die konstante 0-Funktion sein darf. Wäre es die 0-Funktion auf dem Definitionsbereich von f, so wäre q in jedem Polynom von f überflüssig.

Primimplikanten sind nun genauso definiert wie bei vollständig spezifizierten Booleschen Funktionen, so daß wir eine einheitliche Definition verwenden können.

Definition 3.1.7 (Primimplikant unvollständig spezifizierter Funktionen) *Ein Primimplikant einer unvollständig spezifizierten Booleschen Funktion f ist ein Implikant von f, der von keinem anderen Implikanten von f überdeckt wird.*

Bei der Berechnung eines Minimalpolynoms einer unvollständig spezifizierten Booleschen Funktion können wir uns also – jedenfalls was die Berechnung der Primimplikanten angeht – auf den Fall vollständig spezifizierter Boolescher Funktionen zurückziehen.

3.1.3 Minimalpolynome von Funktionen mit mehreren Ausgängen

Die Definition eines Minimalpolynoms einer vollständig spezifizierten Booleschen Funktion haben wir in der Definition 3.1.1 so weit gefaßt, daß sie den Fall von Booleschen Funktionen mit mehreren Ausgängen mit einschließt.

Welche Implikanten sind nun in Minimalpolynomen von Booleschen Funktionen mit mehreren Ausgängen enthalten? Man ist versucht anzunehmen, daß nur solche Implikanten in einem Minimalpolynom von $f = (f_1, \ldots, f_m) \in \mathcal{B}_{n,m}$ vorkommen können, die Primimplikanten von wenigstens einer der Booleschen Funktionen f_i aus $\mathcal{B}_n$ sind. Leider ist dies falsch. Wir geben ein Gegenbeispiel.

Beispiel 3.1.4 Betrachten Sie die Boolesche Funktion $f \in \mathcal{B}_{3,2}$, die in der Abbildung 3.9 durch zwei 3-dimensionale Würfel dargestellt ist, einen Würfel für f_1 und einen Würfel für f_2. Die Elemente der jeweiligen ON-Mengen sind wieder mit "∘" markiert.

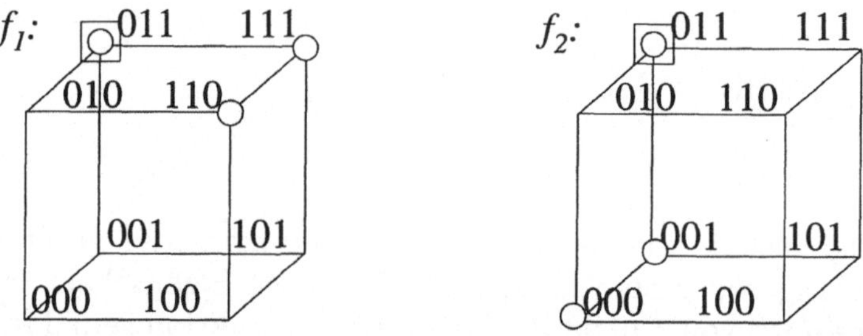

Abb. 3.9 Illustration des Gegenbeispiels

Es gibt zwei Primimplikanten von f_1, es sind dies $x_2 \cdot x_3$ und $x_1 \cdot x_2$. Ein Minimalpolynom p_1 von f_1 muß beide Primimplikanten enthalten, damit alle Knoten der ON-Menge von f_1 überdeckt werden. Das Minimalpolynom von f_1 ist also eindeutig bestimmt und es gilt $p_1 = x_2 \cdot x_3 + x_1 \cdot x_2$. Analog überlegt man sich, daß auch das Polynom $p_2 = x_1' \cdot x_2' + x_1' \cdot x_3$ das einzige Minimalpolynom von f_2 ist. Würden also in einem Minimalpolynom einer Booleschen Funktion mit mehreren Ausgängen nur Primimplikanten der Einzelfunktionen vorkommen können, so wäre die Darstellung

```
*  1  1     1  0
1  1  *     1  0
0  0  *     0  1
0  *  1     0  1
```

sicherlich das Beste, was wir bei unser Beispielfunktion $f = (f_1, f_2)$ erreichen
können. Die primären Kosten dieser Realisierung sind 4, da wir vier verschiedene Monome in der Realisierung benutzen. Die sekundären Kosten sind gleich
12. Sie setzen sich zusammen aus der Anzahl der 0- und 1-Einträge im Eingabeteil der Darstellung (entspricht der Summe der Länge der Monome) und der
Anzahl der 1-Einträge im Ausgabeteil der Darstellung (entspricht, wie oft die
Monome in den Polynomen benutzt werden).

Wir überlegen uns nun aber auch leicht, daß die Darstellung

```
0  1  1     1  1
1  1  *     1  0
0  0  *     0  1
```

ebenfalls f realisiert. Sowohl die primären als auch die sekundären Kosten sind
um eins geringer als bei der Realisierung von vorhin. In der neuen Realisierung
ist der Teilwürfel $x_1' \cdot x_2 \cdot x_3$ enthalten, der weder Primimplikant von f_1 noch
von f_2 ist, aber in der Beschreibung von beiden auftaucht. Wir haben diesen
0-dimensionalen Teilwürfel in Abbildung 3.9 in den beiden Würfeln mit "□"
gekennzeichnet. Der Teilwürfel wird von dem Implikanten $x_2 \cdot x_3$ von f_1 und
von dem Implikanten $x_1' \cdot x_3$ von f_2 überdeckt.

Damit haben wir ein Gegenbeispiel für unsere Vermutung, daß in einem Minimalpolynom von $f = (f_1, \ldots, f_m)$ nur Primimplikanten von den Einzelfunktionen f_i benutzt werden.

Im Beispiel sehen wir aber auch, daß $x_1' \cdot x_2 \cdot x_3$ Primimplikant der Booleschen
Funktion $f_1 \cdot f_2$ ist. Diese Beobachtung läßt sich verallgemeinern.

Satz 3.1.2 *Jedes Monom q, das in einem Minimalpolynom $p = (p_1, \ldots, p_m)$ von*
$f = (f_1, \ldots, f_m)$ enthalten ist, ist Primimplikant eines Produktes $f_{i_1} \cdot \ldots \cdot f_{i_r}$ von
Einzelfunktionen aus f, d.h. $\{f_{i_1}, \ldots, f_{i_r}\} \subseteq \{f_1, \ldots, f_m\}$.

Beweis: Da q in wenigstens einem der Polynome $p_1, \ldots, p_m$ enthalten ist,
ist q Implikant von wenigstens einer Funktion aus $\{f_1, \ldots, f_m\} \subset \mathcal{B}_n$. Sei
$\{f_{i_1}, \ldots, f_{i_r}\}$ die Menge aller Funktionen aus $\{f_1, \ldots, f_m\}$, für die q ein Implikant ist. Schneiden wir die n-dimensionalen Würfel von $f_{i_1}, \ldots, f_{i_r}$ miteinander, d.h. markieren wir nur die Knoten, die in jeder ON-Menge dieser Funktionen liegen, so bleiben alle Knoten des Teilwürfels q markiert. q ist also demnach auch Implikant von $f_{i_1} \cdot \ldots \cdot f_{i_r}$.

Wäre q nun nicht Primimplikant von $f_{i_1} \cdot \ldots \cdot f_{i_r}$, so könnten wir q im Polynom p überall durch einen Primimplikanten Q von $f_{i_1} \cdot \ldots \cdot f_{i_r}$ ersetzen, der

q umfaßt. Die dadurch beschriebene Funktion bleibt die gleiche. Die Kosten werden aber kleiner. Dies wäre ein Widerspruch zu der Voraussetzung, daß p ein Minimalpolynom von f ist. Also ist q ein Primimplikant von $f_{i_1} \cdot \ldots \cdot f_{i_r}$. $\blacksquare$

Um eine einheitliche Sprechweise zu bekommen, sollten wir die Definition 3.1.7 eines Primimplikanten auf Booleschen Funktionen mit mehreren Ausgängen verallgemeinern.

Definition 3.1.8 (Primimplikanten) *Ein Primimplikant von* $f = (f_1, \ldots, f_m) \in$ $\mathcal{B}_{n,m}$ *ist ein Primimplikant (im Sinne von Definition 3.1.7) eines Produktes* $f_{i_1} \cdot \ldots \cdot f_{i_r}$ *von Einzelfunktionen aus* f.

Es folgt dann der allgemeine Satz für vollständig spezifizierte Boolesche Funktionen mit mehreren Ausgängen, der eine erste Charakterisierung von Minimalpolynomen liefert.

Korollar 3.1.3 *Für jedes Minimalpolynom* $p = (p_1, \ldots, p_m)$ *einer Booleschen Funktion* $f \in \mathcal{B}_{n,m}$ *ist* p_i *eine Summe von Primimplikanten von* f.

3.2 Charakterisierung der Primimplikanten

Im letzten Abschnitt haben wir gesehen, daß die Primimplikanten einer Booleschen Funktion eine ausgezeichnete Rolle im Rahmen der zweistufigen Logikminimierung spielen. Wir wollen uns deshalb in diesem Abschnitt Gedanken darüber machen, wie wir die Menge aller Primimplikanten einer Booleschen Funktion f effizient berechnen können. Ist diese Menge bekannt, so ist "nur noch" eine Teilmenge zu berechnen, die eine minimale Überdeckung der ON-Menge von f darstellt. Diesen letzten Schritt werden wir uns im Abschnitt 3.3 auf Seite 112 anschauen.

Wir werden im folgenden vier Methoden (Abschnitte 3.2.1-3.2.4) vorstellen, mit denen die Primimplikanten einer Booleschen Funktion mit einem Ausgang berechnet werden können. Im Abschnitt 3.2.5 verallgemeinern wir die erste Methode aus Abschnitt 3.2.1 zu einem Algorithmus, der die Primimplikanten einer Booleschen Funktion mit mehreren Ausgängen berechnet. Der verallgemeinerte Algorithmus arbeitet analog zu dem entsprechenden Verfahren für Boolesche Funktionen mit einem Ausgang.

3.2.1 Verfahren von Quine-McCluskey

Das Verfahren von Quine-McCluskey [McC56, McC86] beruht auf folgender Beobachtung:

Lemma 3.2.1 *Ein Monom q über der Variablenmenge $\mathcal{X} = \{x_1, \ldots, x_n\}$, dessen Länge echt kleiner als n ist, ist genau dann ein Implikant einer Booleschen Funktion $f \in \mathcal{B}_n$, wenn die Monome $q \cdot x_i$ und $q \cdot x_i'$ Implikanten von f sind für jede Variable $x_i \in \mathcal{X}$, die weder als positives noch als negatives Literal in q enthalten ist.*

Beweis: Den Beweis können wir schön an der Würfeldarstellung illustrieren. Vereinigen wir die beiden disjunkten Teilwürfel $q \cdot x_i$ und $q \cdot x_i'$, so erhalten wir den Würfel q. Offensichtlich sind genau dann alle Knoten des Würfels q markiert, wenn alle Knoten der Teilwürfel $q \cdot x_i$ und $q \cdot x_i'$ markiert sind. Das Lemma ist damit bewiesen, weil Implikanten gerade die Teilwürfel sind, bei denen alle Knoten markiert sind. ∎

Sprechweise 3.2.1 *Um einen einfachere Sprechweise zu haben, sagen wir im folgenden, daß "sich die beiden Monome $q \cdot x$ und $q \cdot x'$ nur an der Stelle x unterscheiden" oder daß "sich die beiden Monome $q \cdot x$ und $q \cdot x'$ an genau einer Stelle unterscheiden".*

Durch das gerade bewiesene Lemma erhalten wir eine Charakterisierung der Implikanten einer Funktion $f \in \mathcal{B}_n$, aus der unmittelbar auch eine erste Charakterisierung der Primimplikanten von f folgt.

Satz 3.2.2 (Charakterisierung der Implikanten) *Ein Monom q über der Variablenmenge $\mathcal{X} = \{x_1, \ldots, x_n\}$ ist genau dann ein Implikant von $f \in \mathcal{B}_n$, wenn entweder*

- *q ein Implikant der Länge n von f ist*

oder

- *$q \cdot x$ und $q \cdot x'$ Implikanten von f sind für eine Variable $x \in \mathcal{X}$, die in q weder als positives noch als negatives Literal vorkommt.*

Beweis: Die Aussage folgt unmittelbar aus dem Lemma 3.2.1, in dem die Implikanten, die eine Länge kleiner als n haben, charakterisiert werden. ∎

Der gerade bewiesene Satz impliziert einen Algorithmus, der die Menge aller Primimplikanten einer Booleschen Funktion $f \in \mathcal{B}_n$ berechnet, den Algorithmus von Quine/McCluskey. Den Basisalgorithmus finden Sie in Abbildung 3.10. Der Quine/McCluskey-Algorithmus berechnet iterativ alle Implikanten der Funktion f. Zuerst werden alle Implikanten der Länge n in der Menge L_0 abgespeichert. Im ersten Durchlauf der Schleife werden die Implikanten der Länge $n-1$ berechnet. Im i. Durchlauf werden die Implikanten der Länge $n-i$ berechnet. Hierzu suchen wir nach allen Paaren von Implikanten der Länge $n-i+1$, die in L_{i-1} abgespeichert sind, und die sich an genau einer Stelle unterscheiden und kürzen die beiden gemäß obigem Satz zu einem Implikanten der

Länge $n - i$. Parallel dazu werden die Implikanten erkannt, die Primimplikanten der Funktion sind. Es sind gerade die Implikanten, die wir nicht gemäß Satz 3.2.2 zu einem Implikanten, dessen Länge um 1 kürzer ist, verkürzen können.

```
 1  Quine (f)
 2  begin
 3    L₀ = {q :  q ist Implikant der Länge n von f};
 4    PI(f) = ∅;
 5    comment :  In PI(f) werden die Primimplikanten von f gesammelt
 6    i = 1;
 7    while ((Lᵢ₋₁ ≠ ∅) und (i ≤ n)) do
 8      comment :  Lᵢ enthält die Implikanten von f der Länge n − i
 9      Lᵢ = {q :  q · x ∈ Lᵢ₋₁ und q · x' ∈ Lᵢ₋₁ für eine Variable x};
10      Temp = {q · x, q · x' :  q ∈ Lᵢ und x ist nicht in q enthalten};
11      PI(f) = PI(f) ∪ (Lᵢ₋₁ \ Temp);
12      i = i + 1;
13    od;
14    return  PI(f) ∪ Lᵢ₋₁;
15  end
```

Abb. 3.10 Basisalgorithmus von Quine / McCluskey

Arbeiten wir mit dem Verfahren von Quine / McCluskey, so werden wir im i. Durchlauf sicherlich nicht jedes Element aus L_{i-1} mit allen anderen Elementen aus L_{i-1} vergleichen. Vielmehr reicht es, nur die Elemente miteinander zu vergleichen, die die gleichen Variablen enthalten und bei denen sich die Anzahl der positiven Literale genau um 1 unterscheidet. Nur diese können sich an genau einer Stelle unterscheiden, so daß gekürzt werden kann. Wir partitionieren daher die Liste L_i in disjunkte Teillisten L_i^M, wobei M eine Teilmenge der Variablenmenge ist, die aus $n - i$ Elementen besteht. L_i^M enthält dann alle die Implikanten der Länge $n - i$, die die Variablen aus M enthalten. Die Liste L_i^M selbst ist nach der Anzahl der positiven Literale der Implikanten geordnet.

Wir wollen nun das Verfahren von Quine/McCluskey ausführlich an einem Beispiel erläutern.

Beispiel 3.2.1 Gegeben sei die durch den in Abbildung 3.11 dargestellten 4-dimensionalen Würfel definierte Boolesche Funktion.

Als erstes muß die Liste L_0 ($= L_0^{\{x_1,x_2,x_3,x_4\}}$) der Implikanten der Länge 4 berechnet werden:

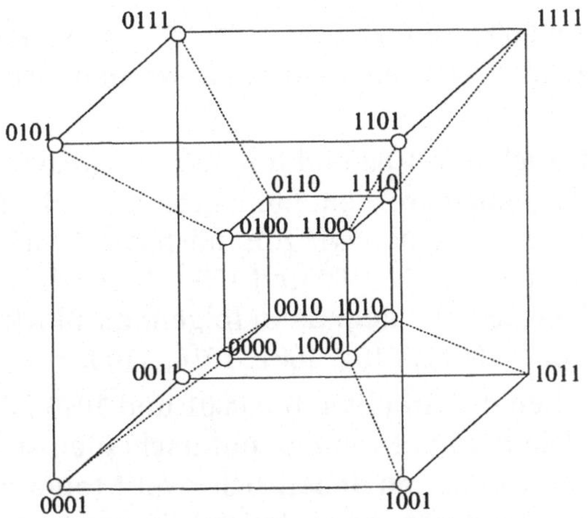

Abb. 3.11 Die Beispielfunktion

$$L_0^{\{x_1,x_2,x_3,x_4\}}:$$

0	0	0	0
0	0	0	1
0	1	0	0
1	0	0	0
0	0	1	1
0	1	0	1
1	0	0	1
1	0	1	0
1	1	0	0
0	1	1	1
1	1	0	1
1	1	1	0

Hierbei steht 1001 für das Monom $x_1 \cdot x_2' \cdot x_3' \cdot x_4$. Es handelt sich um die im Abschnitt 2.2.4 eingeführte Notation.

Ausgehend von der Liste $L_0^{\{x_1,x_2,x_3,x_4\}}$ müssen die Listen $L_1^{\{x_2,x_3,x_4\}}$, $L_1^{\{x_1,x_3,x_4\}}$, $L_1^{\{x_1,x_2,x_4\}}$, $L_1^{\{x_1,x_2,x_3\}}$ berechnet werden. Zu vergleichen haben wir dabei nur Elemente der Liste $L_0^{\{x_1,x_2,x_3,x_4\}}$, die in benachbarten Blöcken stehen, also 0000 haben wir nur zu vergleichen mit den Elementen 0001, 0100, und 1000. Nehmen wir zuerst die beiden Elemente 0000 und 0001. Sie unterscheiden sich nur an der vierten Stelle. In der Würfeldarstellung heißt das, daß sie Eckknoten der gleichen Kante k sind. Die beiden Elemente lassen sich also gemäß Satz 3.2.2 zu dem Implikanten 000* kürzen. 000* steht gemäß unserer Notation aus Abschnitt 2.2.4 für das Monom $x_1' \cdot x_2' \cdot x_3'$. Dieser Implikant entspricht gerade der Kante k. Das Monom 000* muß also in die Liste $L_1^{\{x_1,x_2,x_3\}}$ aufgenommen werden. Die Implikanten 0000 und 0001 aus $L_0^{\{x_1,x_2,x_3,x_4\}}$ können nicht mehr prim sein, da mit ihnen gekürzt werden konnte. Sie werden also in die Menge $Temp$ aufgenommen.

Nachdem dann 0000 auch mit 0100 und mit 1000 verglichen wurden – in beiden Fällen kann ebenfalls gekürzt werden, beim ersten Vergleich zu $0*00$ und beim zweiten Vergleich zu $*000$ –, gehen wir zum nächsten Block über. Dieser Block besteht aus den Monomen 0001, 0100 und 1000. Jeder dieser Implikanten muß mit jedem der Implikanten aus dem dann folgenden Block verglichen werden, also mit den Implikanten 0011, 0101, 1001, 1010, 1100.

Beim Vergleich zwischen den Implikanten 0001 und 1010 können wir beispielsweise nicht kürzen. Die beiden Monome unterscheiden sich an mehr als einer Stelle. Die Anzahl der Stellen, an denen sich zwei Monome unterscheiden, ist gleich der Anzahl der Dimensionen im Würfel, in denen sie getrennt sind. Ist diese Distanz echt größer als 1, so ergibt die Vereinigung der beiden Monome keinen Würfel, also kein Monom.

Den geschilderten Kürzungvorgang setzen wir fort bis alle Vergleiche gemacht worden sind. Wir erhalten in unserem Beispiel dann die Listen

$L_1^{\{x_2,x_3,x_4\}}$:

$$
\begin{array}{cccc}
* & 0 & 0 & 0 \\
\hline
* & 0 & 0 & 1 \\
* & 1 & 0 & 0 \\
\hline
* & 1 & 0 & 1 \\
\end{array}
$$

$L_1^{\{x_1,x_3,x_4\}}$:

$$
\begin{array}{cccc}
0 & * & 0 & 0 \\
\hline
0 & * & 0 & 1 \\
1 & * & 0 & 0 \\
\hline
0 & * & 1 & 1 \\
1 & * & 0 & 1 \\
1 & * & 1 & 0 \\
\end{array}
$$

$L_1^{\{x_1,x_2,x_4\}}$:

$$
\begin{array}{cccc}
0 & 0 & * & 1 \\
1 & 0 & * & 0 \\
\hline
0 & 1 & * & 1 \\
1 & 1 & * & 0 \\
\end{array}
$$

$L_1^{\{x_1,x_2,x_3\}}$:

$$
\begin{array}{cccc}
0 & 0 & 0 & * \\
\hline
0 & 1 & 0 & * \\
1 & 0 & 0 & * \\
\hline
1 & 1 & 0 & * \\
\end{array}
$$

In Abbildung 3.12 sind alle Implikanten aus L_1 gekennzeichnet . Es sind – wie wir in der Zwischenzeit wissen – alle Kanten, deren beiden Eckknoten in der ON-Menge liegen.

Bei diesem Kürzungsprozeß stellen wir fest, daß jeder Implikant aus $L_1^{\{x_1,x_2,x_3,x_4\}}$ mit wenigstens einem anderen Implikanten gekürzt wird. Somit ist keiner der Implikanten aus $L_1^{\{x_1,x_2,x_3,x_4\}}$ prim. Auch dies sehen wir sofort an der Würfeldarstellung. Jeder markierte Knoten ist Eckpunkt von wenigstens einer Kante, die Implikant ist. Ein Knoten wird genau so oft mit einem anderen Knoten gekürzt wie es zu ihm inzidente Kanten gibt, die Implikanten sind.

Im nächsten Schritt wird jede der vier L_1-Listen für sich betrachtet. Implikanten benachbarter Blöcke werden miteinander verglichen. Unterscheiden sie sich genau an einer Stelle, so wird gekürzt und es entsteht ein Implikant, der einer 2-dimensionalen Fläche entspricht. Betrachten Sie zum Beispiel in der Liste $L_1^{\{x_1,x_2,x_4\}}$ die beiden Implikanten $10*0$ und $11*0$. Sie unterscheiden sich nur an der zweiten Stelle. Durch Kürzen entsteht der Implikant $1**0$, der

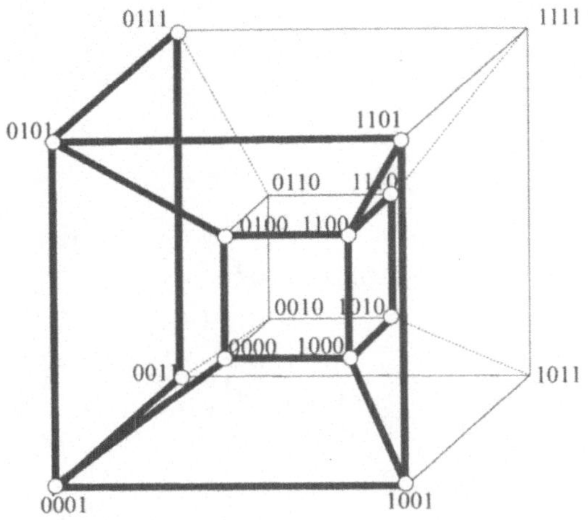

Abb. 3.12 Implikanten aus L_1

in die Liste $L_2^{\{x_1,x_4\}}$ eingefügt werden muß. Weder $10*0$ noch $11*0$ können Primimplikanten von f sein. Die gerade besprochene Kürzung ist in Abbildung 3.13 veranschaulicht. Implikanten aus L_2 entsprechen $(n-2)$-dimensionalen Teilwürfeln, also in unserem Fall, in dem n gleich 4 ist, Flächen.

Nachdem die vier L_1-Listen abgearbeitet sind, erhalten wir die Listen

$L_2^{\{x_3,x_4\}}$:

$L_2^{\{x_2,x_3\}}$:

$L_2^{\{x_1,x_4\}}$:

$L_2^{\{x_1,x_3\}}$:

$$
\begin{array}{cccc}
* & * & 0 & 0 \\
\hline
* & * & 0 & 1
\end{array}
\qquad
\begin{array}{cccc}
* & 0 & 0 & * \\
\hline
* & 1 & 0 & *
\end{array}
\qquad
\begin{array}{cccc}
0 & * & * & 1 \\
\hline
1 & * & * & 0
\end{array}
\qquad
\begin{array}{cccc}
0 & * & 0 & * \\
\hline
1 & * & 0 & *
\end{array}
$$

Die Listen $L_2^{\{x_1,x_2\}}$ und $L_2^{\{x_2,x_4\}}$ sind leer. Wieder sind alle Elemente der L_1-Listen in Kürzungen eingegangen. Damit ist kein Element der L_1-Listen Primimplikant von f. $PI(f)$ ist weiterhin leer. Am Würfel können wir dies auch leicht überprüfen. Alle in der Abbildung 3.12 markierten Kanten sind Kanten einer Fläche, deren Knoten alle markiert sind. Oder anderes formuliert: Zu jeder markierten Kante gibt es eine (bzgl. einer Fläche) gegenüberliegende Kante, die ebenfalls markiert ist. Mit dieser Kante kann gekürzt werden und wir erhalten eine Fläche.

Die Konstruktion der L_3-Listen ist jetzt einfach. Jede der L_2-Listen besteht nur noch aus zwei Elementen. In den Listen $L_2^{\{x_3,x_4\}}$, $L_2^{\{x_2,x_3\}}$ und $L_2^{\{x_1,x_3\}}$ können jeweils die beiden Implikanten gekürzt werden. Wir erhalten bei jeder dieser drei Kürzungen den Implikanten $**0*$, der nach $L_3^{\{x_3\}}$ geschrieben wird. Die beiden Implikanten $0**1$ und $1**0$ aus $L_2^{\{x_1,x_4\}}$ können nicht gekürzt werden. Sie unterscheiden sich an mehr als einer Stelle. Zu keiner dieser beiden Flächen,

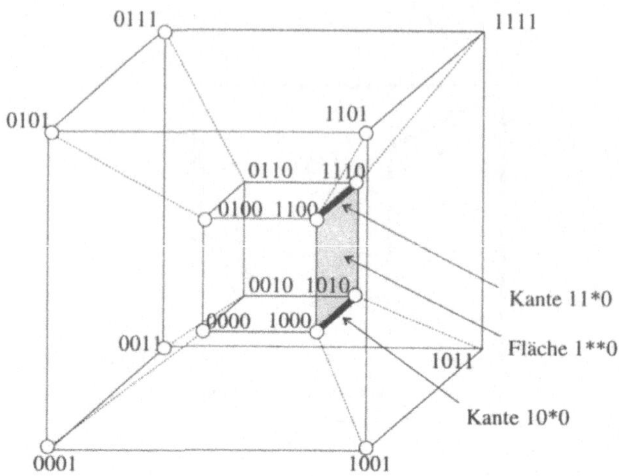

Abb. 3.13 Illustration einer Kürzung

die in Abbildung 3.14 links schattiert dargestellt sind, gibt es (bzgl. eines 3-dimensionalen Teilwürfels) eine gegenüberliegende Fläche, deren Knoten auch alle markiert sind. Beide Implikanten sind also prim.

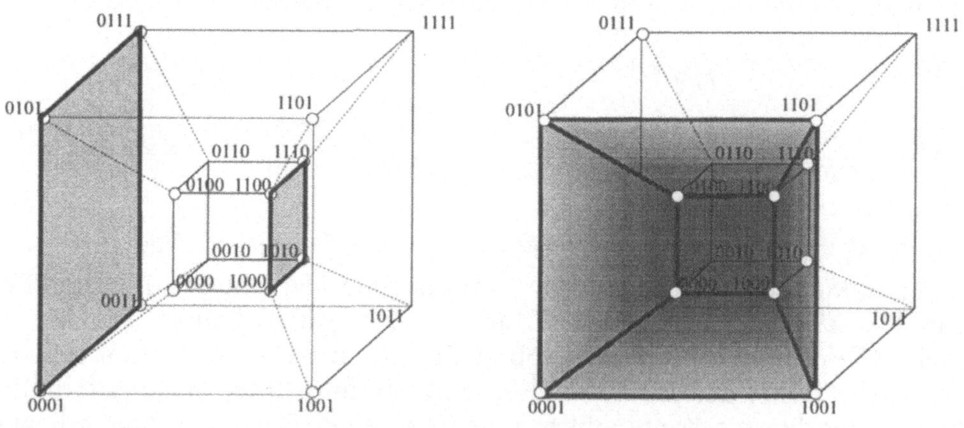

Abb. 3.14 Die Primimplikanten von f

In dem letzten Durchlauf der Schleife stellen wir noch fest, daß x_3' ebenfalls Primimplikant von f ist. Die Menge der Primimplikanten $PI(f)$ von f ist also gegeben durch $\{x_1' \cdot x_4, x_1 \cdot x_4', x_3'\}$. Diese Menge ist in der Abbildung 3.14 abgebildet. Wir sehen, daß jeder markierte Knoten in wenigstens einem der Primimplikanten liegt.

3.2.2 Iterative Berechnung der Primimplikanten

Die zweite Charakterisierung basiert auf der Consensus-Regel

$$x \cdot y + x' \cdot z = x \cdot y + x' \cdot z + y \cdot z$$

aus Lemma 1.2.5.

Sprechweise 3.2.2 $y \cdot z$ *heißt Consensus von* $x \cdot y$ *und* $x' \cdot z$*. Wir schreiben* $consensus(x \cdot y, x' \cdot z) = y \cdot z$.

Die Consensus-Regel zum Auffinden der Primimplikanten einer Booleschen Funktion ist für uns nichts Neues mehr. Auch schon beim Verfahren von Quine/McCluskey haben wir implizit mit der Consensus-Regel gearbeitet. Der Kürzungsprozeß im Quine/McCluskey-Verfahren wendet die eingeschränkte Consensusregel

$$x \cdot q + x' \cdot q = x \cdot q + x' \cdot q + q = q$$

an.

Die Idee der Methode, die wir jetzt vorstellen, besteht darin, ein Polynom einer Booleschen Funktion $f \in \mathcal{B}_n$ solange durch Anwenden der (allgemeinen) Consensus-Regel von links nach rechts durch Monome zu erweitern, bis keine neuen Monome mehr erzeugt werden können. In jedem Schritt entfernen wir die Monome des Polynoms, die von einem anderen Monom des Polynoms überdeckt werden. Das so entstehende Polynom enthält genau alle Primimplikanten von f.

Definition 3.2.3 (vollständige Summe) *Ein Polynom von* f *heißt vollständige Summe von* f*, wenn es aus allen Primimplikanten von* f *besteht und keine anderen Implikanten von* f *enthält.*

Satz 3.2.3 (Zweite Charakterisierung der Primimplikanten) *Ein Polynom* p *von* f *ist genau dann die vollständige Summe von* f*, wenn*

1. *kein Monom von* p *ein anderes Monom von* p *überdeckt und*

2. *der Consensus von je zwei Monomen* q *und* r *von* p *von wenigstens einem Monom von* p *überdeckt wird, sofern der Consensus von* q *und* r *überhaupt definiert ist.*

Beweis: Wir zeigen zuerst nur, daß die beiden angegebenen Eigenschaften notwendig sind. Für den Beweis der anderen Richtung müssen wir den Begriff des Consensus zuerst besser verstehen lernen.

Sei also p die vollständige Summe von f. Jedes Monom q von p ist nach Definition 3.2.3 Primimplikant von f, wird also von keinem anderen Implikanten von f überdeckt, also auch nicht von einem Implikanten, der in p enthalten ist. Hiermit folgt Eigenschaft 1.

Ist der Consensus von zwei Implikanten q und r von f definiert, so ist $consensus(q,r)$ ebenfalls ein Implikant von f. Dies folgt sofort aus der Consensus-Regel, Lemma 1.2.5. Da p alle Primimplikanten enthält, ist dieser Implikant entweder in p enthalten oder er wird von einem der (in p enthaltenen) Primimplikanten überdeckt. Damit haben wir auch Eigenschaft 2 bewiesen. ∎

Bevor wir beweisen, daß die beiden Eigenschaften auch hinreichend sind, wollen wir den Begriff des Consensus besser verstehen lernen.

Als erstes beobachten wir, daß der Consensus von zwei Monomen q und r genau dann definiert und verschieden von der konstanten Funktion $\underline{0}$ ist, wenn die beiden Monome genau durch eine Dimension getrennt sind, wenn es also eine Kante im Würfel gibt, die weder von q noch von r überdeckt wird und die den Teilwürfel q mit dem Teilwürfel r verbindet. In der Abbildung 3.15 links haben wir den Consensus des Knoten $x_1' \cdot x_2 \cdot x_3 \cdot x_4$, den wir schwarz gekennzeichnet haben, und der Kante $x_1 \cdot x_2 \cdot x_4$, die wir durch eine dicke Linie dargestellt haben, gebildet. Die beiden Monome werden durch genau eine Kante, die Kante $x_2 \cdot x_3 \cdot x_4$ verbunden. Bilden wir nun den Consensus

$$consensus(x_1' \cdot x_2 \cdot x_3 \cdot x_4, \; x_1 \cdot x_2 \cdot x_4),$$

so sehen wir, daß dieser gerade aus dieser Kante besteht. Der Consensus von $x_1' \cdot x_2 \cdot x_3 \cdot x_4$ und $x_1' \cdot x_2' \cdot x_3' \cdot x_4$ hingegen ist gleich 0, da sich diese Knoten an zwei verschiedenen Stellen unterscheiden. Ein weiteres Beispiel sehen Sie in Abbildung 3.15 rechts. Hier haben wir den Consensus der Kante $x_1 \cdot x_2 \cdot x_4'$ und der Fläche $x_1' \cdot x_2$ gebildet. Diese beiden Monome werden durch die Kante $x_2 \cdot x_3 \cdot x_4'$ und durch die Kante $x_2 \cdot x_3' \cdot x_4'$ getrennt. Der Consensus der beiden Monome ist gegeben durch die Fläche $x_2 \cdot x_4'$, besteht also ebenfalls genau aus den Knoten dieser beiden "Brücken".

Abbildung 3.16 zeigt ein letztes Beispiel, in dem der Consensus der zwei sich bezüglich des inneren 3-dimensionalen Würfels gegenüberliegenden Flächen $x_1' \cdot x_4'$ und $x_1 \cdot x_4'$ gebildet wird. Es gibt vier Brücken zwischen diesen beiden Flächen. Sie sind in der Abbildung durch dicke Linien gekennzeichnet. Der Consensus ist gegeben durch x_4', umfaßt also diese vier Brücken, ist also gleich dem inneren 3-dimensionalen Würfel.

Wir fassen zusammen.

Der Consensus von zwei Monomen ist definiert und verschieden von 0, wenn es wenigstens eine 1-dimensionale Brücke zwischen den beiden Monomen gibt.

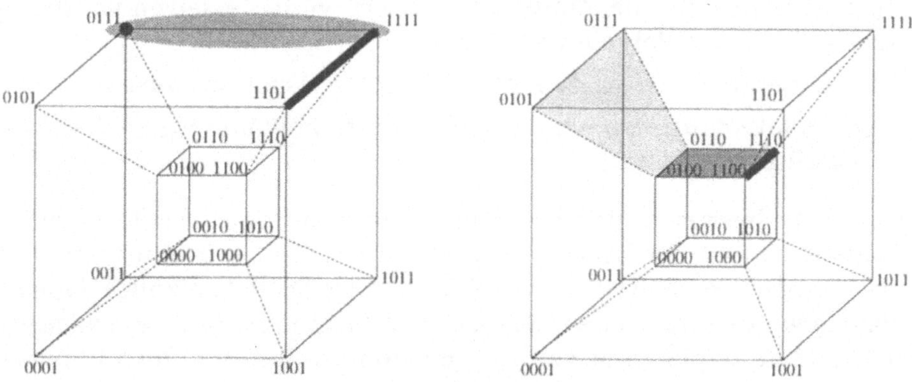

Abb. 3.15 Consensus zweier Monome

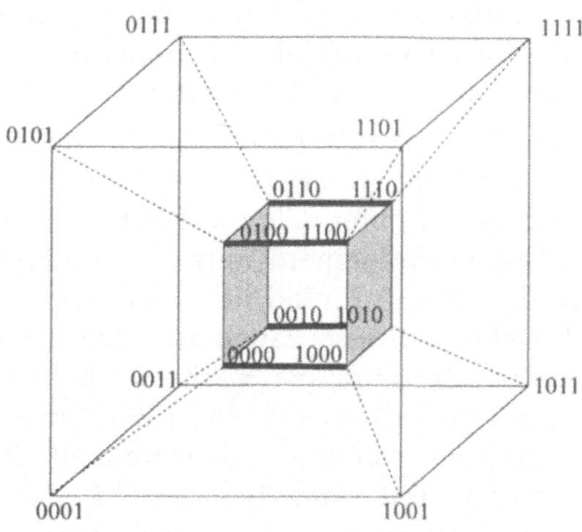

Abb. 3.16 Consensus zweier Monome

In diesem Fall ist der Consensus der kleinste Würfel, der alle diese Brücken umfaßt.

Wir kommen nun zu dem Beweis von Satz 3.2.3 zurück. Wir haben noch zu zeigen, daß die angegebenen Eigenschaften auch hinreichend sind.

Beweis: Wir wollen einen konstruktiven Beweis angeben und führen folgende Konstruktion durch:

Gegeben sei ein beliebiges Polynom p von $f \in \mathcal{B}_n$.

Wir vergleichen nun je zwei Monome aus p und bilden deren Consensus, falls er existiert. Den Consensus der beiden Monome schreiben wir gegebenenfalls in eine zuvor leere Hilfsmenge $Temp$.

Nachdem dies für alle Paare durchgeführt wurde, ersetzen wir das Polynom p durch das Polynom $p \cup Temp$.

Wir wiederholen die beiden letzten Schritte insgesamt noch $n - 1$ mal.

Zum Schluß reduzieren wir das konstruierte Polynom p gemäß der ersten Eigenschaft des Satzes.

Wenn wir nun beweisen, daß vor dem i. Durchlauf der Schleife es zu jedem Implikanten r von f der Länge größer gleich $n - i + 1$ in p einen Teilwürfel q gibt, der r umfaßt, so sind wir fertig. Nachdem die Schleife nämlich dann n Mal durchlaufen worden ist, gibt es zu jedem Implikanten r von f der Länge größer gleich 0 – andere Implikanten kann f ohnehin nicht haben – einen Implikanten in p, der r umfaßt. p enthält also alle Primimplikanten. Wegen Eigenschaft 1 enthält p sogar nur die Primimplikanten.

Die Induktionsverankerung für $i = 1$ ist einfach. Das Polynom p ist ein Polynom von f. Jeder Knoten der ON-Menge von f wird also durch einen in p enthaltenen Teilwürfel überdeckt. Da die Elemente der ON-Menge gerade die Implikanten der Länge n sind, haben wir unsere Aussage für $i = 1$ bewiesen.

Um den Induktionsschritt zu beweisen, betrachten wir den Fall $i \geq 2$. Sei dann r ein Implikant von f der Länge $n - i + 1$. Er entspricht also einem Teilwürfel der Dimension $i - 1$, dessen Knoten alle markiert sind. Wird r schon vor dem $(i-1)$. Durchlauf der Schleife von einem Teilwürfel q aus p überdeckt, so haben wir nichts zu zeigen, da aus p während der oben angegebenen Konstruktion nichts entfernt wird. Gehen wir also davon aus, daß der Implikant r vor dem $(i-1)$. Durchlauf nicht in p enthalten ist. r läßt sich aufteilen in zwei disjunkte, d.h. sich gegenüberliegende Teilwürfel s und t der Dimension $i - 2$. Nach Induktionsannahme enthält p vor dem $(i - 1)$. Durchlauf einen Teilwürfel S, der den Implikanten s enthält, und einen Teilwürfel T, der t enthält. Da s und t zwei disjunkte $(i - 2)$-dimensionale Teilwürfel eines $(i - 1)$ dimensionalen Würfels sind, gibt es genau 2^{i-2} eindimensionale Brücken zwischen s und t. Jeder Knoten von s und jeder Knoten von t ist Eckpunkt genau einer dieser Brücken. Der Consensus von S und T, der im $(i - 1)$. Durchlauf gebildet wird, enthält alle diese Brücken, also auch alle Knoten von s und t. Somit umfaßt der Consensus von S und T den Implikanten r. Hiermit ist der Induktionsschritt bewiesen und Satz 3.2.3 gilt in beiden Richtungen.   ∎

Bevor wir zur dritten Charakterisierung der Primimplikanten einer Booleschen Funktion kommen, wollen wir die eben geschilderte Methode an einem kleinen Beispiel illustrieren.

Beispiel 3.2.2 Als Beispielfunktion nehmen wir die gleiche Funktion wie schon bei dem Verfahren von Quine/McCluskey (siehe Beispiel 3.2.1). Wir starten mit dem Polynom

$$x_1' \cdot x_3 \cdot x_4 + x_1' \cdot x_3' + x_1 \cdot x_4' + x_2 \cdot x_3' \cdot x_4 + x_1 \cdot x_3' \cdot x_4$$

von f. Wir beginnen mit dem von links gesehen zweiten Monom in p, in diesem Fall also mit $x_1' \cdot x_3'$, vergleichen es mit dem ersten Monom von p und bilden gegebenenfalls den Consensus, den wir dann an das rechte Ende des Polynoms anfügen. Wird ein Monom r von p durch diesen Consensus überdeckt, so entfernen wir das Monom r.

Im folgenden haben wir jeweils das Monom unterstrichen, das wir in dem nächsten Schritt mit allen seinen Vorgängern vergleichen und gegebenenfalls zur Consensus-Bildung heranziehen. Ist kein Monom unterstrichen, so werden im nächsten Schritt Monome entfernt.

Im ersten Schritt wird nun p abgeändert zu

$$\begin{aligned} p &= x_1' \cdot x_3 \cdot x_4 + \underline{x_1' \cdot x_3'} + x_1 \cdot x_4' + x_2 \cdot x_3' \cdot x_4 + x_1 \cdot x_3' \cdot x_4 \\ &= x_1' \cdot x_3 \cdot x_4 + x_1' \cdot x_3' + x_1 \cdot x_4' + x_2 \cdot x_3' \cdot x_4 + x_1 \cdot x_3' \cdot x_4 + x_1' \cdot x_4. \end{aligned}$$

Wir können nach diesem ersten Schritt den Implikanten $x_1' \cdot x_3 \cdot x_4$ streichen. Er wird durch das eben angefügte Monom $x_1' \cdot x_4$ überdeckt, kann also nicht prim sein und aufgrund der im Beweis durchgeführten Konstruktion nichts beitragen, was nicht auch der größere Würfel beitragen kann. Wir fahren nun fort mit dem von links gesehen nächsten Monom, das noch nicht mit seinen Vorgängern verglichen wurde und versuchen die Consensus mit den vor ihm stehenden Monomen zu bilden. Dies setzen wir fort, bis alle Monome (auch die im Laufe des Verfahrens angefügten Monome) abgearbeitet sind.

$$\begin{aligned} p &= x_1' \cdot x_3' + \underline{x_1 \cdot x_4'} + x_2 \cdot x_3' \cdot x_4 + x_1 \cdot x_3' \cdot x_4 + x_1' \cdot x_4 \\ &= x_1' \cdot x_3' + x_1 \cdot x_4' + \underline{x_2 \cdot x_3' \cdot x_4} + x_1 \cdot x_3' \cdot x_4 + x_1' \cdot x_4 + x_3' \cdot x_4' \\ &= x_1' \cdot x_3' + x_1 \cdot x_4' + x_2 \cdot x_3' \cdot x_4 + \underline{x_1 \cdot x_3' \cdot x_4} + x_1' \cdot x_4 + x_3' \cdot x_4' + \\ &\quad\ x_1 \cdot x_2 \cdot x_3' \\ &= x_1' \cdot x_3' + x_1 \cdot x_4' + x_2 \cdot x_3' \cdot x_4 + x_1 \cdot x_3' \cdot x_4 + x_1' \cdot x_4 + x_3' \cdot x_4' + \\ &\quad\ x_1 \cdot x_2 \cdot x_3' + x_3' \cdot x_4 + x_1 \cdot x_3' \\ &= x_1' \cdot x_3' + x_1 \cdot x_4' + \underline{x_1' \cdot x_4} + x_3' \cdot x_4' + x_3' \cdot x_4 + x_1 \cdot x_3' \\ &= x_1' \cdot x_3' + x_1 \cdot x_4' + x_1' \cdot x_4 + \underline{x_3' \cdot x_4'} + x_3' \cdot x_4 + x_1 \cdot x_3' \\ &= x_1' \cdot x_3' + x_1 \cdot x_4' + x_1' \cdot x_4 + x_3' \cdot x_4' + x_3' \cdot x_4 + x_1 \cdot x_3' + x_1' \cdot x_3' \\ &= x_1' \cdot x_3' + x_1 \cdot x_4' + x_1' \cdot x_4 + x_3' \cdot x_4' + \underline{x_3' \cdot x_4} + x_1 \cdot x_3' \\ &= x_1' \cdot x_3' + x_1 \cdot x_4' + x_1' \cdot x_4 + x_3' \cdot x_4' + x_3' \cdot x_4 + x_1 \cdot x_3' + x_1 \cdot x_3' + x_3' \\ &= x_1 \cdot x_4' + x_1' \cdot x_4 + \underline{x_3'} \end{aligned}$$

$$= \quad x_1 \cdot x_4' + x_1' \cdot x_4 + x_3' \; .$$

Hiermit sind alle möglichen Consensus gebildet und Implikanten von f, die nicht prim sind, gelöscht worden. Die Menge der Primimplikanten ist also gegeben durch $\{x_1 \cdot x_4',\ x_1' \cdot x_4,\ x_3'\}$.

3.2.3   Rekursive Berechnung der Primimplikanten

Die dritte Charakterisierung der Primimplikanten einer Booleschen Funktion $f \in \mathcal{B}_n$ verwendet den Entwicklungssatz von Shannon (siehe Satz 2.3.3)

$$f(x_1, \ldots, x_n) = x_i' \cdot f_{x_i'}(x_1, \ldots, x_n) + x_i \cdot f_{x_i}(x_1, \ldots, x_n),$$

der zusammen mit der Consensus-Regel die Gleichung

$$f(x_1, \ldots, x_n) \quad = \quad (x_i + f_{x_i'}(x_1, \ldots, x_n)) \cdot (x_i' + f_{x_i}(x_1, \ldots, x_n)) \qquad (3.1)$$

impliziert.

In diesem dritten Verfahren erhalten wir die Primimplikanten einer Booleschen Funktion f, indem wir rekursiv die vollständige Summe p_1 von $x_i + f_{x_i'}$ und die vollständige Summe p_2 von $x_i' + f_{x_i}$ berechnen. Die Polynome werden dann ausmultipliziert unter Verwendung des Distributivgesetzes und vereinfacht unter Verwendung der Regeln $x \cdot x = x$, $x \cdot x' = 0$, $x \cdot 1 = x$ und $x \cdot 0 = 0$. Schließlich werden noch alle Monome des so enstehenden Polynoms p entfernt, die von einem anderen Monom aus p überdeckt werden.

Satz 3.2.4 (Dritte Charakterisierung der Primimplikanten) *Gegeben seien die vollständigen Summen p_1 und p_2 der Booleschen Funktionen g und h aus $\mathcal{B}_n$. Das Polynom p, das wir erhalten*

1. *durch Ausmultiplizieren von p_1 und p_2 unter Verwendung des Distributivgesetzes und den Regeln $x \cdot x = x$, $x \cdot x' = 0$, $x \cdot 1 = x$, $x \cdot 0 = 0$ und*

2. *durch anschließendes Entfernen von jedem Monom des in Schritt 1 entstandenen Polynoms, das von einem anderen Monom dieses Polynoms überdeckt wird,*

ist eine vollständige Summe der Booleschen Funktion $f = g \cdot h$.

Beweis: Der Beweis des Satzes ist sehr einfach.

Sei q ein Primimplikant von f. Da f das Produkt der beiden Funktionen g und h ist, ist q wegen $\phi(q) \leq f = g \cdot h \leq g$ ein Implikant von g. Da p_1 die vollständige Summe von g ist, gibt es in p_1 somit ein Monom q_1, das q überdeckt. Analog hierzu ist q auch Implikant von h und es gibt in p_2 ein Monom q_2, das q überdeckt. Demzufolge wird q auch von dem Produkt $q_1 \cdot q_2$ überdeckt, das im Laufe der geschilderten Konstruktion entsteht. $q_1 \cdot q_2$ ist natürlich auch ein Implikant von f. Weil q Primimplikant von f ist, muß schon $q = q_1 \cdot q_2$ gelten. Hiermit ist gezeigt, daß p alle Primimplikanten von $f = g \cdot h$ enthält.

Wegen Eigenschaft 2 und der Vereinfachungsregeln aus Eigenschaft 1 enthält p nur die Primimplikanten von f. ∎

Wir wollen das Verfahren wieder an unserer Beispielfunktion aus Beispiel 3.2.1 illustrieren.

Beispiel 3.2.3 Gegeben sei also wieder ein beliebiges Polynom p unserer Booleschen Funktion, zum Beispiel

$$p = x_1' \cdot x_3 \cdot x_4 + x_1' \cdot x_3' + x_1 \cdot x_4' + x_2 \cdot x_3' \cdot x_4 + x_1 \cdot x_3' \cdot x_4.$$

Wir zerlegen p rekursiv gemäß der Gleichung 3.1, indem wir zuerst nach x_1 und dann nach x_3 ausfaktorisieren. Wir erhalten

$$
\begin{aligned}
p &= x_1' \cdot x_3 \cdot x_4 + x_1' \cdot x_3' + x_1 \cdot x_4' + x_2 \cdot x_3' \cdot x_4 + x_1 \cdot x_3' \cdot x_4 \\
&= \left(x_1 + x_3 \cdot x_4 + x_3' + x_2 \cdot x_3' \cdot x_4\right) \cdot \left(x_1' + x_4' + x_2 \cdot x_3' \cdot x_4 + x_3' \cdot x_4\right) \\
&= \left(x_1 + x_3 \cdot x_4 + x_3'\right) \cdot \left(x_1' + x_4' + x_3' \cdot x_4\right) \\
&= \left((x_3 + x_1 + 1) \cdot (x_3' + x_1 + x_4)\right) \cdot \left((x_3 + x_1' + x_4' + x_4) \cdot (x_3' + x_1' + x_4')\right) \\
&= \left(x_3' + x_1 + x_4\right) \cdot \left(x_3' + x_1' + x_4'\right).
\end{aligned}
$$

Hier können wir den Zerlegungsbaum abbrechen, da die Monome der jeweiligen Teilfunktionen jeweils nur aus einem Literal bestehen und somit vollständige Summen der entsprechenden Funktionen sein müssen (siehe Satz 3.2.3).

Durch Ausmultiplizieren erhalten wir nun

$$
\begin{aligned}
p &= \left(x_3' + x_1 + x_4\right) \cdot \left(x_3' + x_1' + x_4'\right) \\
&= x_3' + x_1' \cdot x_3' + x_3' \cdot x_4' + x_1 \cdot x_3' + x_1 \cdot x_1' + x_1 \cdot x_4' + x_3' \cdot x_4 + \\
&\quad x_1' \cdot x_4 + x_4 \cdot x_4'.
\end{aligned}
$$

Wenden wir die Vereinfachungsregel aus Eigenschaft 1 des Satzes 3.2.4 auf dieses Polynom an, so erhalten wir.

$$p = x_3' + x_1' \cdot x_3' + x_3' \cdot x_4' + x_1 \cdot x_3' + x_1 \cdot x_4' + x_3' \cdot x_4 + x_1' \cdot x_4.$$

Eigenschaft 2 des Satzes 3.2.4 liefert uns dann die vollständige Summe

$$p = x_3' + x_1 \cdot x_4' + x_1' \cdot x_4$$

unserer Beispielfunktion.

3.2.4　Implizite Berechnung der Primimplikanten

Die vierte Methode, die wir vorstellen wollen, um alle Primimplikanten einer Booleschen Funktion $f \in \mathcal{B}_n$ zu berechnen, geht auf Coudert und Madre [CM92, Cou94] zurück. Das Verfahren benutzt BDDs zur Darstellung der Menge der Primimplikanten. Dadurch hängt die Laufzeit der Berechnung der Menge der Primimplikanten von f nicht mehr direkt von der Anzahl der Implikanten von f und von der Anzahl der Primimplikanten von f ab, sondern nur noch von der Größe der BDD-Darstellung dieser Mengen.

Das Verfahren angewendet auf eine Boolesche Funktion f arbeitet nach dem Divide-and-Conquer-Prinzip. Es berechnet für eine beliebige Variable x_i die Menge $Prim(f_{x_i})$ der Primimplikanten des positiven Kofaktors f_{x_i} von f, die Menge $Prim(f_{x_i'})$ der Primimplikanten des negativen Kofaktors $f_{x_i'}$ von f und die Menge $Prim(f_{x_i} \cdot f_{x_i'})$ der Primimplikanten der Konjunktion dieser beiden Kofaktoren und "mischt" dann diese drei Mengen, um die Menge $Prim(f)$ der Primimplikanten von f zu bekommen. Während der rekursive Abstieg einfach zu verstehen ist, ist der Mischvorgang etwas schwieriger.

Für den Conquer-Schritt müssen wir uns überlegen, wie die Primimplikanten einer Booleschen Funktion f aus den Primimplikanten der Kofaktoren f_{x_i} und $f_{x_i'}$ der Funktion f und aus den Primimplikanten der Konjunktion $f_{x_i} \cdot f_{x_i'}$ dieser Kofaktoren berechnet werden können.

Die Überlegungen beruhen alle auf der folgenden Eigenschaft der Kofaktoren.

Lemma 3.2.5 *Ein Monom m, das unabhängig von der Variablen x_i ist, ist genau dann ein Implikant von f_{x_i}, wenn $x_i \cdot m$ ein Implikant von f ist. Entsprechendes gilt für $f_{x_i'}$ und $x_i' \cdot m$.*

Beweis: Es sei m ein Monom, das unabhängig von der Variablen x_i ist. Dann gilt:

$$\phi(x_i \cdot m) \leq f \iff \phi(x_i) \cdot \phi(m) \leq x_i' \cdot f_{x_i'} + x_i \cdot f_{x_i}.$$

Nehmen wir nun an, daß $x_i \cdot m$ ein Implikant von f ist, also $\phi(x_i \cdot m) \leq f$ gilt. Um zu zeigen, daß $\phi(m) \leq f_{x_i}$ gilt, müssen wir für alle $\alpha = (\alpha_1, \ldots, \alpha_n) \in \{0,1\}^n$ zeigen, daß $\phi(m)(\alpha) \leq f_{x_i}(\alpha)$ ist. Ist $\alpha_i = 1$, so gilt

$$
\begin{aligned}
\phi(m)(\alpha) &= \phi(x_i)(\alpha) \cdot \phi(m)(\alpha) \\
&\leq (x_i' \cdot f_{x_i'} + x_i \cdot f_{x_i})(\alpha) \\
&= (x_i' \cdot f_{x_i'})(\alpha) + (x_i \cdot f_{x_i})(\alpha) \\
&= (x_i \cdot f_{x_i})(\alpha) \\
&= f_{x_i}(\alpha).
\end{aligned}
$$

Ist $\alpha_i = 0$, so gilt für $\beta = (\alpha_1, \ldots, \alpha_{i-1}, 1, \alpha_{i+1}, \ldots, \alpha_n)$

$$\phi(m)(\alpha) = \phi(m)(\beta)$$

und

$$f_{x_i}(\alpha) = f_{x_i}(\beta),$$

da m und f_{x_i} unabhängig von x_i sind. Da $\phi(m)(\beta) \leq f_{x_i}(\beta)$ wegen des gerade Gesagten gilt, folgt damit auch $\phi(m)(\alpha) \leq f_{x_i}(\alpha)$.

Somit ist m Implikant von f_{x_i}.

Ist umgekehrt m Implikant von f_{x_i}, so gilt $\phi(m) \leq f_{x_i}$ und somit auch

$$\phi(x_i \cdot m) \leq x_i \cdot f_{x_i}.$$

Mit

$$x_i \cdot f_{x_i} \leq x_i \cdot f_{x_i} + x_i' \cdot f_{x_i'}$$

folgt dann, daß $\phi(x_i \cdot m) \leq f$ gilt und $x_i \cdot m$ ein Implikant von f ist. ∎

Wir überlegen uns in den nächsten Lemmata, welche Zusammenhänge es zwischen Primimplikanten von f und Primimplikanten der Kofaktoren von f gibt.

Lemma 3.2.6 *Es sei q ein Primimplikant der Booleschen Funktion $f \in \mathcal{B}_n$.*

1) *Ist das positive Literal x_i in q enthalten, gilt also $q = x_i \cdot m$ für ein geeignetes Monom m, so ist m Primimplikant von f_{x_i}.*

2) *Ist das negative Literal x_i' in q enthalten, gilt also $q = x_i' \cdot m$ für ein geeignetes Monom m, so ist m Primimplikant von $f_{x_i'}$.*

3) *Ist q unabhängig von der Variablen x_i, so ist q Primimplikant der Booleschen Funktion $f_{x_i} \cdot f_{x_i'}$.*

Beweis:

1) Sei $q = x_i \cdot m$ ein Primimplikant von f. Wegen Lemma 3.2.5 ist m dann ein Implikant von f_{x_i}.

   Nehmen wir nun an, daß der Implikant m von f_{x_i} kein Primimplikant von f_{x_i} ist, dann gibt es ein echtes Teilmonom r von m, das ebenfalls nur Knoten aus der ON-Menge von f_{x_i} überdeckt. Mit Lemma 3.2.5 folgt dann aber auch, daß $x_i \cdot r$ Implikant von f ist. Da $x_i \cdot r$ ein echtes Teilmonom von q ist, ist dies ein Widerspruch zu der Voraussetzung, daß q ein Primimplikant von f ist.

2) Der zweite Fall kann dual zu dem ersten Fall bewiesen werden.

3)   Enthält der Primimplikant q von f weder das positive Literal x_i noch das negative Literal x_i', so sind nach dem Satz 3.2.1 von Quine $x_i \cdot q$ und $x_i' \cdot q$ ebenfalls Implikanten von f. Wegen Lemma 3.2.5 ist dann q sowohl Implikant von f_{x_i} als auch von $f_{x_i'}$ und somit auch Implikant von $f_{x_i} \cdot f_{x_i'}$.

Da q Primimplikant von f ist und $f_{x_i} \cdot f_{x_i'}$ kleiner als f ist, d.h. $ON(f_{x_i} \cdot f_{x_i'}) \subseteq ON(f)$ gilt, ist q auch prim bezüglich $f_{x_i} \cdot f_{x_i'}$.

∎

Zeigen wir nun noch, wann ein Primimplikant von f_{x_i} bzw. von $f_{x_i'}$ bzw. von $f_{x_i} \cdot f_{x_i'}$ in einen Primimplikanten von f transformiert werden kann, so erhalten wir ein Berechnungsschema, um die Primimplikanten einer Booleschen Funktion f zu berechnen, und damit auch die vierte Charakterisierung der Primimplikantenmenge einer Booleschen Funktion.

Lemma 3.2.7

1)   *Sei m ein Primimplikant des positiven Kofaktors f_{x_i} von f. Dann ist $x_i \cdot m$ genau dann ein Primimplikant von f, wenn m kein Primimplikant von $f_{x_i} \cdot f_{x_i'}$ ist.*

2)   *Sei m ein Primimplikant des negativen Kofaktors $f_{x_i'}$ von f. Dann ist $x_i' \cdot m$ genau dann ein Primimplikant von f, wenn m kein Primimplikant von $f_{x_i} \cdot f_{x_i}$ ist.*

3)   *Ist q Primimplikant der Booleschen Funktion $f_{x_i} \cdot f_{x_i'}$, so ist q auch Primimplikant von f.*

Beweis:

1)   Sei m ein Primimplikant des positiven Kofaktors f_{x_i} von f. Nach Lemma 3.2.5 ist dann das Monom $x_i \cdot m$ Implikant von f.

Ist $x_i \cdot m$ Primimplikant von f, so kann m nicht Implikant von f sein. Nach dem Satz von Quine (siehe Lemma 3.2.1 auf Seite 89) ist dann $x_i' \cdot m$ kein Implikant von f. Gemäß Lemma 3.2.5 ist also m auch nicht Implikant von $f_{x_i'}$. Also ist m kein Implikant und damit auch kein Primimplikant von $f_{x_i} \cdot f_{x_i'}$.

Um die andere Richtung zu beweisen, setzen wir voraus, daß m kein Primimplikant von $f_{x_i} \cdot f_{x_i'}$ ist. Da $f_{x_i} \cdot f_{x_i'} \leq f_{x_i}$ gilt und m Primimplikant von f_{x_i} ist, kann m dann auch kein Implikant von $f_{x_i} \cdot f_{x_i'}$ sein. Also ist m nicht Implikant von $f_{x_i'}$ und mit Lemma 3.2.5 $x_i' \cdot m$ nicht Implikant von f. Das Monom m ist damit nach dem Satz von Quine kein Implikant von f. Der Implikant $x_i \cdot m$ von f ist also genau dann Primimplikant von f, wenn es kein echtes Teilmonom r von m gibt, so daß $x_i \cdot r$ Implikant von f ist. Letzteres gilt wegen Lemma 3.2.5, da m Primimplikant von f_{x_i} ist.

2) Der Fall 2) ist dual zu dem ersten Fall. Man vertausche im gerade geführten Beweis lediglich das Literal x_i durch das Literal x_i' und umgekehrt.

3) Das Monom q ist Implikant von $f_{x_i} \cdot f_{x_i'}$ und es gilt $f_{x_i} \cdot f_{x_i'} \leq f$. Daher ist q sicherlich auch Implikant von f. Ist q nicht Primimplikant von f, so gibt es ein echtes Teilmonom r von q, das Implikant von f ist. Nach dem Satz von Quine und Lemma 3.2.5 ist dann r auch Implikant sowohl von f_{x_i} als auch von $f_{x_i'}$ und somit Implikant von $f_{x_i} \cdot f_{x_i'}$. Dies ist aber ein Widerspruch zu der Voraussetzung, daß q Primimplikant von $f_{x_i} \cdot f_{x_i'}$ ist. Also muß q auch Primimplikant von f sein.

$\blacksquare$

Korollar 3.2.8 (Vierte Charakterisierung der Primimplikanten) *Sei $f \in \mathcal{B}_n$ eine Boolesche Funktion und x_i eine beliebige Eingangsvariable von f. Dann gilt*

$$
\begin{aligned}
Prim(f) \;=\; & x_i \otimes \Big(Prim(f_{x_i}) \setminus Prim(f_{x_i} \cdot f_{x_i'}) \Big) \;\cup \\
& x_i' \otimes \Big(Prim(f_{x_i'}) \setminus Prim(f_{x_i} \cdot f_{x_i'}) \Big) \;\cup \\
& Prim(f_{x_i} \cdot f_{x_i'}),
\end{aligned}
$$

wobei für jedes Literal l und für jede Menge M von Monomen $l \otimes M$ die Menge $\{l \cdot m : m \in M\}$ darstellt.

Beweis: Die Richtung "$\subseteq$" folgt aus Lemma 3.2.6 und Lemma 3.2.7, Punkt (3). Lemma 3.2.7 impliziert die andere Richtung. $\blacksquare$

Das Korollar 3.2.8 impliziert das in Abbildung 3.17 skizzierte Verfahren. Setzen wir beim Aufruf den zweiten formalen Parameter k auf 1, so berechnet das Verfahren die Menge der Primimplikanten der Booleschen Funktion f. Die Funktion f wird als BDD (siehe Definition 2.3.5 auf Seite 59) abgespeichert. Die zugrundeliegende Variablenordnung sei durch $x_1 < x_2 < \ldots < x_n$ gegeben. Die benötigten Operationen auf f, nämlich die Kofaktorbildung und die Konjunktion Boolescher Funktionen, sind mit dieser Datenstruktur, wie in Abschnitt 2.3.2 gezeigt, effizient realisierbar.

Beispiel 3.2.4 Wir wollen das Verfahren an der in der Abbildung 3.11 auf Seite 91 dargestellten Booleschen Funktion demonstrieren. In der Abbildung 3.18 haben wir die Booleschen Funktionen f, f_{x_1}, $f_{x_1'}$ und $f_{x_1} \cdot f_{x_1'}$ dargestellt.

Man überlegt sich sehr leicht, daß die Gleichungen

$$
\begin{aligned}
\texttt{Prime}(f_{x_1}, 2) &= \{x_3', x_4'\}, \\
\texttt{Prime}(f_{x_1'}, 2) &= \{x_3', x_4\}, \\
\texttt{Prime}(f_{x_1} \cdot f_{x_1'}, 2) &= \{x_3'\}
\end{aligned}
$$

```
1 PRIME (f, int k)
2 begin
3     if (f == 0)
4        then return ∅; fi;
5     if (f == 1)
6        then return {1}; fi;
7     P = PRIME(f_{x_k} · f_{x'_k}, k + 1);
8     P_0 = PRIME(f_{x'_k}, k + 1) \ P;
9     P_1 = PRIME(f_{x_k}, k + 1) \ P;
10    return P ∪ x_k ⊗ P_1 ∪ x'_k ⊗ P_0;
11 end
```

Abb. 3.17 Implizite Berechnung der Primimplikanten von f

gelten. Mit dem Korollar 3.2.8 folgt dann $Prim(f) = \{x_1 \cdot x'_4,\ x'_1 \cdot x_4,\ x'_3\}$.

Stellen wir die verwendeten Primimplikantenmengen nicht explizit durch Aufzählen der Elemente, sondern implizit dar, so haben wir mit Korollar 3.2.8 ein Verfahren, das die Primimplikantenmenge einer Booleschen Funktion berechnet, und dessen Laufzeit nicht mehr direkt von der Anzahl der Implikanten und der Anzahl der Primimplikanten der Funktion abhängt, sondern nur noch von der Anzahl der während der Konstruktion zu betrachtenden Funktionen und von der Größe der Darstellung der dazugehörigen Primimplikantenmengen. Eine solche implizite Darstellung einer Menge M von Monomen erhalten wir, indem wir die charakteristische Funktion $\chi(M)$ von M als BDD abspeichern.

Die charakteristische Funktion $\chi(M)$ ist eine Boolesche Funktion, die über den Booleschen Variablen $\{P_1, N_1, \ldots, P_i, N_i, \ldots, P_n, N_n\}$ definiert ist. Die Variable P_i steht für das positive Literal x_i, die Variable N_i für das negative Literal x'_i. Für jedes Monom $m \in M$ gilt

$$\chi(M)(P_1, N_1, \ldots, P_n, N_n) = 1$$

für $(P_1, N_1, \ldots, P_n, N_n) \in \{0, 1\}^{2n}$ mit

$$P_i = 1 \iff m \text{ enthält das positive Literal } x_i$$

und

$$N_i = 1 \iff m \text{ enthält das negative Literal } x'_i.$$

Ist $\chi(M)(P_1, N_1, \ldots, P_n, N_n) = 1$ für eine Belegung $(P_1, N_1, \ldots, P_n, N_n)$, so gibt es auch ein Monom $m \in M$ mit

$$m \text{ enthält das positive Literal } x_i, \text{ falls } P_i = 1 \text{ gilt}$$

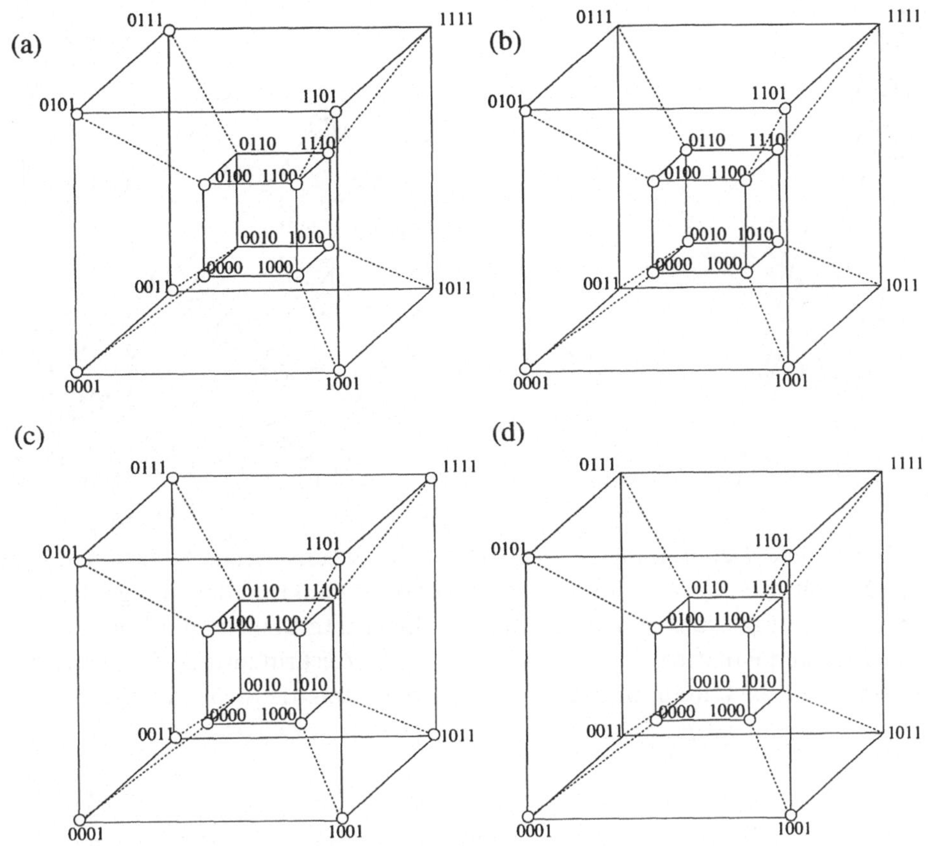

Abb. 3.18 Die Funktionen f (Bild a), f_{x_1} (Bild b), $f_{x_1'}$ (Bild c) und $f_{x_1} \cdot f_{x_1'}$ (Bild d).

und

m enthält das negative Literal x_i', falls $N_i = 1$ gilt.

Hierbei setzen wir voraus, daß die Monome alle gekürzt sind, d.h. nicht das positive Literal x_i *und* das negative Literal x_i' enthalten, so daß $P_i = N_i = 1$ nicht gelten kann.

Da es sich bei der charakteristischen Funktion $\chi(M)$ um eine Boolesche Funktion handelt, können wir sie sicherlich durch einen BDD darstellen. Abbildung 3.19 zeigt den BDD der Menge $\{x_3'\}$, den BDD der Menge der Monome, die das positive Literal x_3' (und nicht das positive Literal x_3) enthalten, und den BDD der Primimplikantenmenge $\{x_3', \ x_1 \cdot x_4', \ x_1' \cdot x_4\}$.

Es gelten die Gleichungen

$$\chi(M_1 \setminus M_2) = \chi(M_1) \cdot \chi(M_2)'$$

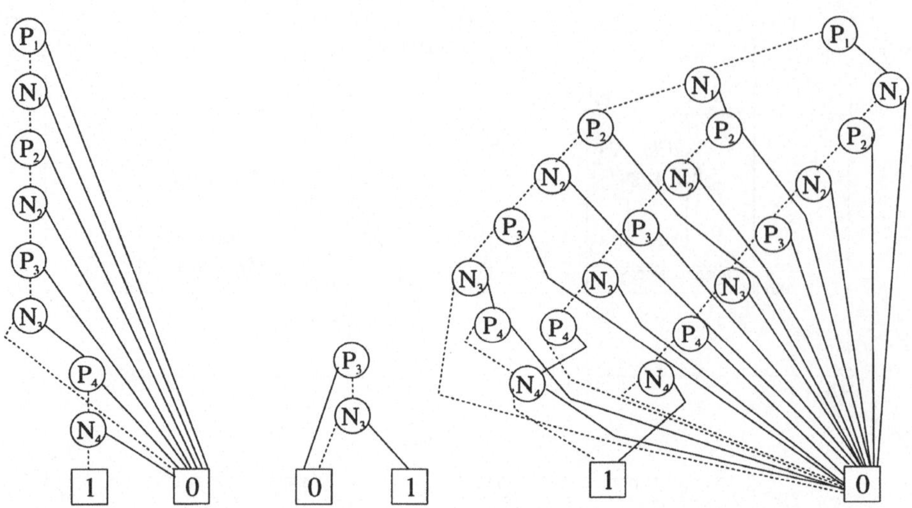

Abb. 3.19 Die linke Darstellung ist der BDD der charakteristischen Funktion der Menge $\{x_3'\}$. Der mittlere BDD stellt die charakteristische Funktion der Menge der Monome dar, die das negative Literal x_3' enthalten. Der rechte BDD ist die Darstellung der charakteristischen Funktion von $\{x_3', x_1 \cdot x_4', x_1' \cdot x_4\}$. (Zur Erinnerung: die gestrichelten Kanten sind die *low*-Kanten, die durchgezogenen Kanten die *high*-Kanten.)

$$\chi(x_k \otimes M) = P_k \cdot N_k' \cdot (\chi(M)_{P_k' N_k'} + \chi(M)_{P_k N_k'})$$
$$\chi(x_k' \otimes M) = P_k' \cdot N_k \cdot (\chi(M)_{P_k' N_k'} + \chi(M)_{P_k' N_k})$$
$$\chi(M_1 \cup M_2) = \chi(M_1) + \chi(M_2),$$

so daß die Mengenoperationen in einfacher Weise über BDD-Operationen realisiert werden können. Diese Operationen haben wir im Abschnitt 2.3.2 vorgestellt; sie sind effizient ausführbar, wenn die BDDs der Operanden nicht zu groß sind.

Betrachten wir die BDDs in Abbildung 3.19, so stellen wir fest, daß viele *high*-Kanten, nämlich wenigstens die Hälfte aller *high*-Kanten, auf das 0-Blatt zeigen. Diese Tatsache kann ausgenutzt werden, indem eine von Minato vorgeschlagene BDD-ähnliche Datenstruktur benutzt wird, bei der Knoten, deren *high*-Kanten auf das 0-Blatt zeigen, aus dem Entscheidungsgraphen entfernt werden. Diese Datenstruktur wird *Zero-Suppressed BDD* genannt. Für Details verweisen wir auf die Originalarbeit von Minato [Min93].

3.2.5 Berechnung der Primimplikanten Boolescher Funktionen mit mehreren Ausgängen

Wie können nun die eben vorgestellten Verfahren verallgemeinert werden, so daß sie effizient die Primimplikanten einer Booleschen Funktion $f = (f_1, \ldots, f_m) \in \mathcal{B}_{n,m}$ mit mehreren Variablen berechnen? (Zur Erinnerung: die Primimplikanten von f sind gegeben durch die Primimplikanten aller Produkte $f_{i_1} \cdot \ldots \cdot f_{i_r} \in \mathcal{B}_n$ der Einzelfunktionen von f.) "Effizient"heißt in diesem Zusammenhang, daß wir nicht für jedes der Produkte $f_{i_1} \cdot \ldots \cdot f_{i_r}$ eines der vier angegebenen Verfahren für sich anwenden. Da es $2^m - 1$ nichtleere Teilmengen von $\{f_1, \ldots, f_m\}$ gibt, wäre die Laufzeit unabhängig von der Anzahl der Implikanten und Primimplikanten der Funktion schon mindestens $\Omega\,(2^m)$.

Aus der Literatur [MS62, McC86] ist bekannt, daß das Verfahren von Quine/McCluskey so verallgemeinert werden kann, daß die Primimplikanten aller Produkte $f_{i_1} \cdot \ldots \cdot f_{i_r}$ in einem berechnet werden können.

Wir wollen im folgenden die Verallgemeinerung des Verfahrens von Quine/McCluskey vorstellen. Das Verfahren arbeitet wie das einfache Verfahren auf der im Abschnitt 2.2.4 vorgestellten internen Struktur für Polynome, in der jedes Monom durch einen Eingabeteil und einen Ausgabeteil dargestellt wird. Der Eingabeteil gibt an, welche Literale im Monom enthalten sind, der Ausgabeteil gibt an, in welchen Polynomen das Monom enthalten ist.

Wie auch im einfachen Verfahren von Quine/McCluskey kann ein Monom q mit einem Monom r nur dann gekürzt werden, wenn sich der Eingabeteil von q an genau einer Stelle von dem Eingabeteil von r unterscheidet. Die Kürzung darf natürlich nur in den Funktionen f_i vorgenommen werden, in denen sowohl q als auch r Implikanten sind. Bei der Kürzung werden dementsprechend die beiden Ausgabeteile mit einem komponentenweisen logischen Und verknüpft.

Betrachten Sie zum Beispiel die beiden Monome über der Variablenmenge $\{x_1, x_2, x_3, x_4\}$ und drei Ausgänge

$$
\begin{array}{cccc@{\qquad}ccc}
0 & 0 & 1 & 0 & 1 & 1 & 0 \\
0 & 0 & 1 & 1 & 1 & 1 & 0
\end{array} \ .
$$

Die erste Zeile steht für $x_1' \cdot x_2' \cdot x_3 \cdot x_4'$ und ist in dem ersten und zweiten Polynom, aber nicht in dem dritten enthalten. Die zweite Zeile steht für $x_1' \cdot x_2' \cdot x_3 \cdot x_4$ und ist ebenfalls nur in dem ersten und zweiten Polynom enthalten. Die Monome unterscheiden sich nur an der vierten Stelle im Eingabeteil. Gemäß Satz 3.2.2 können die beiden Monome demnach bzgl. des ersten Ausgangs f_1 und bzgl. des zweiten Ausgangs f_2 an dieser Stelle gekürzt werden. Das gekürzte Monom $x_1' \cdot x_2' \cdot x_3$ ist also Implikant von f_1 und f_2, also auch von $f_1 \cdot f_2$. Die beiden Monome $x_1' \cdot x_2' \cdot x_3 \cdot x_4'$ und $x_1' \cdot x_2' \cdot x_3 \cdot x_4$ sind also weder Primimplikanten von f_1, noch von f_2, noch von $f_1 \cdot f_2$.

Bei den beiden Monomen

$$
\begin{array}{cccccccc}
1 & 0 & 0 & 1 & \quad 1 & 0 & 1 \\
1 & 0 & 1 & 1 & \quad 1 & 1 & 0
\end{array}
$$

sieht es ein wenig anders aus. Sie unterscheiden sich zwar im Eingabeteil auch nur an einer Stelle, nämlich an der dritten Stelle. Ihre Ausgabeteile sind aber, im Gegensatz zu dem ersten Beispiel, unterschiedlich. Das Monom $x_1 \cdot x_2' \cdot x_3' \cdot x_4$ ist gültig für den ersten Ausgang f_1 und den dritten Ausgang f_3. Das Monom $x_1 \cdot x_2' \cdot x_3 \cdot x_4$ ist gültig für den ersten und zweiten Ausgang. Die beiden Monome können also nur bezüglich des einen gemeinsamen Ausgangs gekürzt werden. Das so entstehende Monom $x_1 \cdot x_2' \cdot x_4$ ist demnach nur Implikant von f_1, nicht aber von $f_1 \cdot f_2$ oder $f_1 \cdot f_3$. Das Monom $x_1 \cdot x_2' \cdot x_3' \cdot x_4$ kann also weiterhin Primimplikant bzgl. $f_1 \cdot f_3$ sein, es sei denn, wir finden eine weitere Kürzung, in die das Monom eingeht, die aber bezüglich aller Ausgänge des Monoms durchgeführt werden kann. Gleiches gilt für das Monom $x_1 \cdot x_2' \cdot x_3 \cdot x_4$, das auch nach dieser Kürzung weiterhin Primimplikant von $f_1 \cdot f_2$ sein könnte.

Das verallgemeinerte Verfahren läuft analog zu dem einfachen Verfahren von Quine/McCluskey ab. In einem ersten Schritt speichern wir uns alle Implikanten der Länge n von allen möglichen Produkten der Funktionen $f_1, \ldots, f_m$. Für jeden Implikanten wird notiert, für welche Funktionsausgänge er gültig ist. In der ersten Iteration einer Schleife berechnen wir dann alle Implikanten der Länge $n - 1$. Die Schleife wird n mal durchlaufen. Während des i. Durchlaufs berechnen wir alle Implikanten der Länge $n - i$. Gleichzeitig berechnen wir die Primimplikanten der Länge $n - i + 1$. Es sind gerade die Implikanten der Länge $n - i + 1$, die wir nicht mit anderen Implikanten bzgl. aller ihrer Funktionsausgänge kürzen können.

Wir wollen das Verfahren an einem größeren Beispiel ausführlich illustrieren.

Beispiel 3.2.5 Wir betrachten die Boolesche Funktion $f = (f_1, f_2, f_3) \in \mathcal{B}_{4,3}$, die definiert ist durch

$$
\begin{aligned}
ON(f_1) &= \{0010, 0011, 0101, 0111, 1000, 1001, 1010, 1011, 1101, 1111\} \\
ON(f_2) &= \{0010, 0011, 0101, 0110, 0111, 1010, 1011, 1110, 1111\} \\
ON(f_3) &= \{0110, 0111, 1000, 1001, 1101, 1110, 1111\}.
\end{aligned}
$$

Im ersten Schritt konstruieren wir uns die Liste $L_0^{\{x_1, x_2, x_3, x_4\}}$ der Implikanten der Länge 4. Sie ist in der Abbildung 3.20 aufgeführt.

In dem nächsten Schritt versuchen wir, diese Implikanten zu größeren Implikanten zu kürzen und darunter diejenigen Implikanten zu finden, die Primimplikanten der Funktion sind. Wir gehen wieder blockweise vor und vergleichen zuerst beide Implikanten des ersten Blockes mit den fünf Implikanten aus dem zweiten Block der L_0-Liste und berechnen gegebenenfalls die Consensus, dann vergleichen wir den zweiten mit dem dritten Block und so weiter. Haben wir alle Blöcke abgearbeitet, so sind alle Implikanten der Länge 3 von

$$L_0^{\{x_1,x_2,x_3,x_4\}}:$$

0	0	1	0	1	1	0	✓
1	0	0	0	1	0	1	✓
0	0	1	1	1	1	0	✓
0	1	0	1	1	1	0	✓
0	1	1	0	0	1	1	✓
1	0	0	1	1	0	1	✓
1	0	1	0	1	1	0	✓
0	1	1	1	1	1	1	✓
1	0	1	1	1	1	0	✓
1	1	0	1	1	0	1	✓
1	1	1	0	0	1	1	✓
1	1	1	1	1	1	1	✓

Abb. 3.20 Die Implikanten der Länge 4

allen möglichen Produkten der Funktionen f_1, f_2 und f_3 berechnet. Sie sind in den Listen $L_1^{\{x_2,x_3,x_4\}}$, $L_1^{\{x_1,x_3,x_4\}}$, $L_1^{\{x_1,x_2,x_4\}}$ und $L_1^{\{x_1,x_2,x_3\}}$ abgespeichert (siehe Abbildung 3.21). Wir sehen, daß jeder Implikant der L_0-Liste von einem Implikanten der L_1-Liste bzgl. allen Funktionsausgängen, für den er gültig ist, überdeckt wird. Wir kennzeichnen einen solchen überdeckten Implikanten mit dem Symbol "✓". Die "✓" Symbole in Abbildung 3.21 beziehen sich schon auf den nächsten Durchlauf, in dem die Implikanten der Länge 2 berechnet werden

Wir fahren also fort mit den L_1-Listen und berechnen die Implikanten der Länge 2. In diesem Schritt finden wir die ersten Primimplikanten der Funktion f. Das Monom $x_2 \cdot x_3 \cdot x_4$ aus Liste $L_1^{\{x_2,x_3,x_4\}}$ kann mit drei verschiedenen Monomen gekürzt werden, nämlich mit $x_2' \cdot x_3 \cdot x_4$, $x_2 \cdot x_3' \cdot x_4$ und $x_2 \cdot x_3 \cdot x_4'$. Keine dieser Kürzungen ist aber gültig für alle drei Ausgänge, für die das Monom $x_2 \cdot x_3 \cdot x_4$ gültig ist. Es gibt also keinen Implikanten von $f_1 \cdot f_2 \cdot f_3$, der den Implikanten $x_2 \cdot x_3 \cdot x_4$ überdeckt. Das Monom $x_2 \cdot x_3 \cdot x_4$ ist also Primimplikant von $f_1 \cdot f_2 \cdot f_3$, und demnach auch Primimplikant von f. In Abbildung 3.22 sind die Implikanten der Länge 2 aufgelistet.

Im nächsten Durchlauf erhalten wir nur noch einen Implikanten der Länge 1, der durch $**1*010$ dargestellt wird und durch Kürzung der Implikanten $0*1*010$ und $1*1*010$, der Implikanten $**10\,010$ und $**11\,110$ bzw. der Implikanten $*01*110$ und $*11*011$ entsteht. Damit ist das Verfahren abgeschlossen. Die gefundenen Primimplikanten sind in Abbildung 3.23 nochmals zusammenfassend aufgelistet.

Damit wollen wir mit Methoden zum Berechnen der Primimplikanten einer Funktion schließen und zum nächsten Schritt bei der Generierung kostenmini-

$L_1^{\{x_2,x_3,x_4\}}$:

*	0	1	0	1	1	0	✓
*	0	1	1	1	1	0	✓
*	1	0	1	1	0	0	✓
*	1	1	0	0	1	1	✓
*	1	1	1	1	1	1	

$L_1^{\{x_1,x_3,x_4\}}$:

0	*	1	0	0	1	0	✓
0	*	1	1	1	1	0	✓
1	*	0	1	1	0	1	
1	*	1	0	0	1	0	✓
1	*	1	1	1	1	0	✓

$L_1^{\{x_1,x_2,x_4\}}$:

1	0	*	0	1	0	0	✓
0	1	*	1	1	1	0	
1	0	*	1	1	0	0	✓
1	1	*	1	1	0	1	

$L_1^{\{x_1,x_2,x_3\}}$:

0	0	1	*	1	1	0	✓
1	0	0	*	1	0	1	
0	1	1	*	0	1	1	✓
1	0	1	*	1	1	0	✓
1	1	1	*	0	1	1	✓

Abb. 3.21 Die Implikanten der Länge 3

$L_2^{\{x_3,x_4\}}$:

*	*	1	0	0	1	0	✓
*	*	1	1	1	1	0	

$L_2^{\{x_2,x_4\}}$:

*	1	*	1	1	0	0

$L_2^{\{x_2,x_3\}}$:

*	0	1	*	1	1	0
*	1	1	*	0	1	1

$L_2^{\{x_1,x_4\}}$:

1	*	*	1	1	0	0

$L_2^{\{x_1,x_3\}}$:

0	*	1	*	0	1	0	✓
1	*	1	*	0	1	0	✓

$L_2^{\{x_1,x_2\}}$:

1	0	*	*	1	0	0

Abb. 3.22 Die Implikanten der Länge 2

maler zweistufiger Realisierungen Boolescher Funktionen übergehen.

3.3   Berechnung eines Minimalpolynoms

Nachdem die Menge $PI(f)$ der Primimplikanten einer Booleschen Funktion $f = (f_1,\ldots,f_m) \in \mathcal{B}_{n,m}$ berechnet ist, muß zu jeder Funktion f_i aus den in $PI(f)$ verfügbaren Primimplikanten ein Polynom p_i von f_i konstruiert werden,

$$
\begin{array}{cccccc}
* & 1 & 1 & 1 & 1 & 1 \\
1 & * & 0 & 1 & 1 & 0 & 1 \\
1 & 1 & * & 1 & 1 & 0 & 1 \\
0 & 1 & * & 1 & 1 & 1 & 0 \\
1 & 0 & 0 & * & 1 & 0 & 1 \\
1 & 0 & * & * & 1 & 0 & 0 \\
1 & * & * & 1 & 1 & 0 & 0 \\
* & 0 & 1 & * & 1 & 1 & 0 \\
* & 1 & 1 & * & 0 & 1 & 1 \\
* & 1 & * & 1 & 1 & 0 & 0 \\
* & * & 1 & 1 & 1 & 1 & 0 \\
* & * & 1 & * & 0 & 1 & 0 \\
\end{array}
$$

Abb. 3.23 Die Primimplikanten

so daß das Polynombündel $p = (p_1, \ldots, p_m)$ minimale Kosten hat.

Zum besseren Verständnis wollen wir die Modellierung dieses Problems zuerst auf Funktionen mit einem Ausgang beschränken (Abschnitt 3.3.1). Die Verallgemeinerung auf Boolesche Funktionen mit mehreren Ausgängen finden Sie in dem dann folgenden Abschnitt 3.3.2. Der Abschnitt 3.3.3 stellt schließlich eine exakte Methode zum Lösen dieses Überdeckungsproblems vor. Dieser Algorithmus hat im schlechtesten Fall exponentielle Laufzeit. Aus diesem Grunde werden wir in Kapitel 4 heuristische Verfahren zum Auffinden von Minimalpolynomen vorstellen.

3.3.1   Das Überdeckungsproblem bei Funktionen mit einem Ausgang

Wir konzentrieren uns in diesem Abschnitt auf Boolesche Funktionen $f \in \mathcal{B}_n$. Wir gehen davon aus, daß die Menge $PI(f)$ der Primimplikanten von f schon berechnet ist.

In Abschnitt 3.1 haben wir gesehen, daß jedes Minimalpolynom nur aus Primimplikanten besteht. Ist die Funktion eine Funktion mit einem Ausgang, so ist das nun noch zu lösende Problem äquivalent dazu, eine kostenminimale Überdeckung der markierten Knoten mit maximalen Teilwürfeln zu finden. Dies entspricht der Aufgabe, eine kostenminimale Teilmenge der Primimplikanten von f zu berechnen, die jedes Element der ON-Menge von f überdeckt. Wir können also das Problem, ein Minimalpolynom einer Booleschen Funktion $f \in \mathcal{B}_n$ zu berechnen, wenn die Menge $PI(f)$ der Primimplikanten von f gegeben ist, wie folgt modellieren:

Die Ausgangssituation stellen wir über eine Matrix $A(f)$, die *Primimplikantentafel* von f, dar. Die Matrix $A(f)$ besteht aus genauso vielen Zeilen wie es Primimplikanten von f gibt. Jede Zeile entspricht einem Primimplikanten. Die Anzahl der Spalten ergibt sich aus der Größe der ON-Menge von f. Jede Spalte entspricht einem Element der ON-Menge, d.h. einem Minterm von f. Die Komponenten der Matrix sprechen wir über die Primimplikanten und die Elemente der ON-Menge an. Die Einträge der Matrix sind die Booleschen Werte 0 und 1 und geben an, welcher Knoten der ON-Menge durch welchen Primimplikanten überdeckt wird, also

$$A(f)[q, \alpha] = \phi(q)(\alpha) \quad \forall q \in PI(f) \; \forall \alpha \in ON(f).$$

Betrachten Sie zum Beispiel die Funktion aus Beispiel 3.2.1 auf Seite 90. Die ON-Menge von f ist gegeben durch $\{0000, 0001, 0011, 0100, 0101, 0111, 1000, 1001, 1010, 1100, 1101, 1110\}$, die Menge $PI(f)$ der Primimplikanten von f durch $\{x_1' \cdot x_4, \; x_1 \cdot x_4', \; x_3'\}$. Um die Primimplikantentafeln besser darstellen zu können, verwenden wir im folgenden für die Elemente der ON-Menge nicht mehr die Binärdarstellung, sondern die Dezimaldarstellung. Wir schreiben also $ON(f) = \{0, 1, 3, 4, 5, 7, 8, 9, 10, 12, 13, 14\}$. Den so abgeänderten Würfel der Funktion haben wir in Abbildung 3.24 nochmals dargestellt. Die Primimplikantenmatrix $A(f)$ sieht unter Verwendung dieser Schreibweise dann wie folgt aus:

	0	1	3	4	5	7	8	9	10	12	13	14
$x_1' \cdot x_4$	0	1	1	0	1	1	0	0	0	0	0	0
$x_1 \cdot x_4'$	0	0	0	0	0	0	1	0	1	1	0	1
x_3'	1	1	0	1	1	0	1	1	0	1	1	0

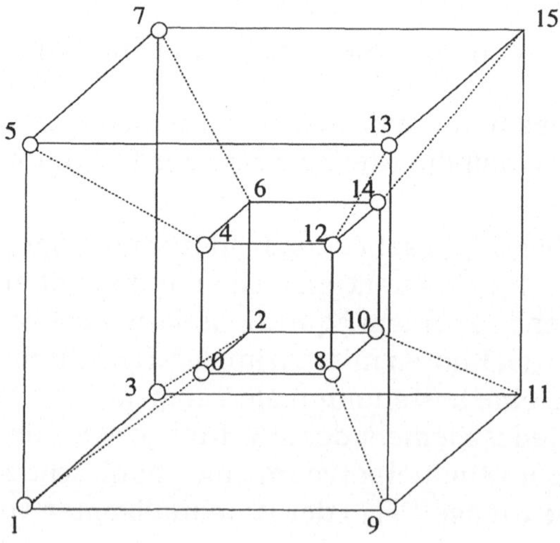

Abb. 3.24 Würfeldarstellung der Beispielfunktion

Die Knoten 1, 3, 5 und 7 zum Beispiel sind gerade die in dem Teilwürfel $x_1' \cdot x_4$ enthaltenen Knoten.

Das Problem, aus einer solchen Primimplikantentafel $A(f)$ ein Minimalpolynom zu konstruieren, entspricht nun dem Problem, eine Teilmenge $M \subseteq PI(f)$ der Zeilen zu finden, so daß jede Spalte $\alpha \in ON(f)$ in wenigstens einer dieser Zeilen eine 1 hat, also von dieser Teilmenge von Primimplikanten überdeckt wird. Diese Teilmenge M soll kleinste Kosten haben. Wegen der primären Kosten muß diese Teilmenge dementsprechend minimal sein. In Abschnitt 3.1 haben wir zudem gesehen, daß auch die sekundären Kosten der Polynome in dem Sinne Einfluß nehmen, daß verschiedene minimale Überdeckungen verschiedene sekundäre Kosten haben können.

Formal ausgedrückt, ist also eine kostenminimale Teilmenge $M \subseteq PI(f)$ zu finden, mit

$$\forall \alpha \in ON(f) \; \exists q \in M : A(f)[q, \alpha] = 1.$$

Bei unserer Beispielfunktion ist es einfach, dieses Problem zu lösen. Der Knoten 3 hat nur eine 1 in seiner Spalte, wird also nur von einem Primimplikanten überdeckt, in diesem Fall von $x_1' \cdot x_4$. Knoten 14 wird ebenfalls nur von einer Zeile überdeckt, nämlich von dem Primimplikanten $x_1 \cdot x_4'$. Das Gleiche gilt für den Knoten 0, der nur von dem Primimplikanten x_3' überdeckt wird. Um also alle Spalten zu überdecken, benötigen wir alle Zeilen. Das Minimalpolynom von f besteht also aus allen Primimplikanten von f und ist dementsprechend eindeutig durch

$$x_1' \cdot x_4 + x_1 \cdot x_4' + x_3'$$

definiert.

Ein Primimplikant q, der eine Spalte der Primimplikantentafel $A(f)$ überdeckt, die nur von diesem Primimplikanten q überdeckt wird, heißt wesentlich.

Definition 3.3.1 (wesentlicher Primimplikant) *Ein Primimplikant q von f heißt wesentlich, wenn es ein Element α aus der ON-Menge von f gibt, der nur von diesem Primimplikanten überdeckt wird, also wenn*

$$\phi(q)(\alpha) = 1$$

ist, und

$$\forall r \in PI(f) : \; r \neq q \Rightarrow \phi(r)(\alpha) = 0$$

gilt.

Aus den gerade gemachten Überlegungen gehen folgende zwei Lemmata hervor.

Lemma 3.3.1 *Ein Minimalpolynom von $f \in \mathcal{B}_n$ enthält alle wesentlichen Primimplikanten von f.*

Lemma 3.3.2 *Sind alle Primimplikanten einer Booleschen Funktion $f \in \mathcal{B}_n$ wesentlich, so ist das Minimalpolynom von f eindeutig bestimmt.*

Hieraus folgt auch schon eine **erste Reduktionsregel**, mit der wir das Problem vereinfachen können, d.h. mit der die Matrix, für die eine Überdeckung gesucht ist, verkleinert werden kann. Die wesentlichen Primimplikanten einer Funktion $f \in \mathcal{B}_n$ sind auf jeden Fall in jedem Minimalpolynom von f enthalten. Also können wir diese Zeilen und alle Spalten, die durch diese Zeilen überdeckt werden, aus der Primimplikantentafel entfernen. Die Lösung des ursprünglichen Überdeckungsproblems ist dann gegeben durch eine Lösung des so definierten kleineren Überdeckungsproblems vereinigt mit der Menge der wesentlichen Primimplikanten.

Zur Illustration dieser ersten Reduktionsregel betrachten wir das Überdeckungsproblem aus Abbildung 3.25, das zu einer nicht näher spezifizierten Booleschen Funktion f gehört. Man überlegt sich schnell, daß die Zeilen (Primimplikanten) 1, 2, 3 und 4 wesentlich sind. Die Spalte a wird nur von Zeile 1, die Spalte b nur von Zeile 2, die Spalte c nur von Zeile 3 und die Spalte d nur von Zeile 4 überdeckt.

	a	b	c	d	e	f	g	h	i	j	k	l	m	n	o	p	q
1	1	0	0	0	1	0	0	0	0	0	0	0	0	0	0	0	0
2	0	1	0	0	0	1	0	0	0	0	0	0	0	0	0	0	0
3	0	0	1	0	0	0	1	0	0	0	0	0	0	0	0	0	0
4	0	0	0	1	0	0	0	1	0	0	0	0	0	0	0	0	0
5	0	0	0	0	1	0	0	0	1	0	0	0	0	0	0	0	1
6	0	0	0	0	0	1	0	0	0	1	0	0	0	0	0	0	1
7	0	0	0	0	0	0	1	0	0	0	1	0	0	0	0	0	0
8	0	0	0	0	0	0	0	1	0	0	0	1	0	0	0	0	0
9	0	0	0	0	0	0	0	0	1	0	0	0	1	0	0	0	0
10	0	0	0	0	0	0	0	0	0	1	0	0	0	1	0	0	1
11	0	0	0	0	0	0	0	0	0	0	1	0	0	0	1	0	0
12	0	0	0	0	0	0	0	0	0	0	0	1	0	0	0	1	0
13	0	0	0	0	0	0	0	0	0	0	0	0	1	1	1	1	0

Abb. 3.25 Illustration der ersten Reduktionsregel

Entfernen wir gemäß der ersten Reduktionsregel die Zeile 1, so müssen gleichzeitig die Spalten a und e entfernt werden, da diese Spalten ja durch Zeile 1 überdeckt werden, und Zeile 1 auf jeden Fall in die Überdeckung aufgenommen wird. Ebenso werden die Zeilen 2, 3 und 4 und die Spalten b, f, c, g, d

und h entfernt. Die bisher gefundene Teillösung des Überdeckungsproblems ist durch die Teilmenge $\{1, 2, 3, 4\}$ von Zeilen gegeben. Das mit der ersten Regel reduzierte Überdeckungsproblem finden Sie in Abbildung 3.26.

	i	j	k	l	m	n	o	p	q
5	1	0	0	0	0	0	0	0	1
6	0	1	0	0	0	0	0	0	1
7	0	0	1	0	0	0	0	0	0
8	0	0	0	1	0	0	0	0	0
9	1	0	0	0	1	0	0	0	0
10	0	1	0	0	0	1	0	0	1
11	0	0	1	0	0	0	1	0	0
12	0	0	0	1	0	0	0	1	0
13	0	0	0	0	1	1	1	1	0

Abb. 3.26 Das mit der ersten Regel reduzierte Überdeckungsproblem

Eine weitere Anwendung der ersten Reduktionsregel ist jetzt nicht möglich. Schauen wir uns aber das in Abbildung 3.26 angegebene Überdeckungsproblem nochmals genauer an, bemerken wir, daß die Spalte q eine untergeordnete Rolle spielt. Wir sehen, daß jede Zeile, die die Spalte j überdeckt, auch die Spalte q überdeckt. Wir sprechen davon, daß die Spalte q die Spalte j *dominiert*.

Definition 3.3.2 (dominierende Spalte) *Sei A eine zwei-dimensionale Matrix über $\{0, 1\}$. Die q. Spalte der Matrix A dominiert die j. Spalte, wenn*

1. *die j. Spalte nicht nur aus 0'en besteht und*

2. *die j. Spalte komponentenweise kleiner gleich der q. Spalte ist.*

Da eine Lösung des Überdeckungsproblems ja insbesondere Spalte j überdeckt, brauchen wir uns um die Spalte q keine Gedanken zu machen. Wir können die Spalte q aus der Überdeckungsmatrix entfernen, ohne daß der Lösungsraum des Problems sich ändert. Allgemein können wir Spalten entfernen, die eine andere Spalte dominieren. Diese Vereinfachungsregel heißt **zweite Reduktionsregel** oder **Spaltenreduktion**.

Wenden wir also die zweite Reduktionsregel auf unser Überdeckungsproblem an, so erhalten wir das Überdeckungsproblem aus Abbildung 3.27.

Wir wollen im folgenden annehmen, daß das Monom 5 größere oder gleiche Kosten verursacht als das Monom 9, das Monom 6 größere oder gleiche Kosten als das Monom 10, das Monom 7 größere oder gleiche Kosten als das Monom 11 und das Monom 8 größere oder gleiche Kosten als das Monom 12. Dann fällt in dem in Abbildung 3.26 dargestellten Überdeckungsproblem auf, daß in jeder Lösung des Überdeckungsproblems, die das Monom 5 enthält, das Mo-

	i	j	k	l	m	n	o	p
5	1	0	0	0	0	0	0	0
6	0	1	0	0	0	0	0	0
7	0	0	1	0	0	0	0	0
8	0	0	0	1	0	0	0	0
9	1	0	0	0	1	0	0	0
10	0	1	0	0	0	1	0	0
11	0	0	1	0	0	0	1	0
12	0	0	0	1	0	0	0	1
13	0	0	0	0	1	1	1	1

Abb. 3.27 Das mit der zweiten Regel reduzierte Überdeckungsproblem

nom 5 durch das Monom 9 ersetzt werden kann, ohne die Kosten zu erhöhen.
Das Monom 9 überdeckt alle Spalten, die von Monom 5 überdeckt wird. Wir
sprechen davon, daß Zeile 9 die Zeile 5 *dominiert*. Ebenso kann das Monom 6
durch das Monom 10, das Monom 7 durch das Monom 11 und das Monom 8
durch das Monom 12 ersetzt werden.

Definition 3.3.3 (dominierende Zeile) *Sei A eine zwei-dimensionale Matrix über*
$\{0,1\}$. *Die q. Zeile der Matrix A dominiert die i. Zeile, wenn*

1. *die i. Zeile komponentenweise kleiner gleich der q. Zeile ist und*

2. *die q. Zeile keine höheren Kosten verursacht als die i. Zeile.*

Wird eine Zeile i durch eine andere Zeile q dominiert, so kann sie in jeder Lösung
des Überdeckungsproblems durch q ersetzt werden, ohne daß die Kosten höher
werden. Wir brauchen demnach diese Zeile i nicht in unsere Betrachtungen bei
der Suche nach einer Lösung des Überdeckungsproblems in Betracht zu ziehen und dürfen sie entfernen. Diese Vereinfachungsregel ist unter dem Namen
dritte Reduktionsregel oder **Zeilenreduktion** bekannt.

Wenden wir also die dritte Reduktionsregel auf unser Überdeckungsproblem
aus Abbildung 3.27 an, so erhalten wir das Überdeckungsproblem aus Abbildung 3.28. Dieses Überdeckungsproblem enthält wieder wesentliche Zeilen.
Es sind dies die Zeilen 9, 10, 11 und 12. Entfernen wir sie gemäß der ersten
Reduktionsregel, so erhalten wir die leere Matrix. Damit haben wir das Überdeckungsproblem aus Abbildung 3.25 gelöst. Eine kostenminimale Überdek-
kung ist gegeben durch die Zeilen $\{1,2,3,4,9,10,11,12\}$, oder anders formuliert:
das Minimalpolynom der zu dem Überdeckungsproblem gehörigen Booleschen
Funktion ist gegeben durch $1 + 2 + 3 + 4 + 9 + 10 + 11 + 12$.

Leider gibt es aber auch Überdeckungsprobleme, die im Rahmen der zweistufigen Logiksynthese zu lösen sind, bei denen wir mit den gerade aufgezeig-

	i	j	k	l	m	n	o	p
9	1	0	0	0	1	0	0	0
10	0	1	0	0	0	1	0	0
11	0	0	1	0	0	0	1	0
12	0	0	0	1	0	0	0	1
13	0	0	0	0	1	1	1	1

Abb. 3.28 Das mit der dritten Regel reduzierte Überdeckungsproblem

ten drei Reduktionsregeln nicht mehr weiterkommen.

Definition 3.3.4 (reduziertes / zyklisches Überdeckungsproblem) *Eine Primimplikantentafel beziehungsweise ein Überdeckungsproblem heißt reduziert, wenn keine der drei Reduktionsregeln anwendbar ist.*

Ist ein Überdeckungsproblem reduziert und nicht leer, so sprechen wir auch von einem zyklischen Überdeckungsproblem.

In Abbildung 3.29 haben wir eine Boolesche Funktion $f \in \mathcal{B}_4$ dargestellt, deren anfängliche Primimplikantentafel schon zyklisch ist. Die Primimplikanten der Funktion haben wir mit dicken Linien gekennzeichnet. Die Primimplikantentafel ist gegeben durch

	3	5	7	9	11	13
$\{7,5\}$	0	1	1	0	0	0
$\{5,13\}$	0	1	0	0	0	1
$\{13,9\}$	0	0	0	1	0	1
$\{9,11\}$	0	0	0	1	1	0
$\{11,3\}$	1	0	0	0	1	0
$\{3,7\}$	1	0	1	0	0	0 .

Der Einfachheit halber haben wir die Primimplikanten der Funktion durch die Menge der Knoten beschrieben, die der jeweilige Teilwürfel enthält.

In Abschnitt 3.3.3 werden wir uns überlegen, wie zyklische Überdeckungsprobleme exakt gelöst werden können. Zuerst wollen wir uns aber noch die Modellierung des Überdeckungsproblems bei Booleschen Funktionen mit mehreren Ausgängen anschauen.

3.3.2 Überdeckungsproblem bei Funktionen mit mehreren Ausgängen

Wir kommen zum Überdeckungsproblem bei Booleschen Funktionen mit mehreren Ausgängen. Wir werden versuchen, ohne großen Formalismus die Modellierung und den Lösungsweg ausführlich an einem Beispiel zu illustrieren.

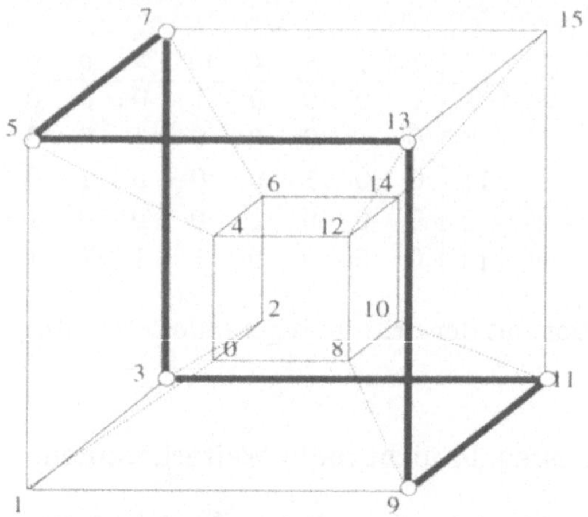

Abb. 3.29 Zyklisches Überdeckungsproblem

Hierzu nehmen wir die Boolesche Funktion $f \in B_{4,3}$ aus Beispiel 3.2.5 auf Seite 110 mit

$$ON(f_1) \;=\; \{2,3,5,7,8,9,10,11,13,15\}$$
$$ON(f_2) \;=\; \{2,3,5,6,7,10,11,14,15\}$$
$$ON(f_3) \;=\; \{6,7,8,9,13,14,15\}.$$

Die im Beispiel 3.2.5 berechnete Menge der Primimplikanten dieser Booleschen Funktion aus $B_{4,3}$ waren (siehe auch Abbildung 3.23 auf Seite 113):

$x_1 \cdot x_2'$,   der für f_1 gültig ist

$x_1 \cdot x_4$,   der für f_1 gültig ist

$x_2 \cdot x_4$,   der für f_1 gültig ist

x_3,   der für f_2 gültig ist.

$x_1' \cdot x_2 \cdot x_4$,   der für f_1 und f_2 gültig ist

$x_2' \cdot x_3$,   der für f_1 und f_2 gültig ist

$x_3 \cdot x_4$,   der für f_1 und f_2 gültig ist

$x_1 \cdot x_3' \cdot x_4$,   der für f_1 und f_3 gültig ist

$x_1 \cdot x_2 \cdot x_4$,   der für f_1 und f_3 gültig ist

$x_1 \cdot x_2' \cdot x_3'$,   der für f_1 und f_3 gültig ist

$x_2 \cdot x_3$,   der für f_2 und f_3 gültig ist

$x_2 \cdot x_3 \cdot x_4$,   der für f_1, f_2 und f_3 gültig ist

Welcher Primimplikant welches Element der ON-Menge der jeweiligen Funktionen f_1, f_2 und f_3 überdeckt, kann ähnlich wie im Falle einer Booleschen Funktion mit einem Ausgang in einer Primimplikantentafel dargestellt werden. Die Primimplikantentafel unserer Beispielfunktion f aus $\mathcal{B}_{4,3}$ haben wir in Abbildung 3.30 dargestellt. In der ersten Spalte sind alle Primimplikanten eingetragen. Die restlichen Spalten sind in drei Blöcke eingeteilt. Der erste Block enthält die Minterme von f_1, der zweite Block die Minterme von f_2 und der dritte Block die Minterme von f_3. Die Zeilen teilen wir ebenfalls in bis zu sieben Bereiche ein. Der oberste Bereich in Abbildung 3.30 enthält die Primimplikanten, die nur gültig für f_1 sind, der zweite Bereich die, die nur gültig für f_2 sind. Primimplikanten, die nur gültig für f_3 sind, gibt es bei unserer Beispielfunktion nicht. Der nächste Bereich enthält die Primimplikanten, die Implikant von $f_1 \cdot f_2$, aber nicht von $f_1 \cdot f_2 \cdot f_3$ sind. Dies setzt sich fort bis zu dem Bereich, der die Primimplikanten enthält, die gültig für f_1, f_2 und f_3 sind.

	2	3	5	7	8	9	10	11	13	15	2	3	5	6	7	10	11	14	15	6	7	8	9	13	14	15
$x_1 \cdot x_2'$	0	0	0	0	1	1	1	1	0	0																
$x_1 \cdot x_4$	0	0	0	0	0	1	0	1	1	1																
$x_2 \cdot x_4$	0	0	1	1	0	0	0	0	1	1																
x_3											1	1	0	1	1	1	1	1	1							
$x_1' \cdot x_2 \cdot x_4$	0	0	1	1	0	0	0	0	0	0	0	0	1	0	1	0	0	0	0							
$x_2' \cdot x_3$	1	1	0	0	0	0	1	1	0	0	1	1	0	0	0	1	1	0	0							
$x_3 \cdot x_4$	0	1	0	1	0	0	0	1	0	1	0	1	0	0	1	0	1	0	1							
$x_1 \cdot x_3' \cdot x_4$	0	0	0	0	0	1	0	0	1	0										0	0	0	1	1	0	0
$x_1 \cdot x_2 \cdot x_4$	0	0	0	0	0	0	0	0	1	1										0	0	0	0	1	0	1
$x_1 \cdot x_2' \cdot x_3'$	0	0	0	0	1	1	0	0	0	0										0	0	1	1	0	0	0
$x_2 \cdot x_3$											0	0	0	1	1	0	0	1	1	1	1	0	0	0	1	1
$x_2 \cdot x_3 \cdot x_4$	0	0	0	1	0	0	0	0	0	1	0	0	0	0	1	0	0	0	1	0	1	0	0	0	0	1

Funktion f_1 Funktion f_2 Funktion f_3

Abb. 3.30 Primimplikantentafel unserer Beispielfunktion $f \in \mathcal{B}_{4,3}$

Wir sehen nun, daß bei dem Funktionsausgang f_1 die Spalte 2, d.h. die zum Minterm 2 gehörige Spalte, nur von dem Primimplikanten $x_2' \cdot x_3$ überdeckt wird. Dieser Primimplikant ist demnach für f_1 wesentlich, er muß in jedem Minimalpolynom von f benutzt werden und jedenfalls gültig für den Funktionsausgang f_1 sein. Ob er auch für den Funktionsausgang f_2 gültig sein soll, entscheidet sich erst später. Wir können also alle Elemente der ON-Menge von f_1, die durch das Monom $x_2' \cdot x_3$ überdeckt werden, im f_1-Block der Primimplikantentafel von f entfernen. Wir wenden also die erste Reduktionsregel nur auf den f_1-Block an. Dieser Primimplikant verursacht zu diesem Moment die Kosten $(1,3)$. Die erste Komponente steht für die primären Kosten, die zweite Komponente für die sekundären Kosten. Die primären Kosten ergeben sich dadurch, daß das Monom im PLA erzeugt werden muß. Die sekundären Kosten ergeben sich aus der Länge des Monoms (Anzahl der Transistoren, um das Monom im PLA zu konstruieren) und dem einen Transistor im OR-Feld des PLAs, der das Monom für den Funktionsausgang f_1 aktiviert. Verwenden wir den Primimplikanten später auch noch für den Funktionsausgang f_2, so kommen nochmals die Kosten $(0,1)$ hinzu. Die primären Kosten erhöhen sich nicht, da das Monom ohnehin schon im PLA erzeugt wird. Die einzigen Kosten, die noch verursacht werden, sind die, die durch den zusätzlichen Transistor im OR-Feld erzeugt werden.

Wir finden in der Primimplikantentafel aus Abbildung 3.30 noch drei weitere Primimplikanten, die für einen der Funktionsausgänge wesentlich sind. Es sind dies $x_1' \cdot x_2 \cdot x_4$ für f_2 und $x_1 \cdot x_2' \cdot x_3'$ sowie $x_2 \cdot x_3$ für f_3. Wenden wir an allen diesen Stellen die erste Reduktionsregel an, so erhalten wir die Primimplikantentafel aus der Abbildung 3.31. Wir haben die Primimplikanten, die als Monome in der schon berechneten Teillösung enthalten sind, mit "*" gekennzeichnet. Insbesondere bedeutet ein mit "*" gekennzeichneter Primimplikant, daß jede weitere Benutzung dieses Primimplikanten nur noch Kosten $(0,1)$ verursacht. Die nach diesem Reduktionsschritt gefundene Teillösung ist gegeben durch

$$
\begin{array}{cccc@{\qquad}ccc}
0 & 1 & * & 1 & 0 & 1 & 0 \\
* & 0 & 1 & * & 1 & 0 & 0 \\
1 & 0 & 0 & * & 0 & 0 & 1 \\
* & 1 & 1 & * & 0 & 0 & 1
\end{array}.
$$

		5	7	8	9	13	15	2	3	6	10	11	14	15	13
$x_1 \cdot x_2'$		0	0	1	1	0	0								
$x_1 \cdot x_4$		0	0	0	1	1	1								
$x_2 \cdot x_4$		1	1	0	0	1	1								
x_3								1	1	1	1	1	1	1	
$x_1' \cdot x_2 \cdot x_4$	*	1	1	0	0	0	0	0	0	0	0	0	0	0	
$x_2' \cdot x_3$	*	0	0	0	0	0	0	1	1	0	1	1	0	0	
$x_3 \cdot x_4$		0	1	0	0	0	1	0	1	0	0	1	0	1	
$x_1 \cdot x_3' \cdot x_4$		0	0	0	1	1	0								1
$x_1 \cdot x_2 \cdot x_4$		0	0	0	0	1	1								1
$x_1 \cdot x_2' \cdot x_3'$	*	0	0	1	1	0	0								0
$x_2 \cdot x_3$	*							0	0	1	0	0	1	1	0
$x_2 \cdot x_3 \cdot x_4$		0	1	0	0	0	1	0	0	0	0	0	0	1	0

Abb. 3.31 Tafel nach Anwenden der ersten Reduktionsregel

Die zweite Reduktionsregel kann ebenfalls im Rahmen der Überdeckungsprobleme bei Booleschen Funktionen mit mehreren Ausgängen angewendet werden. Eine Spalte q des f_j-Blockes, die eine andere Spalte i aus diesem selben f_j-Block dominiert, kann entfernt werden. Eine Spalte i aus einem anderen Block kann hier nicht herangezogen werden, da ein Primimplikant nicht unbedingt für alle Funktionsausgänge benutzt zu werden braucht, für die er gültig ist. In dem Beispiel aus Abbildung 3.31 sehen wir, daß im f_1-Block Spalte 7 die Spalte 5 und die Spalte 9 die Spalte 8 dominiert. Die Spalten 7 und 9 dürfen gemäß der zweiten Reduktionsregel aus der Primimplikantentafel entfernt werden. Ebenso können im f_2-Block die Spalten 3, 10 und 11 – sie dominieren Spalte 2 – und die Spalten 14 und 15, die die Spalte 6 dominieren, aus der Primimplikantentafel entfernt werden. Das Ergebnis dieses zweiten Reduktionsschrittes ist in der Abbildung 3.32 abgebildet.

		5	8	13	15	2	6	13
$x_1 \cdot x_2'$		0	1	0	0			
$x_1 \cdot x_4$		0	0	1	1			
$x_2 \cdot x_4$		1	0	1	1			
x_3						1	1	
$x_1' \cdot x_2 \cdot x_4$	*	1	0	0	0	0	0	
$x_2' \cdot x_3$	*	0	0	0	0	1	0	
$x_3 \cdot x_4$		0	0	0	1	0	0	
$x_1 \cdot x_3' \cdot x_4$		0	0	1	0			1
$x_1 \cdot x_2 \cdot x_4$		0	0	1	1			1
$x_1 \cdot x_2' \cdot x_3'$	*	0	1	0	0			0
$x_2 \cdot x_3$	*					0	1	0
$x_2 \cdot x_3 \cdot x_4$		0	0	0	1	0	0	0

Abb. 3.32 Die Primimplikantentafel nach der Spaltenreduktion

Es bleibt noch die Zeilenreduktion. Ein Primimplikant i, der von einem anderen Primimplikanten q, der keine höheren Kosten als das Monom i verursacht, in jedem Block dominiert wird, kann in jeder Lösung des gerade vorliegenden Überdeckungsproblems durch q ersetzt werden. Wir können also die Zeile i gemäß der dritten Reduktionsregel aus dem Überdeckungsproblem entfernen.

Die Zeile $x_1 \cdot x_2'$ zum Beispiel wird von der Zeile $x_1 \cdot x_2' \cdot x_3'$ dominiert. Würden wir $x_1 \cdot x_2'$ in das Minimalpolynom aufnehmen, verursacht dies die Kosten $(1, 3)$. Das Monom müßte neu erzeugt werden, da es in der bisher konstruierten Teillösung noch nicht enthalten ist. Die primären Kosten unserer Teillösung würde sich also um 1 erhöhen. Die sekundären Kosten erhöhen sich um 3, da zwei Transistoren im AND-Feld und ein Transistor im OR-Feld benötigt werden. Jede Spalte, die durch die Zeile $x_1 \cdot x_2'$ überdeckt wird, wird aber auch durch die Zeile $x_1 \cdot x_2' \cdot x_3'$ überdeckt. Dieses Monom ist schon in unserer Teillösung enthalten. Eine erneute Benutzung des Primimplikanten (für einen weiteren Funktionsausgang) erhöht demzufolge die Kosten nur noch in den sekundären

Kosten um 1. Eine kostenminimale Lösung des in Abbildung 3.32 dargestellten Überdeckungsproblems enthält also in keinem Fall den Primimplikanten $x_1 \cdot x_2'$. Die Zeile kann entfernt werden. Ebenso können die Zeilen $x_1 \cdot x_4$, $x_3 \cdot x_4$ und $x_2 \cdot x_3 \cdot x_4$, die alle drei durch die Zeile $x_2 \cdot x_4$ dominiert werden, und die Zeile $x_1 \cdot x_3' \cdot x_4$ wegen der Zeile $x_1 \cdot x_2 \cdot x_4$ gemäß der dritten Reduktionsregel entfernt werden. Das resultierende Überdeckungsproblem ist in Abbildung 3.33 dargestellt.

		5	8	13	15	2	6	13
$x_2 \cdot x_4$		1	0	1	1			
x_3						1	1	
$x_1' \cdot x_2 \cdot x_4$	$*$	1	0	0	0	0	0	
$x_2' \cdot x_3$	$*$	0	0	0	0	1	0	
$x_1 \cdot x_2 \cdot x_4$		0	0	1	1			1
$x_1 \cdot x_2' \cdot x_3'$	$*$	0	1	0	0			0
$x_2 \cdot x_3$	$*$					0	1	0

Abb. 3.33 Die Primimplikantentafel nach der Zeilenreduktion

In dem nun vorliegenden Überdeckungsproblem stellen wir fest, daß wieder die erste Reduktionsregel anwendbar ist. Das Monom $x_1 \cdot x_2' \cdot x_3'$, das schon in der bisher konstruierten Teillösung für f_3 enthalten ist, ist wegen der Spalte 8 nun auch wesentlich für f_1. Das Monom $x_1 \cdot x_2 \cdot x_4$ ist für den Funktionsausgang f_3 wesentlich. Wir müssen also diese beiden Primimplikanten in die Teillösung aufnehmen und entsprechend der ersten Reduktionsregel das Überdeckungsproblem vereinfachen und erhalten die Teillösung

$$
\begin{array}{ccccccc}
0 & 1 & * & 1 & 0 & 1 & 0 \\
* & 0 & 1 & * & 1 & 0 & 0 \\
1 & 0 & 0 & * & 1 & 0 & 1 \\
* & 1 & 1 & * & 0 & 0 & 1 \\
1 & 1 & * & 1 & 0 & 0 & 1
\end{array}
$$

Zudem dominiert im f_1-Block die Spalte 15 die Spalte 13 (oder umgekehrt), so daß wir mithilfe der Spaltenreduktion die Spalte 15 auch entfernen können. Zeilen, die nur noch 0-Einträge haben, entfernen wir ebenfalls. Sie spielen im Überdeckungsproblem keine Rolle mehr. Es verbleibt also nur das Überdeckungsproblem

		5	13	2	6
$x_2 \cdot x_4$		1	1		
x_3				1	1
$x_1' \cdot x_2 \cdot x_4$	*	1	0	0	0
$x_2' \cdot x_3$	*	0	0	1	0
$x_1 \cdot x_2 \cdot x_4$	*	0	1		
$x_2 \cdot x_3$	*			0	1

Weitere Reduktionsregeln sind an dieser Stelle nicht mehr anwendbar. Das Überdeckungsproblem ist zyklisch (siehe Definition 3.3.4 auf Seite 119). Wir werden im nächsten Abschnitt ein Branch-and-Bound-Verfahren kennenlernen, das zyklische Überdeckungsprobleme exakt löst. Für Neugierige sei aber schon hier gesagt, daß ein Minimalpolynom unseres ursprünglichen Überdeckungsproblems aus Abbildung 3.30 auf Seite 121 gegeben ist durch

$$
\begin{array}{ccccccc}
0 & 1 & * & 1 & \underline{1} & 1 & 0 \\
* & 0 & 1 & * & 1 & \underline{1} & 0 \\
1 & 0 & 0 & * & 1 & 0 & 1 \\
* & 1 & 1 & * & 0 & \underline{1} & 1 \\
1 & 1 & * & 1 & \underline{1} & 0 & 1
\end{array} .
$$

Wir haben die Transistoren, die durch das Branch-and-Bound-Verfahren eingefügt werden, unterstrichen.

3.3.3 Verfahren zum Lösen zyklischer Überdeckungsprobleme

Wir kommen zu dem schon angekündigten Branch-and-Bound-Verfahren, das zyklische Überdeckungsprobleme exakt löst.

Die Grundidee eines Branch-and-Bound-Verfahrens ist immer, einen schnellen Algorithmus zum Berechnen einer möglichst guten unteren Schranke für die Kosten einer Probleminstanz zur Verfügung zu haben. Ist nun während des Verfahrens eine Probleminstanz gegeben, die wir uns anschauen müssen, so berechnen wir uns zuerst die untere Schranke für diese Probleminstanz. Ist diese höher als die Kosten der bisher gefundenen Lösung, braucht die Probleminstanz nicht mehr gelöst zu werden. Die Lösung der Probleminstanz kann nicht besser sein als die beste bisher gefundene Lösung.

In dem Branch-and-Bound-Verfahren zum Lösen eines zyklischen Überdeckungsproblems nehmen wir als untere Schranke für ein gegebenes Überdeckungsproblem die minimalen Kosten, die wir benötigen, um eine unabhängige Teilmenge von Spalten der Primimplikantentafel zu überdecken.

Definition 3.3.5 (unabhängige Spalten) *Zwei Spalten i und j einer 2-dimensionalen Matrix A über $\{0,1\}$ heißen unabhängig, wenn in keiner Zeile sowohl in Spalte i als auch in Spalte j eine 1 steht.*

Eine Teilmenge der Spalten der Matrix A heißt unabhängig, wenn die Spalten der Menge paarweise unabhängig sind.

Wir berechnen uns also in einem ersten Schritt eine maximale unabhängige Menge von Spalten. Zur Überdeckung dieser Spalten brauchen wir sicherlich soviele Zeilen, wie die Menge Spalten enthält. Für jede dieser Spalten nehmen wir die Kosten des billigsten Primimplikanten, der diese Spalte überdeckt, und addieren diese dann. Wir wollen dies an dem zyklischen Überdeckungsproblem von vorhin nochmals erläutern. Eine maximale unabhängige Teilmenge von Spalten ist gegeben durch die Spalten 5 und 2. Sowohl die Spalte 5 als auch die Spalte 2 können jeweils durch eine Zeile, die Kosten $(0, 1)$ hat, überdeckt werden. Die minimalen Kosten, um diese zwei Spalten zu überdecken, ist also gleich $(0, 2)$. Andere maximale unabhängige Teilmengen von Spalten sind die Mengen $\{5, 6\}$, $\{13, 2\}$ und $\{13, 6\}$. Allen sind minimale Kosten in Höhe von $(0, 2)$ zugeordnet. Die untere Schranke unserer Probleminstanz ist demnach gegeben durch $(0, 2)$.

Leider ist das Problem, eine maximale unabhängige Teilmenge von Spalten zu berechnen, ein komplexitätstheoretisch schweres Problem. Effiziente exakte Verfahren sind nicht bekannt. Aus diesem Grunde behelfen wir uns in dem Branch-and-Bound-Verfahren mit einer Heuristik, die zwar immer eine unabhängige, aber nicht in jedem Fall eine *maximale* unabhängige Teilmenge von Spalten berechnet. (Eine solche Heuristik zu finden, überlassen wir dem Leser als einfache Übung.) Die exakte untere Schranke wird also von unten her approximiert. Dies hat nicht zur Folge, daß das zyklische Überdeckungsproblem eventuell nicht exakt gelöst wird, sondern hat nur zur Folge, daß wir uns Probleminstanzen näher anschauen müssen, die wir mit der exakten unteren Schranke nicht hätten anschauen brauchen.

Wir kommen nun zum Gesamtüberblick des Branch-and-Bound-Verfahrens. Wir haben den Basisalgorithmus des Verfahrens in Abbildung 3.34 skizziert. Eingabe der rekursiven Prozedur ist ein Überdeckungsproblem A, die bisher auf dem Rekursionspfad berechnete Teillösung (*Ergebnis*) und die Kosten (*obere_Schranke*) der besten bisher gefundenen Überdeckung des ursprünglichen Problems. Die Prozedur wird vom Hauptprogramm aus mit *Ergebnis* $= \emptyset$ und *obere_Schranke* $= +\infty$ aufgerufen.

Schreibweise 3.3.6 *Sei q eine Zeile von A.*

- *Unter dem Überdeckungsproblem A_{q, f_i} verstehen wir das Überdeckungsproblem, das aus A ensteht, indem wir im f_i-Block alle Spalten löschen, die von der Zeile q überdeckt werden. Dies spiegelt die Situation wider, in der der Primimplikant q für den Funktionsausgang f_i benutzt wird.*

- *Unter dem Überdeckungsproblem A_{q', f_i} verstehen wir das Überdeckungsproblem, das aus A entsteht, indem wir im f_i-Block alle Einträge der Zeile* *q auf 0 setzen. Dies spiegelt die Situation wider, in der wir uns entschlossen haben, den Primimplikanten nicht für den Funktionsausgang f_i zu benutzen.*

```
 1  COVER (matrix A, polynom Ergebnis, int obere_Schranke)
 2  begin
 3     (A, Ergebnis) = reduce(A, Ergebnis);
 4     if (A == ∅)
 5       then
 6          if (cost(Ergebnis) < obere_Schranke)
 7            then
 8               obere_Schranke = cost(Ergebnis);
 9               return (Ergebnis, cost(Ergebnis));
10          fi;
11     fi;
12     untere_Schranke = lower_bound(A) + cost(Ergebnis);
13     if (untere_Schranke ≥ obere_Schranke)
14       then return (Ergebnis, +∞);  comment : Keine Verbesserung möglich
15     fi;
16     Wähle eine Zeile q und einen f_i-Block von A aus;
17     (Ergebnis_q, cost_q) = COVER(A_{q,f_i}, Ergebnis ∪ {(q, f_i)}, obere_Schranke);
18     if (cost_q == untere_Schranke)
19       then return (Ergebnis_q, cost_q);
20     fi;
21     (Ergebnis_{q'}, cost_{q'}) = COVER(A_{q',f_i}, Ergebnis, obere_Schranke);
22     if (cost_{q'} < cost_q)
23       then return (Ergebnis_{q'}, cost_{q'});
24     fi;
25     return (Ergebnis_q, cost_q);
26  end
```

Abb. 3.34 Der Branch-and-Bound-Algorithmus

Der Algorithmus versucht zuerst, die Reduktionsregeln, die wir im letzten Abschnitt gesehen haben, anzuwenden, und die bisher berechnete Teillösung dementsprechend zu erweitern. Das reduzierte Überdeckungsproblem wird wieder nach A geschrieben, die berechnete Teillösung nach *Ergebnis*. Ist das reduzierte Überdeckungsproblem leer (Abfrage in Programmzeile 4), so sind wir fertig und wir haben nur zu überprüfen (Abfrage in Programmzeile 6), ob die gefundene Lösung besser als die bisher gefundene Überdeckung ist. Ist dies der Fall, so wird die gerade berechnete Lösung übernommen und als Ergebnis zurückgegeben. Die obere Schranke, also die Kosten der besten bisher gefundenen Lösung, wird aktualisiert. Da die obere Schranke beim Aufruf aus dem Hauptprogramm auf $+\infty$ gesetzt wird, wird die erste gefundene Überdeckung auf jeden Fall nach *Ergebnis* übernommen.

Das Herzstück des Branch-and-Bound-Verfahrens sind die Programmzeilen 12 und 13. In Programmzeile 12 wird die untere Schranke des vorliegenden Überdeckungsproblems berechnet und zu den Kosten der bisher berechneten Teillösung addiert. Diese untere Schranke sagt aus, wie hoch die Kosten einer Überdeckung von A zusammen mit den Kosten der bisher berechneten Teillösung mindestens sind. Liegt die untere Schranke über den Kosten der bisher gefundenen besten Überdeckung des ursprünglichen Überdeckungsproblems, so braucht das Überdeckungsproblem A nicht näher untersucht zu werden. Die Überdeckung wird nicht besser sein als die schon gefundene.

Ist die berechnete untere Schranke echt kleiner als die Kosten der bisher gefundenen Überdeckung, so müssen wir das Überdeckungsproblem rekursiv lösen. Wir wählen einen in A enthaltenen Primimplikanten q und einen Funktionsausgang f_i, in dessen Block in der Zeile q wenigstens ein Eintrag gleich 1 ist. Wir unterscheiden dann die beiden Fälle, daß das Monom q zur Realisierung von f_i benutzt wird und daß das Monom q nicht zur Realisierung von f_i benutzt wird. Der erste Fall entspricht dem rekursiven Aufruf

$$\mathrm{COVER}(A_{q,f_i}, Ergebnis \cup \{(q, f_i)\}, obere\_Schranke),$$

der zweite Fall dem Aufruf

$$\mathrm{COVER}(A_{q',f_i}, Ergebnis, obere\_Schranke).$$

Die beste der beiden berechneten Lösungen wird zurückgegeben. Liefert der erste Aufruf schon eine Lösung, deren Kosten gleich der unteren Schranke ist, so kann der zweite Aufruf keine bessere Lösung finden. Er braucht also nicht ausgeführt werden. Die entsprechende Abfrage befindet sich in Programmzeile 18.

Wir wollen das Branch-and-Bound-Verfahren noch an einem größeren Beispiel ausführlich illustrieren, beschränken uns aber auf den eingeschränkten Fall einer Booleschen Funktion mit einem Ausgang, da auch hier alle Aspekte des Algorithmus aufgezeigt werden können. Zudem nehmen wir an, daß jede Zeile die gleichen Kosten $(1, k)$ verursacht, wenn sie in die Lösung aufgenommen wird.

Beispiel 3.3.1 Wir starten mit dem in Abbildung 3.35 dargestellten zyklischen Überdeckungsproblem, das wir aus [HS96] entnommen haben. Die obere Schranke setzen wir auf $(+\infty, 0)$ beziehungsweise auf $(a, 0)$ für irgendeine ganze Zahl größer gleich 12. Jede Überdeckung enthält sicherlich echt weniger als zwölf Zeilen. In A gibt es nur elf Zeilen.

A	1	2	3	4	5	6	7	8	9	10	11	12	13
1	1	0	0	1	0	0	0	0	0	0	0	1	0
2	1	1	0	0	0	0	0	0	0	0	0	0	0
3	0	1	1	0	0	0	0	0	0	0	0	0	0
4	0	0	1	1	0	0	0	0	0	0	0	0	0
5	0	0	0	0	1	0	0	0	1	1	1	0	1
6	0	0	0	0	1	1	0	1	0	0	0	0	1
7	0	0	0	0	0	1	1	0	0	0	1	0	0
8	0	0	0	0	0	0	1	1	0	1	0	0	1
9	0	0	0	0	0	1	0	0	1	1	0	0	0
10	0	0	0	0	1	0	0	1	1	0	0	0	0
11	0	0	0	0	0	0	0	1	1	0	1	1	0

Abb. 3.35 Ein zyklisches Überdeckungsproblem

Wir berechnen gemäß unseres Algorithmus zuerst eine untere Schranke, da eine Reduktion des Überdeckungsproblems nicht möglich ist. In einem verfeinerten Algorithmus könnte dies entfallen, da wir bisher noch keine Überdeckung gefunden haben. Die untere Schranke wird sicherlich echt kleiner als $+\infty$ sein. Wir müssen also rekursiv absteigen. Hierzu wählen wir eine Zeile q aus, an der wir "verzweigen". Da der Algorithmus sich zuerst den Fall anschaut, der die Situation widerspiegelt, in der die Zeile q in der Lösung enthalten ist, und da es in der Regel vorkommt, daß die Zeilen, die viele 1-Einträge haben, in einer kostenminimalen Überdeckung enthalten sind, sollten wir uns eine Zeile auswählen, die viele 1-Einträge enthält. Dieses Vorgehen führt meist schnell zu guten Lösungen, so daß sehr schnell eine gute obere Schranke verfügbar ist, die es erlaubt, sehr viele Äste abzubrechen, in denen die untere Schranke dann größer gleich der oberen Schranke ist. Wir wählen dementsprechend die Zeile 5 zum Verzweigen und erhalten die beiden Überdeckungsprobleme aus der Abbildung 3.36.

Der Algorithmus steigt nun in das Überdeckungsproblem A_5 ab. Die bisher berechnete Teillösung besteht nur aus Zeile 5 und hat Kosten $(1, k)$. Die Primimplikantentafel A_5 wird nun reduziert. Dies führt dazu, daß in A_5 die Zeile 9 und die Zeile 10 entfernt werden. Beide werden durch Zeile 6 überdeckt. Da wir angenommen haben, daß alle Zeilen die gleichen Kosten haben, dominiert Zeile 6 die Zeilen 9 und 10. Da die obere Schranke weiterhin auf $+\infty$ steht, müssen wir also wieder nach einer Zeile verzweigen. Nehmen wir an, wir verzweigen nach Zeile 1. Wir erhalten dann die Überdeckungsprobleme $A_{5,1}$ und $A_{5,1'}$, die in der Abbildung 3.37 gezeigt werden.

Die Prozedur angewendet auf $A_{5,1}$ und die Teillösung $\{5, 1\}$ reduziert nun zuerst wieder das Überdeckungsproblem. Die Zeilen 2 und 4, die durch die Zeile 3 do-

A_5	1	2	3	4	6	7	8	12
1	1	0	0	1	0	0	0	1
2	1	1	0	0	0	0	0	0
3	0	1	1	0	0	0	0	0
4	0	0	1	1	0	0	0	0
6	0	0	0	0	1	0	1	0
7	0	0	0	0	1	1	0	0
8	0	0	0	0	0	1	1	0
9	0	0	0	0	1	0	0	0
10	0	0	0	0	0	0	1	0
11	0	0	0	0	0	0	1	1

$A_{5'}$	1	2	3	4	5	6	7	8	9	10	11	12	13
1	1	0	0	1	0	0	0	0	0	0	0	1	0
2	1	1	0	0	0	0	0	0	0	0	0	0	0
3	0	1	1	0	0	0	0	0	0	0	0	0	0
4	0	0	1	1	0	0	0	0	0	0	0	0	0
6	0	0	0	0	1	1	0	1	0	0	0	0	1
7	0	0	0	0	0	1	1	0	0	0	1	0	0
8	0	0	0	0	0	0	1	1	0	1	0	0	1
9	0	0	0	0	0	1	0	0	1	1	0	0	0
10	0	0	0	0	1	0	0	1	1	0	0	0	0
11	0	0	0	0	0	0	0	1	1	0	1	1	0

Abb. 3.36 Die Überdeckungsprobleme A_5 und $A_{5'}$

miniert werden, und die Zeile 11, die durch die Zeile 8 dominiert wird, werden gemäß der dritten Reduktionsregel entfernt. Hierdurch wird Zeile 3 der Matrix wesentlich. Zeile 3 wird somit in die bisher berechnete Teillösung hinzugefügt, die nun aus den Zeilen 1, 3 und 5 besteht. Durch Anwenden der ersten Reduktionsregel erhalten wir damit das Überdeckungsproblem aus Abbildung 3.38. Dieses Überdeckungsproblem $A_{5,1,3}$ hat zum Beispiel die Menge $\{6, 7\}$ als kostenminimale Überdeckung (was wir durch einen weiteren rekursiven Abstieg berechnen könnten). Dies impliziert eine Überdeckung $\{1, 3, 5, 6, 7\}$ der Spalten der ursprünglichen Primimplikantentafel A. Die Kosten belaufen sich auf $(5, 5k)$. Die Kosten sind kleiner als die obere Schranke, die ja immer noch auf $+\infty$ steht. Die Lösung wird demnach als beste bisher gefundene Überdeckung gespeichert. Die obere Schranke wird auf die Kosten dieser Überdeckung gesetzt, also $(5, 5k)$.

Wir steigen nun in dem Rekursionsbaum hinauf, bis wir einen Ast finden, der

$A_{5,1}$	2	3	6	7	8
2	1	0	0	0	0
3	1	1	0	0	0
4	0	1	0	0	0
6	0	0	1	0	1
7	0	0	1	1	0
8	0	0	0	1	1
11	0	0	0	0	1

$A_{5,1'}$	1	2	3	4	6	7	8	12
2	1	1	0	0	0	0	0	0
3	0	1	1	0	0	0	0	0
4	0	0	1	1	0	0	0	0
6	0	0	0	0	1	0	1	0
7	0	0	0	0	1	1	0	0
8	0	0	0	0	0	1	1	0
11	0	0	0	0	0	0	1	1

Abb. 3.37 Die Überdeckungsprobleme $A_{5,1}$ und $A_{5,1'}$

$A_{5,1,3}$	6	7	8
6	1	0	1
7	1	1	0
8	0	1	1

Abb. 3.38 Das Überdeckungsproblem $A_{5,1,3}$

noch nicht besucht wurde. Der nächste Ast, der in dem Algorithmus behandelt werden muß, ist der Aufruf von COVER angewendet auf $A_{5,1'}$ (siehe Abbildung 3.37) und die bisher gefundene Teillösung, die nur aus der Zeile 5 besteht. In $A_{5,1'}$ sind die Zeilen 2, 4 und 11 wegen den Spalten 1, 4 und 12 wesentlich. Nach Anwendung der drei Reduktionsregel auf $A_{5,1'}$ bleiben nur noch die Spalten 6 und 7 und die Zeile 7 übrig (siehe Abbildung 3.39) und die bisher gefundene Teillösung ergibt sich aus den Zeilen 5, 2, 4 und 11.

$A_{5,1'}$	6	7
3	0	0
6	1	0
7	1	1
8	0	1

Abb. 3.39 $A_{5,1'}$ nach Anwendung der ersten Reduktion

Um die reduzierte Matrix $A_{5,1'}$ zu überdecken, benötigen wir eine Zeile. Zusammen mit den schon in der Teillösung enthaltenen Zeilen ergeben sich Kosten von $(5, 5k)$. Dieses Ergebnis verbessert jedoch nicht die Kosten der besten bisher gefundenen Überdeckung, die in der oberen Schranke abgespeichert sind.

Wir steigen im Rekursionsbaum weiter nach oben. Der einzige Ast, der noch nicht bearbeitet wurde, ist der zweite Ast an der Wurzel, also der Aufruf von COVER angewendet auf $A_{5'}$ und die leere Menge als schon berechnete Teillösung.

Die Primimplikantentafel $A_{5'}$ ist in Abbildung 3.36 dargestellt. Wir stellen schnell fest, daß es eine unabhängige Teilmenge bestehend aus den fünf Spalten 1, 3, 5, 10 und 11 in dieser Matrix gibt. Dies ergibt eine untere Schranke von ebenfalls $(5, 5k)$. Der Ast braucht also nicht weiterverfolgt zu werden. Es kann keine bessere Überdeckung gefunden werden als die bisher schon gefundene.

Damit haben wir den ganzen Suchraum abgearbeitet. Eine kostenminimale Überdeckung ist also gegeben durch die Spalten 1, 3, 5, 6 und 7. Die Kosten betragen $(5, 5k)$.

3.4 Minimalpolynome spezieller Funktionen

Die eben vorgestellten Verfahren sind in der Regel recht aufwendig in Bezug auf Laufzeit und Platz. Aus diesem Grunde macht es Sinn, sich spezielle Funktionsklassen, die in der Praxis vorkommen, anzuschauen und sich zu überlegen, wie die Minimalpolynome aussehen. Insbesondere ist die Frage interessant, ob für diese Funktionsklassen die Minimalpolynome effizienter bestimmt werden können.

Wir werden uns hier die Funktionsklasse der monotonen Booleschen Funktionen und die Funktionsklasse der total symmetrischen Booleschen Funktionen anschauen. Monotone Boolesche Funktionen werden insbesondere im Rahmen heuristischer Verfahren zur zweistufigen Logikminimierung (siehe Kapitel 4) benötigt.

3.4.1 Monotone Boolesche Funktionen

Eine Boolesche Funktion f mit einem Ausgang heißt monoton steigend, wenn durch Vergrößern des Arguments der Funktionswert von f nie kleiner wird. Vergrößern heißt in diesem Zusammenhang, eine oder mehrere Komponenten des Arguments von f von 0 auf 1 zu setzen.

Definition 3.4.1 (monoton steigende / fallende Boolesche Funktion) *Eine Boolesche Funktion $f \in \mathcal{B}_n$ heißt* monoton steigend, *falls für alle α, $\beta \in \{0,1\}^n$ mit $\alpha \leq \beta$ immer $f(\alpha) \leq f(\beta)$ gilt.*

$f \in \mathcal{B}_n$ heißt monoton fallend, *falls für alle α, $\beta \in \{0,1\}^n$ mit $\alpha \leq \beta$ immer $f(\alpha) \geq f(\beta)$ gilt.*

In Abbildung 3.40 haben wir die monoton steigende Boolesche Funktion $f \in \mathcal{B}_4$ mit $ON(f) = \{1111, 0111, 1011, 1101, 1110, 0011, 0101, 0110, 1100, 0100\}$ über das Hasse-Diagramm des Definitionsbereiches $\{0,1\}^4$ von f dargestellt. Die Elemente aus der ON-Menge von f sind alle diejenigen, die von dem Knoten

0011 oder von dem Knoten 0100 aus nach oben über einen Pfad des Hasse-Diagrammes erreichbar sind.

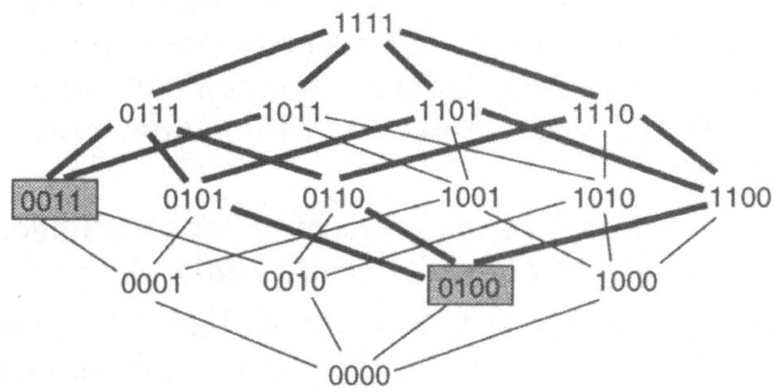

Abb. 3.40 Monoton steigende Boolesche Funktion

Diese letzte Beobachtung gilt für jede monoton steigende Boolesche Funktion f. Die ON-Menge von f ist gegeben durch alle die Elemente, die von den (bzgl. der im Verband $(\{0,1\}^n, \leq)$ aus Beispiel 1.1.4 auf Seite 19 definierten partiellen Ordnung) kleinsten Elementen der ON-Menge von f aus über einen nach oben laufenden Pfad im Hasse-Diagramm erreichbar sind. Das Hochlaufen über eine Kante im Hasse-Diagramm von einem Element α zu einem anderen Element β entspricht dem Hochsetzen einer Komponente α_i von α von 0 auf 1, d.h. das Element β ist gegeben durch $(\alpha_1, \ldots, \alpha_{i-1}, 1, \alpha_{i+1}, \ldots, \alpha_n)$. Ist $f(\alpha)$ schon gleich 1, so muß nach Definition 3.4.1 $f(\beta)$ auch gleich 1 sein, wenn f eine monoton steigende Boolesche Funktion ist.

Zudem gibt es eine einfache bijektive Beziehung zwischen den kleinsten Elementen der ON-Menge einer monoton steigenden Funktion f und den Primimplikanten von f. Um dies einfach erklären zu können, müssen wir eine neue Sprechweise einführen.

Sprechweise 3.4.2 *Sei w ein kleinstes Element der ON-Menge einer monoton steigenden Booleschen Funktion $f \in \mathcal{B}_n$. Das Element w spezifiziert gemäß Sprechweise 2.2.6 auf Seite 52 einen Implikanten der Länge n, der nur den Knoten w überdeckt. Entfernen wir aus diesem Implikanten alle negativen Literale, so erhalten wir ein Monom, das als Länge die Anzahl der Komponenten von w hat, die den Wert 1 haben. Wir nennen im folgenden dieses Monom das zu w gehörige positive Monom. Entsprechend können wir auch das zu w gehörige negative Monom definieren. Anstatt die negativen Literale zu streichen, entfernen wir die positiven Literale.*

Es gilt nun, daß die Primimplikanten unserer Beispielfunktion f gerade die zu den kleinsten Elementen der ON-Menge von f gehörigen positiven Monome sind. In unserem Beispiel sind die Ausdrücke $x_3 \cdot x_4$ und x_2 die zu den beiden kleinsten Elementen 0011 und 0100 der ON-Menge der Funktion gehörigen positiven Monome. Man überlegt sich schnell mit den in den vorherigen Abschnitten vorgestellten Verfahren, daß dies genau die Primimplikanten der Funktion sind. Es gilt sogar, daß die beiden Primimplikanten wesentlich sind. Das Monom $x_3 \cdot x_4$ überdeckt als einziger Primimplikant das Element 0011 der ON-Menge, x_2 überdeckt 0100 alleine. Das Minimalpolynom von f ist somit eindeutig bestimmt.

Wir wollen unsere an diesem Beispiel gemachten Beobachtungen formal fassen und zeigen, daß sie für alle monoton steigende Funktionen gelten.

In analoger Weise überlegt man sich übrigens, daß das Minimalpolynom einer monoton fallenden Booleschen Funktion f eindeutig definiert ist und durch die größten Elemente der ON-Menge bestimmt wird. Wir bilden die Summe über die zu diesen größten Elementen gehörigen *negativen Monome*.

Lemma 3.4.1 *Sei w ein Element der ON-Menge einer monoton steigenden Booleschen Funktion f, dann ist das zu w gehörige positive Monom q ein Implikant von f. Dieser Implikant q überdeckt zudem alle die Elemente, die im Hasse-Diagramm von w aus nach oben erreichbar sind.*

Beweis: Das Monom q hängt nur von den Variablen ab, die in w auf 1 gesetzt sind. Diese Variablen kommen alle als positive Literale in q vor. q liefert demnach den Funktionswert 1 für jedes Argument, das an den Stellen, an denen w eine 1 stehen hat, ebenfalls eine 1 stehen hat. Dies sind aber gerade die Elemente, die im Hasse-Diagramm von w aus nach oben erreichbar sind. Alle diese Elemente sind nach den vorherigen Überlegungen auch in der ON-Menge von f. Damit ist das Lemma bewiesen. ∎

Lemma 3.4.2 *Die zu den kleinsten Elementen der ON-Menge einer monoton steigenden Booleschen Funktion f gehörigen positiven Monome sind Primimplikanten von f.*

Beweis: Sei w ein beliebiges kleinstes Element der ON-Menge von f und q das zu w gehörige positive Monom. In Lemma 3.4.1 haben wir schon bewiesen, daß q der Implikant von f ist, der alle die Knoten überdeckt, die von w aus nach oben erreichbar sind. Gäbe es nun einen von q verschiedenen Implikanten r, der q echt umfaßt, so würde r einen Knoten $v \in ON(f)$ überdecken, der echt kleiner als w ist. Dies kann aber nicht sein, da w ein kleinstes Element der ON-Menge ist. ∎

Um zu zeigen, daß es außer diesen Primimplikanten keine anderen Primimplikanten von f gibt, überlegen wir uns zuerst, daß jeder Primimplikant einer monoton steigenden Booleschen Funktion nur aus positiven Literalen besteht.

Lemma 3.4.3 *Jeder Primimplikant einer monoton steigenden Booleschen Funktion f besteht nur aus positiven Literalen.*

Beweis: Sei q ein Monom, das die Variable x_i weder als positives noch als negatives Literal enthält und sei $q \cdot x_i'$ ein Implikant von f. Wir zeigen, daß dann auch q ein Implikant von f ist.

Für jede Belegung $\alpha = (\alpha_1, \ldots, \alpha_i, \ldots, \alpha_n)$ folgt aus $\phi(q)(\alpha) = 1$ entweder

$$\phi(q \cdot x_i)(\alpha) = 1 \text{ oder } \phi(q \cdot x_i')(\alpha) = 1,$$

je nachdem ob α_i gleich 1 oder gleich 0 ist. Im zweiten Fall folgt die Gleichung $f(\alpha) = 1$ unmittelbar, da $q \cdot x_i'$ ein Implikant von f ist. Im ersten Fall betrachten wir das Argument β, das wir aus α erhalten, wenn wir die $i.$ Komponente von α auf 0 setzen. Wegen $\phi(q)(\alpha) = 1$ und der Unabhängigkeit des Monoms q von der Variablen x_i folgt dann auch $\phi(q \cdot x_i')(\beta) = 1$ und somit $f(\beta) = 1$, da $q \cdot x_i'$ ja ein Implikant von f ist. Wegen $\alpha \geq \beta$ gilt dann auch $f(\alpha) = 1$.

In allen Fällen folgt also aus $\phi(q)(\alpha)$ auch $f(\alpha) = 1$. Demnach ist q ebenfalls Implikant von f.

Wenn wir also alle negativen Literale in einem Implikanten von f streichen, haben wir weiterhin einen Implikanten von f. Hieraus folgt die Aussage des Lemmas. ∎

Lemma 3.4.4 (Primimplikanten von monoton steigenden Funktionen) *Die Primimplikanten einer monoton steigenden Booleschen Funktion f sind gerade die zu den kleinsten Elementen der ON-Menge von f gehörigen positiven Monome.*

Beweis: Jeder Implikant r von f, der nur aus positiven Literalen besteht, ist ein Monom, das gemäß Sprechweise 3.4.2 einem Knoten v aus der ON-Menge von f entspricht. Dies muß nicht ein kleinster Knoten der ON-Menge sein. Ein solcher Implikant r überdeckt alle die Elemente der ON-Menge, die von v aus nach oben erreichbar sind.

Ist v kein kleinster Knoten der ON-Menge, so gibt es einen Knoten w aus der ON-Menge von f, der im Hasse-Diagramm unter ihm liegt. Zu w gehört gemäß Sprechweise 3.4.2 ein Implikant q von f, der ebenfalls alle die über ihm liegenden Knoten überdeckt. Der Implikant q überdeckt also inbesondere alle Knoten, die r überdeckt. Somit ist r kein Primimplikant. Demnach können nur die zu kleinsten Elementen der ON-Menge von f gehörigen positiven Monome Primimplikanten sein. Nach Lemma 3.4.2 sind alle diese Implikanten auch wirklich Primimplikanten. ∎

Lemma 3.4.5 *Alle Primimplikanten einer monoton steigenden Booleschen Funktion sind wesentlich.*

Beweis: Jedes kleinste Element w der ON-Menge von f wird nur von dem dazugehörigen positiven Monom überdeckt. ∎

Korollar 3.4.6 *Das Minimalpolynom einer monoton steigenden Booleschen Funktion ist eindeutig bestimmt.*

Hiermit haben wir ein Verfahren zur Bestimmung des Minimalpolynoms einer monoton steigenden Funktion f. Wir starten mit einem beliebigen Polynom p von f und streichen alle negativen Literale aus p. Ist die Funktion f monoton fallend, so streichen wir alle positiven Literale aus p. Das so entstehende Polynom q ist das Minimalpolynom von f. Das Verfahren hat offensichtlich eine Laufzeit, die proportional zur Länge des Polynoms p ist und ist in diesem Sinne auch optimal.

Die gerade gemachten Überlegungen können auf allgemeine monotone Boolesche Funktionen erweitert werden.

Definition 3.4.3 (monotone Boolesche Funktion) *Eine Boolesche Funktion $f \in \mathcal{B}_n$ heißt* monoton steigend *in der Variablen x_i, falls für alle $\alpha \in \{0,1\}^n$ die Ungleichung*

$$f(\alpha_1, \ldots, \alpha_{i-1}, \alpha_i, \alpha_{i+1}, \ldots, \alpha_n) \leq f(\alpha_1, \ldots, \alpha_{i-1}, 1, \alpha_{i+1}, \ldots, \alpha_n)$$

gilt. f heißt monoton fallend *in der Variablen x_i, falls für alle $\alpha \in \{0,1\}^n$*

$$f(\alpha_1, \ldots, \alpha_{i-1}, \alpha_i, \alpha_{i+1}, \ldots, \alpha_n) \leq f(\alpha_1, \ldots, \alpha_{i-1}, 0, \alpha_{i+1}, \ldots, \alpha_n)$$

gilt.

Eine Boolesche Funktion $f \in \mathcal{B}_n$ heißt monoton *in der Variablen x_i, falls sie monoton fallend oder monoton steigend in x_i ist. f heißt* monoton, *falls sie in jeder ihrer Variablen monoton ist.*

3.4.2 Symmetrische Boolesche Funktionen

Eine Boolesche Funktion f heißt total symmetrisch, wenn sie invariant gegenüber der Vertauschung ihrer Variablen ist. Formal läßt sich dies wie folgt formulieren, wenn wir uns hierbei auf vollständig spezifizierte Boolesche Funktionen beschränken.

Definition 3.4.4 (total symmetrische Boolesche Funktion) *Eine Boolesche Funktion $f \in \mathcal{B}_n$ heißt* total symmetrisch, *falls für alle Permutationen $\pi : \{1, \ldots, n\} \to \{1, \ldots, n\}$ und alle $(\alpha_1, \ldots, \alpha_n) \in \{0,1\}^n$*

$$f(\alpha_1, \ldots, \alpha_n) = f(\alpha_{\pi(1)}, \ldots, \alpha_{\pi(n)})$$

gilt.

Eine total symmetrische Boolesche Funktion hängt also nicht von der speziellen Belegung einer Komponente α_i des Argumentes α ab, sondern lediglich von der Anzahl $\|\alpha\|$ der Komponenten von α, die den Wert 1 tragen.

In Abbildung 3.41 haben wir zur Illustration die total symmetrische Boolesche Funktion $f \in \mathcal{B}_4$, die für ein Argument α genau dann den Wert 1 liefert, wenn $\|\alpha\| \in \{0,2,3\}$ gilt, über das Hasse-Diagramm des Definitionsbereiches dargestellt. Die Elemente der ON-Menge der Funktion haben wir fett geschrieben.

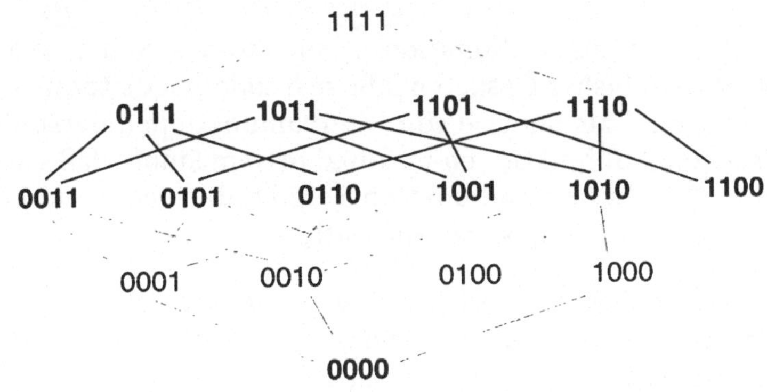

Abb. 3.41 Illustration einer total symmetrischen Booleschen Funktion

Wir beobachten schnell, daß Argumente, die durch Vertauschung der Variablen ineinander übergehen, d.h. die gleiche Anzahl von Einsen enthalten, jeweils eine Ebene des Hasse-Diagramms darstellen. Ist also ein Element der i. Ebene des Hasse-Diagramms aus der ON-Menge, so müssen schon alle Elemente dieser Ebene aus der ON-Menge sein, wenn es sich um eine total symmetrische Boolesche Funktion handelt.

Aus der gerade gemachten Beobachtung folgt unmittelbar das Lemma 3.4.7, das in der Literatur desöfteren auch als Definition herangezogen wird (siehe zum Beispiel [Weg89]).

Lemma 3.4.7 *Eine Boolesche Funktion $f \in \mathcal{B}_n$ ist genau dann total symmetrisch, wenn es einen Vektor $v(f) = (v_0, \ldots, v_n) \in \{0,1\}^{n+1}$ gibt, mit der Eigenschaft, daß $f(\alpha) = v_{\|\alpha\|} \ \forall \alpha \in \{0,1\}^n$ gilt. Der Vektor $v(f)$ heißt in diesem Fall Wertevektor von f.*

Beweis: Eine Boolesche Funktion $f \in \mathcal{B}_n$ ist genau dann total symmetrisch, wenn für je zwei Argumente $\alpha, \beta \in \{0,1\}^n$ aus $\|\alpha\| = \|\beta\|$ die Beziehung $f(\alpha) = f(\beta)$ folgt. ∎

Wichtige und in der Praxis vorkommende total symmetrische Funktionen sind die Intervallfunktionen und die Schwellenfunktionen.

Definition 3.4.5 (Intervallfunktion, Schwellenfunktion) *Unter der* Intervallfunktion $I_{k,j} \in \mathcal{B}_n$ *($0 \leq k \leq j \leq n$) verstehen wir die Boolesche Funktion, die genau dann den Wert 1 liefert, wenn die Anzahl der Einsen des Arguments im Intervall $[k:j]$ liegt. $I_{k,j}(\alpha) = 1$ gilt also genau dann, wenn $k \leq \|\alpha\| \leq j$ gilt.*

Ist $j = n$, so sprechen wir auch von der Schwellenfunktion S_k. Die Schwellenfunktion S_k gibt also genau dann den Wert 1 aus, wenn wenigstens k Komponenten des Argumentes gleich 1 sind. $S_k(\alpha) = 1$ gilt also genau dann, wenn $k \leq \|\alpha\|$ ist.

Offensichtlich ist eine Intervallfunktion $I_{k,j}$ eine total symmetrische Boolesche Funktion. Nach dem bisher Gesagten läßt sich zudem jede total symmetrische Boolesche Funktion f als Summe von Intervallfunktionen darstellen. Wählen wir jede dieser Intervallfunktionen maximal in dem Sinne, daß eine Vergrößerung des Intervalls eine Intervallfunktion g ergibt, die nicht mehr kleiner gleich f ist, so ist diese Darstellung sogar eindeutig.

Lemma 3.4.8 (Darstellung total symmetrischer Funktionen) *Jede total symmetrische Boolesche Funktion läßt sich eindeutig als Summe maximaler Intervallfunktionen darstellen.*

Beispiel 3.4.1 Die in Abbildung 3.41 dargestellte total symmetrische Boolesche Funktion f läßt sich durch $I_{0,0} + I_{2,3}$ beschreiben. Die verwendeten Intervalle sind maximal in dem Sinne, daß weder $I_{0,1} \leq f$, noch $I_{1,3} \leq f$, noch $I_{2,4} \leq f$ gilt. Zur Illustration siehe Abbildung 3.42.

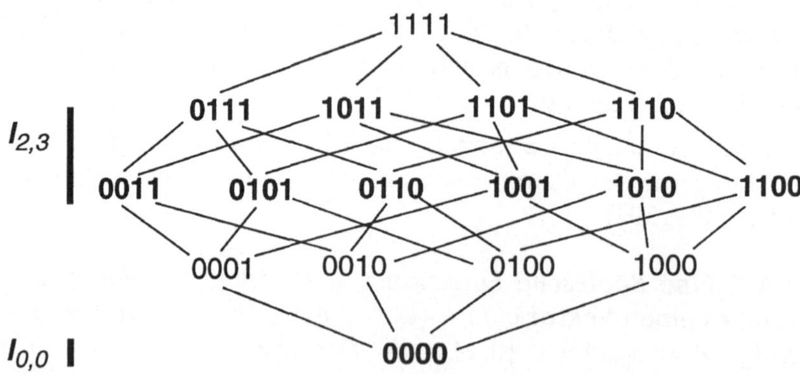

Abb. 3.42 Darstellung total symmetrischer Funktionen durch maximale Intervallfunktionen

Die Darstellung total symmetrischer Boolescher Funktionen durch maximale Intervallfunktionen führt uns in einfacher Weise zu den Minimalpolynomen total symmetrischer Boolescher Funktionen.

Lemma 3.4.9 (Primimplikanten total symmetrischer Funktionen) *Die Primimplikanten einer total symmetrischen Booleschen Funktion $f \in \mathcal{B}_n$ sind genau die Primimplikanten ihrer maximalen Intervallfunktionen.*

Beweis: Wir betrachten wiederum das Hasse-Diagramm der total symmetrischen Booleschen Funktion f. Zur Illustration benutzen wir Abbildung 3.42. Wie wir wissen, entsprechen die Kanten des Hasse-Diagramms den Kanten in dem entsprechenden n-dimensionalen Würfel. Da Kanten nur benachbarte Ebenen im Hasse-Diagramm verbinden, sind je zwei maximale Intervallfunktionen von f mindestens 2 Dimensionen voneinander entfernt. Alle Knoten, die wir von einer maximalen Intervallfunktion über nur eine Kante nach außen erreichen können, liegen in der OFF-Menge der Funktion f.

Da jeder Implikant von f einen Teilwürfel dieses n-dimensionalen Würfels darstellt und nur Minterme von f überdeckt, muß demnach jeder Implikant m von f Implikant einer ihrer maximalen Intervallfunktionen sein. Ansonsten würde der Implikant m Knoten aus der OFF-Menge überdecken. Ist ein Implikant von f Primimplikant von f, so ist er ebenfalls Primimplikant der entsprechenden Intervallfunktion $I_{k,j}$, da $I_{k,j} \leq f$ gilt.

Ist umgekehrt ein Monom m Primimplikant einer maximalen Intervallfunktion $I_{k,j}$ von f, so können wir m nicht zu einem größeren Würfel erweitern, der nur Minterme von f überdeckt. m ist demnach auch Primimplikant von f. ∎

Korollar 3.4.10 (Minimalpolynome total symmetrischer Funktionen) *Jedes Minimalpolynom einer total symmetrischen Booleschen Funktion f ist eine Summe von Minimalpolynomen ihrer maximalen Intervallfunktionen.*

Beweis: Die Aussage folgt unmittelbar aus dem Beweis von Lemma 3.4.9, in dem wir gezeigt haben, daß die Minterme von verschiedenen maximalen Intervallfunktionen von f unabhängig voneinander durch Primimplikanten überdeckt werden können und müssen. ∎

Um ein Minimalpolynom einer total symmetrischen Booleschen Funktion zu berechnen, können wir uns also auf die Berechnung von Minimalpolynomen ihrer maximalen Intervallfunktionen beschränken. Wir überlegen uns zuerst, wie die Primimplikanten der Intervallfunktion $I_{k,j}$ aussehen.

Lemma 3.4.11 (Primimplikanten von Intervallfunktionen) *Ein Monom q über der Variablenmenge $\mathcal{X} = \{x_1, \ldots, x_n\}$ ist genau dann ein Primimplikant der Intervallfunktion $I_{k,j} \in \mathcal{B}_n$, wenn q genau aus k positiven und $n - j$ negativen Literalen besteht.*

Beweis: Ein Implikant q von $I_{k,j}$ muß wenigstens k positive Literale enthalten, ansonsten würde q einen Knoten $\alpha \in \{0,1\}^n$ überdecken, der weniger als

k Einsen enthält. q muß auch wenigstens $n - j$ negative Literale enthalten, ansonsten würde q einen Knoten überdecken, der weniger als $n - j$ Nullen, also mehr als j Einsen enthält.

Enthält ein Implikant q von $I_{k,j}$ mehr als k positive Literale, so können wir ein beliebiges positives Literal aus q streichen. Das so entstehende Monom Q überdeckt weiterhin nur Knoten, die wenigstens k Einsen enthalten, ist also weiterhin ein Implikant von $I_{k,j}$. Demzufolge ist der Implikant q nicht prim. Analog überlegt man sich, daß jeder Implikant, der mehr als $n - j$ negative Literale enthält, nicht prim ist.

Umgekehrt ist auch jedes Monom q bestehend aus k positiven und $n - j$ negativen Literalen ein Implikant.

Dies beweist die Aussage des Lemmas. ∎

Die Primimplikanten von $I_{k,j}$ sind also $(j - k)$-dimensionale Teilwürfel des n-dimensionalen Würfels. Sie überspannen demnach im Hasse-Diagramm das ganze Intervall von k bis j und überdecken jeweils genau einen Knoten in der k. und in der j. Ebene. Abbildung 3.43 illustriert dies am Beispiel des Primimplikanten $x_1' \cdot x_2$ der Intervallfunktion $I_{1,3} \in \mathcal{B}_4$.

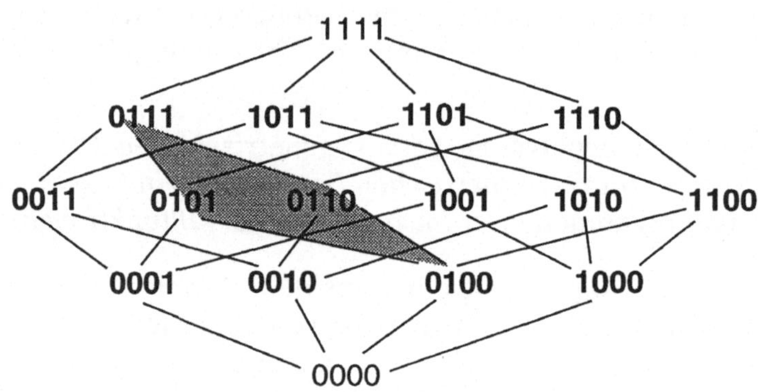

Abb. 3.43 Primimplikant $x_1' \cdot x_2$ der Intervallfunktion $I_{1,3} \in \mathcal{B}_4$

Hieraus folgt unmittelbar, daß jedes Minimalpolynom von $I_{k,j}$ wenigstens

$$\max\left\{\binom{n}{k}, \binom{n}{n-j}\right\}$$

Primimplikanten enthält, da es auf der k. Ebene bzw. $(n - j)$. Ebene genau $\binom{n}{k}$ bzw. $\binom{n}{n-j}$ Knoten gibt.

Voigt und Wegener (siehe [Weg89]) konnten zeigen, daß diese Anzahl auch ausreicht. Der von ihnen vorgestellte Algorithmus berechnet zu jeder Intervallfunktion ein Minimalpolynom, ohne alle Primimplikanten zu berechnen.

Er konstruiert direkt die Primimplikanten eines Minimalpolynoms und hat eine Laufzeit in der Größe des Minimalpolynoms. Im Gegensatz zu den Verfahren, die wir bisher gesehen haben, ist hier die Laufzeit damit unabhängig von der Anzahl der Primimplikanten der Funktion. Der Algorithmus von Voigt und Wegener ist in Abbildung 3.44 skizziert. Hierbei wird ohne Beschränkung der Allgemeinheit davon ausgegangen, daß $k \geq n - j$ ist. Ist dies nicht der Fall, so berechnen wir ein Minimalpolynom $p_{n-j,n-k}$ der Intervallfunktion $I_{n-j,n-k}$ und komplementieren anschließend alle Literale. Das Polynom $p_{n-j,n-k}$ angewendet auf ein Argument $\alpha \in \{0,1\}^n$ liefert nämlich genau dann eine 1, wenn mindestens $n - j$ Komponenten von α gleich 1 und mindestens k Komponenten gleich 0 sind. Das durch Komplementieren aller Literale entstehende Polynom p liefert also genau dann den Wert 1 angewendet auf ein Argument α, wenn mindestens k Komponenten von α gleich 1 und mindestens $n - j$ Komponenten gleich 0 sind. p ist demnach ein Polynom von $I_{k,j}$. Da die oben angegebene untere Schranke für die Anzahl der Primimplikanten in einem Minimalpolynom von $I_{k,j}$ für alle k und j scharf ist, enthält ein Minimalpolynom von $I_{k,j}$ genauso viele Primimplikanten wie ein Minimalpolynom von $I_{n-j,n-k}$. Da alle Primimplikanten nach Lemma 3.4.11 gleiche Länge haben, ist demzufolge das Polynom p ein Minimalpolynom von $I_{k,j}$.

Wir wollen nun die Korrektheit des Algorithmus beweisen, d.h. wir beweisen, daß das durch das Verfahren berechnete Polynom p ein Polynom für $I_{k,j}$ ist. Dieses Polynom enthält genau $\binom{n}{k}$ Primimplikanten. Aufgrund der oben angegebenen unteren Schranke folgt mit Lemma 3.4.11 auf Seite 139, daß es kein Polynom von $I_{k,j}$ mit geringeren Kosten gibt. Das Polynom p ist dann also auch ein Minimalpolynom von $I_{k,j}$.

Bevor wir zu diesem Beweis kommen, erläutern wir den Algorithmus aus Abbildung 3.44. Das Verfahren konstruiert für jeden Minterm $\alpha \in \{0,1\}^n$ mit $\|\alpha\| = k$ einen Primimplikanten

$$m_\alpha := \mathrm{CONSTRUCT\_PRIME}(n,k,j,\alpha)$$

von $I_{k,j}$. In dem Monom m_α sind k positive Literale enthalten. Das positive Literal x_i ist genau dann in m_α enthalten, wenn $\alpha_i = 1$ ist (siehe Programmzeilen 9 und 11). Der Minterm α wird von links nach rechts durchlaufen (Zeilen 7-18). Ist α_i gleich 0, so wird das negative Literal x_i' auf den Keller geschrieben (Zeile 8). Ist α_i gleich 1, so wird das oberste negative Literal des Kellers in das Monom m_α aufgenommen, sofern der Keller nicht leer ist und noch keine $n - j$ negativen Literale in m_α enthalten sind (Zeilen 12-16). Sind nach dieser Schleife keine $n - j$ negativen Literale in m_α enthalten, so werden die noch fehlenden negativen Literale einfach vom Keller geholt. Dies geschieht in der Zeile 19.

Beispiel 3.4.2 Wir betrachten $I_{5,8} \in \{0,1\}^{12}$, d.h. $n = 12$, $k = 5$ und $j = 8$. Die Voraussetzung $n - j = 4 \leq k \leq 8 = j$ ist erfüllt und

```
1  CONSTRUCT_PRIME (int n, k, j;  α ∈ {0,1}ⁿ)
2  var stack keller = ∅;
3      monom m_α = 1;
4      int fehlende_negative_Literale = n − j;
5  end
6  begin
7    for i = 1 to n do
8      if (α_i == 0) then push(keller, x'_i);  fi;
9      if (α_i == 1)
10       then
11           m_α = m_α · x_i;
12           if ((keller ≠ ∅) und (fehlende_negative_Literale > 0))
13              then
14                  m_α = m_α · pop(keller);
15                  fehlende_negative_Literale = fehlende_negative_Literale − 1;
16              fi :
17       fi :
18    od;
19    for i = 1 to fehlende_negative_Literale do m_α = m_α · pop(keller);  od;
20    return  m_α;
21  end;
22
23 main ();
24 var polynom p = 0;  end
25 begin
26   forall α ∈ {0,1}ⁿ with ‖α‖= k do p = p + CONSTRUCT_PRIME(n, k, j, α);  od
27 end
```

Abb. 3.44 Bestimmung eines Minimalpolynoms von $I_{k,j} \in \mathcal{B}_n$, $n - j \leq k \leq j$

CONSTRUCT_PRIME$(12, 5, 8, 001110110000)$ berechnet den Primimplikanten

$$x_3 \cdot x_2' \cdot x_4 \cdot x_1' \cdot x_5 \cdot x_7 \cdot x_6' \cdot x_8 \cdot x_{12}'.$$

Wir kommen nun zum Korrektheitsbeweis, den wir in den Grundzügen aus [Weg89, Seite 64-66] entnommen haben.

Lemma 3.4.12 (Korrektheit des Algorithmus) *Es sei $k \geq n - j$. Dann gibt es für jeden Minterm $\beta \in \{0,1\}^n$ mit $k \leq\| \beta \|\leq j$ einen Minterm $\alpha \in \{0,1\}^n$ mit $\|\alpha\|= k$, so daß* CONSTRUCT_PRIME(n, k, j, α) *den Minterm β überdeckt.*

Beweis: Zuerst wollen wir den Minterm α mit $\|\alpha\|= k$ konstruieren. Anschließend beweisen wir, daß der zu α gehörige Primimplikant m_α den Minterm β

überdeckt.

Konstruktion von α

Hierzu führen wir vor unserem geistigen Auge die Zeilen 7-18 der Prozedur CONSTRUCT_PRIME gestartet mit den Parametern n, k, $n - k$ und β aus.

Aus beweistechnischen Gründen wollen wir uns die Mengen cause_a_pop(β), has_been_popped(β) und remainder(β) definieren.

- Die Menge cause_a_pop(β) enthält die Indizes i mit $\beta_i = 1$, die jeweils einen Pop in Zeile 14 ausgelöst haben. Wegen der Belegung des dritten formalen Parameters durch $n - k$ kann diese Menge höchstens k Indizes enthalten.

- Die Menge has_been_popped(β) enthält die Indizes der negativen Literale, die hierbei in Zeile 14 vom Keller genommen wurden.

- Sei zudem cause_a_pop(β, t) die Menge, die die t kleinsten Indizes aus cause_a_pop(β) enthält und has_been_popped(β, t) die Menge der Indizes der hierdurch gepoppten negativen Literale.

- Die Menge remainder(β) enthält die Indizes, die weder in cause_a_pop(β) noch in has_been_popped(β) liegen. Sie läßt sich in zwei Teilmengen partitionieren, nämlich in die Menge $\text{remainder}_1(\beta)$, die die Indizes $i \in \text{remainder}(\beta)$ mit $\beta_i = 1$ enthält, also die Positionen in β, die den Wert 1 tragen und kein negatives Literal in Zeile 14 vom Keller entfernen, und in die Menge $\text{remainder}_0(\beta)$, die die Indizes $i \in \text{remainder}(\beta)$ mit $\beta_i = 0$ enthält, also die Positionen in β, deren entsprechenden negativen Literale in Zeile 14 nicht vom Keller geholt werden.

Für diese Mengen gelten die folgenden einfachen Zusammenhänge:

1) Die Einteilung der Literale von β in die Mengen

$$\text{cause\_a\_pop}(\beta), \text{has\_been\_popped}(\beta), \text{remainder}_0(\beta) \text{ und } \text{remainder}_1(\beta)$$

ist eine Partition der Literale von β.

2) Es gilt

$$\mid \text{cause\_a\_pop}(\beta) \mid = \mid \text{has\_been\_popped}(\beta) \mid.$$

s sei im folgenden definiert durch $s := \mid \text{has\_been\_popped}(\beta) \mid$. Wegen der Belegung des formalen Parameters j durch $n - k$ ist $s \leq k$.

3) Es gilt

$$\min_{i \in \text{remainder}_0(\beta)} i > \max_{i \in \text{remainder}_1(\beta)} i,$$

ansonsten hätte eine Komponente β_i von β mit $i \in \text{remainder}_1(\beta)$ einen Pop in Zeile 14 ausgelöst, was nach Definition dieser Menge nicht sein kann.

4) Es gilt

$$\mid \text{remainder}_0(\beta) \mid = n - \|\beta\| - s$$

$$\geq\ n - j - s.$$

Dies folgt unmittelbar aus der Konstruktion der Mengen und $\|\beta\| \leq j$.

Wir setzen nun die i. Komponente α_i von α genau dann auf den Wert 1, wenn

a) $i \in \text{cause\_a\_pop}(\beta)$, oder

b) i eines der $k - s$ kleinsten Elemente aus $\text{remainder}_1(\beta)$ ist.

Der Schritt b) ist also nur für den Fall, daß echt weniger als k Stellen aus β in Zeile 14 ein Element vom Keller entfernen. Da die $k - s$ kleinsten Elemente aus $\text{remainder}_1(\beta)$ genommen werden, werden auch in α durch diese Stellen keine Elemente in Zeile 14 vom Keller genommen.

Damit ist der gesuchte Minterm $\alpha \in \{0,1\}^n$ mit $\|\alpha\| = k$ und $\alpha \leq \beta$ konstruiert.

Beweis, daß der Primimplikant m_α den Minterm β überdeckt

Wir müssen nun zeigen, daß der Primimplikant

$$m_\alpha := \text{CONSTRUCT\_PRIME}(n, k, j, \alpha)$$

den Minterm β überdeckt. Hierzu muß nur gezeigt werden, daß für jedes positive Literal x_i aus m_α die Gleichung $\beta_i = 1$ und für jedes negative Literal x_i' aus m_α die Gleichung $\beta_i = 0$ gilt.

Wie vorhin definieren wir uns die Menge $\text{cause\_a\_pop}(\alpha)$, $\text{has\_been\_popped}(\alpha)$ und $\text{remainder}(\alpha)$ bezüglich des Aufrufes $\text{CONSTRUCT\_PRIME}(n, k, j, \alpha)$.

Ist das positive Literal x_i in m_α enthalten, so ist $\alpha_i = 1$ und wegen $\alpha \leq \beta$ auch $\beta_i = 1$.

Bleibt also nur noch zu zeigen, daß für jedes negative Literal x_i' aus m_α auch $\beta_i = 0$ gilt. Hierzu zeigen wir zuerst, daß für $t = \min\{s, n - j\}$

$$\text{cause\_a\_pop}(\alpha) = \text{cause\_a\_pop}(\beta, t)$$

und

$$\text{has\_been\_popped}(\alpha) = \text{has\_been\_popped}(\beta, t)$$

gilt.

Beweis der Aussage

Ist $s = 0$, so erhalten wir α aus β, indem wir in β alle Positionen auf 0 setzen bis auf die k linkesten Komponenten, die den Wert 1 tragen. Da diese k Einsen in β in Zeile 14 des Algorithmus keinen Pop veranlassen und α die gleiche Belegung wie β bis zu der k. Eins hat, kann auch α kein Pop in Zeile 14 veranlassen. Es gilt also $\text{cause\_a\_pop}(\alpha) = \emptyset = \text{cause\_a\_pop}(\beta)$ und $\text{has\_been\_popped}(\alpha) = \emptyset = \text{has\_been\_popped}(\beta)$.

Ist $n - j = 0$, so ist wegen der Programmzeilen 4 und 12 die Menge $\text{cause\_a\_pop}(\alpha)$ leer. Aus $n - j = 0$ folgt $t = 0$ und somit $\text{cause\_a\_pop}(\beta, t) = \emptyset$, so daß auch für diesen Fall die Aussage bewiesen ist.

Ist $s \geq 1$ und $n - j \geq 1$, so betrachten wir die am weitesten links stehende Stelle i in β, die in Zeile 14 ein Pop auslöst. Dann gilt

- aufgrund von Schritt a) bei der Konstruktion von α nicht nur $\beta_i = 1$, sondern auch $\alpha_i = 1$,

- $\beta_{i-1} = 0$, ansonsten hätte die Stelle $i - 1$ von β schon ein Pop ausgelöst,

- $\alpha_{i-1} = 0$, wegen $\alpha \leq \beta$.

- Zudem löst die Stelle i in α ebenfalls ein Pop aus und nimmt ebenfalls das negative Literal x'_{i-1} vom Keller, da $n - j \geq 1$ gilt und keine Stelle $q \leq i - 2$ in α einen Pop schon ausgelöst haben kann. Letzteres sehen wir wie folgt ein: Angenommen Stelle $q \leq i - 2$ in α löst einen Pop aus und nimmt das Literal x'_e vom Keller. Dann gilt wegen $\alpha \leq \beta$, daß nicht nur $\alpha_q = 1$ gilt, sondern auch $\beta_q = 1$ ist. Da die i. Stelle von β nach Wahl von i die am weitesten links stehende Stelle in β ist, die ein Pop auslöst, gilt $\beta_e = 1$. Demzufolge gilt $q, e \in remainder_1(\beta)$ und aus $\alpha_q = 1$ folgt wegen Schritt b) auch $\alpha_e = 1$, da $e < q$ gilt, was ein Widerspruch dazu ist, daß x'_e vom Keller geholt wird.

Wir streichen nun die $(i-1)$. und i. Stelle in α und β. Die beiden in der Aussage angegebenen Gleichungen folgen nun mit Induktion. $\qquad\square$

Um nun zu zeigen, daß für jedes negative Literal x'_i aus m_α auch $\beta_i = 0$ gilt, unterscheiden wir die Fälle $s \geq n - j$ und $s < n - j$.

Gilt $s \geq n - j$, so folgt aus der letzten Aussage

$$\text{has\_been\_popped}(\alpha) = \text{has\_been\_popped}(\beta, n - j),$$

d.h. alle negativen Literale in m_α wurden in Zeile 14 vom Keller entfernt. Somit gilt für jedes negative Literal x'_i, das in dem Polynom m_α enthalten ist, daß $\beta_i = 0$ ist. Für diesen Fall ist also die Aussage von Lemma 3.4.12 bewiesen.

Gilt $s < n - j$, so folgt ebenfalls wegen der obigen Gleichungen für die in Zeile 14 durch α vom Keller entfernten negativen Literale x'_i, daß $\beta_i = 0$ gilt. Zu zeigen ist aber noch, daß die in der Zeile 19 des Algorithmus angewendet auf α vom Keller genommenen $n - j - s$ negativen Literale x'_i nur solche sind, für die $\beta_i = 0$ gilt. In der Zeile 19 werden die $n - j - s$ negativen Literale aus $remainder_0(\alpha)$

genommen mit den größten Indizes. Wegen

$$
\begin{aligned}
\mathrm{remainder}(\alpha) \;&=\; \{1,\ldots,n\} \setminus (\mathrm{cause\_a\_pop}(\alpha) \cup \mathrm{has\_been\_popped}(\alpha)) \\
&=\; \{1,\ldots,n\} \setminus (\mathrm{cause\_a\_pop}(\beta,s) \cup \mathrm{has\_been\_popped}(\beta,s)) \\
&=\; \{1,\ldots,n\} \setminus (\mathrm{cause\_a\_pop}(\beta) \cup \mathrm{has\_been\_popped}(\beta)) \\
&=\; \mathrm{remainder}(\beta).
\end{aligned}
$$

und da alle Indizes aus $\mathrm{remainder}_0(\beta)$ größer als die Indizes aus $\mathrm{remainder}_1(\beta)$ sind (siehe Eigenschaft 3), folgt mit Eigenschaft 4, daß für die $n - j - s$ in der Zeile 19 durch den Algorithmus angewendet auf α vom Keller genommenen negativen Literale x_i' der Index i in der Menge $\mathrm{remainder}_0(\beta)$ enthalten ist, also $\beta_i = 0$ gilt.

Dies schließt den Beweis des Lemma 3.4.12. ∎

4 Heuristische Verfahren zur 2-stufigen Logikminimierung

Die im Kapitel 3 vorgestellten Verfahren zur Berechnung eines Minimalpolynoms einer allgemeinen Booleschen Funktion f sind sehr aufwendig.

Daß die in Abschnitt 3.2.1 auf Seite 88 vorgestellte Methode von Quine und McCluskey nur begrenzt einsetzbar ist, überlegt man sich schnell. Eingabe des Verfahrens ist die Funktionstafel beziehungsweise die ON-Menge der zu realisierenden Booleschen Funktion f. Die Größe dieser Eingabe ist gleich der Anzahl der Minterme von f, die bei einer Booleschen Funktion $f \in B_n$ aus $\Theta(2^n)$ sein kann. Der Algorithmus von Quine und McCluskey kann demnach jedenfalls nur bei solchen Booleschen Funktionen angewendet werden, die nicht allzuviele Minterme besitzen.

Ein wenig anders sieht es bei den restlichen drei, in den Abschnitten 3.2.2-3.2.4 vorgestellten Methoden zur Berechnung der Menge der Primimplikanten einer Booleschen Funktion f aus. Hier wird die Funktion f nicht durch die Funktionstafel selbst, sondern vielmehr durch ein Polynom p spezifiziert. Die Anzahl der Minterme von f hat somit keinen direkten Einfluß auf die Laufzeit der Methoden. Aber auch bei diesen Methoden gibt es noch zwei Probleme. Bis heute ist kein Verfahren bekannt, das das zyklische Überdeckungsproblem lösen kann, ohne die dazugehörigen Primimplikanten explizit aufzuzählen, so daß der Vorteil der Methode der impliziten Berechnung der Primimplikanten (siehe Abschnitt 3.2.4 auf Seite 102), die die Menge der Primimplikanten berechnet, ohne sie explizit aufzuzählen, nicht greift, wenn das resultierende Überdeckungsproblem zyklisch ist. Zudem kann es zu einer Booleschen Funktion f, die durch ein kleines Polynom p beschrieben werden kann, sehr viele Primimplikanten geben, gemessen an der Größe des Polynoms p. So wurde in [MS86] bewiesen, daß es für jedes $k \in \mathbb{N}$ eine Boolesche Funktion $f^{(k)} \in B_{2k-1}$

gibt, die durch ein Polynom mit k Monomen dargestellt werden kann und die $2^k - 1$ Primimplikanten hat. Auf den exakten Beweis verzichten wir, da er keinen Beitrag zu einem verbesserten Algorithmus leistet. Wir verweisen den interessierten Leser vielmehr auf die Originalarbeit [MS86] oder auf das Buch von Wegener [Weg89].

In diesem Abschnitt wollen wir auf heuristische Verfahren zur 2-stufigen Logikminimierung eingehen. Wir konzentrieren uns im wesentlichen auf die grundlegenden Algorithmen des an der UC Berkeley entwickelten Espresso-Systems [BHMSV84] und versuchen die in Espresso verwendete Strategie anschaulich zu erklären und deren Korrektheit zu beweisen.

Wir beginnen das Kapitel mit der Vorstellung einer einfachen Technik, mit der einige Operationen auf Booleschen Polynomen ausgeführt werden können. Dieser Divide-and-Conquer-Technik sind wir schon andeutungsweise in Verbindung mit der Realisierung des ITE-Operators (siehe Abschnitt 2.3.2 auf Seite 58) begegnet. Zur Illustration stellen wir in Abschnitt 4.1.2 ein auf dieser Technik aufbauendes Verfahren vor, das aus einem gegebenen Polynom einer Booleschen Funktion $f \in \mathcal{B}_n$ ein irredundantes primes Polynom von f berechnet.

In den Abschnitten 4.1.3-4.1.8 stellen wir weitere Realisierungen von später noch nützlichen Operationen auf Polynomen vor. Es sind dies der Test, ob ein Polynom einen bestimmten Würfel überdeckt, der Test, ob ein Polynom die konstante Funktion $\underline{1}$ beschreibt, die Berechnung des Komplements eines Polynoms, die Transformation eines Implikanten in einen Primimplikanten und die Berechnung aller wesentlichen Primimplikanten, ohne alle Primimplikanten zu kennen. Wir stellen die Verfahren für vollständig spezifizierte Boolesche Funktionen f mit einem Ausgang vor.

Das Kapitel schließt mit einer Übersicht über das Espresso-System, das die vorgestellten Operationen anwendet. Insbesondere zeigen wir in dem Abschnitt, wie die Don't Care Menge ausgenutzt werden kann, wenn eine unvollständig spezifizierte Boolesche Funktion realisiert werden soll.

4.1 Grundlegende Algorithmen auf Polynomen

4.1.1 Divide-and-Conquer Berechnungen auf Polynomen

Die im folgenden vorgestellten Verfahren arbeiten zum Teil rekursiv unter Verwendung des Entwicklungssatzes von Shannon (siehe Satz 2.3.3 auf Seite 70)

$$f(x_1, \ldots, x_n) = x'_i \cdot f_{x'_i}(x_1, \ldots, x_n) + x_i \cdot f_{x_i}(x_1, \ldots, x_n)$$

nach dem Divide-and-Conquer-Prinzip

$$\text{operator}(f) \;=\; \text{merge}(x_i \cdot \text{operator}(f_{x_i}),\, x_i' \cdot \text{operator}(f_{x_i'})).$$

Ein sehr einfacher Algorithmus, der auf diesem Prinzip basiert, ist ein Test, ob eine Boolesche Funktion f auf ihrem Definitionsbereich gleich der konstanten Funktion $\underline{1}$ ist. Einen solchen Test nennen wir *Tautologietest*. Da eine unvollständig spezifizierte Boolesche Funktion f genau dann eine Tautologie ist, wenn $f_{ON(f)} + f_{DC(f)}$ eine Tautologie ist, brauchen wir uns nur um einen Tautologietest für vollständig spezifizierte Boolesche Funktionen zu kümmern. Der Algorithmus beruht auf dem folgenden einfachen Lemma.

Lemma 4.1.1 (Einfacher Tautologietest) *Eine Boolesche Funktion $f \in \mathcal{B}_n$ ist genau dann eine Tautologie, wenn für eine beliebige Variable x_i die Kofaktoren f_{x_i} und $f_{x_i'}$ Tautologien sind.*

Beweis: Ist f eine Tautologie, so sind alle Knoten des zu x_i gehörigen Teilwürfels in der *ON*-Menge von f und somit auch in der *ON*-Menge von f_{x_i}. Da f_{x_i} symmetrisch bezüglich der zu x_i gehörigen Dimension ist, sind auch alle Knoten des zu x_i' gehörigen Würfels in der *ON*-Menge von f_{x_i}. Somit ist f_{x_i} eine Tautologie. Die analoge Überlegung kann für $f_{x_i'}$ gemacht werden. Damit ist die Richtung von links nach rechts bewiesen.

Gehen wir nun davon aus, daß f_{x_i} und $f_{x_i'}$ Tautologien sind, dann gilt mit dem Satz von Shannon

$$\begin{aligned}
f &= x_i \cdot f_{x_i} + x_i' \cdot f_{x_i'} \\
&= x_i \cdot 1 + x_i' \cdot 1 \\
&= x_i + x_i' \\
&= 1.
\end{aligned}$$

Hiermit ist die Aussage des Lemmas bewiesen. ∎

Das Lemma 4.1.1 impliziert eine einfache Anwendung des oben angegebenen Divide-and-Conquer-Prinzips. Wir berechnen zuerst den Tautologietest für die beiden Kofaktoren der Funktion bzgl. einer Variablen x_i. Die Funktion merge überprüft schließlich nur noch, ob das Resultat beider Tautologietests positiv war. Abbildung 4.1 faßt das einfache Verfahren nochmals für den Fall zusammen, daß die zu testende Boolesche Funktion f durch ein Polynom p gegeben ist.

4.1.2 Berechnung primer irredundanter Polynome

Um die eben vorgestellte Technik zur Manipulation von Polynomen weiter zu illustrieren, wollen wir uns die Aufgabe stellen, ausgehend von einem Polynom

```
1  TAUTOLOGIE_TEST (polynom p, int i)
2  begin
3    if (p == 0)
4      comment : syntaktische Überprüfung
5      then return false;
6    fi;
7    if (p == 1)
8      comment : syntaktische Überprüfung
9      then return true;
10   fi;
11   if (TAUTOLOGIE_TEST(p_{x_i}, i + 1))
12     then return TAUTOLOGIE_TEST(p_{x'_i}, i + 1);
13   else return false;
14   fi;
15 end
```

Abb. 4.1 Einfacher Tautologietest

p einer vollständig spezifizierten Booleschen Funktion $f \in \mathcal{B}_n$ ein irredundantes primes Polynom H von f zu berechnen. Die Eigenschaften *irredundant* und *prim* sind wichtige Eigenschaften. Jedes Minimalpolynom ist prim und irredundant.

Definition 4.1.1 (primes Polynom) *Ein Polynom $p = \{m_1, \ldots, m_q\}$ einer Booleschen Funktion $f \in \mathcal{B}_n$ heißt prim, wenn alle in p enthaltenen Implikanten m_i von f Primimplikanten von f sind.*

Definition 4.1.2 (irredundantes Polynom) *Ein Polynom $p = \{m_1, \ldots, m_q\}$ einer Booleschen Funktion $f \in \mathcal{B}_n$ heißt irredundant, wenn kein in p enthaltenes Monom m_i durch die restlichen Monome $\{m_1, \ldots, m_{i-1}, m_{i+1}, \ldots, m_q\}$ von p überdeckt wird, d.h. wenn für jedes $m_i \in p$ die durch $p \setminus \{m_i\}$ beschriebene Funktion echt kleiner als f ist.*

Im folgenden wollen wir versuchen, über das Prinzip

$$\texttt{operator}(p) \; = \; \texttt{merge}(x_i \cdot \texttt{operator}(p_{x_i}), x'_i \cdot \texttt{operator}(p_{x'_i}))$$

zu der durch das Polynom p beschriebenen Booleschen Funktion f ein irredundantes primes Polynom H zu berechnen. Wegen des rekursiven Abstiegs können wir zunächst einmal annehmen, daß eine irredundante prime Überdeckung H_1 des positiven Kofaktors f_{x_i} und eine irredundante prime Überdeckung H_0 des negativen Kofaktors $f_{x'_i}$ vorliegen. Wir haben uns also nur noch zu überlegen, wie das Mischen der beiden Überdeckungen H_0 und H_1 auszusehen hat. Die Grundidee geht auf Lemma 3.2.7 auf Seite 104 zurück.

Korollar 4.1.2

a) *Sei m ein Primimplikant von f_{x_i}. Dann ist das Monom $x_i \cdot m$ genau dann Primimplikant von f, wenn m kein Implikant von $f_{x_i'}$ ist. Ist $x_i \cdot m$ kein Primimplikant von f, so ist m ein Primimplikant von f.*

b) *Sei m ein Primimplikant von $f_{x_i'}$. Dann ist das Monom $x_i' \cdot m$ genau dann Primimplikant von f, wenn m kein Implikant von f_{x_i} ist. Ist $x_i' \cdot m$ kein Primimplikant von f, so ist m ein Primimplikant von f.*

Beweis:

a) Ist m Primimplikant von f_{x_i}, so ist wegen der Ungleichung $f_{x_i} \cdot f_{x_i'} \le f_{x_i}$ das Monom m genau dann Primimplikant von $f_{x_i} \cdot f_{x_i'}$, wenn m Implikant von $f_{x_i'}$ ist. Mit Lemma 3.2.7, Punkt (1), folgt also, daß $x_i \cdot m$ genau dann ein Primimplikant von f ist, wenn m kein Implikant von $f_{x_i'}$ ist. Dies beweist den ersten Teil der Aussage.

Ist m Primimplikant von f_{x_i} und Implikant von $f_{x_i'}$, so ist m auch Implikant von $f_{x_i} \cdot f_{x_i'}$ und wegen $f_{x_i} \cdot f_{x_i'} \le f_{x_i}$ sogar Primimplikant von $f_{x_i} \cdot f_{x_i'}$. Mit Lemma 3.2.7, Punkt (3), folgt dann aber schon, daß m ein Primimplikant von f sein muß.

b) Diesen Fall beweist man analog. ∎

Damit erhalten wir den in Abbildung 4.2 zusammengefaßten Algorithmus zur Berechnung einer irredundanten primen Überdeckung der durch das Polynom p beschriebenen Booleschen Funktion f. Das Polynom H_0 ist hierbei eine irredundante prime Überdeckung von $f_{x_i'}$ und H_1 eine irredundante prime Überdeckung von f_{x_i}. Korollar 4.1.2, Punkt (a), sagt dann aus, daß für jedes Monom $m \in H_1$ das Monom $x_i \cdot m$ genau dann Primimplikant von f ist, wenn m nicht von dem Polynom H_0 überdeckt wird. Wird m von H_0 überdeckt, so ist m Primimplikant von f. In den Programmzeilen 5 bis 19 werden die entsprechenden Abfragen ausgeführt. Dies "mischt" die Polynome H_0 und H_1 zu einer primen Überdeckung H von f, die in den Zeilen 20 bis 23 noch irredundant gemacht wird.

Lemma 4.1.3 (Korrektheit der Prozedur MERGE) *Das Polynom $\mathrm{MERGE}(H_0, H_1, i)$ ist ein primes irredundantes Polynom von f, wenn H_0 ein primes irredundantes Polynom des negativen Kofaktors $f_{x_i'}$ und H_1 ein primes irredundantes Polynom des positiven Kofaktors f_{x_i} ist.*

Beweis: Sei p das durch MERGE gestartet mit H_0, H_1 und i berechnete Polynom. p ist wegen Korollar 4.1.2 prim und wegen der Programmzeilen 20 bis 23 auch

```
 1  MERGE (polynom H_0, H_1, int i)
 2  var polynom H = ∅;
 3  end
 4  begin
 5     forall m ∈ H_1 do
 6        if (m wird von H_0 überdeckt)
 7           then
 8                H = H ∪ {m};
 9                H_1 = H_1 \ {m};
10        fi;
11     od;
12     forall m ∈ H_0 do
13        if (m wird von H_1 überdeckt)
14           then
15                H = H ∪ {m};
16                H_0 = H_0 \ {m};
17        fi;
18     od;
19     H = H ∪ x_i' ⊗ H_0 ∪ x_i ⊗ H_1;
20     forall m ∈ H do
21        if (m wird von H \ {m} überdeckt)
22           then H = H \ {m};  fi;
23     od;
24     return H;
25  end;
```

Abb. 4.2 Berechnung einer irredundanten primen Überdeckung

irredundant. Wir haben also nur noch zu zeigen, daß p ein Polynom von f ist.
Vor Eintritt in die Schleife in Zeile 5 gilt

$$
\begin{aligned}
\phi(H \cup x_i' \otimes H_0 \cup x_i \otimes H_1) &= \phi(H) + x_i' \cdot \phi(H_0) + x_i \cdot \phi(H_1) \\
&= \phi(\emptyset) + x_i' \cdot f_{x_i'} + x_i \cdot f_{x_i} \\
&= x_i' \cdot f_{x_i'} + x_i \cdot f_{x_i} \\
&= f.
\end{aligned}
$$

Diese Eigenschaft bleibt invariant, wenn die Zeilen 8-9 oder die Zeilen 15-16
ausgeführt werden. Wir wollen dies für die Zeilen 8 und 9 vorführen. Sei m also
ein Monom aus H_1, für das die beiden Zeilen ausgeführt werden. Dann wird m
auch von H_0 überdeckt und es gilt

$$
\phi(H_0) = \phi(H_0) + \phi(m)
$$

und somit

$$
\begin{aligned}
f &= \phi(H \cup x_i' \otimes H_0 \cup x_i \otimes H_1) \\
&= \phi(H) + x_i' \cdot \phi(H_0) + x_i \cdot \phi(H_1) \\
&= \phi(H) + x_i' \cdot (\phi(H_0) + \phi(m)) + x_i \cdot (\phi(H_1 \setminus \{m\}) + \phi(m)) \\
&= \phi(H) + x_i' \cdot \phi(m) + x_i \cdot \phi(m) + x_i' \cdot \phi(H_0) + x_i \cdot \phi(H_1 \setminus \{m\}) \\
&= \phi(H) + \phi(m) + x_i' \cdot \phi(H_0) + x_i \cdot \phi(H_1 \setminus \{m\}) \\
&= \phi(H \cup \{m\}) + x_i' \cdot \phi(H_0) + x_i \cdot \phi(H_1 \setminus \{m\}) \\
&= \phi((H \cup \{m\}) \cup x_i' \otimes H_0 \cup x_i \otimes (H_1 \setminus \{m\})).
\end{aligned}
$$

Hieraus folgt die Aussage des Lemmas.   ∎

Wir werden später noch sehen, daß der Test, ob ein Polynom einen bestimmten Teilwürfel überdeckt, teuer ist, d.h. im schlechtesten Fall exponentielle Laufzeit benötigt. Aus diesem Grunde wird oft die in Abbildung 4.3 stehende Heuristik für das Mischen benutzt, bei der nur überprüft wird, ob ein Monom α aus H_j ($j = 0, 1$) durch ein einzelnes Monom β aus H_{1-j} überdeckt wird. Dies ist sehr leicht und sehr schnell rein syntaktisch zu überprüfen. Die Heuristik garantiert jetzt aber nicht mehr, daß die generierte Überdeckung prim ist.

4.1.3 Test auf Überdeckung eines Monoms durch ein Polynom

Bei der gerade gezeigten Berechnung irredundanter und primer Überdeckungen wird ein Test benötigt, um zu überprüfen, ob ein gegebenes Monom m von einem Polynom p überdeckt wird. Auch dieser Test kann elegant mit dem in Abschnitt 4.1.1 vorgestellten Prinzip gelöst werden und beruht auf folgendem Lemma.

Lemma 4.1.4 *Es sei $f \in \mathcal{B}_n$ und m ein Monom, das die Variable x_i weder als positives noch als negatives Literal enthält. Dann gilt*

$$
\phi(m \cdot x_i) \leq f \Rightarrow \phi(m) \leq f_{x_i} \quad \text{und} \quad \phi(m \cdot x_i') \leq f \Rightarrow \phi(m) \leq f_{x_i'}.
$$

Beweis: Es gilt für ein geeignetes Polynom q

$$
\begin{aligned}
\phi(m \cdot x_i) \leq f \quad &\Longleftrightarrow \quad \phi(m \cdot x_i) + \phi(q) = f \\
&\Longrightarrow \quad (\phi(m \cdot x_i) + \phi(q))_{x_i} = f_{x_i} \\
&\Longleftrightarrow \quad \phi(m \cdot x_i)_{x_i} + \phi(q)_{x_i} = f_{x_i} \\
&\Longleftrightarrow \quad \phi(m) + \phi(q_{x_i}) = f_{x_i} \\
&\Longleftrightarrow \quad \phi(m) \leq f_{x_i}.
\end{aligned}
$$

```
1  MERGE (polynom H_0, H_1, int i)
2  var polynom H = ∅;
3  end
4  begin
5    forall α ∈ H_0 do
6      forall β ∈ H_1 do
7        if (α == β)
8        then
9            H = H ∪ {α};
10           H_0 = H_0 \ {α};
11           H_1 = H_1 \ {α};
12        fi;
13      od;
14   od;
15   forall α ∈ H_0 do
16     forall β ∈ H_1 do
17       if (α wird von β überdeckt)
18       then
19           H = H ∪ {α};
20           H_0 = H_0 \ {α};
21       fi;
22       if (β wird von α überdeckt)
23       then
24           H = H ∪ {β};
25           H_1 = H_1 \ {β};
26       fi;
27     od;
28   od;
29   return H ∪ x'_i ⊗ H_0 ∪ x_i ⊗ H_1;
30 end;
```

Abb. 4.3 Heuristik mit Umgehung des Überdeckungsproblems

Hieraus ergibt sich ein einfacher Überdeckungstest, der die Überprüfung auf einen Tautologietest zurückführt.

Lemma 4.1.5 (Test, ob Polynom Monom überdeckt) *Ein Polynom p überdeckt genau dann das Monom m, wenn der iterierte Kofaktor p_m eine Tautologie beschreibt.*

Beweis: Sei $f \in \mathcal{B}_n$ die durch p beschriebene vollständig spezifizierte Boolesche Funktion.

Überdeckt das Polynom p das Monom m, so gilt $\phi(m) \le \phi(p)$ und mit Lemma 4.1.4 $\phi(m_m) \le \phi(p_m)$. Wegen $\phi(m_m) = \underline{1}$ muß $\phi(p_m) = \underline{1}$ ebenfalls gelten.

Der iterierte Kofaktor f_m der Booleschen Funktion f bezüglich des Monoms m ist auf dem zu m gehörigen Teilwürfel mit f identisch. Aus $f_m = \underline{1}$ folgt somit $\phi(m) \le f$. $\blacksquare$

4.1.4 Verfeinerter Tautologietest auf Polynomen

Einen ersten einfachen Tautologietest haben wir schon in Abschnitt 4.1.1 gesehen, mit dem wir das auf dem Entwicklungssatz von Shannon basierende Divide-and-Conquer-Prinzip zur Manipulation von Polynomen illustriert haben. Der Algorithmus ist in Abbildung 4.1 auf Seite 150 zusammengefaßt. Er betrachtet für eine beliebige Variable x_i die beiden Kofaktoren eines Polynoms p und überprüft rekursiv, ob diese Kofaktoren Tautologien sind. Beschreibt einer der beiden Kofaktoren von p keine Tautologie, so beschreibt p auch keine Tautologie. Beschreiben beide Kofaktoren von p Tautologien, so auch das Polynom p.

Dieser einfache Tautologietest hat im schlechtesten Fall leider exponentielle Laufzeit. Um uns dies klarzumachen, betrachten wir das über den Variablen $x_1, \ldots, x_{n+1}$ (n gerade) definierte Polynom p

$$
\begin{aligned}
p \;=\; & x_1 \cdot x_n' \cdot x_{n+1}' + x_1 \cdot x_n' \cdot x_{n+1} + x_1 \cdot x_n \cdot x_{n+1}' + x_1 \cdot x_n \cdot x_{n+1} + \\
& x_1' \cdot x_n' \cdot x_{n+1}' + x_1' \cdot x_n' \cdot x_{n+1} + x_1' \cdot x_n \cdot x_{n+1}' + x_1' \cdot x_n \cdot x_{n+1} + \\
& x_2 \cdot x_{n-1} + x_2' \cdot x_{n-1}' + x_3 \cdot x_{n-2} + x_3' \cdot x_{n-2}' + \ldots + \\
& x_{n/2} \cdot x_{n/2+1} + x_{n/2}' \cdot x_{n/2+1}' \; ,
\end{aligned}
$$

das aus $\mathcal{O}(n)$ Monomen besteht. Für dieses Polynom p gilt

$$
\phi(p_{x_1}) = \phi(p_{x_i'}) = \underline{1}
$$

und

$$
\begin{aligned}
p_{x_1 x_2^{\epsilon_2} x_3^{\epsilon_3} \ldots x_{n/2}^{\epsilon_{n/2}}} \;=\; & x_n' \cdot x_{n+1}' + x_n' \cdot x_{n+1} + x_n \cdot x_{n+1}' + x_n \cdot x_{n+1} + \\
& x_{n-1}^{\epsilon_2} + x_{n-2}^{\epsilon_3} + \ldots + x_{n/2+1}^{\epsilon_{n/2}}
\end{aligned}
$$

für $(\epsilon_2, \ldots, \epsilon_{n/2}) \in \{0,1\}^{n/2-1}$. Hierbei bezeichnet x_i^1 das positive Literal x_i und x_i^0 das negative Literal x_i'.

Obwohl jeder dieser Kofaktoren eine Tautologie beschreibt, wird der in Abbildung 4.1 vorgestellte Algorithmus sich exponentiell oft rekursiv aufrufen, da alle Kofaktoren $p_{x_1 x_2^{\epsilon_2} x_3^{\epsilon_3} \ldots x_{n/2}^{\epsilon_{n/2}}}$ syntaktisch von 0 bzw. 1 verschieden sind. Dies führt zu $\mathcal{O}(2^{n/2})$ Aufrufen. Eine bessere als exponentielle Laufzeit für einen Tautologietest ist auch nicht zu erwarten, weil der Tautologietest auf Booleschen Polynomen ein aus komplexitätstheoretischer Sicht schwieriges Problem ist. Es ist co-NP-vollständig [MT98, Seite 59]. Nichtsdestotrotz kann in der Praxis der Tautologietest beschleunigt werden, indem versucht wird, schnell Kofaktoren zu konstruieren, bei denen der Tautologietest effizient realisierbar ist. Abbildung 4.4 skizziert einen solchen verfeinerten Tautologietest.

```
1  TAUTOLOGIE_TEST (polynom p)
2  var boolean result;
3  end
4  begin
5      if (Spezialfall(p, result)) then return result;  fi;
6      i = wähle_beste_position(p);
7      if (TAUTOLOGIE_TEST(p_{x_i}))
8          then return TAUTOLOGIE_TEST(p_{x'_i});
9      else return false;
10     fi;
11 end;
```

Abb. 4.4 Skizze eines verfeinerten Tautologietests

Ähnlich wie im einfachen Tautologietest aus Abbildung 4.1 prüft das verfeinerte Verfahren zuerst, ob der Tautologietest für das Polynom p "trivial" lösbar ist. Hier werden im wesentlichen drei Spezialfälle unterschieden, die zum Teil die interne Darstellung von Polynomen (siehe Abschnitt 2.2.4 auf Seite 51) ausnutzen. Wir wollen uns die drei Spezialfälle an Beispielen klarmachen.

Die Darstellung

$$
\begin{array}{cccc}
1 & 1 & 1 & 1 \\
* & * & * & 1
\end{array}
$$

steht für ein Polynom p, das eine Boolesche Funktion $f \in \mathcal{B}_3$ beschreibt. p enthält eine Zeile, die im Eingangsteil nur $*$-Einträge hat. Diese Zeile steht für das Monom der Länge 0, also für das 1-Monom. Das 1-Monom beschreibt die konstante Funktion $\underline{1}$. f ist demnach eine Tautologie.

Lemma 4.1.6 (Tautologietest, erster Spezialfall) *Gibt es in dem Polynom p (bzw. in der internen Darstellung des Polynoms p) eine Zeile, deren Eingabeteil nur aus $*$-Einträgen besteht, so beschreibt p eine Tautologie für die im Ausgabeteil angegebenen Funktionsausgänge.*

Für den zweiten Spezialfall schauen wir uns das Polynom

$$
\begin{array}{cccc}
1 & * & 1 & 1 \\
* & 0 & 1 & 1
\end{array}
$$

an, das ebenfalls eine Boolesche Funktion $f \in \mathcal{B}_3$ beschreibt. Da alle Einträge der dritten Spalten des Eingabeteils gleich 1 sind, sind alle in p enthaltenen Monome von x_3 abhängig und können nur dann eine 1 ausgeben, wenn die Variable x_3 mit dem logischen Wert 1 belegt ist. Die durch p beschriebene Funktion f ist somit keine Tautologie.

Lemma 4.1.7 (Tautologietest, zweiter Spezialfall) *Gibt es in p eine Spalte im Eingabeteil, die nur aus Einsen besteht, so ist keiner der durch p beschriebenen Funktionsausgänge eine Tautologie. Entsprechendes gilt, wenn es in p eine Spalte im Eingabeteil gibt, die nur aus Nullen besteht.*

Wir kommen zum dritten Spezialfall. Wir betrachten hierzu das Polynom

$$
\begin{array}{cccc}
1 & * & 1 & 1 \\
* & 1 & 0 & 1
\end{array}
$$

das ebenfalls genau zwei Monome enthält. Jedes dieser Monome überdeckt genau zwei Knoten, da sie jeweils von genau einer Variablen unabhängig sind. Zusammen überdecken die beiden Monome also höchstens vier Knoten des 3-dimensionalen Würfels von f, der acht Knoten enthält. f kann demnach keine Tautologie sein.

Lemma 4.1.8 (Tautologietest, dritter Spezialfall) *Gilt für den j. Funktionsausgang $f_j \in \mathcal{B}_n$ die Ungleichung*

$$
\sum_{m \in p(j)} 2^{*(m)} < 2^n,
$$

wobei $p(j)$ die Menge der Monome aus dem Polynom p ist, die für den Funktionsausgang f_j gültig sind, und $*(m)$ die Anzahl der $*$-Einträge im Eingabeteil des Monoms m ist, so ist f_j keine Tautologie.

Neben diesen drei Spezialfällen kann der Tautologietest auch dann beschleunigt werden, wenn das Polynom p eine in verschiedenen Variablen monotone Funktion f beschreibt und zudem noch ein in diesen Variablen monotones Polynom ist. Während wir die Definition monotoner Funktionen schon in Abschnitt 3.4.1 auf Seite 132 gesehen haben, müssen wir den Begriff des monotonen Booleschen Polynoms noch definieren.

Definition 4.1.3 (monotones Polynom) *Ein Polynom p heißt*

- *monoton steigend in der Variablen x_i, wenn p das negative Literal x_i' nicht enthält.*

- monoton fallend *in der Variablen x_i, wenn p das positive Literal x_i nicht enthält.*

- monoton *in der Variablen x_i, wenn es monoton steigend oder monoton fallend in x_i ist.*

- monoton, *wenn p monoton in jeder Variablen ist.*

Beispiel 4.1.1   Das Polynom $p = x_1 \cdot x_2 \cdot x_3' + x_2'$ ist monoton steigend in x_1, monoton fallend in x_3, und nicht monoton in x_2. Obwohl p nicht monoton ist, beschreibt p eine monotone Funktion. Dies sehen wir leicht ein, indem wir uns klarmachen, daß p äquivalent ist zu dem Polynom $x_1 \cdot x_3' + x_2'$, das monoton in allen Variablen ist.

Man überlegt sich leicht, daß jedes monotone Polynom eine monotone Boolesche Funktion beschreibt. Aber Achtung: mit Ausnahme von wenigen monotonen Booleschen Funktionen kann jede monotone Boolesche Funktion durch nichtmonotone Polynome beschrieben werden.

Der Tautologietest für Polynome, die monoton in einer oder mehreren Variablen sind, ist wesentlich effizienter als für allgemeine Polynome. Dies beruht auf den zwei folgenden Lemmata, die den in Abbildung 4.5 skizzierten Algorithmus implizieren.

Lemma 4.1.9   *Ist ein Polynom p monoton steigend in einer Variablen x_i, so beschreibt p genau dann eine Tautologie, wenn $p_{x_i'}$ eine Tautologie beschreibt.*

Ist ein Polynom p monoton fallend in einer Variablen x_i, so beschreibt p genau dann eine Tautologie, wenn p_{x_i} eine Tautologie beschreibt.

Beweis: Wir zeigen nur die erste der beiden Aussagen. Wir nehmen also an, daß das Polynom p monoton steigend in der Variablen x_i ist. Die in p enthaltenen Monome können wir dann in zwei Mengen unterteilen, nämlich in die Monome, die das positive Literal x_i enthalten und in die, die x_i nicht enthalten. p läßt sich also schreiben als $p = (x_i \otimes A) \cup B$ und es gilt $p_{x_i} = A \cup B$ und $p_{x_i'} = B$. Das Polynom p_{x_i} überdeckt demnach jeden Teilwürfel, der von $p_{x_i'}$ überdeckt wird. Beschreibt also das Polynom $p_{x_i'}$ eine Tautologie, so auch das Polynom p_{x_i}. Mit Lemma 4.1.1 folgt damit die Behauptung. ∎

Ist p in allen Variablen monoton, so ist der Tautologietest noch eleganter realisierbar.

Lemma 4.1.10   *Ein monotones Polynom p beschreibt genau dann eine Tautologie, wenn die interne Darstellung von p eine Zeile enthält, deren Einträge im Eingabeteil alle gleich $*$ sind.*

Beweis: Jedem monotonen Polynom p über n Variablen können wir einen binären n-dimensionalen Vektor $\rho(p) = (\rho_1, \dots, \rho_n)$ zuweisen, der beschreibt, in welchen Variablen das Polynom p monoton steigend und in welchen Variablen es monoton fallend ist. Wir setzen $\rho_i = 1$ genau dann, wenn p monoton steigend in x_i ist.

Damit p den Wert $\alpha_{\rho(p)} = (1 - \rho_1, \ldots, 1 - \rho_i, \ldots, 1 - \rho_n)$ überdeckt, muß es eine Zeile in p geben, in der für jedes i die i. Stelle des Eingabeteils auf $1 - \rho_i$ oder auf $*$ gesetzt ist. Wegen der Monotonie des Polynoms und der Definition von ρ_i enthält die i. Spalte des Eingabeteils von p den Eintrag $1 - \rho_i$ in keiner Zeile. Demnach muß p eine Zeile enthalten, deren Einträge im Eingabeteil alle gleich $*$ sind, um den Wert $\alpha_{\rho(p)}$ zu überdecken.

Beschreibt p eine Tautologie, so überdeckt p insbesondere den Wert $\alpha_{\rho(p)}$ und enthält somit eine Zeile, die nur $*$-Einträge im Eingabeteil hat. Umgekehrt gilt aber auch, daß jedes Polynom, das eine Zeile, die nur $*$-Einträge im Eingabeteil hat, eine Tautologie beschreibt. ∎

```
 1  TAUTOLOGIE_TEST (polynom p)
 2  var boolean result;
 3  end
 4  begin
 5    if (Spezialfall(p, result)) then return result; fi;
 6    if (p ist monoton)
 7      then
 8        if (p enthält *-Zeile)
 9          then return true;
10        else return false;
11        fi;
12    fi;
13    (i, ρᵢ) = wähle_beste_position(p);
14    if (ρᵢ = 1) then return TAUTOLOGIE_TEST(p_{x'_i}); fi;
15    if (ρᵢ = 0) then return TAUTOLOGIE_TEST(p_{x_i}); fi;
16    if (TAUTOLOGIE_TEST(p_{x_i})
17      then return TAUTOLOGIE_TEST(p_{x'_i});
18    else return false;
19    fi;
20  end;
```

Abb. 4.5 Vollständiger Tautologietest

In dem in Abbildung 4.5 angegebenen Algorithmus wird, nachdem auf die oben angegebenen drei Spezialfälle abgeprüft wurde, getestet, ob p ein monotones Polynom ist. Ist dies der Fall, so beschreibt p gemäß Lemma 4.1.10 genau dann eine Tautologie, wenn es eine Zeile enthält, deren Eingabeteil nur aus $*$-Einträgen besteht. Ist p nicht monoton, so wird eine Variable x_i gesucht, nach der das Polynom p ausfaktorisiert werden kann. Hier wählen wir eine Variable x_i, von der p abhängt und in der p monoton ist, falls es eine solche gibt. Ist p monoton steigend in x_i, so wird ρ_i auf 1, ist p monoton fallend in x_i, so wird ρ_i auf 0 gesetzt. Gibt es keine Variable, in der p monoton ist, so wird üblicherweise die Variable x_i gewählt, von der die meisten Monome in p abhängen, um möglichst einfache Unterprobleme zu bekommen. ρ_i wird in diesem Fall auf den Wert 2 gesetzt, um zu zeigen, daß p nicht monoton in x_i ist.

Wir wollen den in Abbildung 4.5 beschriebenen Algorithmus an drei Beispielen vorführen. Wir beschränken uns hierbei auf Funktionen mit nur einem Ausgang. Das Verfahren ist aber auch - wie bei der Angabe der Spezialfälle schon angedeutet - auf Boolesche Funktionen mit mehreren Ausgängen anwendbar.

Beispiel 4.1.2   Wir betrachten in diesem Beispiel das Polynom p

$$
\begin{array}{ccccc}
* & 1 & * & 0 & 1 \\
* & * & 0 & 0 & 1 \\
1 & * & 0 & 1 & 1 \\
0 & * & * & * & 1
\end{array}
$$

und wollen überprüfen, ob es die konstante Boolesche Funktion $\underline{1}$ beschreibt. Zuerst stellen wir fest, daß keiner der drei Spezialfälle vorliegt. Es gibt weder eine *-Zeile in p, noch eine 0- oder 1-Spalte, noch sind die durch die Monome von p beschriebenen Würfel zu klein, um die 16 Knoten des 4-dimensionalen Würfels überdecken zu können. Das Polynom p ist auch nicht monoton, da p nur monoton in den Variablen x_2 und x_3, aber nicht in den Variablen x_1 und x_4 ist. Die Funktion wähle_beste_position wird aufgerufen. Sie gibt entweder den Verbund $(2, 1)$ oder $(3, 0)$ zurück. Im ersten Fall würde die Variable x_2, in der das Polynom p monoton steigend ist, als beste Variable gewählt werden, im zweiten Fall die Variable x_3, in der das Polynom p monoton fallend ist. Nehmen wir an, daß x_2 gewählt wird. Da p monoton steigend in x_2 ist, muß für den Tautologietest von p nur überprüft werden, ob $p_{x_2'}$ eine Tautologie ist. Das Polynom $p_{x_2'}$ ist gegeben durch

$$
\begin{array}{ccccc}
* & * & 0 & 0 & 1 \\
1 & * & 0 & 1 & 1 \\
0 & * & * & * & 1
\end{array}
\ .
$$

Für dieses Polynom liegt der dritte Spezialfall vor. Das erste in $p_{x_2'}$ enthaltene Monom ist von zwei Variablen unabhängig, überdeckt also vier Minterme. Das zweite Monom von $p_{x_2'}$ überdeckt zwei Minterme, das dritte Monom überdeckt acht Minterme. $p_{x_2'}$ kann also höchstens 14 der insgesamt 16 Knoten des 4-dimensionalen Würfels überdecken.

Die durch $p_{x_2'}$ beschriebene Boolesche Funktion ist also keine Tautologie und demzufolge auch die durch p beschriebene Funktion nicht.

Beispiel 4.1.3   Als nächstes wollen wir uns das Polynom p

$$
\begin{array}{cccc}
0 & 0 & * & 1 \\
0 & * & 0 & 1 \\
0 & 1 & 1 & 1 \\
1 & * & * & 1
\end{array}
$$

anschauen. Wieder liegt keiner der drei Spezialfälle vor. p ist zudem in keiner der drei Variablen monoton. Da alle in p enthaltenen Monome von x_1 abhängig sind, wird in der ersten Iteration die Variable x_1 ausgewählt, nach der ausfaktorisiert wird. Das Verfahren überprüft nun, ob beide Kofaktoren p_{x_1} und $p_{x_1'}$ von p bezüglich x_1 Tautologien beschreiben. Der Kofaktor p_{x_1} ist durch

$$
\begin{array}{cccc}
* & * & * & 1
\end{array}
$$

gegeben. Für ihn liegt also der erste Spezialfall vor. Das Polynom p_{x_1} beschreibt eine Tautologie. Der Kofaktor $p_{x_1'}$ ist durch

$$
\begin{array}{cccc}
* & 0 & * & 1 \\
* & * & 0 & 1 \\
* & 1 & 1 & 1
\end{array}
$$

gegeben. Für dieses Polynom liegt wieder keiner der drei Spezialfälle vor. Auch ist es nicht monoton in einer der Variablen, von denen es abhängt. Nehmen wir an, das Verfahren wählt als nächstes die Variable x_2, um weiterzumachen. Das ursprüngliche Polynom p ist also nun genau dann eine Tautologie, wenn das Polynom $p_{x_1' \cdot x_2'}$

$$
\begin{array}{cccc}
* & * & * & 1 \\
* & * & 0 & 1
\end{array}
$$

und das Polynom $p_{x_1' \cdot x_2}$

$$
\begin{array}{cccc}
* & * & 0 & 1 \\
* & * & 1 & 1
\end{array}
$$

Tautologien sind. Das erste der beiden Polynome enthält eine $*$-Zeile und ist somit eine Tautologie. Das zweite Polynom ist nur noch von x_3 abhängig und ist offensichtlich auch eine Tautologie. Der Algorithmus wie in Abbildung 4.5 angegeben würde noch einmal nach x_3 ausfaktorisieren, um dies festzustellen. In der Praxis gehen wir aber so vor, daß wir die Rekursion abbrechen, wenn die Anzahl an Variablen, von denen das Polynom abhängt, eine bestimmte Schranke unterschreitet. In diesem Fall schreiben wir die Funktionstafel explizit hin, um den Tautologietest durchzuführen.

Beispiel 4.1.4 Als letztes Beispiel wollen wir uns das Polynom p

$$
\begin{array}{cccc}
0 & 1 & * & 1 \\
0 & * & 0 & 1 \\
* & 1 & * & 1
\end{array}
$$

anschauen. Der Algorithmus angewendet auf dieses Polynom p stellt fest, daß p monoton ist, aber keine $*$-Zeile enthält. Die durch p beschriebene Funktion ist demzufolge keine Tautologie.

4.1.5 Berechnen des Komplements eines Polynoms

Als nächstes wollen wir uns überlegen, wie wir das Komplement einer vollständig spezifizierten Booleschen Funktion f, die durch ein Polynom p beschrieben wird, berechnen können, also wie wir ein Polynom p' der Booleschen Funktion f' berechnen können.

Wir werden wiederum das in Abschnitt 4.1.1 vorgestellte Prinzip verwenden können, da mit Lemma 2.3.4 auf Seite 70

$$ p' = x_i \cdot (p_{x_i})' + x_i' \cdot (p_{x_i'})' $$

gilt. Wie dies auch beim Tautologietest der Fall gewesen ist, ist die Laufzeit des noch vorzustellenden Algorithmus im schlechtesten Fall exponentiell. Eine bessere als exponentielle Laufzeit für die Komplementbildung auf Polynomen ist auch nicht zu erwarten, weil es Polynome p gibt, die Funktionen f beschreiben, zu deren Komplement f' nur Polynome p' existieren, die exponentielle Größe haben (gemessen an der Größe von p). Ein Beispiel, das diesen Effekt demonstriert, liefert die monotone Boolesche Funktion $f \in \mathcal{B}_{2n}$, die durch das Polynom

$$ p = x_1 \cdot x_2 + x_3 \cdot x_4 + \ldots + x_{2i-1} \cdot x_{2i} + \ldots + x_{2n-1} \cdot x_{2n} $$

beschrieben wird. Während p aus n Monomen besteht, enthält das kleinste Polynom von f' 2^n Monome.

Wie bei dem Tautologietest kann auch bei der Komplementbildung versucht werden, das Verfahren bei vielen Instanzen zu beschleunigen, indem nach Kofaktoren gesucht wird, bei denen die Komplementbildung effizient durchführbar ist. Neben einigen einfachen Spezialfällen können wir auch Monotonie ausnutzen. Hierdurch sparen wir zwar keine rekursiven Aufrufe, vereinfachen aber ein wenig die Berechnung. Abbildung 4.6 skizziert ein solches Verfahren.

Zur Erklärung des in Abbildung 4.6 skizzierten Algorithmus wollen wir die einzelnen Spezialfälle in Form von kleinen Lemmata angeben. Aufgrund der Einfachheit dieser vier Aussagen wollen wir dies ohne große Erläuterung tun. Anschließend stellen wir dar, wieso das Verfahren korrekt arbeitet, wenn das Polynom p monoton steigend in x_i beziehungsweise monoton fallend in x_i ist. Wir beschränken uns der Einfachheit halber auf Polynome, die Boolesche Funktionen mit nur einem Ausgang beschreiben. In der Praxis werden auch zumeist bei der Komplementbildung von Booleschen Funktionen mit mehreren Ausgängen die Einzelausgänge nacheinander komplementiert.

```
1  KOMPLEMENT (polynom p)
3  var boolean result;
4  end
5  begin
6     if (Spezialfall(p, result)) then return result; fi;
7     (i, ρ_i) = wähle_beste_position(p);
8     if (ρ_i == 1) then return x'_i ⊗ KOMPLEMENT(p_{x'_i}) + KOMPLEMENT(p_{x_i}); fi;
9     if (ρ_i == 0) then return x_i ⊗ KOMPLEMENT(p_{x_i}) + KOMPLEMENT(p_{x'_i}); fi;
10    return x_i ⊗ KOMPLEMENT(p_{x_i}) + x'_i ⊗ KOMPLEMENT(p_{x'_i});
11 end;
```

Abb. 4.6 Komplementbildung auf Polynomen

Lemma 4.1.11 (Komplementbildung, erster Spezialfall)   *Gibt es eine Zeile in dem Polynom p, die im Eingabeteil nur $*$-Einträge hat, so beschreibt das leere Polynom, d.h. das Polynom, dessen interne Darstellung keine Zeile enthält, das Komplement der durch p beschriebenen Funktion f.*

Beweis: Enthält p eine $*$-Zeile, so beschreibt p eine Tautologie. Das Komplement einer Tautologie ist die konstante Boolesche Funktion $\underline{0}$.   ∎

Lemma 4.1.12 (Komplementbildung, zweiter Spezialfall)   *Ist das Polynom p leer, so beschreibt das Polynom, das nur aus dem 1-Monom besteht, das Komplement der durch p beschriebenen Funktion f.*

Beweis: Das leere Polynom beschreibt die konstante Boolesche Funktion $\underline{0}$. Das Komplement von $\underline{0}$ ist die konstante Boolesche Funktion $\underline{1}$, die durch das 1-Monom beschrieben wird.   ∎

Lemma 4.1.13 (Komplementbildung, dritter Spezialfall)   *Besteht das Polynom p nur aus einem Monom $l_{i_1} \cdot \ldots \cdot l_{i_k}$, so beschreibt das Polynom $l'_{i_1} + \ldots + l'_{i_k}$ das Komplement der durch p beschriebenen Funktion f. Hierbei bezeichnet l_{i_j} entweder das positive Literal x_{i_j} oder das negative Literal x'_{i_j} und l'_{i_j} das komplementäre Literal zu l_{i_j}.*

Beweis: Die Aussage folgt unmittelbar aus der de Morgan'schen Regel.   ∎

Lemma 4.1.14 (Komplementbildung, vierter Spezialfall)   *Enthält das Polynom eine Spalte i im Eingabeteil, in der in jeder Zeile eine 1 eingetragen ist, so beschreibt $x'_i + (p_{x_i})'$ das Komplement der durch p beschriebenen Funktion f.*

Ist die i. Spalte eine 0-Spalte, so beschreibt $x_i + (p_{x_i'})'$ das Komplement der durch p beschriebenen Funktion f.

Beweis: Ist die i. Spalte von p eine 1-Spalte, so ist p äquivalent zu dem Ausdruck $x_i \cdot p_{x_i}$. Durch Ausmultiplizieren und Komplementieren erhalten wir mit der de Morgan'schen Regel das Polynom $x_i' + (p_{x_i})'$. Dies beweist den ersten Teil der Aussage. Der zweite Teil kann analog bewiesen werden.   ■

In dem in Abbildung 4.6 skizzierten Algorithmus werden Polynome, die monoton in der gewählten Variable sind, gesondert behandelt. Diese Sonderbehandlung wird durch das folgende Lemma gerechtfertigt.

Lemma 4.1.15 (Komplementbildung eines in x_i monotonen Polynoms) *Ist ein Polynom p monoton steigend in der Variablen x_i, dann beschreibt das Polynom $x_i' \otimes (p_{x_i'})' + (p_{x_i})'$ das Komplement der durch p beschriebenen Booleschen Funktion f.*

Ist p monoton fallend in x_i, so beschreibt das Polynom $x_i \otimes (p_{x_i})' + (p_{x_i'})'$ das Komplement der durch p beschriebenen Booleschen Funktion f.

Beweis: Ist p monoton steigend in x_i, so ist dies auch die durch p beschriebene Funktion f. Aus der Monotonie folgt für die beiden Kofaktoren f_{x_i} und $f_{x_i'}$ von f bezüglich x_i, daß f_{x_i} größer als $f_{x_i'}$ ist, also $f_{x_i} \geq f_{x_i'}$. Mit Lemma 1.1.1 gilt also $f_{x_i} + f_{x_i'} = f_{x_i}$ und somit unter Verwendung der Consensus-Regel (Lemma 1.2.5)   ■

$$
\begin{aligned}
f' &= x_i \cdot (f_{x_i})' + x_i' \cdot (f_{x_i'})' \\
&= x_i \cdot (f_{x_i})' + x_i' \cdot (f_{x_i'})' + (f_{x_i})' \cdot (f_{x_i'})' \\
&= x_i \cdot (f_{x_i})' + x_i' \cdot (f_{x_i'})' + (f_{x_i} + f_{x_i'})' \\
&= x_i \cdot (f_{x_i})' + x_i' \cdot (f_{x_i'})' + (f_{x_i})' \\
&= x_i' \cdot (f_{x_i'})' + (f_{x_i})'.
\end{aligned}
$$

  ■

Damit ist der Algorithmus zur Berechnung des Komplements auf Polynomen vollständig. Wir schließen den Abschnitt mit einem kleinen Beispiel, das die Wirkungsweise des Verfahrens veranschaulicht.

Beispiel 4.1.5 Wir wenden das gerade erläuterte Verfahren auf das durch

*	1	1	1	1	1
*	1	1	1	0	1
*	1	0	1	*	1
*	1	0	*	1	1

gegebene Polynom p an. Als erstes stellt das Verfahren fest, daß die zweite Spalte nur aus Einsen besteht. Es liegt also der vierte Spezialfall vor und es gilt $p' = x'_2 + (p_{x_2})'$. Das Polynom p_{x_2} ist leicht zu berechnen und wird dargestellt durch

$$
\begin{array}{cccccc}
* & * & 1 & 1 & 1 & 1 \\
* & * & 1 & 1 & 0 & 1 \\
* & * & 0 & 1 & * & 1 \\
* & * & 0 & * & 1 & 1
\end{array}
$$

Da das Polynom p_{x_2} monoton steigend in der Variablen x_4 ist, wird als nächstes die Variable x_4 gewählt, nach der ausfaktorisiert wird, und es gilt $(p_{x_2})' = x'_4 \otimes (p_{x_2 \cdot x'_4})' + (p_{x_2 \cdot x_4})'$.

Versuchen wir als nächstes das Komplement von $p_{x_2 \cdot x'_4}$ zu bilden. $p_{x_2 \cdot x'_4}$ wird durch

$$
\begin{array}{cccccc}
* & * & 0 & * & 1 & 1
\end{array}
$$

dargestellt. Es besteht also nur aus dem Monom $x'_3 \cdot x_5$, d.h. der dritte Spezialfall liegt vor. Das Komplement von $p_{x_2 \cdot x'_4}$ ist das Polynom $x_3 + x'_5$, das durch

$$
\begin{array}{cccccc}
* & * & 1 & * & * & 1 \\
* & * & * & * & 0 & 1
\end{array}
$$

dargestellt wird.

Wir benötigen noch die Berechnung des Komplements von $p_{x_2 \cdot x_4}$, das durch

$$
\begin{array}{cccccc}
* & * & 1 & * & 1 & 1 \\
* & * & 1 & * & 0 & 1 \\
* & * & 0 & * & * & 1 \\
* & * & 0 & * & 1 & 1
\end{array}
$$

dargestellt wird. Es liegt für dieses Polynom kein Spezialfall vor, auch ist es nicht monoton in einer Variablen, die in dem Polynom als Literal vorkommt. Aus diesem Grunde wird in dem nächsten Schritt nach der Variablen x_3 ausfaktorisiert. Wir überlassen es dem Leser, das Beispiel gemäß dem angegebenen Algorithmus zu Ende zu rechnen. In der Praxis wird wie beim Tautologietest die Rekursion abgebrochen, wenn es nur noch wenige Spalten in dem Polynom gibt, die nicht nur aus $*$-Einträgen bestehen. Das Komplement dieses Polynoms wird dann unter Zuhilfenahme der Funktionstafel, die explizit aufgestellt wird, berechnet. Hätte das Verfahren die Rekursion bei $p_{x_2 \cdot x_4}$ abgebrochen, so hätte das Verfahren über die Funktionstafel festgestellt, daß $p_{x_2 \cdot x_4}$ eine Tautologie beschreibt, das Komplement $(p_{x_2 \cdot x_4})'$ von $p_{x_2 \cdot x_4}$ also das leere Polynom ist. Setzen wir nun die Ergebnisse wie im Algorithmus in Abbildung 4.6 angegeben durch Vereinigung der entsprechenden Monommengen zusammen, so erhalten wir für das Polynom $(p_{x_2})'$ die Darstellung

$$
\begin{array}{cccccc}
* & * & 1 & 0 & * & 1 \\
* & * & * & 0 & 0 & 1
\end{array}
$$

und für p' das Polynom

$$
\begin{array}{cccccc}
* & 0 & * & * & * & 1 \\
* & * & 1 & 0 & * & 1 \\
* & * & * & 0 & 0 & 1
\end{array}
$$

In der Praxis versuchen wir beim Mischvorgang, das Polynom klein zu halten, indem wir zum Beispiel die in Abschnitt 4.1.2 angegebene Heuristik verwenden.

4.1.6　Expansion eines Implikanten zu einem Primimplikanten

In Abschnitt 4.1.2 haben wir eine Heuristik kennengelernt, die ein Polynom $p = \{m_1, \ldots, m_q\}$ in ein äquivalentes Polynom transformiert, das prim und irredundant ist. Die Heuristik berechnet <u>irgendein</u> primes irredundantes, zu p äquivalentes Polynom, nicht unbedingt ein Polynom mit geringen Kosten. Im Rahmen der zweistufigen Logikminimierung sind wir jedoch an primen irredundanten Polynomen mit möglichst geringen Kosten interessiert, wenn wir schon das Minimalpolynom nicht exakt berechnen können.

Aus diesem Grunde sind wir an einer Operation interessiert, die ein Monom m_i aus p zu einem Primimplikanten der durch p beschriebenen Booleschen Funktion f expandiert, der maximal viele andere Monome m_j aus p überdeckt. Die Monome m_j können aus dem Polynom p entfernt werden und brauchen so auch nicht selbst expandiert zu werden. Indem wir diese Operation sukzessive auf die Monome des Polynoms p anwenden, erhalten wir in der Regel ein zu p äquivalentes primes Polynom q mit relativ kleinen Kosten.

Das in Espresso verwendete Verfahren arbeitet mit zwei Hilfsmatrizen, einer *Blockiermatrix*, um zu einem Implikanten m_i einen Primimplikanten M_i zu finden, der m_i überdeckt – diesen Vorgang nennen wir *Expansion*–, und einer *Überdeckungsmatrix*, die dabei hilft, daß der konstruierte Primimplikant M_i möglichst viele Implikanten m_j aus p überdeckt.

Wir wollen uns an die Definition der beiden Matrizen über ein Beispiel herantasten.

Gegeben sei das Polynom p

$$
\begin{array}{cccc}
1 & 0 & 1 & 1 \\
0 & * & 0 & 1 \\
0 & 0 & * & 1 \\
1 & 0 & 0 & 1
\end{array} ,
$$

das aus vier Monomen m_1, m_2, m_3, m_4 besteht. Wollen wir eines dieser vier

Monome in einer Dimension expandieren, so müssen wir darauf achten, daß p das erweiterte Monom M_i überdeckt. Dies kann mithilfe eines Tautologietests überprüft werden, was aufgrund der exponentiellen Laufzeit im schlechtesten Fall jedoch sehr teuer sein kann, oder aber, indem überprüft wird, ob der Durchschnitt des erweiterten Monoms M_i mit dem Komplement p' leer ist, also $\phi(p' \cdot M_i) = \underline{0}$ gilt. Letzteres ist effizient realisierbar, wenn ein Polynom p' vorliegt, und wird auch bevorzugt, da das Komplement nur einmal berechnet werden muß, während der Tautologietest für jedes zu expandierende Monom aus p bis zu n Mal ausgeführt werden muß.

In unserem Beispiel überlegen wir uns leicht, daß das Komplement der durch p beschriebenen Booleschen Funktion durch das Polynom p'

$$
\begin{array}{cccc}
1 & 1 & * & 1 \\
* & 1 & 1 & 1
\end{array}
$$

beschrieben wird.

Ein Monom m wird genau dann von p überdeckt, wenn das Polynom $m \cdot p'$ leer ist, also wenn für jedes in p' enthaltene Monom q_k das Produkt $q_k \cdot m$ leer ist. Das Produkt $q_k \cdot m$ ist genau dann leer, wenn es eine Variable x_t gibt, die in q_k als positives Literal x_t und in m als negatives Literal x_t' enthalten ist oder umgekehrt. Genau diese Information speichert die Blockiermatrix $Block_{p',m}$ von p' und m. Es werden die Stellen in den in p' enthaltenen Monomen abgespeichert, die sich in dem gerade geschilderten Sinne von den entsprechenden Stellen in m unterscheiden.

Definition 4.1.4 (Blockiermatrix) *Die Blockiermatrix $Block_{p',m}$ von p' und m ist eine binäre Matrix, deren Zeilen den Monomen q_k aus p' und deren Spalten den Variablen $x_1, \ldots, x_n$ entsprechen. $Block_{p',m}[q_k, x_t]$ ist genau dann 1, wenn q_k das Literal x_t und m das Literal x_t' oder q_k das Literal x_t' und m das Literal x_t enthält.*

Enthält die Zeile q_k der Blockiermatrix von p' und m eine Eins, so überdecken die Monome q_k und m disjunkte Knoten. Steht in jeder Zeile eine Eins, so ist die Menge der durch m überdeckten Knoten disjunkt zu der Menge der durch p' überdeckten Knoten. Das Monom m wird also von p überdeckt.

Sei m_3 das durch die dritte Zeile von p dargestellte Monom, d.h. $m_3 = x_1' \cdot x_2'$, dann ist die Blockiermatrix $Block_{p',m_3}$ von p' und m_3 durch

$$
\begin{array}{ccc}
1 & 1 & 0 \\
0 & 1 & 0
\end{array}
$$

gegeben.

Expandieren wir nun m_3 zum Beispiel in der zweiten Dimension, was gleichbedeutend mit dem Streichen des Literals x_2' aus m_3 ist, so hat dies für die Blockiermatrix den Effekt, daß alle Einträge der zweiten Spalte auf 0 gesetzt werden. Die zweite Zeile der Blockiermatrix enthält dann keine Eins mehr. Das erweiterte Monom wird also nicht mehr von p überdeckt, ist also kein Implikant mehr.

Expandieren wir jedoch das Monom m_3 in der ersten Dimension, so erhalten wir für das so erweiterte Monom x_2' die Blockiermatrix $Block_{p',x_2'}$

$$
\begin{array}{ccc}
0 & 1 & 0 \\
0 & 1 & 0
\end{array}
$$

Diese Blockiermatrix enthält in jeder Zeile wenigstens eine Eins. Das durch Expansion des Implikanten $x_1' \cdot x_2'$ entstandene Monom x_2' ist also ebenfalls ein Implikant der durch p beschriebenen Booleschen Funktion. Dieser Implikant ist sogar ein Primimplikant, da eine weitere Expansion nicht mehr möglich ist, wie wir leicht aus der Blockiermatrix von p' und x_2' erkennen können. Formal gesehen haben wir eine minimale Zeilenüberdeckung L_{p',m_3} von $Block_{p',m_3}$ angegeben, die (in diesem Beispiel) nur aus der zu x_2 gehörigen Spalte besteht, und haben m_3 bezüglich aller nicht in dieser Zeilenüberdeckung enthaltenen Variablen expandiert. Überdeckungsproblemen sind wir schon in dem Abschnitt 3.3.1 auf Seite 113 begegnet, in dem wir gesehen haben, daß das Problem, aus der Menge aller Primimplikanten einer Funktion ein Minimalpolynom der Funktion zu berechnen, über das Problem, eine kostenminimale Spaltenüberdeckung der entsprechenden Primimplikantentafel zu finden, gelöst werden kann. Ein Zeilenüberdeckungproblem kann durch Transposition der Matrix in ein Spaltenüberdeckungsproblem (und umgekehrt) transformiert werden.

Um also einen Implikanten m_i aus dem Polynom p zu einem Primimplikanten zu expandieren, reicht es, eine minimale Zeilenüberdeckung L_{p',m_i} der Blockiermatrix $Block_{p',m_i}$ zu finden, also eine minimale Teilmenge L_{p',m_i} von Spalten, so daß es für jede Zeile q_k der Blockiermatrix eine Spalte $x_t \in L_{p',m_i}$ gibt mit $Block_{p',m_i}[q_k, x_t] = 1$. Der Implikant m_i kann dann durch Streichen aller Variablen, die nicht in L_{p',m_i} enthalten sind, zu einem Monom M_i expandiert werden, das weiterhin von p überdeckt wird. "Minimal" heißt in diesem Zusammenhang nicht, daß eine *kleinste* Teilmenge gesucht ist, die eine Zeilenüberdeckung ist, sondern eine Zeilenüberdeckung, die nach dem Entfernen von nur einem Element, keine Zeilenüberdeckung mehr ist. Da die Zeilenüberdeckung minimal gewählt wird, ist die Expansion in dem Sinne maximal, daß eine weitere Expansion aus der ON-Menge der durch p beschriebenen Funktion herausführt. Das expandierte Monom ist also nicht nur ein Implikant, sondern sogar ein Primimplikant der Funktion.

Durch das gerade angegebene Vorgehen können wir zwar einen Implikanten zu einem Primimplikanten expandieren, berücksichtigt haben wir aber nicht die Forderung, möglichst viele in p enthaltene Monome mit dem Primimplikanten zu überdecken, um diese dann streichen zu können. Dies führt uns zu dem

Begriff der Überdeckungsmatrix.

Wieder wählen wir das Monom $m_3 = x_1' \cdot x_2'$ des oben angegebenen Polynoms p, um uns an das Verfahren heranzutasten. Das Monom m_3 überdeckt ein Monom m_j genau dann nicht, wenn dieses Monom m_j das positive Literal x_1 enthält oder unabhängig von der Variablen x_1 ist oder das positive Literal x_2 enthält oder unabhängig von der Variablen x_2 ist. In der Überdeckungsmatrix $Cover_{p,m_3}$ von p und m_3 merken wir uns die Stellen in den in p enthaltenen Monomen m_j, an denen es scheitert, daß m_3 das entsprechende Monom überdecken kann.

Definition 4.1.5 (Überdeckungsmatrix) *Die Überdeckungsmatrix $Cover_{p,m}$ des Polynoms p und des Monoms m ist eine binäre Matrix, deren Zeilen den Monomen m_j aus p und deren Spalten den Variablen $x_1, \ldots, x_n$ entsprechen. $Cover_{p,m}[m_j, x_t]$ ist genau dann 1, wenn m das negative Literal x_t' enthält, aber m_j nicht, oder wenn m das positive Literal x_t enthält, aber m_j nicht.*

Enthält die Zeile m_j der Überdeckungsmatrix von p und m eine Eins, so überdeckt das Monom m das Monom m_j nicht. Expandieren wir also den Implikanten m_i zu einem Primimplikanten der Funktion, so müssen wir nach einer minimalen Zeilenüberdeckung L_{p',m_i} der Blockiermatrix $Block_{p',m_i}$ suchen, die möglichst wenige Zeilen der Überdeckungsmatrix überdeckt. Streichen wir nämlich in dem Monom m_i die Variable x_t, so hat dies den Effekt, daß alle Einträge der entsprechenden Spalte der Überdeckungsmatrix $Cover_{p,m_i}$ auf 0 gesetzt werden. Die x_t-Spalte der Überdeckungsmatrix kann somit dann nicht mehr der Grund sein, daß irgendein in p enthaltenes Monom nicht von der Expansion überdeckt wird.

Obwohl es in unserem Beispiel keine Optionen für die Wahl der minimalen Zeilenüberdeckung von $Block_{p',m_3}$ gibt, wollen wir unser Beispiel zu Ende führen. Die Überdeckungsmatrix $Cover_{p,m_3}$ ist durch

$$
\begin{array}{ccc}
1 & 0 & 0 \\
0 & 1 & 0 \\
0 & 0 & 0 \\
1 & 0 & 0
\end{array}
$$

gegeben. Die in diesem Fall eindeutig bestimmte minimale Zeilenüberdeckung $L_{p',m_3} = \{x_2\}$ der Blockiermatrix $Block_{p',m_3}$ überdeckt nur die zweite Zeile der Überdeckungsmatrix, d.h. die Expansion von $m_3 = x_1' \cdot x_2'$ zu dem Primimplikanten x_2' überdeckt das Monom m_2 nicht, dafür aber die Monome m_1, m_4 und natürlicherweise m_3. Das Polynom p kann also zu dem Polynom

$$
\begin{array}{cccc}
0 & * & 0 & 1 \\
* & 0 & * & 1
\end{array}
$$

erweitert werden.

Die Realisierung der Expansion eines in einem Polynom p enthaltenen Monoms m_i zu einem Primimplikanten der Funktion, der möglichst viele andere Monome m_j aus p überdeckt, kann also über ein Verfahren erfolgen, welches zuerst die Blockier- und die Überdeckungsmatrix berechnet und dann geschickt eine minimale Zeilenüberdeckung der Blockiermatrix unter Berücksichtigung der Überdeckungsmatrix auswählt. Espresso geht diesen letzten Schritt über einen greedy-Algorithmus an, der neben der Menge L_{p',m_i} eine Menge R_{p',m_i} berechnet, in die die Spalten aufgenommen werden, für die schon entschieden wurde, daß sie <u>nicht</u> in die Zeilenüberdeckung L_{p',m_i} der Blockiermatrix aufgenommen werden.

Wird x_t in die Zeilenüberdeckung aufgenommen, so wird die zu x_t gehörige Spalte aus der Blockier- und Überdeckungsmatrix gestrichen. Ebenfalls gestrichen werden in beiden Matrizen die Zeilen, die in dieser Spalte eine Eins stehen hatten. In der Blockiermatrix werden also die Monome aus p' gestrichen, die aufgrund der Entscheidung, nicht bezüglich der Variablen x_t zu expandieren, mit der Expansion disjunkt sein werden. In der Überdeckungsmatrix werden die Monome gestrichen, die aufgrund dieser Entscheidung nicht mehr überdeckt werden können.

Entscheidet der Algorithmus, daß eine Variable x_t nicht in die Zeilenüberdeckung der Blockiermatrix aufgenommen wird, d.h. wird x_t in R_{p',m_i} aufgenommen, so werden die entsprechenden Spalten in den beiden Matrizen einfach nur gestrichen.

Ein greedy-Algorithmus zur Berechnung von L_{p',m_i} könnte nun so vorgehen, daß zuerst der Kern der Blockiermatrix nach L_{p',m_i} geschrieben wird. Der Kern besteht aus allen wesentlichen Spalten der Blockiermatrix und muß somit notwendigerweise Teilmenge einer jeden Zeilenüberdeckung der Blockiermatrix sein. Ist der Kern der Blockiermatrix leer, so benutzen wir Heuristiken, um R_{p',m_i} zu vergrößern, die versuchen, möglichst viele Monome aus p zu überdecken, ohne das Überdeckungsproblem der Blockiermatrix unlösbar zu machen. Hier sind zum Beispiel die Spalten von Interesse, die in der Überdeckungsmatrix möglichst viele Einsen enthalten.

4.1.7　Berechnung der wesentlichen Primimplikanten

Eine weitere Operation, die in einer Heuristik zur zweistufigen Logiksynthese große Bedeutung hat, ist die Berechnung aller wesentlichen Primimplikanten einer Booleschen Funktion f, ohne alle Primimplikanten zu kennen und zu berechnen. Wesentliche Primimplikanten sind in jedem Fall in einem primen Polynom von f enthalten und brauchen deshalb im weiteren Verlauf nicht mehr betrachtet zu werden. Hierdurch kann mit einem kleineren Polynom p_{new} weitergearbeitet werden.

Gegeben ist also ein primes Polynom $p = \{m_1, \ldots, m_q\}$ einer Booleschen Funktion $f \in \mathcal{B}_n$. Da p nur Primimplikanten von f als Monome enthält, enthält p sicherlich alle wesentlichen Primimplikanten von f. Wesentliche Primimplikanten (siehe Definition 3.3.1 auf Seite 115) sind gerade die Primimplikanten, die jeweils wenigstens einen Knoten des n-dimensionalen Würfels überdecken, der nur von diesem und von keinem anderen Primimplikanten von f überdeckt wird. Jedes prime Polynom von f – auch ein Minimalpolynom von f ist ein primes Polynom – enthält alle wesentlichen Primimplikanten. Unsere Aufgabe ist es also, effizient zu entscheiden, welche Monome m_i aus p wesentlich sind und welche nicht.

Nehmen wir einmal an, daß der Primimplikant $m_i \in p$ nicht wesentlich ist. Dann wird jeder Knoten c, der von m_i überdeckt wird, noch von wenigstens einem anderen, von m_i verschiedenen Primimplikanten von f überdeckt.

Ist einer von diesen Primimplikanten in p enthalten, so wird c von $p \setminus \{m_i\}$ überdeckt.

Ist keiner von diesen Primimplikanten in p enthalten, müssen wir uns noch einige weitergehende Gedanken machen. Sei hierzu $m(c)$ ein von m_i verschiedener Primimplikant von f, der den Knoten c überdeckt. Da m_i und $m(c)$ beide den Knoten c überdecken, gibt es keine Variable, die als positives Literal in m_i und als negatives Literal in $m(c)$ vorkommt oder umgekehrt. Da m_i und $m(c)$ Primimplikanten sind, enthält der eine Teilwürfel den anderen Teilwürfel nicht. Der Teilwürfel $m(c)$ dehnt sich also in wenigstens einer Dimension aus, in der sich der Teilwürfel m_i nicht ausdehnt, d.h. es gibt eine Variable x, die in m_i als Literal vorkommt und in $m(c)$ nicht als Literal vorkommt. Da der Knoten c sowohl von m_i als auch von $m(c)$ überdeckt wird, gibt es also im n-dimensionalen Würfel einen zu c benachbarten Knoten d, der von $m(c)$, aber nicht von m_i überdeckt wird. Da d in der ON-Menge von f liegt, wird d auch von wenigstens einem Primimplikanten $m_j \in p$ überdeckt. Nach Voraussetzung überdeckt der Primimplikant m_j den Knoten c nicht. Mit der in Abschnitt 3.2.2 auf Seite 95 gegebenen Anschauung des Consensus, gilt also, daß der Consensus $consensus(m_i, m_j)$ der beiden Primimplikanten m_i und m_j den Knoten c überdeckt.

Diese Überlegung gilt für jeden von m_i überdeckten Knoten c. Hiermit haben wir folgende notwendige Bedingung bewiesen.

Lemma 4.1.16 *Es sei p ein primes Polynom. Ist der Primimplikant $m_i \in p$ nicht wesentlich, so überdeckt das Polynom*

$$(p \setminus \{m_i\}) \cup consensus(m_i, p \setminus \{m_i\})$$

den Primimplikanten m_i. Hierbei ist $consensus(m_i, p \setminus \{m_i\})$ durch das Polynom $\{consensus(m_i, m_j) : m_j \in p \setminus \{m_i\}\}$ definiert.

Die andere Richtung gilt auch, d.h. überdeckt $(p \setminus \{m_i\}) \cup consensus(m_i, p \setminus \{m_i\})$ den Primimplikanten m_i, so ist m_i nicht wesentlich. Sei hierzu c ein beliebiger Knoten, der von m_i überdeckt wird. Wird c von $p \setminus \{m_i\}$ überdeckt, so gibt es also einen in p enthaltenen, von m_i verschiedenen Primimplikanten m_j, der c überdeckt. Wird der Knoten c von $consensus(m_i, p \setminus \{m_i\})$ überdeckt, so gibt es einen zu c im n-dimensionalen Würfel benachbarten Knoten d, der von $p \setminus \{m_i\}$, aber nicht von m_i überdeckt wird. Der aus den beiden Knoten c und d bestehende Teilwürfel ist demzufolge ein Implikant von f, der nicht von m_i überdeckt wird. Es muß also einen von m_i verschiedenen Primimplikanten von f geben, der diesen Teilwürfel, und damit auch den Knoten c überdeckt. Wir haben damit gezeigt, daß jeder beliebige Knoten c, der von m_i überdeckt wird, noch von einem anderen, von m_i verschiedenen Primimplikanten von f überdeckt wird. Hiermit folgt zusammen mit Lemma 4.1.16:

Lemma 4.1.17 (Charakterisierung wesentlicher Primimplikanten) *Es sei p ein primes Polynom. Ein Primimplikant $m_i \in p$ ist genau dann nicht wesentlich, wenn das Polynom $(p \setminus \{m_i\}) \cup consensus(m_i, p \setminus \{m_i\})$ den Primimplikanten m_i überdeckt.*

Abbildung 4.7 faßt den durch dieses Lemma implizierten Algorithmus zur Berechnung aller wesentlichen Primimplikanten einer Booleschen Funktion f zusammen.

```
 1  WESENTLICHE_PRIMIMPLIKANTEN (polynom p)
 2  var polynom result = ∅;
 3        polynom temp;
 4  end
 5  begin
 6     forall mᵢ ∈ p do
 7        temp = p \ {mᵢ};
 8        forall mⱼ ∈ (p \ {mᵢ}) do
 9           temp = temp ∪ consensus(mᵢ, mⱼ);
10        od;
11        if (temp überdeckt mᵢ nicht)
12           then result = result ∪ {mᵢ};
13        fi;
14     od;
15     return result;
16  end;
```

Abb. 4.7 Berechnung der wesentlichen Primimplikanten

4.1.8 Reduktion von Primimplikanten

Eine weitere Operation, die im Rahmen von Espresso benutzt wird, ist eine zu der Expansion "inverse" Operation, bei der Implikanten eines Polynoms p in kleinere Teilwürfel transformiert werden, ohne die Menge der durch das Polynom überdeckten Knoten zu verändern. Dieser Prozeß wird *Reduktion* der Implikanten genannt. Sinn und Zweck dieser Operation werden wir im Abschnitt 4.2 erklären, in dem wir das Espresso-System genauer vorstellen.

Gegeben sei also wieder ein Polynom $p = \{m_1, \dots, m_q\}$ einer Booleschen Funktion $f \in \mathcal{B}_n$ und ein beliebiges Monom m_i aus p. Die Aufgabe, m_i maximal zu reduzieren, ist äquivalent zu der Aufgabe einen kleinsten Teilwürfel m zu finden, so daß $(p \setminus \{m_i\}) \cup \{m\}$ wieder ein Polynom von f ist. Wir nennen m die *maximale Reduktion* von m_i.

Ein solcher kleinster Teilwürfel m existiert und ist Teilwürfel des zu m_i gehörigen Teilwürfels. Um seine Konstruktion anzugeben, benötigen wir noch den Begriff des kleinsten umfassenden Teilwürfels einer Menge von Knoten des n-dimensionalen Würfels.

Definition 4.1.6 (Kleinster umfassender Teilwürfel) *Sei p ein Polynom über den Variablen $x_1, \dots, x_n$. Dann bezeichnet $\square(p)$ den kleinsten Teilwürfel des n-dimensionalen Würfels, der alle von p überdeckten Knoten überdeckt. Der Würfel $\square(p)$ wird* kleinster das Polynom p umfassender Teilwürfel *genannt.*

Die Konstruktion des kleinsten umfassenden Teilwürfels zweier Monome a und b ist recht einfach. Die i. Komponente des Würfels $\square(a + b)$ ist gleich der i. Komponente a_i, wenn $a_i = b_i$ gilt; sie ist gleich $*$, wenn $a_i \neq b_i$ gilt.

Wir können nun ein einfaches Verfahren zur Reduktion eines Implikanten m_i eines Polynoms p angeben.

Lemma 4.1.18 (Reduktion eines Implikanten) *Das Monom*

$$m = \square(m_i \cdot (p \setminus \{m_i\})')$$

ist eine maximale Reduktion von m_i.

Beweis: $m_i \cdot (p \setminus \{m_i\})'$ überdeckt alle Knoten, die von m_i überdeckt werden <u>und</u> <u>nicht</u> vom Restpolynom $p \setminus \{m_i\}$. Gesucht ist der kleinste Würfel, der diese Knoten umfaßt und das ist nach Definition $\square(m_i \cdot (p \setminus \{m_i\})')$. ∎

Zur Illustration schauen wir uns das Polynom $p = x_1' \cdot x_4 + x_1 \cdot x_2 \cdot x_3' + x_1 \cdot x_2 \cdot x_4'$, das in Abbildung 4.8 anhand des 4-dimensionalen Würfels dargestellt ist, und das in p enthaltene Monom $m_2 = x_1 \cdot x_2 \cdot x_3'$ an. Der Boolesche Ausdruck $m_2 \cdot (p \setminus \{m_2\})'$ überdeckt nur den Knoten 1101, d.h. ist äquivalent zu $x_1 \cdot x_2 \cdot x_3' \cdot x_4$. Da jedes Monom schon ein Teilwürfel ist, gilt $\square(x_1 \cdot x_2 \cdot x_3' \cdot x_4) = x_1 \cdot x_2 \cdot x_3' \cdot x_4$.

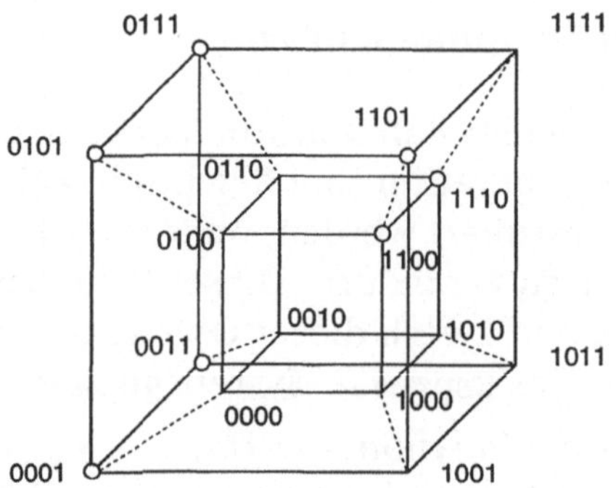

Abb. 4.8 Die durch das Polynom p beschriebene Funktion.

4.2　Strategie in Espresso

Die Wurzeln des Espresso Systems gehen auf gemeinsame Arbeiten des IBM
Watson Research Center und der UC Berkeley aus dem Jahre 1979 zurück.
Espresso II ist das bekannteste und wohl auch das effizienteste System zur
zweistufigen Logikminimierung, das wir heute kennen. Es enthält viele ausge-
feilte Techniken, auf die wir im Rahmen dieses Buches nicht eingehen können.
Vielmehr wollen wir uns auf die grundlegende Strategie von Espresso konzentrieren, mit der heuristisch versucht wird, möglichst kostengünstige Polynome
einer Booleschen Funktion zu konstruieren.

Eingabe von Espresso II ist eine Beschreibung einer unvollständig spezifizierten Booleschen Funktion f durch ein Polynom p mit

$$f_{ON(f)} \leq \phi(p) \leq f_{ON(f)} + f_{DC(f)}$$

und ein Polynom d mit

$$\phi(d) = f_{DC(f)}.$$

Der Ablauf läßt sich im wesentlichen in fünf Phasen einteilen, wobei die Phasen
2 bis 5 eine Schleife darstellen, die durchlaufen wird, solange sich Verbesserun-
gen ergeben. Phase 3, in der die wesentlichen Primimplikanten von f berechnet
werden, wird hierbei natürlicherweise nur im ersten Durchlauf ausgeführt.

Phase 1: *Berechnung des Komplementes von f*

In dieser Phase wird das in Abschnitt 4.1.5 vorgestellte Verfahren zum Komplementieren von Polynomen angewendet. Berechnet wird hierbei ein Polynom
von $f_{OFF(f)}$, also ein Komplement p_{off} von $p+d$. Das Polynom wird in Phase 2,
in der die Implikanten von p zu Primimplikanten expandiert werden, benötigt.

Phase 2: *Expansion der in p enthaltenen Implikanten zu Primimplikanten*

In dieser Phase wird für jedes in dem Polynom p enthaltene Monom m_i in zufälliger Reihenfolge die in Abschnitt 4.1.6 vorgestellte Operation ausgeführt, d.h. der Implikant m_i wird zu einem Primimplikanten M_i expandiert, wobei versucht wird, möglichst viele andere von m_i verschiedene, in p enthaltene Monome zu überdecken, die nach der Expansion von m_i zu M_i aus p entfernt werden können. Die Expansion erfolgt über die Blockiermatrix von p_{off} und m_i sowie die Überdeckungsmatrix von p und m_i.

Phase 3: *Berechnung aller wesentlichen Primimplikanten*

Hier werden gemäß dem in Abschnitt 4.1.7 angegebenen Algorithmus die wesentlichen Primimplikanten der durch das vorliegende prime Polynom p beschriebenen Funktion ermittelt. Diese Primimplikanten werden auf jeden Fall in die Überdeckung von f aufgenommen. Die wesentlichen Primimplikanten werden daraufhin aus dem Polynom p gestrichen und es wird mit diesem kleineren Polynom weitergearbeitet.

Phase 4: *Berechnung eines irredundanten Polynoms*

In Phase 4 wird das nun vorliegende Polynom in ein äquivalentes irredundantes Polynom transformiert. Dies hat als Ziel, die vorliegende Beschreibung weiter in der Anzahl der in ihr enthaltenen Monome zu verkleinern. In Lemma 4.1.5 auf Seite 154 haben wir gesehen, wie diese Transformation mit Hilfe eines Tautologietests erfolgen kann.

Phase 5: *Reduzierung der Primimplikanten*

Dieser Schritt versucht in zufälliger Reihenfolge die Implikanten, die in dem vorliegenden Polynom enthalten sind, zu reduzieren, d.h. in kleinere Teilwürfel zu transformieren, ohne die Menge der durch das Polynom insgesamt überdeckten Knoten zu verändern. Es handelt sich also hier um eine zu der Expansion "inverse" Operation und erlaubt es, dem lokalen Minimum, das ein primes irredundantes Polynom darstellt, zu entweichen. Nach diesem Reduktionsschritt springt das Verfahren wieder zu Phase 2, in der die nichtprimen Implikanten wieder zu hoffentlich neuen Primimplikanten expandiert werden.

Abschnitt 4.1.8 erklärt für vollständig spezifizierte Boolesche Funktionen, wie der Reduktionsprozeß in Espresso realisiert ist. Liegt eine unvollständig spezifizierte Boolesche Funktion f vor, so überlegen wir uns sehr leicht, daß

$$\Box(m_i \cdot ((p \setminus \{m_i\}) \cup d)')$$

eine maximale Reduktion von m_i ist.

Stop-Regel

In jeder der Phasen 2 bis 5 merkt sich der Algorithmus jeweils die Kosten des in diesem Schritt erzeugten Polynoms. Haben sich die Kosten während einer Iteration nicht in einer der Phasen verbessert, so verläßt der Algorithmus die Schleife. Im Anschluß hieran, können noch verschiedene ausgefeiltere Techniken angewendet werden, um die Kosten weiter zu reduzieren und um eventuell sogar wieder zur Phase 2 springen zu können. Diese Techniken gehen über die Belange eines Lehrbuches hinaus und können in [BHMSV84] nachgelesen werden.

5 Minimierung binärer Entscheidungsgraphen

Reduzierte geordnete binäre Entscheidungsgraphen, also BDDs, als Datenstruktur zur Repräsentation Boolescher Funktionen wurden im Abschnitt 2.3.2 schon eingeführt. Eine erste Anwendung haben wir im Rahmen der zweistufigen Logikminimierung in Abschnitt 3.2.4 kennengelernt, bei der BDDs eingesetzt werden, um große Primimplikantenmengen unter Verwendung der dazugehörigen charakteristischen Funktionen effizient darzustellen. Erst durch eine solche implizite Darstellung großer Mengen kann eine exakte zweistufige Logikminimierung von Booleschen Funktionen, die viele Primimplikanten haben, möglich werden. Eine herausragende Bedeutung haben BDDs ebenfalls bei der Verifikation kombinatorischer (und sequentieller) Schaltkreise und der mehrstufigen Logiksynthese, speziell bei der funktionalen Dekomposition Boolescher Funktionen, die wir uns im nächsten Kapitel noch genauer anschauen werden. Dabei beeinflußt die Größe der BDDs der Booleschen Funktionen entscheidend die Effizienz bzw. die Einsetzbarkeit der Verfahren. Je größer der BDD, desto größer die synthetisierte Schaltung bzw. desto aufwendiger sind die Analyse- und Syntheseverfahren. Sind die BDDs mit dem zur Verfügung stehenden Speicherplatz nicht darstellbar, so versagen diese Verfahren sogar vollständig.

Aus diesem Grunde wurde in den letzten Jahren viel Arbeit darauf verwendet, Verfahren zur Minimierung von BDDs zu entwickeln. Wir haben in Satz 2.3.1 auf Seite 63 festgestellt, daß BDDs kanonische Darstellungen Boolescher Funktionen sind, die Kanonizität bezieht sich aber auf eine feste Variablenordnung, nach der die Variablen auf jedem Pfad von der Wurzel zu einer Senke des BDDs abgefragt werden. Wird diese Variablenordnung abgeändert, so ändert sich auch der BDD. In Abbildung 2.16 auf Seite 67 haben wir ein Beispiel gesehen, in dem die Kosten eines BDDs exponentiell wachsen, wenn wir eine ungünstige Variablenordnung wählen.

Die Aufgabe, einen minimalen BDD zu einer Booleschen Funktion f zu erzeugen, besteht also darin, eine Variablenordnung zu konstruieren, die einen BDD von f mit minimal vielen Knoten impliziert. Im folgenden nennen wir eine solche Variablenordnung *optimal* für f.

Leider ist das Problem, eine optimale Variablenordnung zu einer gegebenen Booleschen Funktion f zu konstruieren, NP-hart [GJ79]. Zum einen wurde in [BSW94] gezeigt, daß das Problem, aus einem gegebenen BDD einer Booleschen Funktion f einen BDD von f mit minimaler Größe zu konstruieren, NP-hart ist. Zum anderen ist es auch NP-hart, aus einer kombinatorischen Schaltung einer Booleschen Funktion f heraus zu entscheiden, ob eine gegebene Variablenordnung optimal für f ist. Wir wollen den sehr eleganten Beweis der zweiten Aussage an dieser Stelle vorstellen.

Lemma 5.0.1 *Das Problem*

> **Gegeben** *sei ein logisches Netzwerk S einer Booleschen Funktion $f \in \mathcal{B}_n$ und eine Permutation $\pi : \{1, \dots, n\} \to \{1, \dots, n\}$.*
>
> **Entscheide**, *ob die durch π induzierte Variablenordnung $<_\pi$ optimal für f ist.*

ist NP-hart.

Schreibweise 5.0.1 *Im folgenden werden wir die Bezeichnung BDD_π oder $BDD_{<_\pi}$ verwenden, wenn wir deutlich machen wollen, daß wir von dem BDD mit der Variablenordnung $<_\pi$ sprechen, die durch die Permutation π impliziert wird (siehe auch Definition 2.3.4 auf Seite 59).*

Beweis: [Mei97] Wir reduzieren das Erfüllbarkeitsproblem SAT [GJ79] auf unser Problem. Sei also $CNF(y_1, \dots, y_{n-4})$ eine konjunktive Normalform auf den Variablen $y_1, \dots, y_{n-4}$. Wir betrachten dann die durch den Booleschen Ausdruck

$$(x_1 \cdot x_2 + x_3 \cdot x_4) \cdot CNF(y_1, \dots, y_{n-4})$$

beschriebene Boolesche Funktion f und die Variablenordnung $x_1 <_\pi x_3 <_\pi x_2 <_\pi x_4 <_\pi y_1 <_\pi y_2 <_\pi \dots <_\pi y_{n-4}$.

Falls $CNF(y_1, \dots y_{n-4})$ nicht erfüllbar ist, so ist f die konstante Boolesche Funktion $\underline{0}$. Jeder BDD von f besteht also nur aus dem 0-Blatt. Somit ist jede Variablenordnung optimal für f, also auch die Variablenordnung $<_\pi$.

Falls $CNF(y_1 \dots, y_{n-4})$ erfüllbar ist, so machen wir uns leicht klar, daß die Variablenordnung $x_1 <_{\pi'} x_2 <_{\pi'} x_3 <_{\pi'} x_4 <_{\pi'} y_1 <_{\pi'} y_2 <_{\pi'} \dots <_{\pi'} y_{n-4}$ einen BDD induziert, der echt kleiner als der BDD_π von f ist. Abbildung 5.1 zeigt die beiden Entscheidungsgraphen BDD_π und $BDD_{\pi'}$.

Die Variablenordnung $<_\pi$ ist also genau dann optimal für $(x_1 \cdot x_2 + x_3 \cdot x_4) \cdot CNF(y_1, \ldots, y_{n-4})$, wenn $CNF(y_1, \ldots, y_{n-4})$ nicht erfüllbar ist. Da es NP-hart ist, zu entscheiden, ob eine gegebene konjunktive Normalform erfüllbar ist, und die eben vorgeführte Reduktion offensichtlich in polynomieller Zeit gemacht werden kann, ist somit auch das oben genannte BDD-Minimierungsproblem NP-hart. ∎

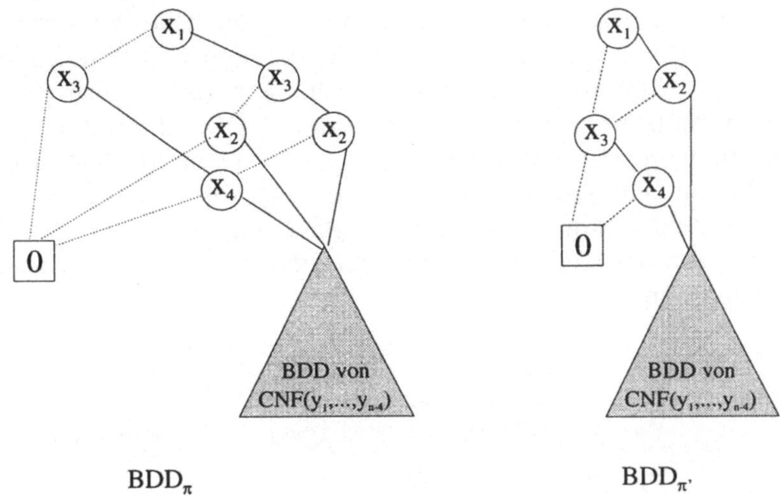

Abb. 5.1 Die beiden Entscheidungsgraphen aus dem Beweis von Lemma 5.0.1.

Wir werden in Abschnitt 5.2 auf ein exaktes Minimierungsverfahren eingehen, das 1990 von Friedman und Supowit [FS90] vorgestellt wurde. Effiziente Implementierungen dieses Verfahrens und von Erweiterungen dieses Verfahrens findet man in [Dre98, ISY91, JKS93]. Da diese exakten Verfahren exponentielle Laufzeit haben, sind sie natürlich nur für Funktionen mit einer sehr begrenzten Anzahl von Variablen einsetzbar. Heuristische Verfahren werden ab Abschnitt 5.3 vorgestellt. Insbesondere zeigen wir in Abschnitt 5.4 die Bedeutung von Symmetrien in Booleschen Funktionen bei der Minimierung von BDDs auf. Das Kapitel schließt mit BDD-basierten Algorithmen zum Auffinden solcher Symmetrien.

5.1 Vertauschung benachbarter Variablen

Bevor wir uns den Minimierungsverfahren selbst zuwenden, wollen wir zeigen, wie zwei benachbarte Variablen in einem BDD vertauscht werden können, also wie der $BDD_{\pi_{i \leftrightarrow i+1}}$ einer Booleschen Funktion f aus dem BDD_π von f entsteht, wenn $\pi_{i\leftrightarrow i+1}$ die Permutation ist, die aus π durch Vertauschen der i. mit der $(i+1)$. Variablen entsteht, also durch

$$\pi_{i\leftrightarrow i+1}(j) = \begin{cases} \pi(j), & \text{falls } j \notin \{i, i+1\} \\ \pi(i+1), & \text{falls } j = i \\ \pi(i), & \text{falls } j = i+1 \end{cases}$$

definiert ist.

Die Operation des Vertauschens benachbarter Variablen in einem BDD ist eine der Schlüsseloperationen sowohl bei exakten als auch bei heuristischen Minimierungsverfahren. Diese in jedem heute zugänglichen Standardpaket für BDDs verfügbare Operation wird durch Umhängen von Zeigern im Entscheidungsgraphen realisiert. Wir betrachten in dem BDD_π alle mit $x_{\pi(i)}$ markierten Knoten, die wenigstens einen mit $x_{\pi(i+1)}$ markierten Knoten als (direkten) Nachfolger haben. Für jeden dieser Knoten liegt eine der drei in Abbildung 5.2 dargestellten Situationen vor. Abbildung 5.2 zeigt auch, wie die Zeiger umzuhängen sind, um die beiden Variablen $x_{\pi(i)}$ und $x_{\pi(i+1)}$ in der Variablenordnung zu vertauschen.

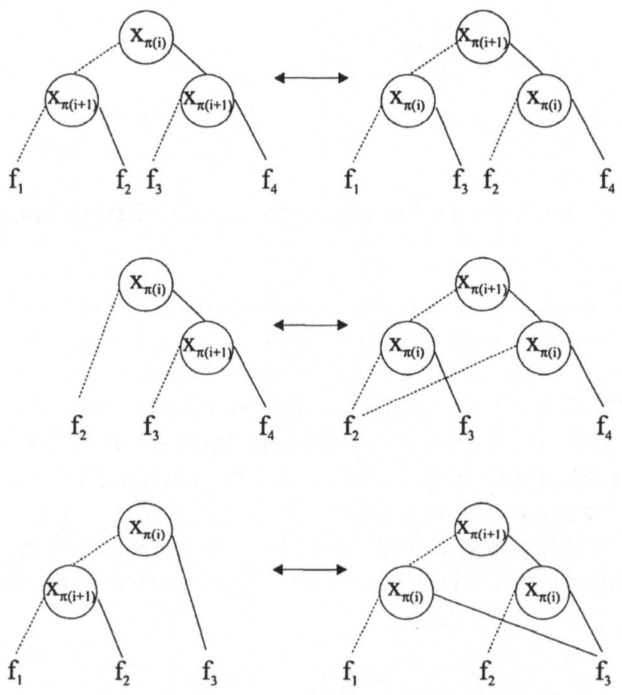

Abb. 5.2 Vertauschung benachbarter Variablen in einem BDD.

Wir sehen, daß die Vertauschung benachbarter Variablen $x_{\pi(i)}$ und $x_{\pi(i+1)}$ in dem BDD_π einer Booleschen Funktion f eine lokale Operation ist, die nur Knoten der Ebenen i und $i + 1$ berührt. Die Laufzeit ist also linear in der Anzahl der Knoten der i. Ebene des BDDs. Daß die Vertauschung benachbarter Variablen die Größe des BDDs verändern kann, illustriert Abbildung 5.2 ebenfalls. Eine Verkleinerung des BDDs erhalten wir zum Beispiel im Rahmen der ersten Transformation, wenn $f_1 = f_3$ oder $f_2 = f_4$ gilt, oder wenn die zweite bzw. dritte Transformation von rechts nach links angewendet wird.

5.2 Exaktes Minimierungsverfahren

Wir wollen zuerst ein Verfahren vorstellen, das das Minimierungsproblem exakt löst, d.h. in jedem Fall eine optimale Variablenordnung für eine gegebene Boolesche Funktion $f \in \mathcal{B}_n$ berechnet. Das von Friedman und Supowit eingeführte Verfahren hat exponentielle Laufzeit, ist aber schneller als ein völlig naives Verfahren, da hier vermieden wird, für alle $n!$ verschiedenen Variablenordnungen BDDs aufzubauen.

Die Grundidee des Verfahrens beruht auf der Beobachtung aus Abschnitt 5.1, daß das Ändern der Variablenordnung nur lokale Änderungen im BDD bedingt. Ändern wir die Variablenordnung zum Beispiel nur ab der $(n - k + 1)$. Ebene, so verändert sich die Zahl der Knoten auf der Ebene $n - k$ nicht. Etwas formaler ausgedrückt heißt das, daß in einem BDD von f für jede Variable x_j das Umordnen der Variablen, die bzgl. der zugrundeliegenden Variablenordnung echt größer als x_j sind, die Anzahl der mit x_j markierten Knoten im BDD unverändert läßt, sofern alle diese Variablen bzgl. der neuen Variablenordnung weiterhin größer als x_j sind. Entsprechendes gilt für das Umordnen der Variablen, die echt kleiner als x_j sind. Bildlich gesprochen können also in einem BDD die Variablen unterhalb der x_j-Ebene untereinander (und die Variablen oberhalb der x_j-Ebene untereinander) vertauscht werden, ohne daß die Anzahl der mit x_j markierten Knoten hierdurch verändert wird. Formal können wir diesen Sachverhalt wie folgt ausdrücken.

Sei $\mathcal{I} \subseteq \{1, \ldots, n\}$ eine beliebige, aber feste k-elementige Teilmenge der Variablenindizes mit $0 \leq k \leq n$, dann betrachten wir die Menge

$$\Pi(\mathcal{I}) \;=\; \{\pi : \{1, \ldots, n\} \to \{1, \ldots, n\} :$$
$$\pi \text{ ist eine Permutation mit } \{\pi(n - k + 1), \ldots, \pi(n)\} = \mathcal{I}\}$$

der Permutationen, die die Elemente aus $\mathcal{I}$ auf die k hinteren Positionen positionieren. Die Variablen x_i mit $i \in \mathcal{I}$ heißen dementsprechend *bottom*-Variablen, die Variablen x_i mit $i \notin \mathcal{I}$ heißen *top*- Variablen. $\Pi(\mathcal{I})$ enthält also genau die Permutationen π, bei denen die bottom-Variablen unterhalb der top-Variablen plaziert werden. Weiter bezeichne $cost(\pi, x_j)$ die Anzahl der mit x_j markierten Knoten in BDD_π der Booleschen Funktion f. Unsere oben gemachte informale Beobachtung kann dann wie folgt formuliert werden.

Lemma 5.2.1 (Lemma von Friedman/Supowit) *Für jede Variable x_j mit $j \in \mathcal{I}$ gibt es eine Konstante C, so daß für jede Permutation $\pi \in \Pi(\mathcal{I})$ mit $\pi(n-k+1) = j$ die Kosten $cost(\pi, x_j)$ gleich C sind.*

Beweis: Betrachte alle verschiedenen iterierten Kofaktoren, die zu einer maximal langen Folge von Variablen x_i mit $i \notin \mathcal{I}$ gehören. Die Anzahl der so gebildeten verschiedenen Kofaktoren hängt alleine von f und $\mathcal{I}$ ab. Jeder mit x_j markierte Knoten von BDD_π mit $\pi \in \Pi(\mathcal{I})$ und $\pi(n-k+1) = j$ entspricht einem dieser iterierten Kofaktoren, und zwar einem der abhängig von der Variablen x_j ist. Wegen der Kanonizität der BDD-Darstellungen gibt es sogar eine eineindeutige Zuordnung zwischen den mit x_j markierten Knoten von BDD_π und diesen von x_j abhängigen iterierten Kofaktoren. Also enthalten alle BDDs, denen eine Variablenordnung mit den in der Aussage geforderten Eigenschaften zugrundeliegt, die gleiche Anzahl von mit x_j markierten Knoten. ∎

Wir kommen nun zu dem von Friedman/Supowit [FS90] vorgestellten Algorithmus. Sei hierzu für jede k-elementige Teilmenge $\mathcal{I} \subseteq \{1, \dots, n\}$

$$min\_cost(\mathcal{I}) = \min_{\pi \in \Pi(\mathcal{I})} \sum_{j \in \mathcal{I}} cost(\pi, x_j)$$

die minimale Anzahl von Knoten der Ebenen $n - k + 1, \dots, n$ eines BDDs, bei dem die bottom-Variablen x_i mit $i \in \mathcal{I}$ unten stehen. Um die Kosten eines minimalen BDDs einer Booleschen Funktion f zu berechnen, ist also $min\_cost(\mathcal{I})$ für $\mathcal{I} = \{1, \dots, n\}$ zu berechnen.

Wir haben den Algorithmus in Abbildung 5.3 skizziert. Eingabe der Prozedur ist ein BDD_{π_0}, zu dem ein äquivalenter minimaler BDD berechnet werden soll. Hierbei ist $\pi_0 : \{1, \dots, n\} \to \{1, \dots, n\}$ eine beliebige Permutation. Der Algorithmus berechnet nun für jedes k, beginnend bei $k = 1$ bis hin zu $k = n$ jeweils alle $\binom{n}{k}$ Teilmengen $\mathcal{I}$ der Größe k und bestimmt jeweils den Wert $min\_cost(\mathcal{I})$. Dieser Wert ergibt sich aus der Rechenvorschrift

$$min\_cost(\mathcal{I}) = \min_{j \in \mathcal{I}} \left(min\_cost(\mathcal{I} \setminus \{j\}) + cost(\pi^{(j)}, x_j) \right),$$

wobei $\pi^{(j)}$ eine Permutation aus $\Pi(\mathcal{I})$ mit $\pi^{(j)}(n-k+1) = j$ ist, d.h. bei der die Variable x_j an der $(n-k+1)$. Stelle steht. Wegen Lemma 5.2.1 ist $cost(\pi^{(j)}, x_j)$ jeweils unabhängig von der Variablenordnung unterhalb dieser x_j-Ebene. Es kann also eine beliebige Permutation $\pi^{(j)}$ aus $\Pi(\mathcal{I})$ mit $\pi^{(j)}(n - k + 1) = j$ gewählt werden. Speichern wir uns für jede $(k - 1)$-elementige Teilmenge $\mathcal{I}'$ den BDD für eine der zum Minimum $min\_cost(\mathcal{I}')$ führenden Permutationen ab und bezeichnen diese Permutation mit $\pi_{\mathcal{I}'}$, so können wir für die Permutation $\pi^{(j)}$ zum Beispiel die wählen, die sich aus $\pi_{\mathcal{I} \setminus \{j\}}$ ergibt, indem die Variable x_j, die bzgl. der Permutation $\pi_{\mathcal{I} \setminus \{j\}}$ oberhalb der $(n-k+2)$. Ebene liegt, durch Vertauschung benachbarter Variablen an die Stelle $n-k+1$ geschoben wird. Den zu

$\pi^{(j)}$ gehörigen Entscheidungsgraphen $\text{BDD}_{\pi^{(j)}}$ erhalten wir also aus $\text{BDD}_{\pi_{\mathcal{I}\setminus\{j\}}}$ durch bis zu $n - k$ Vertauschungen benachbarter Variablen.

Der Algorithmus von Friedman und Supowit hat eine Laufzeit aus $\mathcal{O}(n^2 \cdot 3^n)$. Auf den Beweis dazu wollen wir hier verzichten. Stattdessen wollen wir uns überlegen, wie das Verfahren in der Praxis beschleunigt werden kann.

```
 1  MINIMIZE_BDD (BDD BDD_π∅)
 3  begin
 4      min_cost(∅) = 0;
 5      for k = 1 to n do
 6          forall I ⊆ {1,...,n} mit |I|= k do
 7              min_cost(I) = +∞;
 8              forall j ∈ I do
 9                  berechne BDD_π(j) aus BDD_π_{I\{j}},
10                  d.h. schiebe x_j an die (n − k + 1). Stelle;
11                  new_cost = min_cost(I \ {j}) + cost(π^(j), x_j);
12                  if (new_cost < min_cost(I))
13                  then
14                      min_cost(I) = new_cost;
15                      BDD_π_I = BDD_π(j);
16                  fi;
17              od;
18          od;
19      od;
20  end
```

Abb. 5.3 Algorithmus zur exakten Minimierung von BDDs.

Der Algorithmus kann als Branch-and-Bound-Methode formuliert werden, wie dies auch in [ISY91, Dre98] getan wurde. Als obere Schranke nehmen wir die Größe des kleinsten bis zu dem Zeitpunkt aufgetretenen BDDs von f. Für die Berechnung einer unteren Schranke betrachten wir, nachdem $min\_cost(\mathcal{I})$ für eine k-elementige Teilmenge $\mathcal{I}$ berechnet ist, wieviele Knoten des Entscheidungsgraphen $\text{BDD}_{\pi_{\mathcal{I}}}$ unmittelbar unter der $(n - k)$. Ebene liegen, also über eine Kante von einem Knoten der ersten $n-k$ Ebenen aus erreichbar sind. Nehmen wir an, es wären C Knoten. Dann muß es in BDD_π für jede Permutation $\pi \in \Pi(\mathcal{I})$ wenigstens $C-1$ Knoten oberhalb der $(n - k + 1)$. Ebene geben. Diese BDDs enthalten also mindestens $min\_cost(\mathcal{I}) + C - 1$ viele Knoten. Ist diese untere Schranke größer als die bisher gefundene obere Schranke, so braucht der Algorithmus im folgenden keine BDDs zu betrachten, bei denen die zu $\mathcal{I}$ gehörigen Variablen am Ende der Variablenordnung stehen.

5.3 Heuristische Verfahren

Exakte Verfahren zur Minimierung von BDDs sind im schlechtesten Fall, der eintreten kann, sehr zeitaufwendig, so daß auf heuristische Verfahren zurückgegriffen werden muß. Im folgenden wollen wir einige dieser heuristischen Methoden kennenlernen. Wir beginnen mit einem Verfahren, das aus einem logischen Netzwerk mit einem Ausgang einen möglichst kleinen BDD der durch das Netzwerk realisierten Booleschen Funktion berechnet.

5.3.1 Berechnung initialer Entscheidungsgraphen

Wir gehen davon aus, daß ein logisches Netzwerk mit einem Ausgang vorliegt. Die Aufgabe besteht nun darin, einen effizienten BDD zu der durch dieses logische Netzwerk realisierten Booleschen Funktion zu konstruieren.

Die Grundidee aller bisher bekannten Verfahren besteht darin, die "wichtigen" Variablen vorne in der Variablenordnung einzuordnen. Hierbei wird eine Variable als wichtig angesehen, wenn sie einen großen Einfluß auf den Funktionswert hat. Eine solche Variable sollte frühzeitig im BDD abgeprüft werden. Zur Bestimmung einer solchen Variablenordnung wird in der Regel das logische Netzwerk mit Tiefensuche beginnend beim primären Ausgang durchlaufen – die Kanten des logischen Netzwerkes werden hierbei rückwärts durchlaufen. Während der Tiefensuche werden für jeden Knoten verschiedenartige topologische Informationen berechnet, anhand derer die Variablenordnung bestimmt wird.

Im folgenden wollen wir die zwei bekanntesten Ansätze vorstellen. Die Heuristiken sind effizient ausführbar. Keine der beiden Heuristiken dominiert die andere in dem Sinne, daß die Heuristik für alle logischen Netzwerke kleinere BDDs als die andere berechnet.

Das Verfahren von Malik

Das Verfahren von Malik [MWBSV88] geht von der Annahme aus, daß die Eingänge, die auf einem längsten Pfad des logischen Netzwerkes liegen, die wichtigsten Variablen sind, da ein großer Rechenaufwand mit ihnen betrieben wird. In einem Vorverarbeitungsschritt wird mittels Tiefensuche für jeden Knoten die maximale Entfernung zu einem der primären Eingänge berechnet, von dem der Knoten abhängt. Diese topologische Information bestimmt die Reihenfolge, in der die Gatter in einer zweiten Tiefensuche besucht werden. An jedem Knoten wird in der zweiten Tiefensuche zuerst der Vorgänger mit der größten maximalen Entfernung zu den primären Eingängen als nächster besucht. Die Variablenordnung selbst wird bestimmt durch die Reihenfolge, in der die primären Eingänge besucht werden. Abbildung 5.4 illustriert das geschilderte Verfahren an einem sehr einfachen Beispiel. Es zeigt ein logisches Netzwerk mit zwei primären Ausgängen f_1 und f_2. Um das Verfahren von Malik anwenden zu können, müssen diese beiden primären Ausgänge zusammengeführt werden. Dies erfolgt durch Einfügen eines virtuellen Gatters hinter den beiden primären Ausgängen. In Abbildung 5.4 ist dieser Transformationsschritt durch gestrichelte Linien gekennzeichnet. Das virtuelle Gatter trägt den Namen *help*. Die Markierungen oben rechts an den Gattern geben die maximale Entfernung der Knoten zu den primären Eingängen an. Dementsprechend werden die Gatter und primären Eingänge während der zweiten Tiefensuche in der Reihenfolge f_1, d ,c, a, x_2, x_3 ,x_4 ,x_1 ,f_2, x_5 besucht. Die sich daraus ergebende Variablenordnung lautet $x_2 < x_3 < x_4 < x_1 < x_5$.

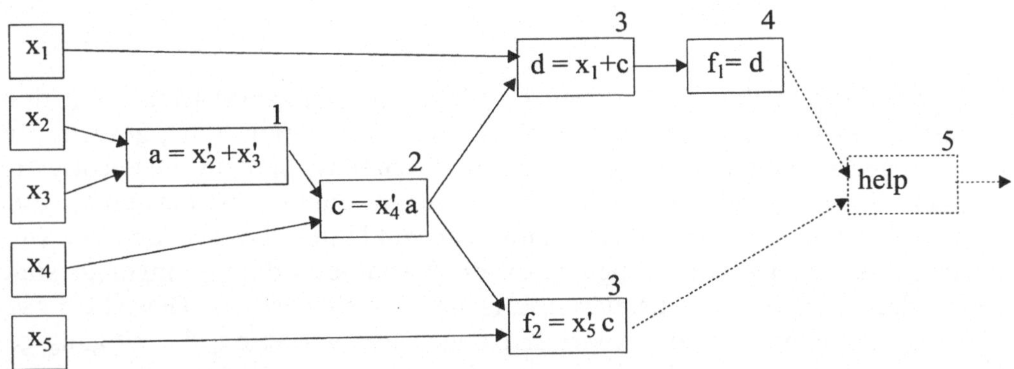

Abb. 5.4 Das Verfahren von Malik zur Konstruktion eines initialen BDDs. Die Knoten sind mit ihrer Entfernung zu den primären Eingängen markiert.

Durch das Vorgehen aus [MWBSV88] erreicht man insbesondere, daß Variablen, die Eingang eines gemeinsamen Gatters sind, in der Variablenordnung in der Regel nahe zusammenstehen. Insbesondere für das in Abbildung 5.5 gezeigte logische Netzwerk liefert Tiefensuche optimale Variablenordnungen. Die durch dieses Netzwerk realisierte Boolesche Funktion besitzt, wie wir in Abbildung 2.16 auf Seite 67 schon gesehen haben, BDDs mit sehr unterschiedlichen Größen.

Das Verfahren von Minato

Minato, Ishiura und Yajima [MIY90] berechnen die Wichtigkeit einer Variablen über den "topologischen" Einfluß der Variable. Hierzu ordnen sie dem primären Ausgang das Gewicht 1 zu. Ist dem Ausgang eines Gatters mit k Eingängen Gewicht w zugeordnet, so erhalten die Eingänge des Gatters das Gewicht $\frac{w}{k}$. Das Gewicht eines Gatterausgangs ergibt sich aus der Summe der

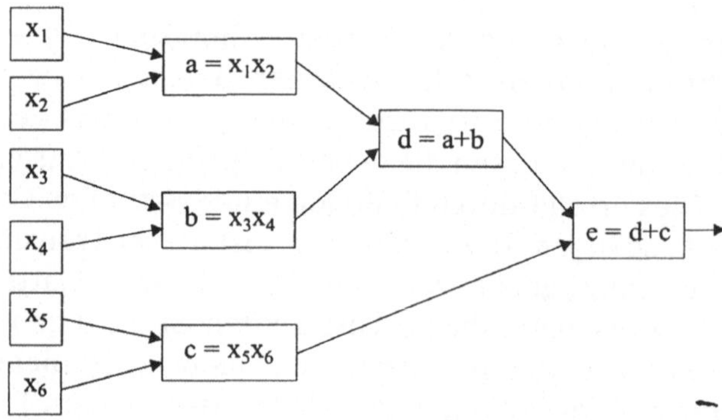

Abb. 5.5 Logisches Netzwerk der Booleschen Funktion $x_1 \cdot x_2 + x_3 \cdot x_4 + x_5 \cdot x_6$.

Gewichte der von ihm getriebenen Eingänge. Die Eingangsvariable mit dem höchsten Gewicht wird an die erste Stelle der Variablenordnung gesetzt. Um die restliche Variablenordnung zu erhalten, löschen wir nun diesen wichtigsten primären Eingang und alle Gatter und Leitungen, die nur von diesem Eingang erreicht werden, und lassen das Verfahren erneut laufen. Dieses Vorgehen wird iteriert, bis alle primären Eingänge in die Variablenordnung eingefügt sind. Durch das Löschen eines primären Eingangs verteilt sich das Gewicht dieses Eingangs auf benachbarte primäre Eingänge, also Variablen, die Eingang gemeinsamer Gatter sind. Hierdurch erreichen wir wie im Verfahren von Malik, daß Variablen, die Eingang eines gemeinsamen Gatters sind, in der Variablenordnung in der Regel nahe zusammenliegen. In den Abbildungen 5.6 und 5.7 haben wir das Verfahren von Minato an einem kleinen Beispiel illustriert. Wir sehen, daß in der Abbildung (a) die Variablen x_1, x_4 und x_5 das höchste Gewicht haben. Im Fall gleicher Gewichte, wird die Variable gewählt mit dem längsten Pfad zu einem primären Ausgang. Dies ist in unserem Fall Variable x_4. Abbildung (b) zeigt die Situation nach Löschen des primären Eingangs x_4 und aller Komponenten, die nur von x_4 abhängen. Diesmal haben alle primären Eingänge das gleiche Gewicht und es wird x_2 oder x_3 gewählt. Wird x_3 gewählt, so erhalten wir die in Abbildung 5.7 (c) gezeigte Situation, in der die Variable x_2 als nächstes in die Variablenordnung aufgenommen werden muß. Abbildung (d) zeigt die logische Schaltung nach Löschen des Eingangs x_2 und allen dazugehörigen Komponenten. Beide Eingänge haben wieder das gleiche Gewicht und es wird aufgrund der Entfernungen zum primären Ausgang die Variable x_1 als nächstes in die Variablenordnung aufgenommen. Die nach Minato berechnete Variablenordnung ist also $x_4 < x_3 < x_2 < x_1 < x_5$.

Die Variablenordnung initialer BDDs bzw. der BDDs, die durch logische Verknüpfung aus initialen BDDs entstehen, kann (weiter) durch dynamische Minimierungsverfahren verbessert werden. Dies wollen wir uns im nächsten Ab-

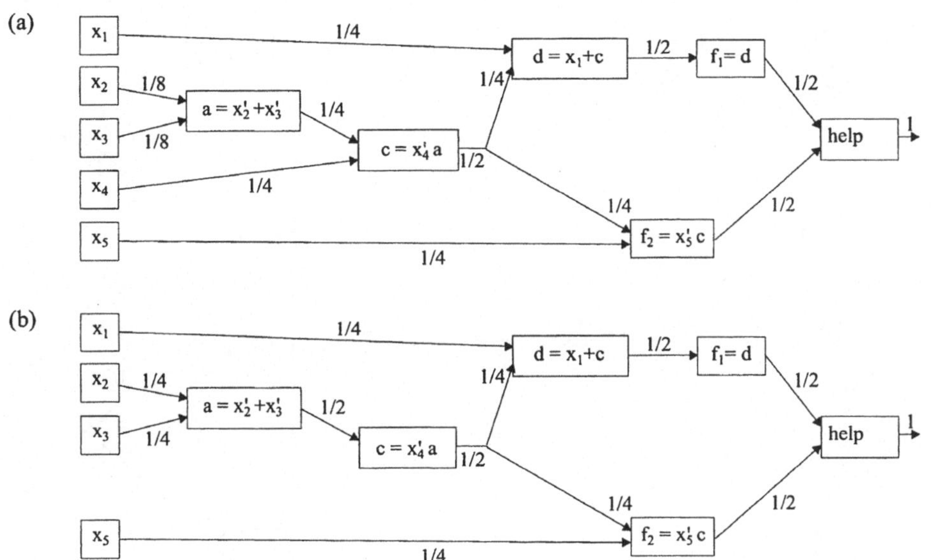

Abb. 5.6 Das Verfahren von Minato zur Konstruktion eines initialen BDDs. Die Leitungen sind mit ihren Gewichten markiert.

schnitt anschauen.

5.3.2 Dynamische Verbesserung von Entscheidungsgraphen

Bei der dynamischen Variablensortierung ist eine Variablenordnung $<_\pi$ anfangs gegeben. Stellt sich während des Aufbaus eines BDDs oder während der Manipulation eines BDDs heraus, daß der BDD zu groß wird, so wird eine Umsortierung vorgenommen. Solche Umsortierungen beruhen auf der in Abschnitt 5.1 vorgestellten Vertauschung benachbarter Variablen in einem BDD.

Aus der Literatur sind im wesentlichen zwei Verfahren zur dynamischen Variablensortierung bekannt. Es sind dies *Window-Permutation* [ISY91] und *Sifting* [Rud93].

Der Window-Permutation-Algorithmus

Der *Window-Permutation-Algorithmus* arbeitet, wie sein Name schon andeutet, mit einem Fenster einer festen Größe k. Im ersten Schritt wird dieses Fenster über die ersten k Variablen $x_{\pi(1)}, \ldots, x_{\pi(k)}$ der Variablenordnung $<_\pi$ gelegt und alle $k!$ möglichen Permutationen dieser Variablen werden angeschaut. Es wird die beste dieser Permutationen der im Fenster liegenden Variablen bestimmt. Um alle $k!$ Permutationen zu erhalten, müssen $k! - 1$ Vertauschungen

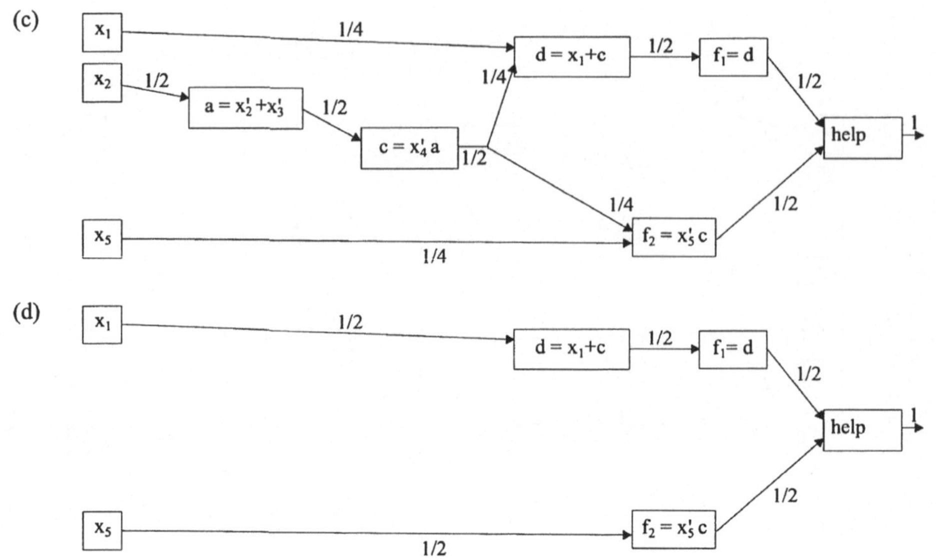

Abb. 5.7 Das Verfahren von Minato zur Konstruktion eines initialen BDDs (Fortsetzung)

benachbarter Variablen durchgeführt werden. Um die beste dieser Permutationen anschließend herzustellen, bedarf es nochmals bis zu $\frac{k\cdot(k-1)}{2}$ Vertauschungen benachbarter Variablen. Nach diesem Schritt wird das Fenster um eine Position nach unten verschoben. Das Vorgehen läuft solange, bis das Fenster am Ende der Variablenordnung angekommen ist. Hat sich während der $n - k + 1$ Schritte eine Verbesserung ergeben, so kann das Verfahren iteriert werden. Aufgrund der hohen Komplexität des Verfahrens in k muß der Wert von k klein gehalten werden, um akzeptable Laufzeiten zu erhalten.

Sifting

Das von Rudell vorgestellte *Sifting*-Verfahren berechnet ausgehend von der gegebenen Variablenordnung sequentiell für jede Variable x_i ihre optimale Position unter der Bedingung, daß die Positionen der übrigen Variablen beibehalten werden. Hierzu wird die Variable x_i zuerst schrittweise durch Vertauschung benachbarter Variablen an das Ende der Variablenordnung geschoben, dann an den Anfang der Variablenordnung. Anschließend wird die Variable x_i an die beste dieser n verschiedenen Positionen gesetzt. Dieses Vorgehen erfolgt für jede der n Variablen. Wir beginnen mit der Variablen, mit der die meisten Knoten des BDDs markiert sind. Sifting kommt mit $\Theta(n^2)$ vielen Vertauschungen benachbarter Variablen aus.

Experimentelle Ergebnisse haben gezeigt, daß Sifting weitaus bessere Ergebnisse liefert als der Window-Permutation-Algorithmus, wobei der Window-Permutation-Algorithmus für kleine k mit viel geringeren Laufzeiten auskommt.

5.4 Die Rolle von Symmetrien bei der BDD-Minimierung

Wie wir gerade erläutert haben, wird bei Sifting in jedem Schritt eine der Variablen über die restlichen, in ihrer Reihenfolge unverändert bleibenden Variablen geschoben und in diesem Sinne an die lokal optimale Position plaziert. Hieraus ergibt sich aber auch schon eine Schwierigkeit bei Sifting. Ziehen sich verschiedene Variablen einer Booleschen Funktion stark an, so werden diese Variablen nach der Konstruktion eines initialen BDDs für diese Funktion zumeist schon einen Block bilden. Anwendungen von Sifting werden den Block kaum noch verschieben können. Eine Variable wird während eines Sifting-Schrittes von dem entsprechenden Block angezogen. Die Variable fällt in den Block zurück. Diese in [MMD95, PSP94, PS95] gemachte Beobachtung legt nahe, die sich gegenseitig anziehenden Variablen zu finden, zu einem Block zusammenzufassen und dann mit Sifting Blöcke zu verschieben, und nicht die Variablen einzeln. Diesen Ansatz bezeichnen wir im folgenden mit *Block-Sifting*.

Jeong, Kim und Somenzi [JKS93] beobachteten, daß bei vielen Benchmarkschaltungen, von denen man optimale Variablenordnungen kannte, die partiell symmetrischen Variablen der Funktionen in den optimalen Ordnungen zusammenstehen. Hierbei heißen zwei Variablen x_i und x_j partiell symmetrisch, wenn die Funktion invariant gegenüber der Vertauschung von x_i und x_j ist.

Definition 5.4.1 (partiell symmetrische vollständig spezifizierte Funktion) *Eine vollständig spezifizierte Boolesche Funktion $f \in \mathcal{B}_n$ heißt*

a) partiell symmetrisch in den Variablen x_i und x_j *(o.B.d.A. gelte $i < j$), wenn*

$$f(\alpha_1, \ldots, \alpha_{i-1}, \alpha_i, \alpha_{i+1}, \ldots, \alpha_{j-1}, \alpha_j, \alpha_{j+1}, \ldots, \alpha_n) =$$
$$f(\alpha_1, \ldots, \alpha_{i-1}, \alpha_j, \alpha_{i+1}, \ldots, \alpha_{j-1}, \alpha_i, \alpha_{j+1}, \ldots, \alpha_n)$$

für alle $(\alpha_1, \ldots, \alpha_n) \in \{0, 1\}^n$ gilt,

b) partiell symmetrisch in einer Teilmenge $\lambda \subseteq \{x_1, \ldots, x_n\}$ *der Variablen von f, wenn f partiell symmetrisch in je zwei Variablen $x_i, x_j \in \lambda$ ist. Ist f partiell symmetrisch in λ, so nennen wir λ eine Symmetriemenge von f und die Variablen aus λ partiell symmetrisch (zueinander).*

c) partiell symmetrisch in einer Partition $\mathcal{P}$ der Variablenmenge $\{x_1, \ldots, x_n\}$, *wenn f partiell symmetrisch in jeder Klasse $\lambda \in \mathcal{P}$ ist.*

Obwohl in [JKS93] nur vollständig spezifizierte Boolesche Funktionen untersucht worden sind, kann die gemachte Beobachtung sicherlich auch auf unvollständig spezifizierte Boolesche Funktionen verallgemeinert werden. Hierzu müssen wir uns aber zuerst überlegen, was es heißen soll, daß eine unvollständig spezifizierte Boolesche Funktion partiell symmetrisch in einem Variablenpaar, in einer Variablenteilmenge oder in einer Partition der Variablenmenge ist. Wir betrachten hierzu die Boolesche Funktion $f : D \to \{0,1\}$ mit $D \subseteq \{0,1\}^3$ und $D = \{(0,1,0)\}$. Die Funktion f soll sicherlich dann partiell symmetrisch in x_1 und x_2 heißen, wenn das Verhalten auf D invariant bleibt, wenn die Variablen x_1 und x_2 vertauscht werden. Dies ist genau dann der Fall, wenn die Gleichungen $f(0,1,0) = f(1,0,0)$ und $f(0,1,1) = f(1,0,1)$ gelten. Die letzte Gleichung braucht offensichtlich nicht betrachtet zu werden, da sowohl $(0,1,1)$ als auch $(1,0,1)$ nicht im Definitionsbereich D von f liegen. Die erste Gleichung ist erfüllt, wenn $f(1,0,0)$ auf den Wert $f(0,1,0)$ gesetzt wird. Da der Vektor $(1,0,0)$ in der Don't Care Menge von f liegt, ist eine solche Festsetzung auch erlaubt. Die Funktion f ist also erweiterbar zu einer vollständig spezifizierten Booleschen Funktion $F \in \mathcal{B}_n$, die partiell symmetrisch in den Variablen x_1 und x_2 ist. Diese Betrachtungsweise wollen wir uns zu eigen machen und eine unvollständig spezifizierte Boolesche Funktion partiell symmetrisch nennen, wenn es eine vollständige Erweiterung der Funktion gibt, die partiell symmetrisch ist.

Definition 5.4.2 (partiell symmetrische unvollständig spezifizierte Funktion) *Eine unvollständig spezifizierte Boolesche Funktion $f : D \to \{0,1\}$ ($D \subseteq \{0,1\}^n$) heißt*

a) *partiell symmetrisch in den Variablen x_i und x_j, wenn es eine vollständige Erweiterung $F \in \mathcal{B}_n$ von f gibt, die partiell symmetrisch in x_i und x_j ist,*

b) *partiell symmetrisch in einer Teilmenge $\lambda \subseteq \{x_1, \ldots, x_n\}$ der Variablenmenge, wenn es eine vollständige Erweiterung $F \in \mathcal{B}_n$ von f gibt, die partiell symmetrisch in der Menge λ ist. Ist f partiell symmetrisch in λ, so nennen wir λ eine Symmetriemenge von f und die Variablen aus λ partiell symmetrisch.*

c) *partiell symmetrisch in einer Partition $\mathcal{P}$ der Variablenmenge, wenn es eine vollständige Erweiterung $F \in \mathcal{B}_n$ von f gibt, die partiell symmetrisch in $\mathcal{P}$ ist.*

Aufgrund der in [JKS93] gemachten Beobachtung sind die maximalen Symmetriemengen einer Booleschen Funktion gute Kandidaten für die oben angesprochenen Blöcke. Dies läßt sich dadurch begründen, daß die Größe eines BDDs einer total symmetrischen Booleschen Funktion $f \in \mathcal{B}_n$ (siehe Definition 3.4.4 auf Seite 136) höchstens $\frac{(n+1) \cdot n}{2}$ innere Knoten enthält, also relativ klein ist (der schlechstmögliche Fall ist in Abbildung 5.8 dargestellt) und daß der Funktionswert einer Booleschen Funktion $f \in \mathcal{B}_n$, die partiell symmetrisch in $\{x_{i_1}, \ldots, x_{i_q}\}$ ist, nur von der Summe $\sum_{j=1}^{q} x_{i_j}$ der Belegungen dieser Variablen, dem *Gewicht* dieser Variablenteilmenge, abhängig ist und nicht von der exakten Belegung der einzelnen Variablen. Stehen die Variablen einer maximalen Symmetriemenge zusammen, so kann das Gewicht dieser Symmetriemenge in benachbarten Ebenen des BDDs berechnet werden und es brauchen keine Informationen über Teilgewichte im BDD gespeichert zu werden. Dies müßte getan werden, wenn die partiell symmetrischen Variablen einer Symmetriemenge nicht zusammenstehen.

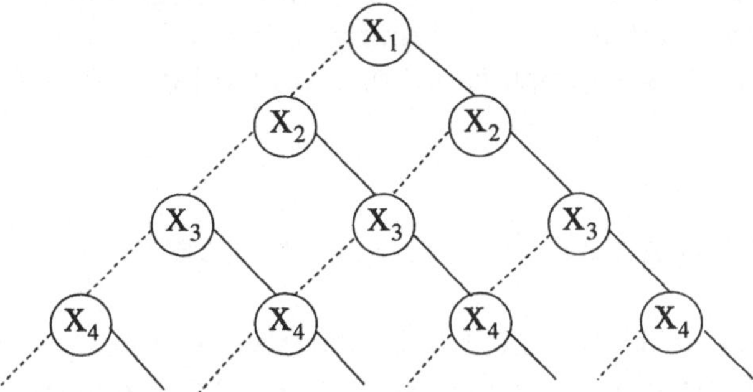

Abb. 5.8 Größtmöglicher BDD einer total symmetrischen Booleschen Funktion.

Ausführliche Experimente, die in [MMD95, SMHM97, SMMD99] zu finden sind, haben gezeigt, daß die sogenannten *symmetrischen Variablenordnungen*, also Variablenordnungen, bei denen die Symmetriemengen in Blöcken zusammengefaßt sind, effizient sind und wir uns bei der BDD-Minimierung vom praktischen Gesichtspunkt her auf solche Variablenordnungen beschränken können, auch wenn es vollständig spezifizierte Boolesche Funktionen gibt, zu denen es keine optimale symmetrische Variablenordnung gibt (siehe [MMD95, PS95, SMMD99]).

Um sich auf symmetrische Variablenordnungen bei der BDD-Minimierung beschränken zu können, müssen in einem Vorverarbeitungsschritt die maximalen Symmetriemengen der darzustellenden Booleschen Funktion berechnet werden.

Im nächsten Abschnitt werden wir uns zuerst mit der Berechnung maximaler Symmetriemengen im Falle vollständig spezifizierter Boolescher Funktionen beschäftigen und für dieses Problem einen ausgefeilten, sehr effizienten Algorithmus vorstellen. Anschließend betrachten wir das Problem, maximale Symmetriemengen unvollständig spezifizierter Boolescher Funktionen zu berechnen. Wir werden sehen, daß die Berechnung von Symmetriemengen unvollständig spezifizierter Boolescher Funktionen um ein Vielfaches schwieriger ist als bei vollständig spezifizierten Booleschen Funktionen.

Wir benötigen im folgenden den Begriff des *Symmetriegraphen*, um die Verfahren anschaulich erläutern zu können.

Definition 5.4.3 (Symmetriegraph) *Der Symmetriegraph G_{sym}^{f} einer Booleschen Funktion $f : D \to \{0,1\}$, $D \subseteq \{0,1\}^n$, ist ein ungerichteter Graph. Die Knotenmenge des Symmetriegraphen besteht aus der Variablenmenge $\{x_1,\ldots,x_n\}$. Es gibt genau dann eine Kante zwischen x_i und x_j, wenn f partiell symmetrisch in x_i und x_j ist.*

Schreibweise 5.4.4 *Sind die Variablen x_i und x_j bzgl. einer Booleschen Funktion f partiell symmetrisch, so schreiben wir $x_i \sim_f x_j$ (bzw. $x_i \sim x_j$, falls es keine Mißverständnisse geben kann, um welche Boolesche Funktion f es sich handelt).*

5.5 Berechnung von Symmetriemengen

Da wir in diesem Abschnitt nicht über Variablenumordnungen sprechen werden, sondern Algorithmen angeben wollen, die bei einer vorgegebenen Variablenordnung "$<$" Symmetrien feststellen und die maximalen Symmetriemengen bestimmen, wollen wir der Lesbarkeit halber ohne Beschränkung der Allgemeinheit im folgenden annehmen, daß die Variablenordnung $x_1 < \ldots < x_i < x_{i+1} < \ldots < x_n$ vorgegeben ist.

5.5.1 Symmetrien bei vollständig spezifizierten Funktionen

Sei also $f \in \mathcal{B}_n$ eine vollständig spezifizierte Boolesche Funktion in n Variablen. Dann ist die Relation "x_i und x_j sind bzgl. f partiell symmetrisch", also $\sim_f$, eine Äquivalenzrelation, d.h. es gilt das folgende Lemma:

Lemma 5.5.1 *Die Relation $\sim_f \subseteq \{x_1,\ldots,x_n\} \times \{x_1,\ldots,x_n\}$ ist eine Äquivalenzrelation für jede vollständig spezifizierte Boolesche Funktion $f \in \mathcal{B}_n$, d.h. die Relation ist*

> *reflexiv, d.h. $\forall x_i : x_i \sim_f x_i$,*
>
> *symmetrisch, d.h. $\forall x_i, x_j : x_i \sim_f x_j \Longrightarrow x_j \sim_f x_i$,*
>
> *transitiv, d.h. $\forall x_i, x_j, x_k : (x_i \sim_f x_j, x_j \sim_f x_k) \Longrightarrow x_i \sim_f x_k$.*

Die maximalen Symmetriemengen von f sind demnach die Äquivalenzklassen bezüglich $\sim_f$. Anschaulich formuliert heißt das, daß die maximalen Symmetriemengen von f den einfachen Zusammenhangskomponenten des Symmetriegraphen G_{sym}^{f} entsprechen. Wegen des Transitivitätsgesetzes sind diese einfachen

Zusammenhangskomponenten maximale vollständige Untergraphen, also maximale Cliquen. Die andere Richtung gilt auch. Die maximalen Cliquen des Symmetriegraphen entsprechen den maximalen Symmetriemengen.

Um also die maximalen Symmetriemengen von f zu berechnen, reicht es aus, den Graphen G_{sym}^{f} und anschließend die einfachen Zusammenhangskomponenten zu berechnen. Hierzu muß für je zwei Variablen x_i und x_j überprüft werden, ob die Variablen bzgl. f partiell symmetrisch sind.

Lemma 5.5.2 (einfacher Symmetrietest für zwei Variablen) *f ist genau dann partiell symmetrisch in x_i und x_j, wenn die beiden Kofaktoren $f_{x_i \cdot x_j'}$ und $f_{x_i' \cdot x_j}$ gleich sind, also $f_{x_i \cdot x_j'} = f_{x_i' \cdot x_j}$ gilt.*

Beweis: Nach Definition 5.4.1 ist f genau dann partiell symmetrisch in x_i und x_j, wenn

$$f(\alpha_1, \ldots, \alpha_i, \ldots, \alpha_j, \ldots, \alpha_n) = f(\alpha_1, \ldots, \alpha_j, \ldots, \alpha_i, \ldots, \alpha_n)$$

für alle $(\alpha_1, \ldots, \alpha_n) \in \{0,1\}^n$ gilt. Diese Gleichung ist sicherlich erfüllt, wenn α_i gleich α_j ist. Somit ist f genau dann partiell symmetrisch in x_i und x_j, wenn

$$f(\alpha_1, \ldots, \alpha_{i-1}, 0, \alpha_{i+1}, \ldots, \alpha_{j-1}, 1, \alpha_{j+1}, \ldots, \alpha_n) =$$
$$f(\alpha_1, \ldots, \alpha_{i-1}, 1, \alpha_{i+1}, \ldots, \alpha_{j-1}, 0, \alpha_{j+1}, \ldots, \alpha_n)$$

für alle $(\alpha_1, \ldots, \alpha_{i-1}, \alpha_{i+1}, \ldots, \alpha_{j-1}, \alpha_{j+1}, \ldots, \alpha_n) \in \{0,1\}^{n-2}$, also

$$f_{x_i' \cdot x_j}(\alpha_1, \ldots, \alpha_n) = f_{x_i \cdot x_j'}(\alpha_1, \ldots, \alpha_n)$$

für alle $(\alpha_1, \ldots, \alpha_n) \in \{0,1\}^n$ gilt. ∎

Einen ersten (naiven) Symmetrietest erhalten wir also dadurch, daß wir für je zwei Variablen x_i und x_j überprüfen, ob $f_{x_i \cdot x_j'} = f_{x_i' \cdot x_j}$ gilt. Der Algorithmus ist in Abbildung 5.9 skizziert. In jedem Schritt werden die BDDs der beiden Kofaktoren $f_{x_i \cdot x_j'}$ und $f_{x_i' \cdot x_j}$ berechnet. Aufgrund der Kanonizität der BDDs sind x_i und x_j bzgl. f genau dann partiell symmetrisch, wenn die beiden Kofaktoren den gleichen BDD als Beschreibung haben.

Wir wollen uns zuerst anschauen, wie dieser Test angewendet auf die beiden ersten Variablen x_1 und x_2 der Variablenordnung realisiert werden kann, d.h. wie die beiden benötigten Kofaktoren $f_{x_1 \cdot x_2'}$ und $f_{x_1' \cdot x_2}$ konstruiert werden können. Wir haben vier Fälle zu unterscheiden.

1. Die Wurzel des BDDs von f ist weder mit x_1 noch mit x_2 markiert. Dann ist die Funktion f sowohl unabhängig von x_1 als auch von x_2 und somit partiell symmetrisch in x_1 und x_2.

```
 1 NAIVER_SYMMETRIETEST (BDD f)
 2 var set E = ∅; comment :  Kantenmenge des Symmetriegraphen
 3 end
 4 begin
 5    forall x_i ∈ {x_1, ..., x_n} do
 6       forall x_j ∈ {x_1, ..., x_n} \ {x_i} do
 7          Berechne den BDD f_{x_i·x_j'};
 8          Berechne den BDD f_{x_i'·x_j};
 9          if (f_{x_i·x_j'} == f_{x_i'·x_j}) then E = E ∪ {{x_i, x_j}} fi;
10       od;
11    od;
12 end
```

Abb. 5.9 Naiver Symmetrietest

2. Die Wurzel des BDDs von f ist mit x_1 markiert, aber die beiden direkten Nachfolger sind beide nicht mit x_2 markiert. In diesem Fall ist f abhängig von x_1, aber nicht von x_2, und somit auch nicht partiell symmetrisch in x_1 und x_2.

3. Die Wurzel des BDDs von f ist mit x_2 markiert. Wegen $x_1 < x_2$, ist demnach die Funktion f unabhängig von x_1, aber nicht von x_2. f kann also nicht partiell symmetrisch in x_1 und x_2 sein.

4. Die Wurzel w des BDDs von f ist mit x_1 und wenigstens einer der beiden direkten Nachfolger von w mit x_2 markiert. Dann ist $f_{high(w)}$ gleich f_{x_1}. Ist der $high$-Nachfolger $high(w)$ mit x_2 markiert, so gilt $f_{low(high(w))} = f_{x_1·x_2'}$. Ist $high(w)$ nicht mit x_2 markiert, so gilt offensichtlich sogar $f_{high(w)} = f_{x_1·x_2'}$. Analog überlegen wir uns, daß der Kofaktor $f_{x_1'·x_2}$ entweder durch $f_{high(low(w))}$ oder durch $f_{low(w)}$ gegeben ist. Wegen der Kanonizität der BDD-Darstellung sind die beiden Kofaktoren genau dann gleich, wenn es sich bei den beiden Wurzeln, deren Berechnung wir gerade angegeben haben, um den gleichen Knoten handelt.

Die vier Fälle können wir in einfacher Weise gleichzeitig behandeln, wie dies im Algorithmus 5.10 skizziert ist.

Der Test, ob eine vollständig spezifizierte Boolesche Funktion in den beiden ersten Variablen x_1 und x_2 der Variablenordnung partiell symmetrisch ist, ist somit in konstanter Zeit durchführbar.

Im allgemeinen Fall, bei dem x_i und x_j nicht die beiden ersten Variablen der Variablenordnung sind, also $\{i, j\} \neq \{1, 2\}$ gilt, ist der Test wesentlich aufwendiger, da die BDDs der beiden Kofaktoren $f_{x_i·x_j'}$ und $f_{x_i'·x_j}$ in der Regel keine Teil-BDDs von f sind. Es müssen also für die Kofaktoren neue BDDs aufge-

```
 1  SYMMETRIETEST_BZGL_X1_X2 (BDD f)
 2  begin
 3     w = wurzel(f);
 4     if (index(w) == x₁)
 5        then w₀ = low(w);  w₁ = high(w);
 6     else w₀ = w;  w₁ = w;
 7     fi;
 8     if (index(w₀) == x₂) then w₀₁ = high(w₀) else w₀₁ = w₀;  fi;
 9     if (index(w₁) == x₂) then w₁₀ = low(w₁) else w₁₀ = w₁;  fi;
10     if (w₀₁ == w₁₀) then return true else return false;  fi;
11  end
```

Abb. 5.10 Test, ob f partiell symmetrisch in x_1 und x_2 ist.

baut werden, so daß die Laufzeit des Tests, ob f partiell symmetrisch in zwei Variablen ist, im schlechtesten Fall linear in der Größe des BDDs von f sein kann.

Um diesen Aufwand zu vermeiden, wenden wir in der Praxis in einer Vorverarbeitungsphase Asymmetrie-Filter an, die effizient notwendige Kriterien überprüfen, die gelten müssen, damit zwei Variablen x_i und x_j partiell symmetrisch sein können. Nur für die Variablenpaare, die alle Asymmetrie-Filter erfolgreich passieren, braucht der gerade vorgestellte aufwendige Symmetrietest ausgeführt zu werden. Experimente zeigen, daß hierdurch in der Regel eine sehr große Beschleunigung erreicht werden kann [MMW93, SMMD99]. Im folgenden wollen wir Asymmetrie-Filter und ihre Realisierungen vorstellen. Wichtig hierbei ist, daß die Algorithmen effizient realisierbar sind, also insbesondere keine neuen BDDs aufzubauen brauchen.

Asymmetrietest mit Signaturen

Der einfachste Asymmetrietest für zwei Variablen benutzt Signaturen für Variablen. Eine *Signatur* einer Variable ist unabhängig von der im BDD gewählten Variablenordnung, d.h. unabhängig davon, an welcher Stelle die Variable in der Variablenordnung steht und wie die übrigen Variablen angeordnet sind. Haben zwei Variablen unterschiedliche Signaturen, so kann die Funktion nicht partiell symmetrisch in diesen beiden Variablen sein.

Ein Beispiel einer Signatur für x_i bzgl. der Funktion f ist die Größe der Erfüllbarkeitsmenge $ON(f_{x_i})$ des positiven Kofaktors von f nach x_i. Wir bezeichnen diese Signatur für x_i im folgenden mit $| f_{x_i} |$. Hiermit gilt dann:

Lemma 5.5.3 (Erster Asymmetrietest) $f \in \mathcal{B}_n$ ist asymmetrisch in x_i und x_j, *wenn* $\mid f_{x_i} \mid \neq \mid f_{x_j} \mid$ *gilt.*

Die Größe der *ON*-Menge einer Booleschen Funktion f kann in linearer Zeit in der Größe des BDDs von f mittels eines bottom-up Durchlaufes über den BDD berechnet werden [Bry86]. Hierzu ordnen wir jedem Knoten v des BDDs rekursiv einen Wert `satisfy_count`(v) zu, der angibt, wie groß die *ON*-Menge der Booleschen Funktion f_v ist (siehe Definition 2.3.2 auf Seite 59). Dem 1-Blatt ordnen wir also den Wert 1 zu, dem 0-Blatt den Wert 0. Kennen wir nun die Werte für die beiden Nachfolger eines Knotens v, so ergibt sich `satisfy_count`(v) durch

$$\texttt{satisfy\_count}(v) \;=\; \texttt{satisfy\_count}(low(v)) \cdot 2^{ebene(low(v))-ebene(v)-1}$$
$$+\,\texttt{satisfy\_count}(high(v)) \cdot 2^{ebene(high(v))-ebene(v)-1}.$$

Die Abbildung *ebene* $: V \rightarrow \{1,\ldots,n\}$ wurde im Rahmen der Definition geordneter Entscheidungsgraphen eingeführt (siehe Definition 2.3.5 auf Seite 59) und ordnet einem Knoten, der mit der Variablen x_i markiert ist, die Position in der Variablenordnung zu, an der sich x_i befindet. Wegen unserer Annahme, daß $\pi(i) = i$ gilt, ist für jeden Knoten u $ebene(u) = i$, wenn $index(u) = x_i$ ist. Wäre der BDD ein "vollständiger geordneter binärer Baum", bei dem auf jedem Pfad von der Wurzel zu einem Blatt alle Variablen abgefragt werden, so sind die in den obigen Gleichungen angegebenen Zweierpotenzen gleich 1. Die Anzahl der 1-Pfade von v, also der Pfade, die bei v starten und in einem 1-Blatt enden, ergibt sich also aus der Summe der 1-Pfade des *low*-Nachfolgers und der Summe der 1-Pfade des *high*-Nachfolgers. Durch Anwendung der Reduktionsregel 2 aus Abbildung 2.15 auf Seite 63 werden Knoten aus dem Entscheidungsgraphen entfernt, deren *low*-Nachfolger gleich dem *high*-Nachfolger des Knotens ist. Hierdurch begründet sich die Gewichtung der Pfade in der obigen Formel.

Bei der Berechnung von $\mid f_{x_i} \mid$ verwenden wir das gleiche Verfahren angewendet auf den BDD von f mit dem Unterschied, daß wir die Pfade, die über eine *low*-Kante eines mit x_i markierten Knotens laufen, nicht betrachten dürfen, so daß für einen mit x_i markierten Knoten die obige Gleichung zu

$$\texttt{satisfy\_count}(v) \;=\; 2 \cdot \texttt{satisfy\_count}(high(v)) \cdot 2^{ebene(high(v))-ebene(v)-1}$$

abgeändert werden muß.

Topologische Asymmetrietests

Die nächsten beiden, topologischen Asymmetrietests basieren auf zwei sehr einfachen Überlegungen. Die erste dieser Überlegungen haben wir bereits bei der Realisierung des Symmetrietests für x_1 und x_2 angewendet.

Lemma 5.5.4 *Ist $f \in \mathcal{B}_n$ partiell symmetrisch in x_i und x_j, so hängt f entweder sowohl von x_i als auch von x_j oder weder von x_i noch von x_j ab.*

Beweis: Wir nehmen an, daß f partiell symmetrisch in x_i und x_j ist und von x_i abhängt. O.B.d.A. sei $i < j$. Da f von x_i abhängt, gibt es einen Vektor $(\alpha_1, \ldots, \alpha_{i-1}, 0, \alpha_{i+1}, \ldots, \alpha_n) \in \{0,1\}^n$ mit

$$f(\alpha_1, \ldots, \alpha_{i-1}, 0, \alpha_{i+1}, \ldots, \alpha_n) \neq f(\alpha_1, \ldots, \alpha_{i-1}, 1, \alpha_{i+1}, \ldots, \alpha_n).$$

Da f invariant gegenüber der Vertauschung von x_i und x_j ist, gilt

$$f(\alpha_1, \ldots, \alpha_{i-1}, \alpha_j, \alpha_{i+1}, \ldots, \alpha_{j-1}, 0, \alpha_{j+1}, \ldots, \alpha_n) \neq$$
$$f(\alpha_1, \ldots, \alpha_{i-1}, \alpha_j, \alpha_{i+1}, \ldots, \alpha_{j-1}, 1, \alpha_{j+1}, \ldots, \alpha_n).$$

f hängt also auch von der Belegung der Variable x_j ab. ∎

Die zweite Überlegung, die wir brauchen, gibt eine Charakterisierung partiell symmetrischer Boolescher Funktionen über ihre Kofaktoren. Sei hierzu

$$\mathcal{F}_{x_i}^f = \{ f_{x_1^{\epsilon_1} \cdots x_{i-1}^{\epsilon_{i-1}}} : (\epsilon_1, \ldots, \epsilon_{i-1}) \in \{0,1\}^{i-1} \}$$

die Menge der iterierten Kofaktoren, die nach Monomen über $\{x_1, \ldots, x_{i-1}\}$ gebildet werden können, die alle diese Variablen enthalten. Hierbei bezeichnet x_s^0 das negative Literal x_s' und x_s^1 das positive Literal x_s. Es gilt dann:

Lemma 5.5.5 *$f \in \mathcal{B}_n$ ist genau dann partiell symmetrisch in x_i und x_j, $i < j$, wenn jede Boolesche Funktion $g \in \mathcal{F}_{x_i}^f$ partiell symmetrisch in x_i und x_j ist.*

Beweis: Die Aussage folgt direkt aus der iterierten Anwendung des Satzes von Shannon (siehe Definition 2.3.3 auf Seite 70), nach dem sich f schreiben läßt als

$$f(x_1 \ldots, x_n) = \bigvee_{(\epsilon_1, \ldots, \epsilon_{i-1}) \in \{0,1\}^{i-1}} x_1^{\epsilon_1} \cdot \ldots \cdot x_{i-1}^{\epsilon_{i-1}} \cdot f_{x_1^{\epsilon_1} \cdots x_{i-1}^{\epsilon_{i-1}}}(x_1, \ldots, x_n),$$

also als *disjunkte* Summe der Booleschen Funktionen aus $\mathcal{F}_{x_i}^f$. Das Symbol $\vee$ steht hierbei für das logische Oder. ∎

Betrachten wir nun eine solche Boolesche Funktion $g \in \mathcal{F}_{x_i}^f$. Dieser Funktion g entspricht eineindeutig ein Knoten v aus dem BDD von f, für den $f_v = g$ gilt. Ist dieser Knoten v mit x_i markiert, so hängt g von x_i ab. Damit g partiell symmetrisch in x_i und x_j sein kann, muß g dann auch von x_j abhängen. Dies ist genau dann der Fall, wenn es im BDD von g einen mit x_j markierten Knoten gibt. Hieraus erhalten wir den zweiten Asymmetrietest.

Lemma 5.5.6 (zweiter Asymmetrietest) *f ist nicht partiell symmetrisch in x_i und x_j, $i < j$, wenn es einen mit x_i markierten Knoten im BDD von f gibt, von dem ausgehend kein mit x_j markierter Knoten erreichbar ist.*

Ist der Knoten v nicht mit x_i markiert, so hängt g nicht von x_i ab. Damit g partiell symmetrisch in x_i und x_j sein kann, darf g dann auch nicht von x_j abhängen. Letzteres ist genau dann nicht der Fall, wenn der BDD von g einen mit x_j markierten Knoten enthält, also genau dann, wenn es von v aus einen Pfad zu einem mit x_j markierten Knoten gibt. Dies ist der dritte Asymmetrietest.

Lemma 5.5.7 (dritter Asymmetrietest) *f ist nicht partiell symmetrisch in x_i und x_j, $i < j$, wenn im BDD von f ein mit x_j markierter Knoten über einen Pfad erreicht werden kann, der nicht über einen mit x_i markierten Knoten läuft.*

Diese beiden Asymmetrietests können in einem bottom-up- gefolgt von einem top-down-Durchlauf des BDDs von f ausgeführt werden. Im bottom-up Durchlauf wird für jeden Knoten v die Menge $BELOW(v)$ der von ihm erreichbaren Markierungen abgespeichert. Im top-down Durchlauf wird für jeden Knoten v die Menge $ABOVE(v)$ von Variablen abgespeichert, die auf *jedem* Pfad von der Wurzel zu dem Knoten v abgefragt werden. Um den Test abzuschließen, schauen wir uns jeden Knoten v des BDDs und die beiden dazugehörigen Mengen an. Ist v mit der Variable x_i markiert und gilt $x_j \notin BELOW(v)$ für ein $j > i$, dann ist nach Lemma 5.5.6 f nicht partiell symmetrisch in x_i und x_j. Gilt $x_k \notin ABOVE(v)$ für ein $k < i$, so ist f nach Lemma 5.5.7 nicht partiell symmetrisch in x_k und x_i.

Der vierte Asymmetrietest, den wir hier vorstellen wollen, ist ebenfalls topologischer Natur, d.h. entscheidet nur aufgrund der Struktur des BDDs von f, und geht davon aus, daß der zweite und dritte Asymmetrietest (Lemma 5.5.6 und Lemma 5.5.7) schon durchgeführt worden sind. Der vierte Asymmetrietest wird nur auf solche Variablen x_i und x_j angewendet, von denen die Boolesche Funktion f abhängt und beruht ebenfalls auf der Aussage von Lemma 5.5.5.

Korollar 5.5.8 *$f \in \mathcal{B}_n$ ist genau dann partiell symmetrisch in x_i und x_j, $i < j$, wenn für jede Boolesche Funktion $g \in \mathcal{F}_{x_i}^f$ und jeden Vektor $(\epsilon_{i+1}, \ldots, \epsilon_{j-1}) \in \{0,1\}^{j-i-1}$*

$$g_{x_i \cdot x_{i+1}^{\epsilon_{i+1}} \cdots x_{j-1}^{\epsilon_{j-1}} \cdot x_j'} = g_{x_i' \cdot x_{i+1}^{\epsilon_{i+1}} \cdots x_{j-1}^{\epsilon_{j-1}} \cdot x_j}$$

gilt.

Beweis: Der Beweis folgt aus Lemma 5.5.5 und Definition 5.4.1. ∎

Der Asymmetrietest betrachtet nun für jede Boolesche Funktion $g \in \mathcal{F}_{x_i}^f$ die Menge

$$\mathcal{R}^g_{x_i x_j'} = \{g_{x_i \cdot x_{i+1}^{\epsilon_{i+1}} \ldots x_{j-1}^{\epsilon_{j-1}} \cdot x_j'} \; : \; (\epsilon_{i+1}, \ldots, \epsilon_{j-1}) \in \{0,1\}^{j-i-1}\}$$

der Booleschen Funktionen der linken Seite und die Menge

$$\mathcal{R}^g_{x_i' x_j} = \{g_{x_i' \cdot x_{i+1}^{\epsilon_{i+1}} \ldots x_{j-1}^{\epsilon_{j-1}} \cdot x_j} \; : \; (\epsilon_{i+1}, \ldots, \epsilon_{j-1}) \in \{0,1\}^{j-i-1}\}$$

der Booleschen Funktionen der rechten Seite der im Korollar 5.5.8 angegebenen Gleichungen.

Aus dem Korollar 5.5.8 folgt nun unmittelbar, daß $\mathcal{R}^g_{x_i x_j'} = \mathcal{R}^g_{x_i' x_j}$ notwendigerweise für alle $g \in \mathcal{F}_{x_i}^f$ gelten muß, damit f partiell symmetrisch in x_i und x_j sein kann.

Lemma 5.5.9 (vierter Asymmetrietest) *f ist nicht partiell symmetrisch in x_i und x_j, $i < j$, wenn es eine Boolesche Funktion $g \in \mathcal{F}_{x_i}^f$ gibt, für die $\mathcal{R}^g_{x_i x_j'} \neq \mathcal{R}^g_{x_i' x_j}$ gilt.*

Die Menge $\mathcal{R}^g_{x_i x_j'}$ erhalten wir, indem wir alle Knoten des BDDs von f sammeln, die wir über einen Pfad erreichen können, der bei einem mit x_i markierten Knoten v startet und bei dem ersten Knoten endet, der mit einer Variablen x_k mit $k > j$ markiert ist. Die Pfade dürfen hierbei keine *low*-Kanten von mit x_i markierten Knoten und keine *high*-Kanten von mit x_j markierten Knoten benutzen. Die Menge $\mathcal{R}^g_{x_i' x_j}$ erhalten wir entsprechend.

Ein Spezialfall des vierten Asymmetrietests liegt vor, wenn $j = i+1$ gilt, also wenn wir testen wollen, ob f partiell symmetrisch in x_i und x_{i+1} ist. Nach Definition enthält $\mathcal{R}^g_{x_i x_{i+1}'}$ und $\mathcal{R}^g_{x_i' x_{i+1}}$ jeweils genau ein Element. Gleichheit der beiden Mengen impliziert dann aber auch, daß die Gleichung

$$g_{x_i \cdot x_{i+1}'} = g_{x_i' \cdot x_{i+1}}$$

gilt.

Korollar 5.5.10 *f ist genau dann partiell symmetrisch in x_i und x_{i+1}, wenn $\mathcal{R}^g_{x_i x_{i+1}'} = \mathcal{R}^g_{x_i' x_{i+1}}$ für jede Boolesche Funktion $g \in \mathcal{F}_{x_i}^f$ gilt.*

5.5.2 Symmetrien bei unvollständig spezifizierten Funktionen

Da unvollständig spezifizierte Boolesche Funktionen bei vielen Problemen der Praxis vorkommen, ist die Suche nach vollständigen Erweiterungen unvollständig spezifizierter Boolescher Funktionen, die möglichst viele Symmetrieeigenschaften besitzen, von großer Bedeutung.

Wie im vorhergehenden Abschnitt schon kurz angedeutet, ist das Berechnen maximaler Symmetriemengen im Falle unvollständig spezifizierter Boolescher Funktionen um ein Vielfaches schwieriger als im Falle vollständig spezifizierter Boolescher Funktionen. Der Grund für diese Schwierigkeiten liegt darin, daß die Symmetrierelation $\sim_f \subset \{x_1,\ldots,x_n\} \times \{x_1,\ldots,x_n\}$ bei einer unvollständig spezifizierten Booleschen Funktion f nicht transitiv und somit keine Äquivalenzrelation zu sein braucht. Um dies klarzumachen, betrachten wir die unvollständig spezifizierte Boolesche Funktion

$$f : D \to \{0,1\} \text{ mit } D \subset \{0,1\}^3,$$

die durch

$$
\begin{aligned}
ON(f) &= \{(1,0,0)\} \\
DC(f) &= \{(0,1,0)\}
\end{aligned}
$$

definiert ist. Erweitern wir die Boolesche Funktion f, indem wir dem Vektor $(0,1,0)$ den Funktionswert 1 zuordnen, so erhalten wir eine vollständig spezifizierte Boolesche Funktion, die partiell symmetrisch in x_1 und x_2 ist. Ordnen wir dem Vektor $(0,1,0)$ den Wert 0 zu, so ist die so entstehende vollständige Erweiterung partiell symmetrisch in x_2 und x_3. Die unvollständig spezifizierte Boolesche Funktion ist demnach sowohl partiell symmetrisch in x_1 und x_2 als auch in x_2 und x_3. Wegen $f(1,0,0) = 1 \neq 0 = f(0,0,1)$ ist die Funktion jedoch nicht partiell symmetrisch in x_1 und x_3. Dies beweist, daß $\sim_f$ nicht transitiv ist.

Dieser Umstand macht die Aufgabe, die Variablenmenge in möglichst wenige Symmetriemengen zu partitionieren, schwierig. Bei vollständig spezifizierten Booleschen Funktionen, bei denen die Symmetrie in Variablenpaaren eine Äquivalenzrelation darstellt, ergeben sich die maximalen Symmetriemengen durch die einfachen Zusammenhangskomponenten des Symmetriegraphen. Diese einfachen Zusammenhangskomponenten bilden zudem vollständige Untergraphen. Die Menge der maximalen Symmetriemengen einer vollständig spezifizierten Booleschen Funktion stellt demnach eine minimale Clique-Überdeckung des Symmetriegraphen dar. Im Falle unvollständig spezifizierter Boolescher Funktionen gibt es eine solche Struktureigenschaft nicht, die wir bei der Entwicklung eines Algorithmus zur Bestimmung einer möglichst kleinen Partition ausnutzen könnten. In [Sch96] wurde sogar bewiesen, daß wir zu jedem Graphen G mit n Knoten eine unvollständig spezifizierte Boolesche Funktion $f : D \to \{0,1\}$, $D \subseteq \{0,1\}^n$, konstruieren können, so daß der Symmetriegraph von f mit G übereinstimmt. Es können also *alle* Graphen als Symmetriegraphen unvollständig spezifizierter Boolescher Funktionen auftreten. Um die Schwierigkeiten weiter zu verdeutlichen, wollen wir eine unvollständig spezifizierte Boolesche Funktion f angeben, die für je zwei Variablen x_i und x_j partiell symmetrisch in x_i und x_j ist, aber nicht partiell symmetrisch in $\{x_1, \ldots, x_n\}$ ist.

Hierzu betrachten wir die unvollständig spezifizierte Boolesche Funktion

$$f : D \to \{0,1\} \text{ mit } D \subset \{0,1\}^4,$$

die durch

$$
\begin{aligned}
ON(f) &= \{(0,0,1,1)\} \\
DC(f) &= \{(0,1,0,1), (0,1,1,0), (1,0,0,1), (1,0,1,0)\}
\end{aligned}
$$

definiert wird. Man überprüft durch Nachrechnen, daß f partiell symmetrisch in x_i und x_j für je zwei der vier Variablen ist. Der Symmetriegraph ist also ein vollständiger Graph mit vier Knoten. Wir sehen aber auch, daß wegen $f(1,1,0,0) = 0$ auch $F^{(1)}(0,1,1,0) = 0$ für jede vollständige Erweiterung $F^{(1)}$ gelten muß, die partiell symmetrisch in x_1 und x_3 ist. Wegen $f(0,0,1,1) = 1$ muß für jede vollständige Erweiterung $F^{(2)}$, die partiell symmetrisch in x_2 und x_4 ist, $F^{(2)}(0,1,1,0) = 1$ gelten. Demnach kann es also keine vollständige Erweiterung von f geben, die sowohl in x_1 und x_3 als auch in x_2 und x_4 partiell symmetrisch ist.

Dieses Beispiel zeigt uns:

Beobachtung 5.5.11 *Eine unvollständig spezifizierte Boolesche Funktion,*

- *die in je zwei Variablen x_i und x_j einer Teilmenge $\lambda \subseteq \{x_1, \ldots, x_n\}$ partiell symmetrisch ist, braucht nicht notwendigerweise partiell symmetrisch in λ zu sein;*

- *die in den Teilmengen $\lambda_1, \ldots, \lambda_q \subset \{x_1, \ldots, x_n\}$ jeweils partiell symmetrisch ist, braucht nicht notwendigerweise partiell symmetrisch in $\{\lambda_1, \ldots, \lambda_q\}$ zu sein.*

Nach diesen Vorüberlegungen ist es sicherlich keine Überraschung mehr, daß das Problem, welches wir lösen müssen, auch vom komplexitätstheoretischen Standpunkt her ein schwieriges Problem ist.

Lemma 5.5.12 *Das Problem*

Gegeben *sei eine unvollständig spezifizierte Boolesche Funktion $f : D \to \{0,1\}$ mit $D \subseteq \{0,1\}^n$, die durch die BDDs von $f_{ON(f)}$ und $f_{DC(f)}$ dargestellt ist.*

Finde *eine minimale Partition P der Variablenmenge von f, in der f partiell symmetrisch ist, wobei 'minimal' bedeutet, daß jede andere Partition Q der Variablenmenge von f, in der f partiell symmetrisch ist, nicht weniger Klassen als P enthält.*

ist NP-hart.

Das Lemma wird durch Angabe einer Polynomzeittransformation vom NP-vollständigen Problem *Partition into Cliques* [GJ79] auf unser Problem bewiesen. Den Beweis findet man in [Sch96].

Wir wollen im folgenden eine effiziente Heuristik vorstellen, mit der in der Praxis vertretbar kleine Partitionen der Variablenmenge einer unvollständig spezifizierten Booleschen Funktion f, in der f partiell symmetrisch ist, berechnet werden können. Hierzu benötigen wir den Begriff der *starken Symmetrie*.

Definition 5.5.1 (stark symmetrisch) *Eine unvollständig spezifizierte Boolesche Funktion $f : D \to \{0,1\}$ mit $D \subseteq \{0,1\}^n$ heißt stark symmetrisch in den Variablen x_i und x_j (in Zeichen $x_i \sim_{st} x_j$), wenn für je zwei Boolesche Vektoren $\alpha, \beta \in \{0,1\}^n$, die durch Vertauschung der i. und der j. Stelle ineinander übergehen, entweder*

- $\alpha \notin D$ *und* $\beta \notin D$

oder

- $\alpha \in D$, $\beta \in D$ *und* $f(\alpha) = f(\beta)$

gilt.

Im Gegensatz zur starken Symmetrie unvollständig spezifizierter Boolescher Funktionen wird die in Definition 5.4.2 definierte Symmetrie zur Verdeutlichung auch als schwache Symmetrie *bezeichnet.*

Eigenschaften der starken Symmetrie

Starke Symmetrie hat einige sehr schöne Eigenschaften, die wir im Rahmen der Berechnung einer Partition der Variablenmenge, in der die unvollständig spezifizierte Boolesche Funktion partiell symmetrisch ist, ausnutzen können. Wir wollen die Eigenschaften im folgenden angeben und beweisen.

Lemma 5.5.13 (erste Eigenschaft von starker Symmetrie) *Die Relation $\sim_{st}$ ist eine Äquivalenzrelation.*

Beweis: Die Aussage, daß die Relation $\sim_{st}$ reflexiv und symmetrisch ist, folgt unmittelbar aus der Definition der starken Symmetrie.

Die Transitivität beweisen wir durch einfaches Nachrechnen. Nehmen wir also an, daß $f : D \to \{0,1\}$ mit $D \subseteq \{0,1\}^n$ stark symmetrisch in x_i und x_j und stark symmetrisch in x_j und x_k ist. O.B.d.A gelte $i < j < k$. Für jede Belegung $(\alpha_1, \ldots, \alpha_i, \ldots, \alpha_j, \ldots, \alpha_k \ldots, \alpha_n) \in \{0,1\}^n$ gilt entweder

- $(\alpha_1, \ldots, \alpha_i, \ldots, \alpha_j, \ldots, \alpha_k, \ldots, \alpha_n) \notin D$ und somit wegen $x_i \sim_{st} x_j$

$$(\alpha_1, \ldots, \alpha_j, \ldots, \alpha_i, \ldots, \alpha_k, \ldots, \alpha_n) \notin D.$$

Wegen $x_j \sim_{st} x_k$, gilt nach Vertauschung der j. und k. Stelle von α

$$(\alpha_1, \ldots, \alpha_j, \ldots, \alpha_k, \ldots, \alpha_i, \ldots, \alpha_n) \notin D$$

und wegen $x_i \sim_{st} x_j$

$$(\alpha_1, \ldots, \alpha_k, \ldots, \alpha_j, \ldots, \alpha_i, \ldots, \alpha_n) \notin D.$$

oder

- $(\alpha_1, \ldots, \alpha_i, \ldots, \alpha_j, \ldots, \alpha_k, \ldots, \alpha_n) \in D$ und somit wegen $x_i \sim_{st} x_j$ auch

$$(\alpha_1, \ldots, \alpha_j, \ldots, \alpha_i, \ldots, \alpha_k, \ldots, \alpha_n) \in D$$

und

$$f(\alpha_1, \ldots, \alpha_i, \ldots, \alpha_j, \ldots, \alpha_k, \ldots, \alpha_n) = f(\alpha_1, \ldots, \alpha_j, \ldots, \alpha_i, \ldots, \alpha_k, \ldots, \alpha_n).$$

Wegen $x_j \sim_{st} x_k$ gilt dann

$$(\alpha_1, \ldots, \alpha_j, \ldots, \alpha_k, \ldots, \alpha_i, \ldots, \alpha_n) \in D$$

und

$$f(\alpha_1, \ldots, \alpha_i, \ldots, \alpha_j, \ldots, \alpha_k, \ldots, \alpha_n) = f(\alpha_1, \ldots, \alpha_j, \ldots, \alpha_k, \ldots, \alpha_i, \ldots, \alpha_n)$$

und wegen $x_i \sim_{st} x_j$

$$(\alpha_1, \ldots, \alpha_k, \ldots, \alpha_j, \ldots, \alpha_i, \ldots, \alpha_n) \in D$$

und

$$f(\alpha_1, \ldots, \alpha_i, \ldots, \alpha_j, \ldots, \alpha_k, \ldots, \alpha_n) = f(\alpha_1, \ldots, \alpha_k, \ldots, \alpha_j, \ldots, \alpha_i, \ldots, \alpha_n).$$

Somit ist f auch stark symmetrisch in x_i und x_k und es folgt, daß $\sim_{st}$ eine Äquivalenzrelation ist. ∎

Lemma 5.5.14 (zweite Eigenschaft von starker Symmetrie) *Ist $f : D \to \{0,1\}$ schwach symmetrisch in einer Partition $P = \{\lambda_1, \ldots, \lambda_q\}$ der Variablenmenge von f, so gibt es eine Erweiterung von f, die stark symmetrisch in P ist.*

Beweis: Diese Eigenschaft folgt unmittelbar aus der Definition der schwachen Symmetrie (siehe Definition 5.4.2 auf Seite 190), nach der eine unvollständig spezifizierte Boolesche Funktion f in der Partition P schwach symmetrisch ist, wenn es eine vollständige Erweiterung von f gibt, die schwach symmetrisch in P ist. Da bei vollständigen Booleschen Funktionen schwache Symmetrie das Gleiche ist wie starke Symmetrie, folgt die Aussage des Lemmas. ∎

Hat eine Boolesche Funktion viele Don't Cares, so erlaubt diese Funktion bei der weiteren Synthese große Freiheiten, die bezüglich der verschiedenen Kostenmaße ausgenutzt werden können. Von praktischem Interesse ist es daher, zu einer schwach symmetrischen Booleschen Funktion f eine stark symmetrische Erweiterung F von f zu finden, bei der so wenig Don't Cares von f wie möglich mit Werten belegt werden, also bei der $DEF(F)$ möglichst wenige Elemente enthält. Eine Anwendung dieser Operation werden wir noch in diesem Abschnitt kennenlernen. Wir haben also das Problem

Gegeben sei eine unvollständig spezifizierte Boolesche Funktion $f : D \to \{0,1\}$ mit $D \subseteq \{0,1\}^n$, die schwach symmetrisch in einer Partition P der Variablenmenge von f ist. f sei durch die BDDs von $f_{ON(f)}$, $f_{OFF(f)}$ und $f_{DC(f)}$ dargestellt.

Finde die Erweiterung F von f, die stark symmetrisch in P ist, so daß für jede andere Erweiterung G von f, die stark symmetrisch in P ist, die Beziehung $DEF(F) \subseteq DEF(G)$ gilt.

zu lösen. Wir bezeichnen dieses Problem mit MAKE_STRONG_SYMMETRY.

Dieses Problem ist einfach und in der Regel auch effizient lösbar. Wir brauchen nur den Don't Cares, deren Partner (Partner gemäß Definition 5.5.1 auf Seite 202) in der ON-Menge oder in der OFF-Menge von f liegen, den entsprechenden Wert zuzuweisen. Ist f zum Beispiel schwach symmetrisch in x_i und x_j, so erhalten wir die Erweiterung F von f mit den meisten Don't Cares, die stark symmetrisch in x_i und x_j ist, durch die drei Zuweisungen

$$F_{ON(F)} = x_i' \cdot x_j' \cdot (f_{ON(f)})_{x_i' \cdot x_j'} + x_i \cdot x_j \cdot (f_{ON(f)})_{x_i \cdot x_j}$$
$$+ (x_i \cdot x_j' + x_i' \cdot x_j) \cdot ((f_{ON(f)})_{x_i \cdot x_j'} + (f_{ON(f)})_{x_i' \cdot x_j})$$

$$F_{OFF(F)} = x_i' \cdot x_j' \cdot (f_{OFF(f)})_{x_i' \cdot x_j'} + x_i \cdot x_j \cdot (f_{OFF(f)})_{x_i \cdot x_j}$$
$$+ (x_i \cdot x_j' + x_i' \cdot x_j) \cdot ((f_{OFF(f)})_{x_i \cdot x_j'} + (f_{OFF(f)})_{x_i' \cdot x_j})$$

$$F_{DC(F)} = (F_{ON(f)} + F_{OFF(f)})'.$$

Die Korrektheit dieses Algorithmus ist sehr leicht einzusehen mit der im Kapitel 2 gegebenen Anschauung eines Kofaktors.

Das Problem MAKE_STRONG_SYMMETRY läßt sich dann durch eine Folge von Aufrufen der obigen Zuweisungen lösen.

Zentral für die im nächsten Abschnitt vorgestellte Heuristik zum Auffinden einer minimalen Partition der Variablenmenge einer Booleschen Funktion f, in der diese Funktion schwach symmetrisch ist, ist die dritte Eigenschaft starker Symmetrien.

Lemma 5.5.15 (dritte Eigenschaft von starker Symmetrie) *Ist $f : D \to \{0,1\}$ stark symmetrisch in einer Partition $P = \{\lambda_1, \ldots, \lambda_q\}$ mit $\lambda_1 = \{x_i\}$ und $x_j \in \lambda_2$ (d.h. die Variable x_i liegt in einer einelementigen Klasse der Partition) und ist f schwach symmetrisch in den Variablen x_i und x_j, dann ist f schwach symmetrisch in der Partition $P_{new} = \{\lambda_1 \cup \lambda_2, \lambda_3, \ldots, \lambda_q\}$.*

Zum Beweis dieses Lemmas benötigen wir einige Hilfsmittel.

Definition 5.5.2 (Gewichtsklasse einer Partition) *Sei $P = \{\lambda_1, \ldots, \lambda_q\}$ eine Partition der Variablenmenge $\{x_1, \ldots, x_n\}$ und $\alpha = (\alpha_1, \ldots, \alpha_n) \in \{0,1\}^n$.*

Dann heißt die Summe $\sum_{i=1}^{n} \alpha_i$ 1-Gewicht von α und wird mit $w^1(\alpha_1, \ldots, \alpha_n)$ bezeichnet.

$\sum_{j\in\{i_1,\ldots,i_l\}}\alpha_j$ *heißt 1-Gewicht des λ_i-Teils von α, wenn $\lambda_i = \{x_{i_1},\ldots,x_{i_l}\}$ gilt. Als Schreibweise benutzen wir hier die Bezeichnung $w^1_{\lambda_i}(\alpha_1,\ldots,\alpha_n)$.*
Die Menge

$$C^P_{w_1,\ldots,w_q} = \{(\alpha_1,\ldots,\alpha_n)\in\{0,1\}^n : w^1_{\lambda_i}(\alpha_1,\ldots,\alpha_n) = w_i \ \forall 1\leq i\leq q\}$$

wird Gewichtsklasse der Partition P für das Gewicht $(w_1,\ldots,w_q)\in\mathbb{N}_0^q$ genannt.

Die Gewichtsklasse einer Partition P für das Gewicht $(w_1,\ldots,w_q)$ enthält also alle die Eingabebelegungen, die für jedes $i\in\{1,\ldots,q\}$ auf den zu λ_i gehörigen Stellen genau w_i Einsen haben.

Schwache und starke Symmetrie kann über Gewichtsklassen charakterisiert werden. Hierzu betrachten wir eine unvollständig spezifizierte Boolesche Funktion $f : D \to \{0,1\}$ mit $D \subseteq \{0,1\}^n$ als vollständig spezifizierte Funktion $f : \{0,1\}^n \to \{0,1,*\}$ mit $f(\alpha) = *$ genau dann, wenn $\alpha \notin D$ gilt.

Lemma 5.5.16 *Ist $P = \{\lambda_1,\ldots,\lambda_q\}$ eine Partition von $\{x_1,\ldots,x_n\}$, dann ist*

a) *$f : D \to \{0,1\}$ genau dann stark symmetrisch in P, wenn für jede Gewichtsklasse $C^P_{w_1,\ldots,w_q}$ von P die Beziehung $f(C^P_{w_1,\ldots,w_q})\in\{\{0\},\{1\},\{*\}\}$ gilt.*

b) *$f : D \to \{0,1\}$ genau dann schwach symmetrisch in P, wenn für jede Gewichtsklasse $C^P_{w_1,\ldots,w_q}$ von P die Beziehung $\{0,1\}\not\subseteq f(C^P_{w_1,\ldots,w_q})$ gilt.*

Hierbei bezeichnet $f(C^P_{w_1,\ldots,w_q})$ die Menge $\{f(\alpha) : \alpha\in C^P_{w_1,\ldots,w_q}\}$.

Beweis: Wir beweisen zuerst Punkt (a) von rechts nach links. Wir setzen also $f(C^P_{w_1,\ldots,w_q})\in\{\{0\},\{1\},\{*\}\}$ voraus und nehmen an, daß f nicht stark symmetrisch in P ist. Da die Relation $\sim_{st}$ eine Äquivalenzrelation ist, muß es eine Menge $\lambda_t\in P$ geben, in der f nicht stark symmetrisch ist. Aus dem gleichen Grund, muß es dann auch zwei Variablen $x_i, x_j\in\lambda_t$ (o.B.d.A. $i < j$) geben, in denen f nicht stark symmetrisch ist. Dies ist nach Definition 5.5.1 genau dann der Fall, wenn es zwei Boolesche Vektoren α und β aus $\{0,1\}^n$ gibt, die durch Vertauschung der i. und j. Stelle ineinander übergehen, mit

$$\alpha\in D \text{ und } \beta\notin D \text{ (oder umgekehrt)}$$

oder

$$\alpha\in D,\ \beta\in D \text{ und } f(\alpha)\neq f(\beta).$$

Da α und β in der gleichen Gewichtsklasse $C^P_{w_1,\ldots,w_q}$ liegen, folgt aus der ersten Möglichkeit, daß $\{*,0\}\subseteq f(C^P_{w_1,\ldots,w_q})$ oder $\{*,1\}\subseteq f(C^P_{w_1,\ldots,w_q})$ gilt und aus der zweiten Möglichkeit, daß $\{0,1\}\subseteq f(C^P_{w_1,\ldots,w_q})$ gilt. Beides ist ein Widerspruch zu der Voraussetzung $f(C^P_{w_1,\ldots,w_q})\in\{\{0\},\{1\},\{*\}\}$, so daß die Annahme, daß f nicht stark symmetrisch in x_i und x_j ist, falsch war.

Die Aussage von Punkt (a) von links nach rechts ist sehr leicht einzusehen. Die Elemente aus einer Gewichtsklasse können wir durch Permutationen innerhalb der Klassen λ_i ineinander überführen. Hierbei bleibt aufgrund der starken Symmetrie der Funktionswert unverändert.

Um Punkt (b) von rechts nach links zu beweisen, konstruieren wir zu f eine vollständige Erweiterung F, die symmetrisch in P ist. Eine solche vollständige Erweiterung F erhalten wir zum Beispiel, indem wir für jede zu P gehörige Gewichtsklasse C $F(C) = \{a\}$ setzen, falls $f(C) = \{a\}$ oder $f(C) = \{*, a\}$ für $a \in \{0,1\}$ gilt, und z.B. $F(C) = \{0\}$, falls $f(C) = \{*\}$ gilt. Offensichtlich ist F eine Erweiterung von f und ist symmetrisch in P.

Bleibt nur noch der Beweis von Punkt (b) von links nach rechts. Wir setzen also voraus, daß f schwach symmetrisch in der Partition P ist. Nach Definition 5.4.2 gibt es dann eine vollständige Erweiterung F von f, die symmetrisch in P ist, also auch stark symmetrisch ist, da $DC(F) = \emptyset$ gilt. Wegen Punkt (a) gilt für jede zu P gehörige Gewichtsklasse C, daß $\{0,1\} \not\subseteq F(C)$ gilt. Da F eine Erweiterung von f ist, folgt hieraus auch $\{0,1\} \not\subseteq f(C)$. ∎

Wir kommen nun zum Beweis der dritten Eigenschaft starker Symmetrien, die wie folgt definiert ist: Ist $f : D \to \{0,1\}$ stark symmetrisch in einer Partition $P = \{\lambda_1, \ldots, \lambda_q\}$ mit $\lambda_1 = \{x_i\}$ und $x_j \in \lambda_2$ und ist f schwach symmetrisch in den Variablen x_i und x_j, dann ist f schwach symmetrisch in der Partition $P_{new} = \{\lambda_1 \cup \lambda_2, \lambda_3, \ldots, \lambda_q\}$.

Beweis von Lemma 5.5.15: Nach dem gerade bewiesenen Lemma 5.5.16 haben wir zu zeigen, daß für jede Gewichtsklasse $C^{P_{new}}_{w_2,w_3,\ldots,w_q}$ die Ungleichung

$$\{0,1\} \not\subseteq C^{P_{new}}_{w_2,w_3,\ldots,w_q}$$

gilt. Wir unterscheiden hierfür die beiden Fälle $w_2 \geq 1$ und $w_2 = 0$.

Fall $w_2 \geq 1$:

Jede Gewichtsklasse $C^{P_{new}}_{w_2,w_3,\ldots,w_q}$ mit $w_2 \geq 1$ läßt sich als disjunkte Vereinigung der Gewichtsklassen $C^{P}_{0,w_2,w_3,\ldots,w_q}$ und $C^{P}_{1,w_2-1,w_3,\ldots,w_q}$ schreiben, also

$$C^{P_{new}}_{w_2,w_3,\ldots,w_q} = C^{P}_{0,w_2,w_3,\ldots,w_q} \cup C^{P}_{1,w_2-1,w_3,\ldots,w_q}. \tag{5.1}$$

Da f stark symmetrisch in P ist, gilt nach dem gerade gezeigten Lemma 5.5.16, daß die beiden Mengen $f(C^{P}_{0,w_2,w_3,\ldots,w_q})$ und $f(C^{P}_{1,w_2-1,w_3,\ldots,w_q})$ aus jeweils nur einem Element bestehen.

Betrachte nun einen beliebigen Booleschen Vektor $\alpha \in C^{P}_{0,w_2,w_3,\ldots,w_q}$. Die $i.$ Komponente α_i von α muß gleich 0 sein, da das 1-Gewicht der Variablenteilmenge $\{x_i\}$ gleich 0 ist. Wegen $w_2 \geq 1$ können wir ohne Beschränkung der Allgemeinheit annehmen, daß $\alpha_j = 1$ gilt. Der Vektor α kann also geschrieben werden als

$$\alpha = (\alpha_1, \ldots, \alpha_{i-1}, 0, \alpha_{i+1}, \ldots, \alpha_{j-1}, 1, \alpha_{j+1}, \ldots, \alpha_n).$$

Vertauschen wir in α die i. und j. Stelle, so erhalten wir den Vektor $\beta \in C^P_{1, w_2-1, w_3, \ldots, w_q}$, der sich schreiben läßt als

$$\beta = (\alpha_1, \ldots, \alpha_{i-1}, 1, \alpha_{i+1}, \ldots, \alpha_{j-1}, 0, \alpha_{j+1}, \ldots, \alpha_n).$$

Da f schwach symmetrisch in den Variablen x_i und x_j ist, gilt zudem nach dem gerade bewiesenen Lemma $\{0, 1\} \not\subseteq \{f(\alpha), f(\beta)\}$.

Da $f(C^P_{0, w_2, w_3, \ldots, w_q})$ eine einelementige Menge ist und $\alpha \in C^P_{0, w_2, w_3, \ldots, w_q}$ gilt, folgt

$$f(\alpha) = f(C^P_{0, w_2, w_3, \ldots, w_q}).$$

Mit analoger Überlegung folgt

$$f(\beta) = f(C^P_{1, w_2-1, w_3, \ldots, w_q}).$$

Somit haben wir bewiesen, daß

$$\{0, 1\} \not\subseteq f(C^P_{0, w_2, w_3, \ldots, w_q} \cup C^P_{1, w_2-1, w_3, \ldots, w_q})$$

gilt, was gleichbedeutend ist mit

$$\{0, 1\} \not\subseteq f(C^{P_{new}}_{w_2, w_3, \ldots, w_q}).$$

Fall $w_2 = 0$:

Dann ist jede Gewichtsklasse $C^{P_{new}}_{w_2, w_3, \ldots, w_q}$ gleich $C^P_{0, 0, w_3, \ldots, w_q}$. Da f stark symmetrisch in der Partition P ist, folgt mit dem Lemma 5.5.16

$$\{0, 1\} \not\subseteq f(C^P_{0, 0, w_3, \ldots, w_q}),$$

woraus die Aussage für diesen zweiten Fall ebenfalls folgt. ∎

Eine Heuristik zur Berechnung der Symmetriemengen

Wie wir uns schon überlegt haben, entspricht jede Variablenpartition P, in der f partiell symmetrisch ist, einer Überdeckung des Symmetriegraphen von f mit vollständigen Teilgraphen. Obwohl die Umkehrung nicht gilt, verwendet unsere Heuristik als Grundalgorithmus eine Heuristik für *Minimum-Clique-Cover*.

Das *Minimum-Clique-Cover*-Problem, also das Problem, einen Graphen mit minimal vielen vollständigen Teilgraphen zu überdecken, wird üblicherweise auf das Färben von Graphen zurückgeführt.

Definition 5.5.3 (Färben eines Graphen) *Ein ungerichteter Graph $G = (V, E)$ heißt k-färbbar, wenn es eine Abbildung color : $V \to \{1, \ldots, k\}$ gibt, mit der Eigenschaft, daß für alle Kanten $\{v, w\} \in E$ die Färbung von v und w verschieden ist, also color$(v) \neq$ color(w) gilt.*

Lemma 5.5.17 *Ein Graph $G = (V, E)$ kann genau dann in k disjunkte vollständige Teilgraphen partitioniert werden, wenn der zu G duale Graph $\overline{G} = (V, \overline{E})$ mit $\overline{E} = \{\{v, w\} : v, w \in V, \{v, w\} \notin E\}$ k-färbbar ist.*

Die Idee des Beweises dieses Lemmas beruht auf der Beobachtung, daß zwischen Knoten mit gleicher Farbe keine Kante in $\overline{G}$ existiert. Somit bilden Knoten mit gleicher Farbe einen vollständigen Teilgraphen in G.

Minimum-Clique-Cover kann also direkt durch einen Algorithmus für ein Färbungsproblem gelöst werden. Die Grundstruktur eines solchen Algorithmus haben wir in Abbildung 5.11 zusammengefaßt. Die Menge *ungefärbt* enthält die noch ungefärbten Knoten des Graphen. In *Farben* werden solche Farben abgespeichert, die für den jeweiligen Knoten noch erlaubt sind. Die Heuristiken unterscheiden sich im wesentlichen nur in der Reihenfolge, in denen die Knoten x_i des Graphen abgearbeitet werden. Eine effiziente Reihenfolge erhalten wir zum Beispiel durch das Kriterium von Brèlaz/Morgenstern [Bre79, Mor92].

```
 1 GRAPH_COLORING (graph G = (V, E))
 2 comment : Die Knotenmenge V sei durch {x₁, ..., xₙ} gegeben
 3 begin
 4   for i = 1 to n do color(xᵢ) = undefiniert;  od;
 5   ungefärbt = {x₁, ..., xₙ};
 6   while (ungefärbt ≠ ∅) do
 7     Berechne nach einem bestimmten Kriterium xᵢ ∈ ungefärbt;
 8     Farben = {c : 1 ≤ c ≤ n und ∀xⱼ mit {xᵢ, xⱼ} ∈ E gilt color(xⱼ) ≠ c};
 9     color(xᵢ) = min(Farben);
10     ungefärbt = ungefärbt \ {xᵢ};
11   od;
12 end
```

Abb. 5.11 Grundheuristik zum Färben ungerichteter Graphen.

Wollen wir nun diese Heuristik im Rahmen der Berechnung einer minimalen Partition der Variablenmenge einer unvollständig spezifizierten Booleschen Funktion f, in der f partiell symmetrisch ist, verwenden, müssen wir beachten, daß nicht jede disjunkte Überdeckung durch Cliquen eine Lösung darstellt. Die im letzten Abschnitt bewiesenen Eigenschaften der starken Symmetrie zeigen uns aber einen Weg auf, wie die Heuristik abgeändert werden kann, um unser Problem zu lösen. Abbildung 5.12 zeigt die Heuristik zum Finden einer minimalen Partition, in der f partiell symmetrisch ist. Die Menge P steht für die bisher berechnete Partition der Knotenmenge. Wir starten mit der Partition, in der jeder Knoten für sich eine Klasse bildet. f ist trivialerweise stark symmetrisch in dieser Partition. Diese Eigenschaft wird als Invariante beibehalten. Zu Beginn einer Iteration der while-Schleife ist gewährleistet, daß die Boolesche Funktion f stark symmetrisch in der bisher berechneten Partition P ist und jeder ungefärbte Knoten eine Klasse für sich in P bildet.

```
 1  FIND_SMALL_PARTITION (boolean function f : D → {0,1} mit D ⊆ {0,1}ⁿ)
 2  begin
 3      Berechne den zum Symmetriegraphen G^f_{sym} dualen Graphen Ḡ = (V, E);
 4      for i = 1 to n do color(x_i) = undefiniert;  od;
 5      P = {{x_1}, {x_2}, ..., {x_n}};
 6      ungefärbt = {x_1, ..., x_n};
 7      while (ungefärbt ≠ ∅) do
 8          comment :  f ist hier stark symmetrisch in P
 9          Berechne nach einem vorgegebenen Kriterium x_i ∈ ungefärbt;
10          Farben := {c :  1 ≤ c ≤ n und ∀x_j mit {x_i, x_j} ∈ E gilt color(x_j) ≠ c};
11          while (color(x_i) == undefiniert) do
12            color(x_i) = min(Farben);
13            if (∃ gefärbter Knoten x_j mit color(x_j) = color(x_i))
14              then
15                 if (f schwach symmetrisch in x_i und x_j)
16                    then P = P \ {[x_j], {x_i}} ∪ {[x_j] ∪ {x_i}};
17                       comment :  f ist jetzt schwach symmetrisch in P
18                       Mache f stark symmetrisch in P;
19                    else Farben = Farben \ {color(x_i)};
20                       color(x_i) = undefiniert;
21                 fi;
22            fi;
23          od;
24          ungefärbt = ungefärbt \ {x_i};
25      od;
26  end
```

Abb. 5.12 Algorithmus zum Finden einer kleinen Partition, in der eine unvollständig spezifizierte Boolesche Funktion partiell symmetrisch ist.

In jeder Iteration, wählen wir einen noch nicht gefärbten Knoten x_i (Zeile 9) und färben ihn mit der kleinsten Farbe, die zulässig ist. Zulässig heißt, daß die schon gefärbten benachbarten Knoten anders gefärbt sind (Zeile 10) und daß für einen beliebigen schon gefärbten Knoten x_j, der mit der gleichen Farbe gefärbt ist,

f schwach symmetrisch in x_i und x_j ist (Zeile 13, 15). Lemma 5.5.15 sagt dann aus, daß f partiell symmetrisch in der neuen, in Zeile 16 konstruierten Partition ist. $[x_j]$ bezeichnet hierbei die Klasse aus der Partition P, zu der das Element x_j gehört. Gemäß Lemma 5.5.14 und dem dabei angegebenen Algorithmus kann f stark symmetrisch in dieser neuen Partition gemacht werden; dabei werden nur so vielen Don't Cares Funktionswerte zugewiesen wie nötig. Dies geschieht in Zeile 18.

6 Mehrstufige Logiksynthese mit funktionaler Zerlegung

Häufig beschränkt man sich bei der automatischen Logiksynthese zur Realisierung von Schaltfunktionen auf Lösungen, wie wir sie in den Kapiteln 3 und 4 vorgestellt haben, zielt also auf zweistufige Logikrealisierungen ab. Dies hat im wesentlichen zwei Gründe. Einerseits sind die Verfahren mittlerweile relativ weit ausgereift und in der Lage, kostengünstige zweistufige Realisierungen zu finden, sofern es solche gibt. Andererseits lassen sich zweistufige Realisierungen durch programmierbare logische Felder leicht umsetzen und sind leicht auf Fabrikationsfehler testbar [FK81, KMO89]. Allerdings macht man die Beobachtung, daß in der Praxis sehr einfache Schaltfunktionen vorkommen, bei denen die beste zweistufige Realisierung sehr groß ist.

Betrachten Sie zum Beispiel die total symmetrische Boolesche Funktion $parity \in \mathcal{B}_n$, die durch $parity(x_1, \ldots, x_n) = (\sum_{i=1}^{n} x_i) \bmod 2$ definiert ist. Die maximalen Intervallfunktionen von $parity$ sind die Intervallfunktionen $I_{k,k}$ für ungerade $k \leq n$. Das Minimalpolynom von $I_{k,k}$ ist eindeutig bestimmt und besteht aus allen Monomen, die aus k positiven und $n - k$ negativen Literalen bestehen. Das Minimalpolynom von $I_{k,k}$ besteht also aus $\binom{n}{k}$ Primimplikanten (siehe Kapitel 3.4.2). Wegen Korollar 3.4.10 auf Seite 139 ist das Minimalpolynom von $parity$ die Summe der Minimalpolynome ihrer maximalen Intervallfunktionen, ist also auch eindeutig bestimmt und besteht aus

$$\sum_{i=0}^{\lceil \frac{n}{2} - 1 \rceil} \binom{n}{2i + 1} = 2^{n-1}$$

Primimplikanten. Erlauben wir jedoch eine mehrstufige Realisierung für $parity$, so kommen wir mit nur $n - 1$ exor-Gattern mit jeweils zwei Eingängen aus. Die

Boolesche Funktion *parity* ist demnach eine Boolesche Funktion, für die jede zweistufige Realisierung exponentielle Größe hat, für die es aber eine mehrstufige Realisierung gibt, die mit nur wenigen Gattern auskommt.

Dies zeigt, daß sich die Einschränkung des Suchraumes auf zweistufige Realisierungen oft negativ bemerkbar macht und motiviert die Untersuchungen mehrstufiger Realisierungen und ihrer Synthese. Im vorliegenden Kapitel beschäftigen wir uns mit der funktionalen Zerlegung Boolescher Funktionen. Wir folgen hierbei im wesentlichen der Arbeit [Sch96], in der auch weiterführende Fragen behandelt werden. Im nächsten Kapitel werden wir sogenannte algebraische Methoden vorstellen, wie sie in heutigen kommerziellen Systemen verwendet werden.

6.1 Einführung in funktionale Zerlegungen

Die Grundidee der funktionalen Zerlegung besteht darin, eine Boolesche Funktion $f \in \mathcal{B}_n$ wie in Abbildung 6.1 angedeutet durch Zerlegung in die Booleschen Funktionen $\alpha \in \mathcal{B}_{p,r}$, $\beta \in \mathcal{B}_{n-p,s}$ und $g \in \mathcal{B}_{r+s}$ zu realisieren. Sie geht auf Arbeiten von Ashenhurst [Ash59], Curtis [Cur61] und Karp [Kar63] aus den 50er und 60er Jahren zurück. Mit der Einführung der FPGA-Technologie vor einigen Jahren wurde diese Idee zur Synthese von kombinatorischen Schaltungen wieder aufgenommen [HOI90, HOI92, LPPS93, LPV93, LPV94, MS93, MS94, MSBSV91, Sas93, SM95b, SM95a, WEA95, Sch96].

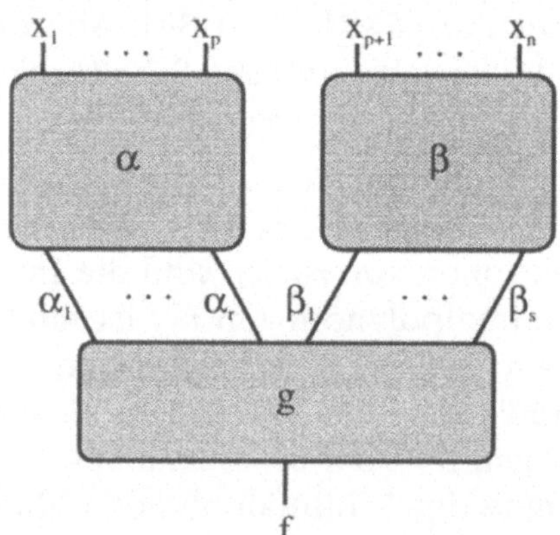

Abb. 6.1 (Zweiseitige) funktionale Zerlegung

Definition 6.1.1 (funktionale Zerlegung) *Eine (zweiseitige) funktionale Zerlegung einer Booleschen Funktion* $f \in \mathcal{B}_n$ *mit der Variablenmenge* $\mathcal{X} = \{x_1, \ldots, x_n\}$ *hinsichtlich einer Partition der Variablen in zwei Mengen* $Y =$

$\{y_1,\ldots,y_p\}$ und $Z = \{z_1,\ldots,z_{n-p}\}$ mit $0 < p < n$, $Y \cup Z = X$ und $Y \cap Z = \emptyset$ ist eine Darstellung von f der Form

$$f(x_1,\ldots,x_n) \;=\; g(\alpha_1(y_1,\ldots,y_p),\ldots,\alpha_r(y_1,\ldots,y_p),$$
$$\beta_1(z_1,\ldots,z_{n-p}),\ldots,\beta_s(z_1,\ldots,z_{n-p})).$$

Hierbei sind $\alpha_1,\ldots,\alpha_r \in \mathcal{B}_p$, $\beta_1\ldots\beta_s \in \mathcal{B}_{n-p}$ und $g \in \mathcal{B}_{r+s}$. Die Booleschen Funktionen $\alpha_1,\ldots,\alpha_r,\beta_1,\ldots,\beta_s$ werden Zerlegungsfunktionen von f genannt. Die Boolesche Funktion g ist die dazugehörige Zusammensetzungsfunktion.

Gilt $s = n - p$ und $\beta_j(z_1,\ldots,z_{n-p}) = z_j$ für alle $j \in \{1,\ldots,s\}$, d.h. ist β die Identität auf Z, so sprechen wir von einer einseitigen Zerlegung. In diesem Fall heißen die Variablen aus Y gebundene Variablen und die Variablen aus Z freie Variablen.

Abbildung 6.2 illustriert den Begriff der einseitigen funktionalen Zerlegung. In der ersten Stufe wird die Belegung der Variablen aus $Y = \{x_1,\ldots,x_p\}$ kodiert. Diese Codierung zusammen mit der Belegung der Variablen $\{x_{p+1},\ldots,x_n\}$ wird dann benutzt, um den Funktionswert $f(x_1,\ldots,x_n)$ zu berechnen.

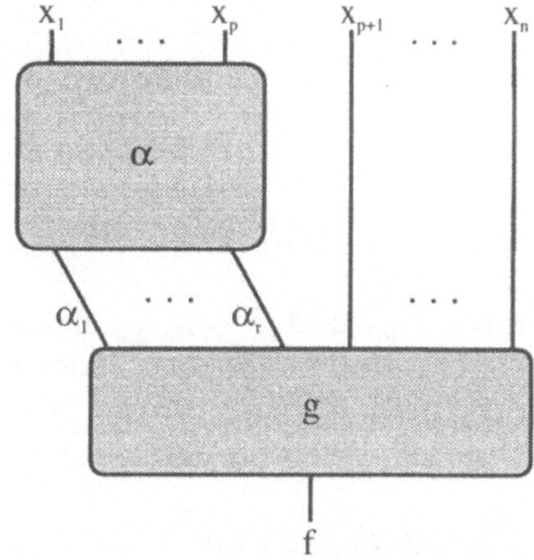

Abb. 6.2 Einseitige funktionale Zerlegung

Offensichtlich sind einseitige funktionale Zerlegungen Spezialfälle zweiseitiger Zerlegungen. Einseitige funktionale Zerlegungen sind jedoch gleichmächtig wie zweiseitige Zerlegungen, da jede zweiseitige Zerlegung als Folge zweier einseitiger Zerlegungen interpretiert werden kann. Abbildung 6.3 illustriert diese Aussage. Aus diesem Grunde werden wir im folgenden viele der Aussagen für einseitige Zerlegungen formulieren. Sie können wegen der gerade gemachten Überlegung auf zweiseitige Zerlegungen verallgemeinert werden.

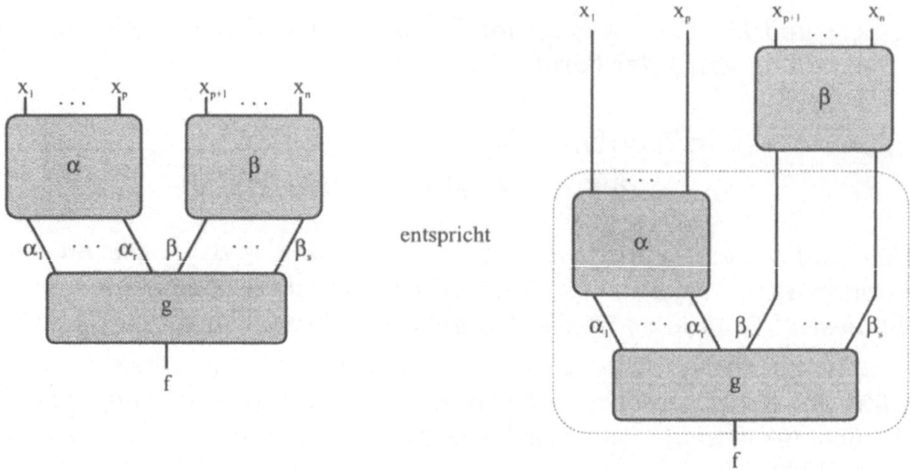

Abb. 6.3 Zweiseitige Zerlegungen versus einseitige Zerlegungen.

Im folgenden nehmen wir an, daß $Y = \{x_1, \ldots, x_p\}$ und $Z = \{x_{p+1}, \ldots, x_n\}$ gilt, so daß eine funktionale Zerlegung einer Booleschen Funktion $f \in \mathcal{B}_n$ durch [1]

$$f = g \circ (\alpha \times \beta),$$

d.h.

$$f(x_1, \ldots, x_p, x_{p+1}, \ldots, x_n) = g(\alpha(x_1, \ldots, x_p), \beta(x_{p+1}, \ldots, x_n))$$

gegeben ist. Hierbei sind $\alpha \in \mathcal{B}_{p,r}$ und $\beta \in \mathcal{B}_{n-p,s}$ Boolesche Funktionen mit r beziehungsweise s Ausgängen. Wollen wir eine andere Variablenpartition benutzen, so können wir diese durch Permutation der Eingangsvariablen der Booleschen Funktion f in die gerade genannte Form bringen.

Bezeichnung 6.1.2 *Die Variablenpartition* $\{\{x_1, \ldots, x_p\}, \{x_{p+1}, \ldots, x_n\}\}$ *bezeichnen wir mit* $\mathcal{P}_{n,p}$.

Wollen wir funktionale Zerlegungen bei der Logiksynthese ausnutzen, so ist es günstig, nach funktionalen Zerlegungen mit möglichst geringer Anzahl $r + s$ von Zerlegungsfunktionen zu suchen. Ist die Anzahl der Zerlegungsfunktionen gering, so sind bei rekursiver Anwendung des Verfahrens weniger Zerlegungsfunktionen zu realisieren, was zu geringen Gesamtkosten des resultierenden

---

[1]Das Symbol $\circ$ steht für die Hintereinanderausführung von Funktionen. Sind $f \in \mathcal{B}_{n_1,m_1}$ und $g \in \mathcal{B}_{n_2,m_2}$ zwei Boolesche Funktionen, so ist $(f \times g) \in \mathcal{B}_{n_1+n_2,m_1+m_2}$ die durch $(f \times g)(\alpha_1, \ldots, \alpha_{n_1+n_2}) = (f(\alpha_1, \ldots, \alpha_{n_1}), g(\alpha_{n_1+1}, \ldots, \alpha_{n_1+n_2}))$ definierte Boolesche Funktion.

Schaltkreises führen sollte. Je weniger Zerlegungsfunktionen bei einer Zerlegung auftreten, desto weniger Eingänge hat die dazugehörige Zusammensetzungsfunktion g. Dies läßt auf eine weniger komplexe Zusammensetzungsfunktion hoffen. In diesem Sinne sind Zerlegungen interessant, bei denen die Anzahl $r + s$ der Zerlegungsfunktionen kleiner als die Anzahl n der Variablen von f ist. Wir nennen solche Zerlegungen *nichttriviale Zerlegungen*. Von besonderem Interesse sind funktionale Zerlegungen, die mit einer minimalen Anzahl von Zerlegungsfunktionen auskommen, sogenannte *kommunikationsminimale Zerlegungen* und Zerlegungen hinsichtlich von Variablenpartitionen, die die Variablenmenge in zwei gleichmächtige Teilmengen aufteilen. Die rekursive Ausnutzung solcher *balancierten* Zerlegungen führt in vielen Fällen zu Realisierungen geringer Tiefe.

Definition 6.1.3 (nichttriviale Zerlegung) *Eine funktionale Zerlegung*

$$f(x_1, \ldots, x_p, x_{p+1}, \ldots, x_n) = g(\alpha(x_1, \ldots, x_p), \beta(x_{p+1}, \ldots, x_n))$$

von f hinsichtlich der Variablenpartition $\mathcal{P}_{n,p}$ mit $\alpha = (\alpha_1, \ldots, \alpha_r) \in \mathcal{B}_{p,r}$ und $\beta = (\beta_1, \ldots, \beta_s) \in \mathcal{B}_{n-p,s}$ heißt nichttrivial, wenn $r + s < n$ gilt.

Arbeiten wir nur mit nichttrivialen Zerlegungen von f und wenden wir das Verfahren der funktionalen Zerlegung rekursiv an, um Realisierungen für die Zerlegungsfunktionen und die Zusammensetzungsfunktion zu finden, so haben alle Funktionen, die auf der nächsten Rekursionsstufe behandelt werden, eine geringere Anzahl an Eingangsvariablen als f. Die Rekursion terminiert nach spätestens n Schritten.

Definition 6.1.4 (kommunikationsminimale Zerlegung) *Eine zweiseitige funktionale Zerlegung*

$$f(x_1, \ldots, x_p, x_{p+1}, \ldots, x_n) = g(\alpha(x_1, \ldots, x_p), \beta(x_{p+1}, \ldots, x_n))$$

von f hinsichtlich der Variablenpartition $\mathcal{P}_{n,p}$ mit $\alpha = (\alpha_1, \ldots, \alpha_r) \in \mathcal{B}_{p,r}$ und $\beta = (\beta_1, \ldots, \beta_s) \in \mathcal{B}_{n-p,s}$ heißt

- *kommunikationsminimal hinsichtlich $\mathcal{P}_{n,p}$, falls für jede funktionale Zerlegung*

$$f(x_1, \ldots, x_p, x_{p+1}, \ldots, x_n) = h(\gamma(x_1, \ldots, x_p), \theta(x_{p+1}, \ldots, x_n))$$

  von f hinsichtlich der gleichen Variablenpartition $\mathcal{P}_{n,p}$ mit $\gamma = (\gamma_1, \ldots, \gamma_u) \in \mathcal{B}_{p,u}$ und $\theta = (\theta_1, \ldots, \theta_v) \in \mathcal{B}_{n-p,v}$ die Ungleichungen $r \leq u$ und $s \leq v$ gelten.

- *kommunikationsminimal hinsichtlich $\{x_1, \ldots, x_p\}$, falls für jede funktionale Zerlegung*

$$f(x_1, \ldots, x_p, x_{p+1}, \ldots, x_n) = h(\gamma(x_1, \ldots, x_p), x_{p+1}, \ldots, x_n)$$

  von f mit $\gamma = (\gamma_1, \ldots, \gamma_u) \in \mathcal{B}_{p,u}$ die Ungleichung $r \leq u$ gilt.

Es ist leicht einzusehen, daß jede kommunikationsminimale Zerlegung von f hinsichtlich der Variablenpartition $\mathcal{P}_{n,p}$ auch kommunikationsminimal hinsichtlich $\{x_1, \ldots, x_p\}$ ist.

Im folgenden werden wir in der Regel mit einseitigen funktionalen Zerlegungen hinsichtlich $\mathcal{P}_{n,p}$ arbeiten. Nennen wir diese kommunikationsminimal, so ist kommunikationsminimal hinsichtlich $\{x_1, \ldots, x_p\}$ gemeint.

Definition 6.1.5 (balancierte Zerlegung) *Eine funktionale Zerlegung von $f \in \mathcal{B}_n$ hinsichtlich der Variablenpartition $\mathcal{P}_{n,p}$ heißt balanciert, falls $p = \lfloor \frac{n}{2} \rfloor$ oder $p = \lceil \frac{n}{2} \rceil$ gilt.*

6.2　Zerlegungs- und Zusammensetzungsfunktionen

Wir beginnen mit zwei einführenden Beispielen, die den Begriff der funktionalen Zerlegung weiter verdeutlichen sollen, und mit einigen grundlegenden Aussagen, die uns den Weg zu effizienten Algorithmen bereiten werden.

Wir betrachten im ersten Beispiel die Boolesche Funktion $compare4 \in \mathcal{B}_8$, die durch

$$compare4(x_1, \ldots, x_8) = 1 \iff (x_1, x_2, x_3, x_4) = (x_5, x_6, x_7, x_8)$$

definiert ist, also die die beiden Binärzahlen (x_1, x_2, x_3, x_4) und (x_5, x_6, x_7, x_8) vergleicht. Eine mögliche funktionale Zerlegung ist sicherlich

$$compare4(x_1, \ldots, x_8) = compare2(x_1, x_2, x_5, x_6) \cdot compare2(x_3, x_4, x_7, x_8),$$

mit $compare2(a, b, c, d) = 1 \iff (a, b) = (c, d)$. Auf den Variablen x_1, x_2, x_5, x_6 wird berechnet, ob die ersten beiden Bits der zu vergleichenden Binärzahlen übereinstimmen, auf den Variablen x_3, x_4, x_7, x_8, ob die beiden letzten Bits übereinstimmen. Die Zusammensetzungsfunktion setzt die beiden Zwischenlösungen durch eine Konjunktion zum endgültigen Funktionswert zusammen. Die beiden benutzten Zerlegungsfunktionen sind also Funktionen mit einem Ausgang. Der Ausgang ist 1, wenn der entsprechende Vergleich wahr ist, 0 sonst.

Allgemein kann die Information, wieviele Zerlegungsfunktionen für eine Zerlegung einer Booleschen Funktion f hinsichtlich einer Variablenpartition $\mathcal{P}_{n,p}$ benötigt werden, leicht aus der Zerlegungsmatrix abgelesen werden.

Definition 6.2.1 (Zerlegungsmatrix) *Die Zerlegungsmatrix $\mathcal{Z}_f^{\mathcal{P}_{n,p}}$ einer unvollständig spezifizierten Booleschen Funktion $f : D \to \{0,1\}$ mit $D \subseteq \{0,1\}^n$ hinsichtlich der Variablenpartition $\mathcal{P}_{n,p}$ ist eine $2^p \times 2^{n-p}$-Matrix über $\{0, 1, *\}$,*

Tabelle 6.1

	x_3	0 0 0 0 0 0 0 0 1 1 1 1 1 1 1 1
	x_4	0 0 0 0 1 1 1 1 0 0 0 0 1 1 1 1
	x_7	0 0 1 1 0 0 1 1 0 0 1 1 0 0 1 1
	x_8	0 1 0 1 0 1 0 1 0 1 0 1 0 1 0 1
$x_1 x_2 x_5 x_6$		
0 0 0 0		1 0 0 0 0 1 0 0 0 0 1 0 0 0 0 1
0 0 0 1		0 0 0 0 0 0 0 0 0 0 0 0 0 0 0 0
0 0 1 0		0 0 0 0 0 0 0 0 0 0 0 0 0 0 0 0
0 0 1 1		0 0 0 0 0 0 0 0 0 0 0 0 0 0 0 0
0 1 0 0		0 0 0 0 0 0 0 0 0 0 0 0 0 0 0 0
0 1 0 1		1 0 0 0 0 1 0 0 0 0 1 0 0 0 0 1
0 1 1 0		0 0 0 0 0 0 0 0 0 0 0 0 0 0 0 0
0 1 1 1		0 0 0 0 0 0 0 0 0 0 0 0 0 0 0 0
1 0 0 0		0 0 0 0 0 0 0 0 0 0 0 0 0 0 0 0
1 0 0 1		0 0 0 0 0 0 0 0 0 0 0 0 0 0 0 0
1 0 1 0		1 0 0 0 0 1 0 0 0 0 1 0 0 0 0 1
1 0 1 1		0 0 0 0 0 0 0 0 0 0 0 0 0 0 0 0
1 1 0 0		0 0 0 0 0 0 0 0 0 0 0 0 0 0 0 0
1 1 0 1		0 0 0 0 0 0 0 0 0 0 0 0 0 0 0 0
1 1 1 0		0 0 0 0 0 0 0 0 0 0 0 0 0 0 0 0
1 1 1 1		1 0 0 0 0 1 0 0 0 0 1 0 0 0 0 1

Tabelle 6.2

	x_5	0 0 0 0 0 0 0 0 1 1 1 1 1 1 1 1
	x_6	0 0 0 0 1 1 1 1 0 0 0 0 1 1 1 1
	x_7	0 0 1 1 0 0 1 1 0 0 1 1 0 0 1 1
	x_8	0 1 0 1 0 1 0 1 0 1 0 1 0 1 0 1
$x_1 x_2 x_3 x_4$		
0 0 0 0		1 0 0 0 0 0 0 0 0 0 0 0 0 0 0 0
0 0 0 1		0 1 0 0 0 0 0 0 0 0 0 0 0 0 0 0
0 0 1 0		0 0 1 0 0 0 0 0 0 0 0 0 0 0 0 0
0 0 1 1		0 0 0 1 0 0 0 0 0 0 0 0 0 0 0 0
0 1 0 0		0 0 0 0 1 0 0 0 0 0 0 0 0 0 0 0
0 1 0 1		0 0 0 0 0 1 0 0 0 0 0 0 0 0 0 0
0 1 1 0		0 0 0 0 0 0 1 0 0 0 0 0 0 0 0 0
0 1 1 1		0 0 0 0 0 0 0 1 0 0 0 0 0 0 0 0
1 0 0 0		0 0 0 0 0 0 0 0 1 0 0 0 0 0 0 0
1 0 0 1		0 0 0 0 0 0 0 0 0 1 0 0 0 0 0 0
1 0 1 0		0 0 0 0 0 0 0 0 0 0 1 0 0 0 0 0
1 0 1 1		0 0 0 0 0 0 0 0 0 0 0 1 0 0 0 0
1 1 0 0		0 0 0 0 0 0 0 0 0 0 0 0 1 0 0 0
1 1 0 1		0 0 0 0 0 0 0 0 0 0 0 0 0 1 0 0
1 1 1 0		0 0 0 0 0 0 0 0 0 0 0 0 0 0 1 0
1 1 1 1		0 0 0 0 0 0 0 0 0 0 0 0 0 0 0 1

die für alle $(a_1, \ldots, a_n) \in \{0,1\}^n$ durch

$$\mathcal{Z}_f^{P_{n,p}}[i,j] \;=\; \begin{cases} f(a_1, \ldots, a_n) & \textit{falls } (a_1, \ldots, a_n) \in DEF(f) \\ * & \textit{falls } (a_1, \ldots, a_n) \notin DEF(f) \end{cases}$$

definiert ist. Hierbei ist i die durch $(a_1, \ldots, a_p)$ und j die durch $(a_{p+1}, \ldots, a_n)$ dargestellte Zahl.

In Tabelle 6.1 ist die Zerlegungsmatrix $\mathcal{Z}_{compare4}^{\{\{x_1,x_2,x_5,x_6\},\{x_3,x_4,x_7,x_8\}\}}$ dargestellt. Sie hat zwei verschiedene Zeilenmuster. Um mit Hilfe einer Zusammensetzungsfunktion die ursprüngliche Funktion *compare4* rekonstruieren zu können, muß die auf den Variablen x_1, x_2, x_5, x_6 definierte Zerlegungsfunktion Belegungen von x_1, x_2, x_5, x_6, denen unterschiedliche Zeilenmuster zugeordnet sind, unterschiedliche Ausgabewerte zuordnen. Eine Möglichkeit besteht darin, das Zeilenmuster 0000000000000000 mit dem Wert 0 und das Zeilenmuster 1000010000100001 mit dem Wert 1 zu kodieren. Gleiches gilt für die Spalten. Es gibt zwei verschiedene Spaltenmuster. Die auf x_3, x_4, x_7, x_8 definierte Zerlegungsfunktion kommt dementsprechend auch mit einem Booleschen Ausgang aus.

Auf den ersten Blick wäre es naheliegend gewesen, die Variablen in die Teilmengen $\{x_1, x_2, x_3, x_4\}$ und $\{x_5, x_6, x_7, x_8\}$ zu partitionieren. Die entsprechende Zerlegungsmatrix ist in Tabelle 6.2 dargestellt. Wir sehen, daß für diese Partition der Eingangsvariablen alle Zeilenmuster paarweise disjunkt sind. Es gibt

2^4 verschiedene Zeilenmuster. Da die auf den Variablen x_1, x_2, x_3, x_4 definierte Zerlegungsfunktion α Belegungen von x_1, x_2, x_3, x_4, denen unterschiedliche Zeilenmuster zugeordnet sind, unterschiedliche Ausgabewerte zuordnen muß, muß α eine Boolesche Funktion mit wenigstens $\lceil \log_2 2^4 \rceil$ Ausgängen sein. Analoges gilt für die Spaltenmuster dieser Zerlegungsmatrix, die ebenfalls alle paarweise disjunkt sind. Die dazugehörige Zusammensetzungsfunktion g ist bei dieser Partition der Eingangsvariablen also eine Boolesche Funktion mit wenigstens acht Eingängen. Eine nichttriviale Zerlegung von $compare4$ hinsichtlich dieser Variablenpartition ist nicht möglich.

Die gerade gemachten Überlegungen führen zu dem Satz von Curtis, der eine untere Schranke für die Anzahl der Zerlegungsfunktionen bei vorgegebener Variablenpartition angibt.

Satz 6.2.1 (Satz von Curtis) *Sei $f \in \mathcal{B}_n$ eine Boolesche Funktion mit den Eingangsvariablen $x_1, \ldots, x_n$. Dann gibt es eine funktionale Zerlegung hinsichtlich der Variablenpartition $\mathcal{P}_{n,p}$ der Form $f = g \circ (\alpha \times \beta)$ mit $\alpha \in \mathcal{B}_{p,r}$, $\beta \in \mathcal{B}_{n-p,s}$ und $g \in \mathcal{B}_{r+s}$ genau dann, wenn die Beziehungen*

$$r \;\geq\; \left\lceil \log_2 zeilenmuster(\mathcal{Z}_f^{\mathcal{P}_{n,p}}) \right\rceil,$$

$$s \;\geq\; \left\lceil \log_2 spaltenmuster(\mathcal{Z}_f^{\mathcal{P}_{n,p}}) \right\rceil$$

gelten. Hierbei gibt $zeilenmuster(\mathcal{Z}_f^{\mathcal{P}_{n,p}})$ die Anzahl der verschiedenen Zeilenmuster und $spaltenmuster(\mathcal{Z}_f^{\mathcal{P}_{n,p}})$ die Anzahl der verschiedenen Spaltenmuster der Zerlegungsmatrix an.

Beweis: Den verschiedenen Zeilenmustern müssen unterschiedliche Werte durch die Boolesche Funktion α zugeordnet werden. Bei q verschiedenen Zeilenmustern muß demnach α wenigstens $\lceil \log_2 q \rceil$ Boolesche Ausgänge haben. Analog hierzu überlegt man sich die zweite untere Schranke.

Man überlegt sich auch leicht, daß $r = \left\lceil \log_2 zeilenmuster(\mathcal{Z}_f^{\mathcal{P}_{n,p}}) \right\rceil$ bzw. $s = \left\lceil \log_2 spaltenmuster(\mathcal{Z}_f^{\mathcal{P}_{n,p}}) \right\rceil$ Zerlegungsfunktionen auch wirklich ausreichen. ∎

Hiermit erhalten wir eine notwendige und hinreichende Bedingung für nichttriviale funktionale Zerlegungen.

Korollar 6.2.2 *Eine Boolesche Funktion $f \in \mathcal{B}_n$ ist genau dann nichttrivial zerlegbar hinsichtlich der Variablenpartition $\mathcal{P}_{n,p}$, wenn*

$$\left\lceil \log_2 zeilenmuster(\mathcal{Z}_f^{\mathcal{P}_{n,p}}) \right\rceil \;\leq\; p - 1$$

	Tabelle 6.3			
	x_3	0 0 1 1		
	x_4	0 1 0 1		
$x_1 x_2$				
0 0	0 0 0 1			
0 1	0 1 0 0			
1 0	0 0 0 1			
1 1	0 0 1 1			

	Tabelle 6.4	
	x_2	0 0 1 1
	x_4	0 1 0 1
$x_1 x_3$		
0 0	0 0 0 1	
0 1	0 1 0 0	
1 0	0 0 0 0	
1 1	0 1 1 1	

	Tabelle 6.5	
	x_2	0 0 1 1
	x_3	0 1 0 1
$x_1 x_4$		
0 0	0 0 0 0	
0 1	0 1 1 0	
1 0	0 0 0 1	
1 1	0 1 0 1	

oder

$$\left\lceil \log_2 \mathit{spaltenmuster}(\mathcal{Z}_f^{P_{n,p}}) \right\rceil \leq n - p - 1$$

gilt.

An dieser Stelle drängt sich die Frage auf, ob es zu jeder Booleschen Funktion $f \in \mathcal{B}_n$ eine nichttriviale funktionale Zerlegung hinsichtlich eines vorgegebenen Variablenaufteilungsverhältnisses gibt. Speziell interessiert die Frage, ob es zu jeder Booleschen Funktion eine nichttriviale *balancierte* funktionale Zerlegung gibt. Das folgende Beispiel zeigt auf, daß diese beiden Fragen leider negativ zu beantworten sind.

Wir betrachten die Boolesche Funktion $f \in \mathcal{B}_4$, die durch den Booleschen Ausdruck

$$f(x_1, x_2, x_3, x_4) = x_1' \cdot (x_2 \oplus x_3) \cdot x_4 + x_1 \cdot (x_2 + x_4) \cdot x_3$$

definiert ist. Es gibt sechs balancierte funktionale Zerlegungen der Funktion, die sich durch Matrixtransponierung auf drei zurückführen lassen. Die entsprechenden Zerlegungsmatrizen sind in den Tabellen 6.3-6.5 aufgeführt.

Wir erkennen, daß jede der drei Zerlegungsmatrizen mindestens drei verschiedene Zeilenmuster und drei verschiedene Spaltenmuster enthält. Zur Kodierung der Zeilen und der Spalten sind somit jeweils zwei Zerlegungsfunktionen notwendig. Alle balancierten Zerlegungen der Funktion sind demnach *nicht* nichttrivial.

Schauen wir uns den Booleschen Ausdruck an, mit dem wir die Boolesche Funktion f spezifiziert haben, so erkennen wir leicht, daß es trotzdem eine nichttriviale, wenn auch keine balancierte funktionale Zerlegung von f gibt. Obiger Boolescher Ausdruck läßt sich schreiben als

$$f(x_1, x_2, x_3, x_4) = g(x_1, \beta(x_2, x_3, x_4)),$$

wobei $\beta \in \mathcal{B}_{3,2}$ eine Boolesche Funktion in drei Variablen und zwei Ausgängen ist, die durch

$$\beta_1(x_2, x_3, x_4) \quad = \quad (x_2 \oplus x_3) \cdot x_4$$

$$\beta_2(x_2, x_3, x_4) \;=\; (x_2 + x_4) \cdot x_3$$

definiert ist, und $g \in \mathcal{B}_3$ eine Boolesche Funktion in ebenfalls drei Variablen ist, die durch

$$g(x_1, b_1, b_2) = x_1' \cdot b_1 + x_1 \cdot b_2$$

definiert ist. Die durch diese Shannon Zerlegung hinsichtlich x_1 entstandenen Zerlegungsfunktionen β_1 und β_2 sind nichttrivial balanciert zerlegbar. Die Boolesche Funktion $\beta_1 \in \mathcal{B}_3$ ist mit

$$\beta_1(x_2, x_3, x_4) = and(x_2 \oplus x_3, x_4)$$

nichttrivial zerlegbar hinsichtlich der Variablenpartition $\{\{x_2, x_3\}, \{x_4\}\}$ und $\beta_2 \in \mathcal{B}_3$ ist mit

$$\beta_2(x_2, x_3, x_4) = and(x_2 + x_4, x_3)$$

nichttrivial zerlegbar hinsichtlich der Variablenpartition $\{\{x_2, x_4\}, \{x_3\}\}$.
Allgemein gilt:

Lemma 6.2.3 *Zu jeder Funktion $f \in \mathcal{B}_n$ existiert eine nichttriviale funktionale Zerlegung hinsichtlich der Variablenpartition $\mathcal{P}_{n,p}$, falls $p \geq 2^{n-p} + 1$ gilt.*

Beweis: Sei $p \in \{1, \ldots, n-1\}$ mit $p \geq 2^{n-p} + 1$, also mit $2^{p-1} \geq 2^{2^{n-p}}$. Die Zerlegungsmatrix $\mathcal{Z}_f^{\mathcal{P}_{n,p}}$ ist eine $2^p \times 2^{n-p}$-Matrix, besteht also aus 2^{n-p} Spalten. Hieraus folgt unmittelbar, daß die Beziehung

$$zeilenmuster(\mathcal{Z}_f^{\mathcal{P}_{n,p}}) \leq 2^{2^{n-p}}$$

gilt, also auch $zeilenmuster(\mathcal{Z}_f^{\mathcal{P}_{n,p}}) \leq 2^{p-1}$. Nach Korollar 6.2.2 ist f demnach nichttrivial zerlegbar hinsichtlich der Variablenaufteilung $\mathcal{P}_{n,p}$. $\blacksquare$

Korollar 6.2.4 *Jede Boolesche Funktion $f \in \mathcal{B}_n$ mit $n \geq 4$ ist nichttrivial zerlegbar.*

Beweis: Die Aussage folgt aus Lemma 6.2.3, da $n - 1 \geq 3 = 2^{n-(n-1)} + 1$ für alle $n \geq 4$ gilt. $\blacksquare$

Die Shannon Zerlegung von $f \in \mathcal{B}_n$ ($n \geq 4$) hinsichtlich einer beliebigen Booleschen Variablen x_i von f ist eine solche spezielle nichttriviale funktionale Zerlegung. Sie kann angewendet werden, wenn es keine nichttriviale Zerlegung hinsichtlich des gewünschten Variablenaufteilungsverhältnisses gibt. Wie das obige Beispiel gezeigt hat, kann es nach einem solchen Schritt durchaus wieder eine nichttriviale Zerlegung hinsichtlich des gewünschten Variablenaufteilungsverhältnisses geben.

6.3 Effizienter Algorithmus zur funktionalen Zerlegung einer Booleschen Funktion mit einem Ausgang

Funktionstabellen und Zerlegungsmatrizen haben für alle Booleschen Funktionen $f \in \mathcal{B}_n$ exponentielle Größe. Wie in den Kapiteln 2 und 5 schon gesehen, gibt es Datenstrukturen, die in der Praxis häufig wesentlich kompaktere Repräsentationen Boolescher Funktionen erlauben. BDDs stellen eine solche Datenstruktur dar, die insbesondere aus diesem Grunde in den letzten Jahren eine immer größere Verbreitung gefunden hat. Daß es sich lohnt, sich mit funktionalen Zerlegungen von durch BDDs dargestellten Booleschen Funktionen zu befassen, zeigt schon die Überlegung, daß die Funktionstabelle oder eine Zerlegungsmatrix eines 16-Bit Addierers, der 32 Eingänge und 16 Ausgänge besitzt, mehrere Gigabyte Speicherplatz benötigt. Der Platzbedarf wächst beim 32-Bit Addierer auf mehrere Milliarden Gigabyte. Alleine wegen der Größe der benötigten Repräsentation können Probleme dieser Komplexität durch eine tabellenbasierte Synthese nicht bearbeitet werden.

6.3.1 Bestimmung der Anzahl der Zerlegungsfunktionen

Das erste Problem, das sich bei der einseitigen funktionalen Zerlegung einer Booleschen Funktion $f \in \mathcal{B}_n$ stellt, ist die Bestimmung der Anzahl der benötigten Zerlegungsfunktionen hinsichtlich einer vorgegebenen Variablenpartition $\mathcal{P}_{n,p}$. Wie in dem obigen Abschnitt schon beschrieben wurde, ist dies prinzipiell mit Hilfe der Zerlegungsmatrix $\mathcal{Z}_f^{\mathcal{P}_{n,p}}$ machbar, indem wir die Anzahl der in der Matrix vorkommenden verschiedenen Zeilenmuster bestimmen. Mit dem Satz von Curtis erhalten wir dann durch Logarithmieren die Anzahl der benötigten Zerlegungsfunktionen.

Liegt nur der BDD der Booleschen Funktion f vor, so ist es nur unwesentlich komplizierter, diese Anzahl zu bestimmen. Die entscheidende Beobachtung ist, daß das Zeilenmuster der mit $(\epsilon_1, \ldots, \epsilon_p) \in \{0,1\}^p$ indizierten Zeile der Funktionstabelle des iterierten Kofaktors $f_{x_1^{\epsilon_1} \cdots x_p^{\epsilon_p}}$ von f nach dem Monom $x_1^{\epsilon_1} \cdot \ldots \cdot x_p^{\epsilon_p}$ entspricht. So ist die Anzahl der verschiedenen Zeilenmuster der Zerlegungsmatrix gleich der Anzahl der verschiedenen iterierten Kofaktoren $f_{x_1^{\epsilon_1} \cdots x_p^{\epsilon_p}}$ von f für $(\epsilon_1, \ldots, \epsilon_p)$ aus $\{0,1\}^p$.

Gehen wir nun davon aus, daß der vorliegende BDD der Booleschen Funktion f hinsichtlich der Variablenordnung $x_1 < \ldots < x_n$ geordnet ist, so wird der Kofaktor $f_{x_1^{\epsilon_1} \cdots x_p^{\epsilon_p}}$ für ein festes $\epsilon = (\epsilon_1, \ldots, \epsilon_p) \in \{0,1\}^p$ durch den Knoten w_ϵ des BDDs von f beschrieben, der erreicht wird, wenn wir von der Wurzel des BDDs aus startend den durch ϵ definierten Pfad verfolgen. Einen mit x_i ($1 \leq i \leq p$) indizierten Knoten verlassen wir über die *low*-Kante, wenn $\epsilon_i = 0$ gilt, und über die *high*-Kante, wenn $\epsilon_i = 1$ gilt. Aufgrund der Kanonizität der

BDD-Darstellung (siehe Satz 2.3.1 auf Seite 63) sind die iterierten Kofaktoren von f nach dem Monom $x_1^{\epsilon_1} \cdot \ldots \cdot x_p^{\epsilon_p}$ und dem Monom $x_1^{\delta_1} \cdot \ldots \cdot x_p^{\delta_p}$ genau dann gleich, wenn die beiden Knoten w_ϵ und w_δ identisch sind. Die verschiedenen Zeilenmuster der Zerlegungsmatrix $\mathcal{Z}_f^{\mathcal{P}_{n,p}}$ entsprechen demnach eineindeutig den verschiedenen Knoten w_ϵ des BDDs mit $\epsilon = (\epsilon_1, \ldots, \epsilon_p) \in \{0,1\}^p$. Diese Knoten werden im folgenden *Verbindungsknoten* genannt.

Definition 6.3.1 (Verbindungsknoten) *Sei $f \in \mathcal{B}_n$ eine über den Variablen $x_1, \ldots, x_n$ definierte Boolesche Funktion und $F = (V, E, index, value)$ der über der Variablenordnung $x_1 < \ldots < x_n$ definierte BDD von f. Ein Knoten $v \in V$ heißt* Verbindungsknoten *hinsichtlich der Variablenaufteilung $\mathcal{P}_{n,p}$, wenn er*

1. *mit einer Variablen $index(v)$ markiert ist, die echt größer als x_p ist und*

2. *Wurzel des BDDs ist oder mindestens einen direkten Vorgängerknoten w hat, für den $index(w) \leq x_p$ gilt.*

Anschaulich sind die Verbindungsknoten hinsichtlich der Variablenaufteilung $\mathcal{P}_{n,p}$ alle die Knoten des BDDs, die unterhalb der mit x_p markierten Knoten liegen und mit mindestens einem Knoten durch eine Kante verbunden sind, der oberhalb dieser Schnittlinie liegt. Ein Sonderfall liegt vor, wenn f nicht von der Belegung der Variablen $x_1, \ldots, x_p$ abhängt. In diesem Fall besitzt der BDD von f nur einen Verbindungsknoten, die Wurzel des BDDs.

Aus den bisherigen Überlegungen folgt unmittelbar das Lemma

Lemma 6.3.1 *Sei $f \in \mathcal{B}_n$ eine Boolesche Funktion und F der über der Variablenordnung $x_1 < x_2 < \ldots < x_n$ definierte BDD von f. Dann gibt es zu jedem iterierten Kofaktor $f_{x_1^{\epsilon_1} \cdot \ldots \cdot x_p^{\epsilon_p}}$ genau einen Verbindungsknoten von F hinsichtlich der Variablenpartition $\mathcal{P}_{n,p}$, der ihn beschreibt, und umgekehrt.*

Abbildung 6.4 illustriert diese Aussage nochmals. Aus der angegebenen Zerlegungsmatrix $\mathcal{Z}_f^{\mathcal{P}_{5,3}}$ einer Beispielfunktion f erkennen wir, daß es vier verschiedene Zeilenmuster gibt. Der zu f gehörige BDD mit der Variablenordnung $x_1 < x_2 < x_3 < x_4 < x_5$ besitzt ebenfalls vier Verbindungsknoten hinsichtlich dieser gewählten Variablenaufteilung. Diese Knoten sind in der Abbildung mit Grautönen unterlegt. Das 0-Blatt entspricht dem Zeilenmuster 1, also der konstanten Booleschen Funktion $\underline{0}$, die über der Variablenmenge $\{x_4, x_5\}$ definiert ist. Das 1-Blatt entspricht dem Zeilenmuster 4, also der konstanten Booleschen Funktion $\underline{1}$. Der linke mit x_4 markierte Knoten beschreibt den Kofaktor $f_{x_1' \cdot x_2' \cdot x_3}$ beziehungsweise den Kofaktor $f_{x_1 \cdot x_2 \cdot x_3'}$ und $f_{x_1 \cdot x_2 \cdot x_3}$, entspricht also dem Zeilenmuster 2. Die durch das Zeilenmuster 3 gegebene, auf $\{x_4, x_5\}$ definierte Boolesche Funktion entspricht dem rechten mit x_4 markierten Knoten im BDD.

Ist also der BDD einer Booleschen Funktion $f \in \mathcal{B}_n$ gegeben, so läßt sich die Anzahl $zeilenmuster(\mathcal{Z}_f^{\mathcal{P}_{n,p}})$ der verschiedenen Zeilenmuster der Zerlegungsma-

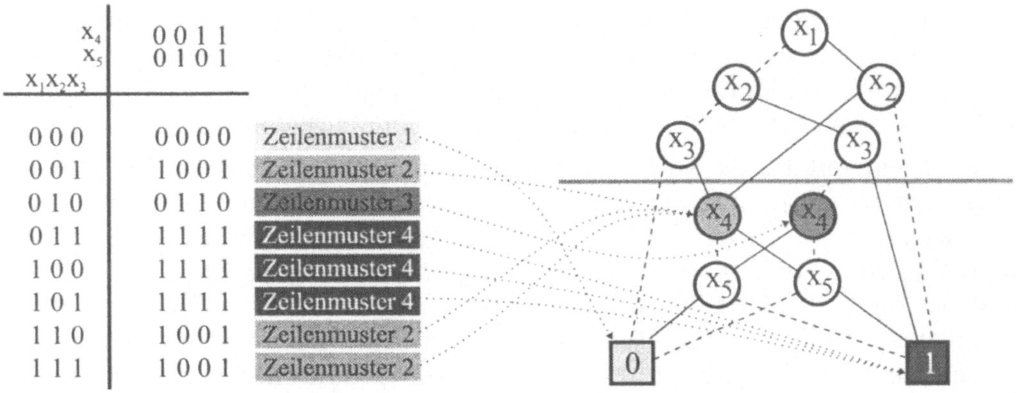

x_4	0 0 1 1		
x_5	0 1 0 1		
$x_1x_2x_3$			
0 0 0	0 0 0 0	Zeilenmuster 1	
0 0 1	1 0 0 1	Zeilenmuster 2	
0 1 0	0 1 1 0	Zeilenmuster 3	
0 1 1	1 1 1 1	Zeilenmuster 4	
1 0 0	1 1 1 1	Zeilenmuster 4	
1 0 1	1 1 1 1	Zeilenmuster 4	
1 1 0	1 0 0 1	Zeilenmuster 2	
1 1 1	1 0 0 1	Zeilenmuster 2	

Abb. 6.4 Illustration von Verbindungsknoten

trix durch einen einfachen Algorithmus bestimmen. Der Algorithmus durchmustert den BDD mittels Tiefensuche, beginnend bei der Wurzel des BDDs. Trifft der Algorithmus auf ein noch nicht besuchtes Blatt oder einen nicht besuchten Knoten v mit $index(v) = x_q$ und $q > p$, so geht der Algorithmus unmittelbar nach Inkrementierung der Anzahl der bis zu diesem Zeitpunkt gefundenen paarweise verschiedenen Zeilenmuster zum Vaterknoten zurück. Der Pfad braucht nicht in die Tiefe weiterverfolgt zu werden.

6.3.2 Bestimmung der Zerlegungs- und Zusammensetzungsfunktionen

Ist festgestellt, wieviele Zerlegungsfunktionen für eine einseitige kommunikationsminimale Zerlegung einer Booleschen Funktion $f \in \mathcal{B}_n$ hinsichtlich der Variablenpartition $\mathcal{P}_{n,p}$ benötigt werden, so bleibt das Problem, eine einseitige kommunikationsminimale Zerlegung durch Konstruktion der Zerlegungsfunktionen $\alpha_1, \dots, \alpha_r$ ($r = \lceil \log_2 zeilenmuster(\mathcal{Z}_f^{\mathcal{P}_{n,p}}) \rceil$) und der Zusammensetzungsfunktion $g \in \mathcal{B}_{r+n-p}$ zu finden.

Die in Abschnitt 6.2 gemachten Beobachtungen zeigen auf, wie die Zerlegungsfunktionen und die Zusammensetzungsfunktion in etwa konstruiert werden müssen. Gehen wir von der Zerlegungsmatrix $\mathcal{Z}_f^{\mathcal{P}_{n,p}}$ aus, so müssen die Zerlegungsfunktionen $(\alpha_1, \dots, \alpha_r)$ so gewählt werden, daß sie den Indizes der Zeilen (jeder Index entspricht einer Belegung der Variablen $x_1, \dots, x_p$) mit unterschiedlichen Zeilenmustern verschiedene Werte zuordnen. Die Zusammensetzungsfunktion g ergibt sich dann automatisch aus der Forderung, daß für alle Belegungen $(a_1, \dots, a_n) \in \{0,1\}^n$ der Variablen $x_1, \dots, x_n$ die Gleichung

$$f(a_1, \dots, a_p, a_{p+1}, \dots, a_n) = g(\alpha_1(a_1, \dots, a_p), \dots, \alpha_r(a_1, \dots, a_p), a_{p+1}, \dots, a_n)$$

gelten muß. Etwaige Freiheiten bei dem letzten Schritt entstehen nur dann, wenn die Boolesche Funktion $(\alpha_1, \ldots, \alpha_r)$ nicht surjektiv ist. Liegt $(\epsilon_1, \ldots, \epsilon_r) \in \{0,1\}^r$ nicht im Bildbereich von $(\alpha_1, \ldots, \alpha_r)$, so kann g für alle $(a_{p+1}, \ldots, a_n) \in \{0,1\}^{n-p}$ an der Stelle $(\epsilon_1, \ldots, \epsilon_r, a_{p+1}, \ldots, a_n)$ beliebig gewählt werden.

Arbeiten wir mit BDDs, so haben wir nach dem eben Gesagten die Verbindungsknoten, die ja eineindeutig den verschiedenen Zeilenmustern entsprechen, zu kodieren. Die bei der Benutzung der Zerlegungsmatrix als Datenstruktur vorhandene Freiheit, Zeilenindizes mit *gleichen* Zeilenmustern verschiedene Werte durch die Zerlegungsfunktion $(\alpha_1, \ldots, \alpha_r)$ zuordnen zu können, geben wir an dieser Stelle auf. Kodieren wir die Verbindungsknoten, so ordnen wir allen Zeilenindizes, die zu diesem Verbindungsknoten führen, den gleichen Code zu. Dies führt zu folgender Definition.

Definition 6.3.2 (strikte Zerlegung)   *Eine funktionale Zerlegung*

$$f(x_1, \ldots, x_n) = g(\alpha(x_1, \ldots, x_p), x_{p+1}, \ldots, x_n)$$

mit $\alpha \in \mathcal{B}_{p,r}$ *heißt strikt, wenn*

$$\alpha(\epsilon_1, \ldots, \epsilon_p) = \alpha(\delta_1, \ldots, \delta_p)$$

für alle $(\epsilon_1, \ldots, \epsilon_p), (\delta_1, \ldots, \delta_p) \in \{0,1\}^p$ *mit*

$$f_{x_1^{\epsilon_1} \cdots x_p^{\epsilon_p}} = f_{x_1^{\delta_1} \cdots x_p^{\delta_p}}$$

gilt.

Abbildung 6.5 illustriert die Vorgehensweise an einem einfachen Beispiel. Wir wollen die Boolesche Funktion $f \in \mathcal{B}_4$ zerlegen hinsichtlich der Variablenaufteilung $\mathcal{P}_{4,3} = \{\{x_1, x_2, x_3\}, \{x_4\}\}$. Es gibt vier Verbindungsknoten hinsichtlich dieser Variablenaufteilung. Diese vier Verbindungsknoten kodieren wir, wie in der Abbildung angedeutet, mit $(0,0)$, $(0,1)$, $(1,0)$ beziehungsweise $(1,1)$.

Die Zerlegungsfunktion α_1 hat die erste Komponente der Kodierung zu berechnen, die Zerlegungsfunktion α_2 die zweite Komponente. Den BDD der Zerlegungsfunktion α_1 erhalten wir, indem wir das 0-Blatt und den linken mit x_4 markierten Knoten durch ein 0-Blatt und den rechten mit x_4 markierten Knoten und das 1-Blatt durch ein 1-Blatt ersetzen und anschließend den so entstandenen Entscheidungsgraphen reduzieren. Entsprechend erhalten wir die Zerlegungsfunktion α_2. Das 0-Blatt und der rechte mit x_4 markierte Knoten sind durch ein 0-Blatt zu ersetzen, die restlichen Verbindungsknoten hinsichtlich der Variablenaufteilung durch ein 1-Blatt. In Abbildung 6.5 unten sind die beiden reduzierten BDDs angegeben. Es ist leicht zu erkennen, daß

$$\begin{aligned}
\alpha_1(x_1, x_2, x_3) &= x_2 \cdot x_3 \\
\alpha_2(x_1, x_2, x_3) &= x_1 \oplus x_2
\end{aligned}$$

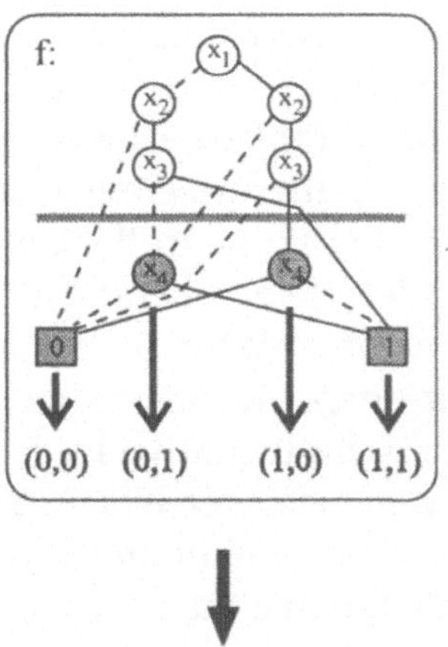

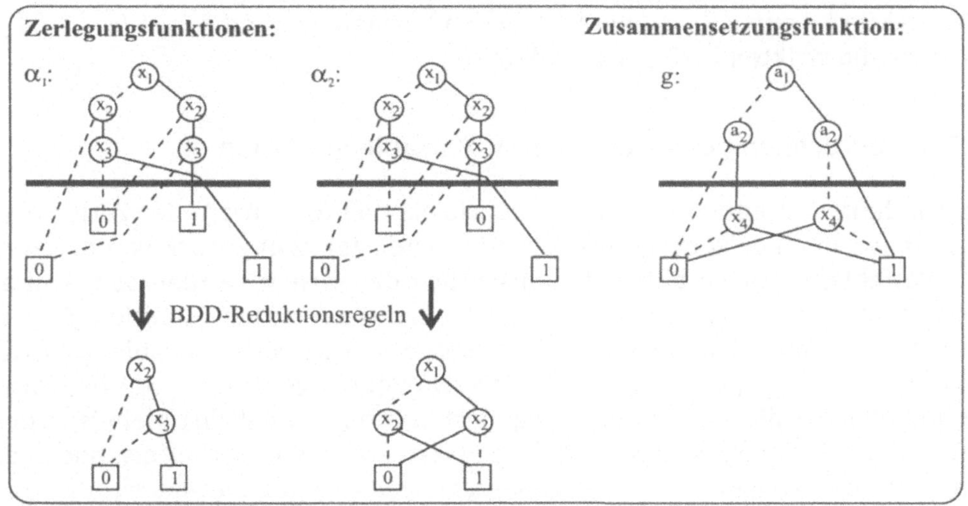

Abb. 6.5 Zerlegung einer Funktion $f \in \mathcal{B}_4$ hinsichtlich $\mathcal{P}_{4,3}$.

gilt. Den BDD der Zusammensetzungsfunktion $g \in \mathcal{B}_3$ erhalten wir dadurch, daß der Teil oberhalb der Schnittlinie entfernt und ein binärer Baum so darübergelegt wird, daß mit $(a_1, a_2) := (\alpha_1(x_1, x_2, x_3), \alpha_2(x_1, x_2, x_3))$ $((x_1, x_2, x_3) \in \{0, 1\}^3)$ jeweils der richtige Verbindungsknoten erreicht wird, also im Falle von $(0, 0)$ das 0-Blatt, im Falle von $(0, 1)$ der linke mit x_4 markierte Knoten, im Falle von $(1, 0)$ der rechte mit x_4 markierte Knoten und im Falle von $(1, 1)$ das 1-Blatt. Wieder erkennen wir leicht, daß

$$g(a_1, a_2, x_4) \;=\; a_1' \cdot a_2 \cdot x_4 + a_1 \cdot a_2' \cdot x_4' + a_1 \cdot a_2$$

gilt.

Wir sehen, daß ausgehend von BDDs in einfacher Weise Zerlegungs- und

Zusammensetzungsfunktionen konstruiert werden können, ohne den Umweg über Funktionstabellen oder Zerlegungsmatrizen gehen zu müssen, sofern wir uns auf strikte Zerlegungen beschränken. Daß wir uns im allgemeinen auf strikte Zerlegungen beschränken, ist allerdings nicht nur auf diese eher technische Begründung zurückzuführen. Experimentelle Untersuchungen haben gezeigt, daß bei Verwendung strikter Zerlegungen einfachere Zerlegungsfunktionen entstehen als bei Verwendung nicht-strikter Zerlegungen. Die Ursache dafür liegt darin, daß Boolesche Funktionen, die in realen Systemen realisiert werden, im allgemeinen Struktureigenschaften aufweisen. Strikte Zerlegungen erhalten solche Struktureigenschaften in gewisser Weise. So sind zum Beispiel bei einer Booleschen Funktion $f \in \mathcal{B}_n$, die unabhängig von einer Variablenteilmenge $\{x_1, \ldots, x_q\}$ ist und hinsichtlich einer Variablenaufteilung $\mathcal{P}_{n,p}$ mit $p \geq q$ strikt zerlegt wird, die Zerlegungsfunktionen ebenfalls unabhängig von $x_1, \ldots, x_q$. Ist die Funktion f partiell symmetrisch in den Variablen x_i und x_j aus $\{x_1, \ldots, x_p\}$, so auch alle strikten Zerlegungsfunktionen.

6.3.3　Berechnung einer effizienten Variablenpartition

In Abschnitt 6.2 haben wir uns verdeutlicht, daß die Anzahl der Zerlegungsfunktionen in einer kommunikationsminimalen Zerlegung stark von der Wahl der Variablenpartition abhängt, hinsichtlich der zerlegt werden soll. Um also eine effiziente funktionale Zerlegung einer Booleschen Funktion $f \in \mathcal{B}_n$ zu erhalten, muß demnach in einem ersten Schritt eine Variablenpartition $\mathcal{P} = \{\{x_{i_1}, \ldots, x_{i_p}\}, \{x_{i_{p+1}}, \ldots, x_{i_n}\}\}$ der Variablenmenge $\{x_1, \ldots, x_n\}$ berechnet werden, bei der die Anzahl der Zerlegungsfunktionen möglichst klein ist. Hierbei wollen wir davon ausgeben, daß der Wert p, also das Verhältnis, nach dem die Partition erfolgen soll, vorgegeben ist. Der angegebene Algorithmus läßt sich leicht auf den Fall, daß p nicht fest vorgegeben ist, erweitern.

Ist der Wert p klein, d.h. $\binom{n}{p}$ nicht zu groß, so können wir für alle $\binom{n}{p}$ verschiedenen Variablenpartitionen die korrespondierenden BDDs aufzählen und die Variablenpartition mit der geringsten Anzahl von Zerlegungsfunktionen wie in Abschnitt 6.3.1 angegeben bestimmen.

Die während dieses Prozesses auszuführenden Vertauschungen zweier Variablen x_k und x_j in der Variablenordnung können wir durch wiederholte Vertauschung benachbarter Variablen ausführen (siehe Abschnitt 5.1) oder durch Konstruktion der Booleschen Funktion $h \in \mathcal{B}_n$ mit

$$
\begin{aligned}
h = {} & x_k' \cdot x_j' \cdot f_{x_k' \cdot x_j'} + x_k \cdot x_j \cdot f_{x_k \cdot x_j} + \\
& x_k' \cdot x_j \cdot f_{x_k \cdot x_j'} + x_k \cdot x_j' \cdot f_{x_k' \cdot x_j}
\end{aligned}
$$

und anschließender Ummarkierung der mit x_j markierten Knoten zu x_k und umgekehrt.

Ist $\binom{n}{p}$ groß, so sind wir sicherlich nicht in der Lage, alle benötigten BDDs zu erzeugen, um die beste Variablenpartition zu berechnen. Wir müssen uns mit einer Heuristik zufrieden geben. Es bietet sich die bei der Bipartitionierung eines Graphen, dem MINCUT-Problem, eingesetzte Heuristik von Kernighan-Lin [KL70, Len90] an. Wir starten bei dieser Heuristik mit einer Variablenpartition $\mathcal{P}_1 = \{A_1, B_1\}$, die wir zum Beispiel durch das Sifting Verfahren (siehe Abschnitt 5.3.2) erhalten haben. In der k. Iteration bestimmen wir ein Variablenpaar (x_i, x_j) mit $x_i \in A_k$ und $x_j \in B_k$, dessen Vertauschung die Anzahl der Verbindungsknoten maximal verringert beziehungsweise minimal erhöht, falls eine Verringerung nicht möglich ist. Die Vertauschung wird probeweise durchgeführt. Die neue Variablenpartition $\{(A_k \setminus \{x_i\}) \cup \{x_j\}, (B_k \setminus \{x_j\}) \cup \{x_i\}\}$ bezeichnen wir mit $\mathcal{P}_{k+1} = \{A_{k+1}, B_{k+1}\}$. Die beiden Variablen x_i und x_j werden "eingefroren" und dürfen nicht mehr an einer Variablenvertauschung teilnehmen. Wir setzen diesen Prozeß fort, bis keine Variablenvertauschung mehr möglich ist. Wir nehmen dann die Variablenpartition $\mathcal{P}_k$ mit den wenigsten Verbindungsknoten als Partition, hinsichtlich der die Funktion zerlegt werden soll.

Einige weiterführende Ideen, um die Heuristik zu verbessern, sind in [Sch96] zu finden.

Im folgenden nehmen wir wieder an, daß eine gute Variablenpartition berechnet ist und nehmen ohne Beschränkung der Allgemeinheit an, daß es sich um die Partition $\mathcal{P}_{n,p} = \{\{x_1, \ldots, x_p\}, \{x_{p+1}, \ldots, x_n\}\}$ handelt.

6.4   Zerlegung einer Funktion mit mehreren Ausgängen

Wollen wir eine Boolesche Funktion $f : \{0,1\}^n \to \{0,1\}^m$ mit $m \geq 2$ Ausgängen $f_1, \ldots, f_m$ realisieren, so könnten wir so vorgehen, daß wir jede Boolesche Funktion f_i von f für sich, d.h. unabhängig von den übrigen Booleschen Funktionen $f_1, \ldots, f_{i-1}, f_{i+1}, \ldots, f_m$ realisieren. Dies führt aber in der Regel zu recht schlechten Realisierungen, da die Effizienz guter Realisierungen Boolescher Funktionen häufig gerade auf der Tatsache beruht, daß gleiche Teilschaltungen mehrfach verwendet werden (siehe Abbildung 6.6). Bei dem gerade angedeuteten Vorgehen würden verschiedene Boolesche Funktionen $f_j, f_k \in \mathcal{B}_n$ nur durch Zufall gleiche Zerlegungsfunktionen benutzen.

Verfahren zur funktionalen Zerlegung von Booleschen Funktionen $f \in \mathcal{B}_{n,m}$ mit mehreren Ausgängen sollten sich demnach insbesondere zur Aufgabe machen, für verschiedene Funktionsausgänge wenn möglich gemeinsame Zerlegungsfunktionen zu konstruieren. Das hierbei zu lösende Problem

> **Gegeben** sei eine Boolesche Funktion $(f_1, \ldots, f_m) : \{0,1\}^n \to \{0,1\}^m$, die Variablenpartition $\mathcal{P}_{n,p}$ und eine ganze Zahl $h \geq 1$.

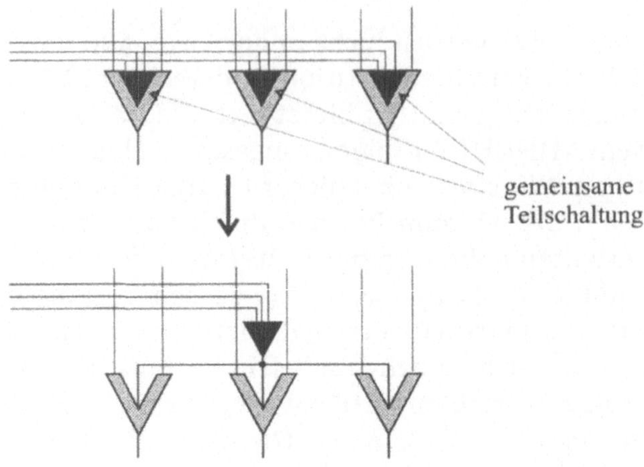

Abb. 6.6 Ausnutzen von gleichen Teilschaltungen

Gesucht sind h Boolesche Funktionen $\alpha_1, \ldots, \alpha_h : \{0,1\}^p \to \{0,1\}$, so daß es für jede Boolesche Funktion f_i eine kommunikationsminimale funktionale Zerlegung

$$f_i(x_1, \ldots, x_n) \;=\; g^{(i)}(\alpha_1(x_1, \ldots, x_p), \ldots, \alpha_h(x_1, \ldots, x_p),$$
$$\alpha_{h+1}^{(i)}(x_1, \ldots, x_p), \ldots, \alpha_{r_i}^{(i)}(x_1, \ldots, x_p), x_{p+1}, \ldots, x_n)$$

hinsichtlich $\mathcal{P}_{n,p}$ mit $r_i = \lceil \log_2 zeilenmuster(\mathcal{Z}_{f_i}^{\mathcal{P}_{n,p}}) \rceil$, $\alpha_{h+1}^{(i)}, \ldots, \alpha_{r_i}^{(i)} \in \mathcal{B}_p$ und $g^{(i)} \in \mathcal{B}_{r_i+n-p}$ gibt, die also diese h Booleschen Funktionen $\alpha_1, \ldots, \alpha_h$ als Zerlegungsfunktionen benutzt

bezeichnen wir mit *Common-Decomposition-Functions*-Problem (CDF). Das Problem wird durch Abbildung 6.7 nochmals illustriert.

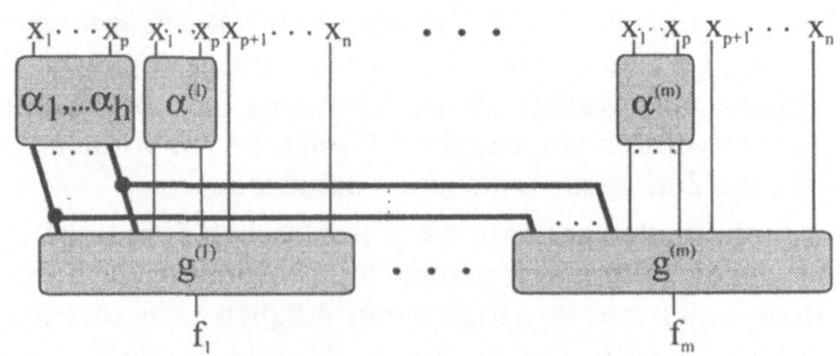

Abb. 6.7 Zerlegung Boolescher Funktionen mit mehreren Ausgängen

Bevor wir überlegen wollen, wie das CDF-Problem gelöst werden kann, wollen wir an einem Beispiel zeigen, daß es sich lohnt, das Problem anzugehen.

Wir betrachten die Boolesche Funktion $f \in \mathcal{B}_{4,3}$, die definiert ist durch

$$f_1(x_1, x_2, x_3, x_4) = x_4' \cdot x_2 \cdot x_3 + x_4 \cdot (x_1 \oplus x_2)$$
$$f_2(x_1, x_2, x_3, x_4) = x_4' \cdot (x_1 \oplus x_2) + x_4 \cdot (x_2 + x_3)$$
$$f_3(x_1, x_2, x_3, x_4) = x_4' \cdot (x_2 + x_3) + x_1 \cdot x_4$$

und wollen diese drei Funktionen f_1, f_2, f_3 jeweils hinsichtlich der Variablenpartition $\mathcal{P}_{4,3} = \{\{x_1, x_2, x_3\}, \{x_4\}\}$ zerlegen. Abbildung 6.8 oben zeigt die zu f_1, f_2, f_3 gehörigen BDDs hinsichtlich der Variablenordnung $x_1 < x_2 < x_3 < x_4$.

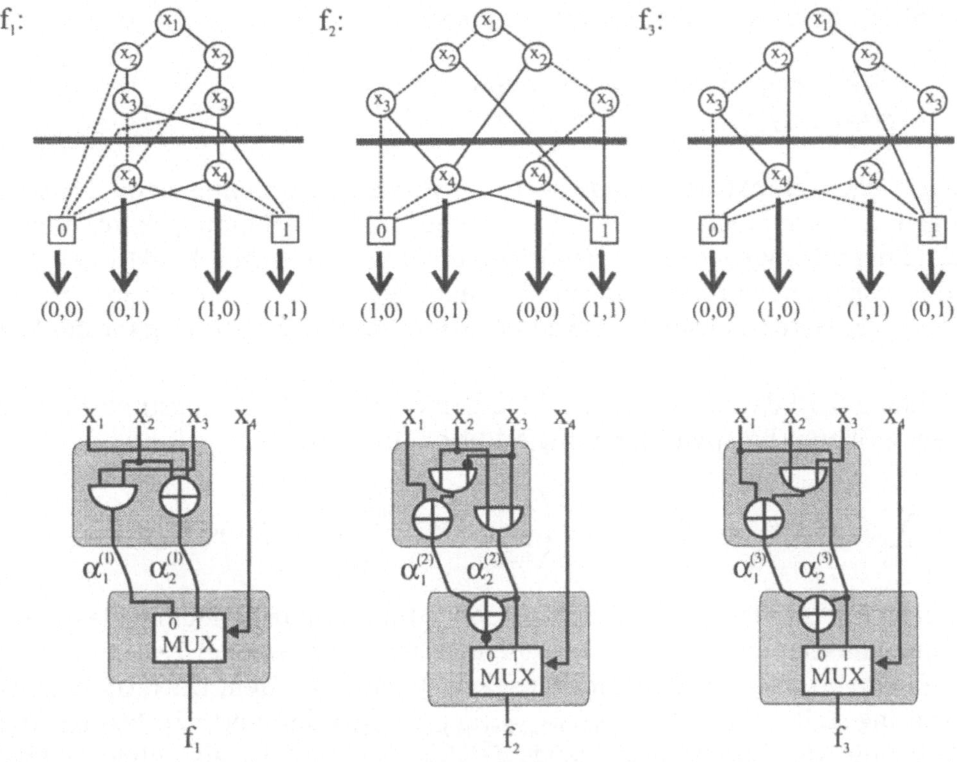

Abb. 6.8 Funktionale Zerlegung Boolescher Funktionen mit mehreren Ausgängen, ohne auf gemeinsame Zerlegungsfunktionen acht zugeben

Jede der drei Funktionen f_1, f_2, f_3 hat vier Verbindungsknoten hinsichtlich der betrachteten Variablenpartition. Kommunikationsminimale funktionale Zerlegungen von f_1, f_2 und f_3 enthalten jeweils also wenigstens zwei Zerlegungsfunktionen. Kodieren wir die Verbindungsknoten wie in Abbildung 6.8 angegeben, also in f_1 die Verbindungsknoten von links nach rechts mit $(0,0)$, $(0,1)$,

$(1,0)$ und $(1,1)$, in f_2 mit $(1,0)$, $(0,1)$, $(0,0)$, $(1,1)$ und in f_3 mit $(0,0)$, $(1,0)$, $(1,1)$ und $(0,1)$, so erhalten wir nach dem, was wir in Abschnitt 6.3.2 gesehen haben, für f_1 die beiden Zerlegungsfunktionen

$$\alpha_1^{(1)}(x_1, x_2, x_3) = x_2 \cdot x_3 \text{ und}$$
$$\alpha_2^{(1)}(x_1, x_2, x_3) = x_1 \oplus x_2,$$

für f_2 die beiden Zerlegungsfunktionen

$$\alpha_1^{(2)}(x_1, x_2, x_3) = x_1 \oplus (x_2 + x_3') \text{ und}$$
$$\alpha_2^{(2)}(x_1, x_2, x_3) = x_2 + x_3,$$

und für f_3 die beiden Zerlegungsfunktionen

$$\alpha_1^{(3)}(x_1, x_2, x_3) = x_1 \oplus (x_2 + x_3) \text{ und}$$
$$\alpha_2^{(3)}(x_1, x_2, x_3) = x_1.$$

Alle Zerlegungsfunktionen sind paarweise verschieden. Gemeinsame Teilschaltungen existieren nicht. Kodieren wir hingegen die Verbindungsknoten wie in Abbildung 6.9 angegeben, so benötigen die drei Booleschen Funktionen f_1, f_2 und f_3 insgesamt vier Zerlegungsfunktionen. Die Booleschen Funktionen $x_1 \oplus x_2$ und $x_2 + x_3$ werden für jeweils zwei Funktionsausgänge als Zerlegungsfunktion benutzt.

Abbildung 6.10 demonstriert die Idee gemeinsamer Zerlegungsfunktionen an einem größeren Beispiel, der 8-Bit Addition, die durch

$$\sum_{i=0}^{7} f_i(x_7, y_7, \ldots, x_0, y_0) \cdot 2^i = \left(\sum_{i=0}^{7} x_i \cdot 2^i + \sum_{i=0}^{7} y_i \cdot 2^i \right) \bmod 256$$

definiert ist. Betrachten wir die angegebene funktionale Zerlegung dieser Booleschen Funktionen $f_7, \ldots, f_0$, so stellen wir fest, daß zwei der Zerlegungsfunktionen für verschiedene Funktionsausgänge benutzt werden. Die fettgezeichnete Leitung stellt eine auf $\{x_3, y_3, x_2, y_2, x_1, y_1, x_0, y_0\}$ definierte Zerlegungsfunktion für die vier Funktionsausgänge f_7, f_6, f_5, f_4 dar, ist also eine Teillogik, die von diesen vier Funktionsausgängen gemeinsam benutzt wird. Die fettgestrichelte Leitung ist eine auf $\{x_7, y_7, x_6, y_6, x_5, y_5, x_4, y_4\}$ definierte Boolesche Funktion, die sowohl als Zerlegungsfunktion von f_5 als auch als Zerlegungsfunktion von f_4 eingesetzt wird. Wenden wir das Verfahren der funktionalen Zerlegung rekursiv auf die Zerlegungsfunktionen an, so ist es in den nächsten Rekursionsstufen ebenfalls möglich, gemeinsame Zerlegungsfunktionen zu benutzen.

Bei der Berechnung gemeinsamer Zerlegungsfunktionen werden wir nicht nur wie in anderen Verfahren üblich Teilfunktionen miteinander vergleichen in

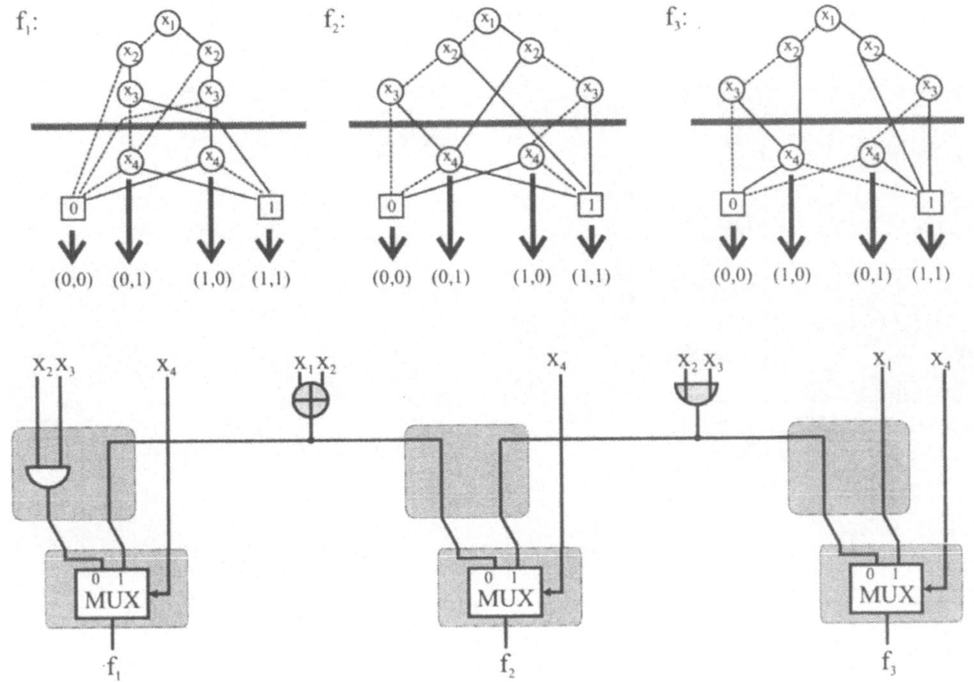

Abb. 6.9 Funktionale Zerlegung Boolescher Funktionen mit mehreren Ausgängen mit Rücksicht auf gemeinsame Zerlegungsfunktionen

der Hoffnung, daß einige dieser Teilfunktionen *zufällig* gleich sind, sondern wir werden darauf hinarbeiten, gemeinsame Zerlegungsfunktionen zu erhalten. Kodierungen von Verbindungsknoten werden berechnet mit dem Ziel, möglichst viele Zerlegungsfunktionen in der Zerlegung mehrerer Ausgangsfunktionen gemeinsam verwenden zu können. Dies geschieht durch ein Backtracking Verfahren, das auf dem folgenden Korollar des Satzes von Curtis (siehe Satz 6.2.1 auf Seite 218) basiert.

Korollar 6.4.1 *Sei $f_i \in \mathcal{B}_n$ eine Boolesche Funktion. Dann sind $\alpha_1, \ldots, \alpha_h \in \mathcal{B}_p$ genau dann Zerlegungsfunktionen einer kommunikationsminimalen einseitigen funktionalen Zerlegung*

$$f_i(x_1, \ldots, x_n) \;=\; g^{(i)}(\alpha_1(x_1, \ldots, x_p), \ldots, \alpha_h(x_1, \ldots, x_p),$$
$$\alpha_{h+1}^{(i)}(x_1, \ldots, x_p), \ldots, \alpha_{r_i}^{(i)}(x_1, \ldots, x_p), x_{p+1}, \ldots, x_n)$$

hinsichtlich $\mathcal{P}_{n,p}$ mit $r_i = \lceil \log_2 zeilenmuster(\mathcal{Z}_{f_i}^{\mathcal{P}_{n,p}}) \rceil$, $\alpha_{h+1}^{(i)}, \ldots, \alpha_{r_i}^{(i)} \in \mathcal{B}_p$ und $g^{(i)} \in \mathcal{B}_{r_i + n - p}$, wenn $(\alpha_1, \ldots, \alpha_h)$ höchstens $2^{r_i - h}$ verschiedenen Verbindungsknoten hinsichtlich $\mathcal{P}_{n,p}$ den gleichen Wert aus $\{0, 1\}^h$ zuordnet.

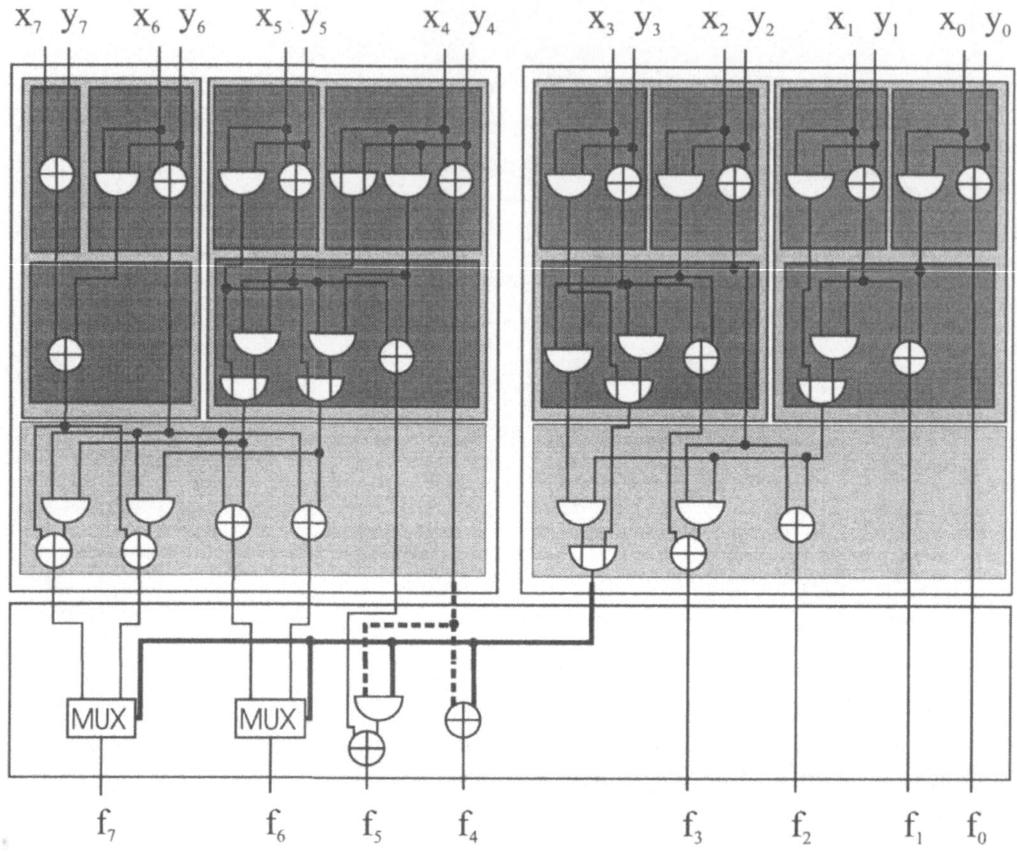

Abb. 6.10 Funktionale Zerlegung der 8-Bit Addition

Beweis: Gibt es eine kommunikationsminimale einseitige funktionale Zerlegung der angegebenen Form, so muß $(\alpha_{h+1}^{(i)}, \ldots, \alpha_{r_i}^{(i)})$ zwei verschiedenen Verbindungsknoten hinsichtlich $\mathcal{P}_{n,p}$ verschiedene Funktionswerte zuordnen, wenn $(\alpha_1, \ldots, \alpha_h)$ diese zwei Verbindungsknoten nicht unterscheidet. Es muß also für die Zerlegungsfunktionen $\alpha_{h+1}^{(i)}, \ldots, \alpha_{r_i}^{(i)}$ und alle $(\epsilon_1, \ldots, \epsilon_p), (\delta_1, \ldots, \delta_p) \in \{0,1\}^p$

$$(\alpha_{h+1}^{(i)}(\epsilon_1, \ldots, \epsilon_p), \ldots, \alpha_{r_i}^{(i)}(\epsilon_1, \ldots, \epsilon_p)) \neq (\alpha_{h+1}^{(i)}(\delta_1, \ldots, \delta_p), \ldots, \alpha_{r_i}^{(i)}(\delta_1, \ldots, \delta_p))$$

gelten, falls

$$f_{x_1^{\epsilon_1} \ldots x_p^{\epsilon_p}} \neq f_{x_1^{\delta_1} \ldots x_p^{\delta_p}} \text{ und}$$
$$(\alpha_1(\epsilon_1, \ldots, \epsilon_p), \ldots, \alpha_h(\epsilon_1, \ldots, \epsilon_p)) = (\alpha_1(\delta_1, \ldots, \delta_p), \ldots, \alpha_h(\delta_1, \ldots, \delta_p))$$

gilt. Da der Bildbereich von $(\alpha_{h+1}^{(i)}, \ldots, \alpha_{r_i}^{(i)})$ aus höchstens 2^{r_i-h} Elementen besteht, darf höchstens 2^{r_i-h} Verbindungsknoten der gleiche Vektor aus $\{0,1\}^h$

durch $(\alpha_1, \ldots, \alpha_h)$ zugewiesen werden.

Die andere Richtung beweist man entsprechend.   ∎

Das Backtracking-Verfahren zur Lösung von CDF zeigen wir an einem kleinen Beispiel. Wir betrachten die beiden in Abbildung 6.11 gezeigten Booleschen Funktionen $f_1, f_2 \in \mathcal{B}_4$, die durch die Zerlegungsmatrizen hinsichtlich der Variablenpartition $\mathcal{P}_{4,3}$ dargestellt sind. Die Zerlegungsmatrizen benutzen wir nur zur Illustration des Verfahrens. Im Verfahren selbst werden wir mit BDDs arbeiten und uns auf strikte Zerlegungsfunktionen beschränken.

Zeilen mit dem gleichen Zeilenmuster sind in der jeweiligen Zerlegungsmatrix gleich unterlegt. Beide Zerlegungsmatrizen enthalten jeweils vier verschiedene Zeilenmuster. Demnach gibt es sowohl für f_1 als auch für f_2 eine kommunikationsminimale einseitige funktionale Zerlegung, die aus zwei Zerlegungsfunktionen besteht. Wir versuchen, eine Boolesche Funktion α_1 zu finden, die in einer kommunikationsminimalen Zerlegung von f_1 und in einer kommunikationsminimalen Zerlegung von f_2 verwendet werden kann.

f_1:

$x_1 x_2 x_3$ \\ x_4	0 1	
0 0 0	0 0	Zeilenmuster 1
0 0 1	0 0	Zeilenmuster 1
0 1 0	0 1	Zeilenmuster 2
0 1 1	1 1	Zeilenmuster 4
1 0 0	0 1	Zeilenmuster 2
1 0 1	0 1	Zeilenmuster 2
1 1 0	0 0	Zeilenmuster 1
1 1 1	1 0	Zeilenmuster 3

f_2:

$x_1 x_2 x_3$ \\ x_4	0 1	
0 0 0	0 0	Zeilenmuster 1
0 0 1	0 1	Zeilenmuster 2
0 1 0	1 1	Zeilenmuster 4
0 1 1	1 1	Zeilenmuster 4
1 0 0	1 0	Zeilenmuster 3
1 0 1	1 1	Zeilenmuster 4
1 1 0	0 1	Zeilenmuster 2
1 1 1	0 1	Zeilenmuster 2

Abb. 6.11 Illustration des Backtracking Algorithmus für CDF: die beiden Beispielfunktionen f_1 und f_2

Wir setzen o.B.d.A. $\alpha_1(0,0,0) = 0$, kodieren also den zum Zeilenmuster 1 gehörigen Verbindungsknoten von f_1 hinsichtlich $\mathcal{P}_{4,3}$ durch α_1 mit dem Booleschen Wert 0. Da α_1 eine strikte Zerlegungsfunktion sein soll, müssen Zeilen mit dem gleichen Zeilenmuster in der Zerlegungsmatrix von f_1 durch α_1 der gleiche Funktionswert zugewiesen werden. Es muß also

$$\alpha_1(0,0,1) = \alpha_1(1,1,0) = \alpha_1(0,0,0) = 0$$

gesetzt werden. Da die Zeile $(0,0,0)$ in der Zerlegungsmatrix von f_2 dem Zeilenmuster 1, die Zeilen $(0,0,1)$ und $(1,1,0)$ dem Zeilenmuster 2 entsprechen, und α_1 auch eine strikte Zerlegungsfunktion von f_2 sein soll, müssen den Zeilen mit Zeilenmuster 1 oder Zeilenmuster 2 in f_2 auch der Wert 0 zugeordnet werden. Es gilt also auch

$$\alpha_1(1,1,1) = 0.$$

Die Zeile $(1,1,1)$ hat in der Zerlegungsmatrix von f_1 das Zeilenmuster 3. Da es die einzige Zeile mit diesem Zeilenmuster 3 ist, sind hiermit die durch die Entscheidung $\alpha_1(0,0,0) = 0$ bedingten Zuweisungen abgeschlossen. Abbildung 6.12 illustriert das gerade geschilderte Vorgehen.

f_1:

$x_1x_2x_3$	x_4: 0 1	Zeilenmuster
0 0 0	0 0	Zeilenmuster 1
0 0 1	0 0	Zeilenmuster 1
0 1 0	0 1	Zeilenmuster 2
0 1 1	1 1	Zeilenmuster 4
1 0 0	0 1	Zeilenmuster 2
1 0 1	0 1	Zeilenmuster 2
1 1 0	0 0	Zeilenmuster 1
1 1 1	1 0	Zeilenmuster 3

$x_1x_2x_3$	α_1
0 0 0	0
0 0 1	0
0 1 0	
0 1 1	
1 0 0	
1 0 1	
1 1 0	0
1 1 1	0

f_2:

$x_1x_2x_3$	x_4: 0 1	Zeilenmuster
0 0 0	0 0	Zeilenmuster 1
0 0 1	0 1	Zeilenmuster 2
0 1 0	1 1	Zeilenmuster 4
0 1 1	1 1	Zeilenmuster 4
1 0 0	1 0	Zeilenmuster 3
1 0 1	1 1	Zeilenmuster 4
1 1 0	0 1	Zeilenmuster 2
1 1 1	0 1	Zeilenmuster 2

Abb. 6.12 Illustration des Backtracking Algorithmus für CDF: durch $\alpha_1(0,0,0) = 0$ bedingte Zuweisungen von α_1

Der nächste noch nicht definierte Funktionswert ist $\alpha_1(0,1,0)$. Der Algorithmus setzt $\alpha_1(0,1,0) = 0$ und überprüft die Bedingung aus Korollar 6.4.1. Der Algorithmus hat drei verschiedenen Zeilenmustern in der Zerlegungsmatrix von f_1, nämlich den Zeilenmustern 1, 3 und 2, den gleichen Wert 0 zugeordnet. Damit kann α_1 nach Korollar 6.4.1 keine Zerlegungsfunktion einer kommunikations-minimalen Zerlegung von f_1 mehr sein. In unserem Beispiel ist nämlich $r_1 = 2$ und $h = 1$. Demnach darf höchstens zwei verschiedenen Zeilenmustern der gleiche Wert zugeordnet werden. Der Algorithmus muß also seine Entscheidung zurücknehmen (Backtracking-Schritt) und $\alpha_1(0,1,0) = 1$ setzen. Dies hat zur Folge, daß

$$\alpha_1(1,0,0) = \alpha_1(1,0,1) = \alpha_1(0,1,1) = \alpha_1(0,1,0) = 1$$

gesetzt werden muß, da α_1 eine strikte Zerlegungsfunktion für f_1 und f_2 sein soll. Abbildung 6.13 illustriert diesen Schritt.

Die Boolesche Funktion α_1 ist nun vollständig spezifiziert. Die Bedingung aus obigem Korollar ist offensichtlich weder bzgl. f_1 noch bzgl. f_2 verletzt, so daß α_1 eine Zerlegungsfunktion einer kommunikationsminimalen Zerlegung von f_1 und einer kommunikationsminimalen Zerlegung von f_2 ist.

Das Beispiel zeigt auf, daß sich bei der Berechnung einer gemeinsamen strikten Zerlegungsfunktion für die funktionale Zerlegung der Booleschen Funktionen $f_1,\ldots,f_m$ die Zeilen in Äquivalenzklassen einteilen lassen. Zeilen, die in einer

f_1:

$x_1x_2x_3$ \ x_4	0 1	
0 0 0	0 0	Zeilenmuster 1
0 0 1	0 0	Zeilenmuster 1
0 1 0	0 1	Zeilenmuster 2
0 1 1	1 1	Zeilenmuster 4
1 0 0	0 1	Zeilenmuster 2
1 0 1	0 1	Zeilenmuster 2
1 1 0	0 0	Zeilenmuster 1
1 1 1	1 0	Zeilenmuster 3

$x_1x_2x_3$	α_1
0 0 0	0
0 0 1	0
0 1 0	1
0 1 1	1
1 0 0	1
1 0 1	1
1 1 0	0
1 1 1	0

f_2:

$x_1x_2x_3$ \ x_4	0 1	
0 0 0	0 0	Zeilenmuster 1
0 0 1	0 1	Zeilenmuster 2
0 1 0	1 1	Zeilenmuster 4
0 1 1	1 1	Zeilenmuster 4
1 0 0	1 0	Zeilenmuster 3
1 0 1	1 1	Zeilenmuster 4
1 1 0	0 1	Zeilenmuster 2
1 1 1	0 1	Zeilenmuster 2

Abb. 6.13 Illustration des Backtracking Algorithmus für CDF: durch $\alpha_1(0,1,0) = 1$ bedingte Zuweisungen von α_1

Äquivalenzklasse liegen, *muß* allen der gleiche Wert durch eine gemeinsame strikte Zerlegungsfunktion zugeordnet werden. Formal ist die Äquivalenzrelation wie folgt definiert.

Es sei $f = (f_1, \ldots, f_m) \in \mathcal{B}_{n,m}$ eine Boolesche Funktion. Dann unterteilt die Äquivalenzrelation $\equiv_i \subseteq \{0,1\}^p \times \{0,1\}^p$, die durch

$$(\epsilon_1, \ldots, \epsilon_p) \equiv_i (\delta_1, \ldots, \delta_p) \iff (f_i)_{x_1^{\epsilon_1} \cdots x_p^{\epsilon_p}} = (f_i)_{x_1^{\delta_1} \cdots x_p^{\delta_p}}$$

definiert ist, die Zeilen der Zerlegungsmatrix $\mathcal{Z}_{f_i}^{\mathcal{P}_{n,p}}$ gemäß ihren Zeilenmustern in $\mathcal{Z}_{f_i}^{\mathcal{P}_{n,p}}$ in Äquivalenzklassen. Strikte Zerlegungsfunktionen einer Zerlegung von f_i müssen Zeilen, die bzgl. $\equiv_i$ in der gleichen Äquivalenzklasse liegen, den gleichen Wert zuordnen. Betrachten wir eine für $f_1, \ldots, f_m$ gemeinsame strikte Zerlegungsfunktion, so müssen diese m Äquivalenzrelationen miteinander "verschmolzen" werden. Dies wird durch den transitiven Abschluß $\sim$ der Relation $\approx \subseteq \{0,1\}^p \times \{0,1\}^p$ geleistet, die durch

$$(\epsilon_1, \ldots, \epsilon_p) \approx (\delta_1, \ldots, \delta_p) \iff (\exists j \in \{1, \ldots, m\} : (\epsilon_1, \ldots, \epsilon_m) \equiv_j (\delta_1, \ldots, \delta_m))$$

definiert ist. Eine für $f_1, \ldots, f_m$ gemeinsame strikte Zerlegungsfunktion muß Zeilen, die bzgl. $\sim$ in der gleichen Äquivalenzklasse liegen, den gleichen Wert zuordnen.

Der Backtracking-Algorithmus braucht also nur auf den Äquivalenzklassen bzgl. der Äquivalenzrelation $\sim$ abzulaufen. Wollen wir für die Zerlegung von Booleschen Funktionen $f_1, \ldots, f_m$ gemeinsame strikte Zerlegungsfunktionen $\alpha_1, \ldots, \alpha_h$ bestimmen, können wir von dem Wissen Gebrauch machen, daß $\alpha_1, \ldots, \alpha_h$ allen Elementen einer Klasse aus $\{0,1\}^p|_\sim$ den gleichen Wert zuordnen. Dies verringert den Aufwand des Verfahrens wesentlich. In einem Vorverarbeitungsschritt sollten demnach diese Äquivalenzklassen berechnet werden.

6.4.1 Berechnung der Äquivalenzklassen

Wir müssen uns also noch überlegen, wie die Klassen bzgl. der Äquivalenzrelation $\sim$ berechnet werden können, wenn die Booleschen Funktionen $f_1, \ldots, f_m$ als BDDs dargestellt sind.

f_1:

$x_1 x_2 x_3$ \ x_4	0 1	
0 0 0	0 0	Zeilenmuster 1
0 0 1	0 0	Zeilenmuster 1
0 1 0	0 1	Zeilenmuster 2
0 1 1	1 1	Zeilenmuster 4
1 0 0	0 1	Zeilenmuster 2
1 0 1	0 1	Zeilenmuster 2
1 1 0	0 0	Zeilenmuster 1
1 1 1	1 0	Zeilenmuster 3

f_2:

$x_1 x_2 x_3$ \ x_4	0 1	
0 0 0	0 0	Zeilenmuster 1
0 0 1	0 1	Zeilenmuster 2
0 1 0	1 1	Zeilenmuster 4
0 1 1	1 1	Zeilenmuster 4
1 0 0	1 0	Zeilenmuster 3
1 0 1	1 1	Zeilenmuster 4
1 1 0	0 1	Zeilenmuster 2
1 1 1	0 1	Zeilenmuster 2

Abb. 6.14 Illustration des Backtracking Algorithmus für CDF: Berechnung der Äquivalenzklassen $\{0,1\}^p \mid_\sim$

Schauen wir uns zuerst an, wie die Klassen mit Zerlegungsmatrizen berechnet werden können. Die Elemente von $\{0,1\}^p$ sind als Knoten eines ungerichteten Graphen dargestellt, wobei es zwischen zwei Knoten ϵ und δ genau dann eine Kante gibt, wenn $\epsilon \equiv_i \delta$ für wenigstens ein $f_i \in \{1, \ldots, m\}$ gilt (siehe Abbildung 6.14 zur Illustration). Die Äquivalenzklassen bzgl. $\sim$ erhalten wir durch Bestimmen der Zusammenhangskomponenten in diesem Graphen. In unserem Beispiel gibt es genau zwei Zusammenhangskomponenten, die wir mit weiß und grau schattierten Knoten gekennzeichnet haben. Die zu $\equiv_1$ gehörigen Kanten sind links, die zu $\equiv_2$ gehörigen Kanten sind rechts der Knoten eingezeichnet.

Sind $f_1, \ldots, f_m$ durch BDDs dargestellt, so berechnen wir in einem ersten Schritt für jede Klasse $C_i^{(j)}$ von $\{0,1\}^p \mid_{\equiv_j}$ den BDD der charakteristischen Funktion dieser Menge $C_i^{(j)}$. Jeder dieser Äquivalenzklassen kann in eineindeutiger Weise ein Verbindungsknoten des BDDs von f_j hinsichtlich $\mathcal{P}_{n,p}$ zugeordnet werden und umgekehrt, so daß die Menge der Belegungen von $x_1, \ldots, x_p$, die von der Wurzel des BDDs von f_j zu diesem Verbindungsknoten führen, gleich der Äquivalenzklasse ist. Um den BDD der zu dem Verbindungsknoten v gehörigen Äquivalenzklasse $C_i^{(j)}$ zu erhalten, muß im BDD von f_j der Verbindungsknoten v durch ein 1-Blatt und alle anderen Verbindungsknoten hinsichtlich $\mathcal{P}_{n,p}$ durch 0 ersetzt werden. Nach diesen Ersetzungen ist der so entstandene geordnete binäre Entscheidungsgraph noch zu reduzieren. Abbildung 6.15 zeigt die gerade geschilderte Konstruktion am Beispiel der in Abbildung

6.9 bereits benutzten Booleschen Funktion $f_1 \in \mathcal{B}_4$.

Um die Äquivalenzklassen bzgl. der Äquivalenzrelation $\sim$ zu erhalten, konstruieren wir, ähnlich wie im Falle der Zerlegungsmatrizen, einen ungerichteten Graphen G. Die Menge der Knoten dieses Graphen ist gegeben durch die Menge

$$\bigcup_{j=1,\ldots,m} \{ C_q^{(j)} : C_q^{(j)} \text{ ist eine Äquivalenzklasse aus } \{0,1\}^p \mid_{\equiv_j} \}$$

der gerade berechneten Äquivalenzklassen. Es gibt genau dann eine Kante zwischen zwei Knoten $C_u^{(i)}$ und $C_v^{(j)}$ mit $i \neq j$, wenn der Durchschnitt $C_u^{(i)} \cap C_v^{(j)}$ der beiden Mengen nichtleer ist. Die Äquivalenzklassen von $\{0,1\}^p \mid_\sim$ entsprechen dann den Zusammenhangskomponenten von G und wir erhalten sie durch Vereinigung der Mengen $C_u^{(i)}$, die in der gleichen Zusammenhangskomponente liegen. Die Vereinigung dieser Mengen entspricht dem Logischen Oder der korrespondierenden BDDs für die charakteristischen Funktionen.

6.5 Zerlegung von unvollständig spezifizierten Booleschen Funktionen

Bei praktischen Problemen treten häufig unvollständig spezifizierte Boolesche Funktionen auf, da die Schaltkreise beispielsweise in ein größeres System eingebettet werden und wir daher gewisse Eingabebelegungen von vornherein ausschließen können. Auch bei der rekursiven Ausnutzung von funktionalen Zerlegungen können unvollständig spezifizierte Boolesche Funktionen auftreten. Selbst wenn die ursprünglich zu realisierende Funktion vollständig spezifiziert ist, können bei der rekursiven Behandlung der Zerlegungs- und Zusammensetzungsfunktionen unvollständig spezifizierte Boolesche Funktionen vorkommen. Dies ist zum Beispiel bei Benutzung strikter Zerlegungsfunktionen dann der Fall, wenn die Anzahl der zu kodierenden Verbindungsknoten keine Zweierpotenz ist.

Der Schaltkreis, der eine unvollständig spezifizierte Boolesche Funktion f realisiert, realisiert an sich eine vollständig spezifizierte Funktion F, die eine Erweiterung von f ist. Wie in dieser vollständig spezifizierten Booleschen Funktion F die bisher undefinierten Funktionswerte von f belegt werden, ist unerheblich. Allerdings haben im allgemeinen verschiedene vollständige Erweiterungen von f verschiedene Komplexitäten. Auch die Anzahl der Zerlegungsfunktionen einer funktionalen Zerlegung von f kann bei verschiedenen Erweiterungen von f verschieden sein. Es ist daher sinnvoll, bei der Logiksynthese die undefinierten Funktionswerte einer unvollständig spezifizierten Booleschen Funktion nicht beliebig festzulegen, sondern nach günstigen Erweiterungen der unvollständig spezifizierten Booleschen Funktion zu suchen. Bezüglich der funktionalen Zerlegung Boolescher Funktionen bedeutet günstig sicherlich, daß die undefinierten Funktionswerte derart belegt werden, daß nur wenige Zerlegungsfunktionen benutzt werden müssen, also daß die Anzahl der Verbindungsknoten minimiert wird. Dies erreichen wir zum Beispiel dadurch, daß wir die BDDs unter Ausnutzung partieller Symmetrien minimieren. Algorithmen hierzu wurden in Abschnitt 5.5.2 vorgestellt. Eine Minimierung der Anzahl der Verbindungsknoten kann auch durch Lösung eines Minimum-Clique-Cover-Problems erfolgen. Weiterführende Überlegungen, wie beispielsweise die Minimierung der Verbindungsknoten durch minimale Clique-Überdeckungen mit der Ausnutzung partieller Symmetrien kombiniert werden kann oder wie unvollständig spezifizierte Boolesche Funktionen mit mehreren Ausgängen behandelt werden können, findet man z.B. in [Sch96].

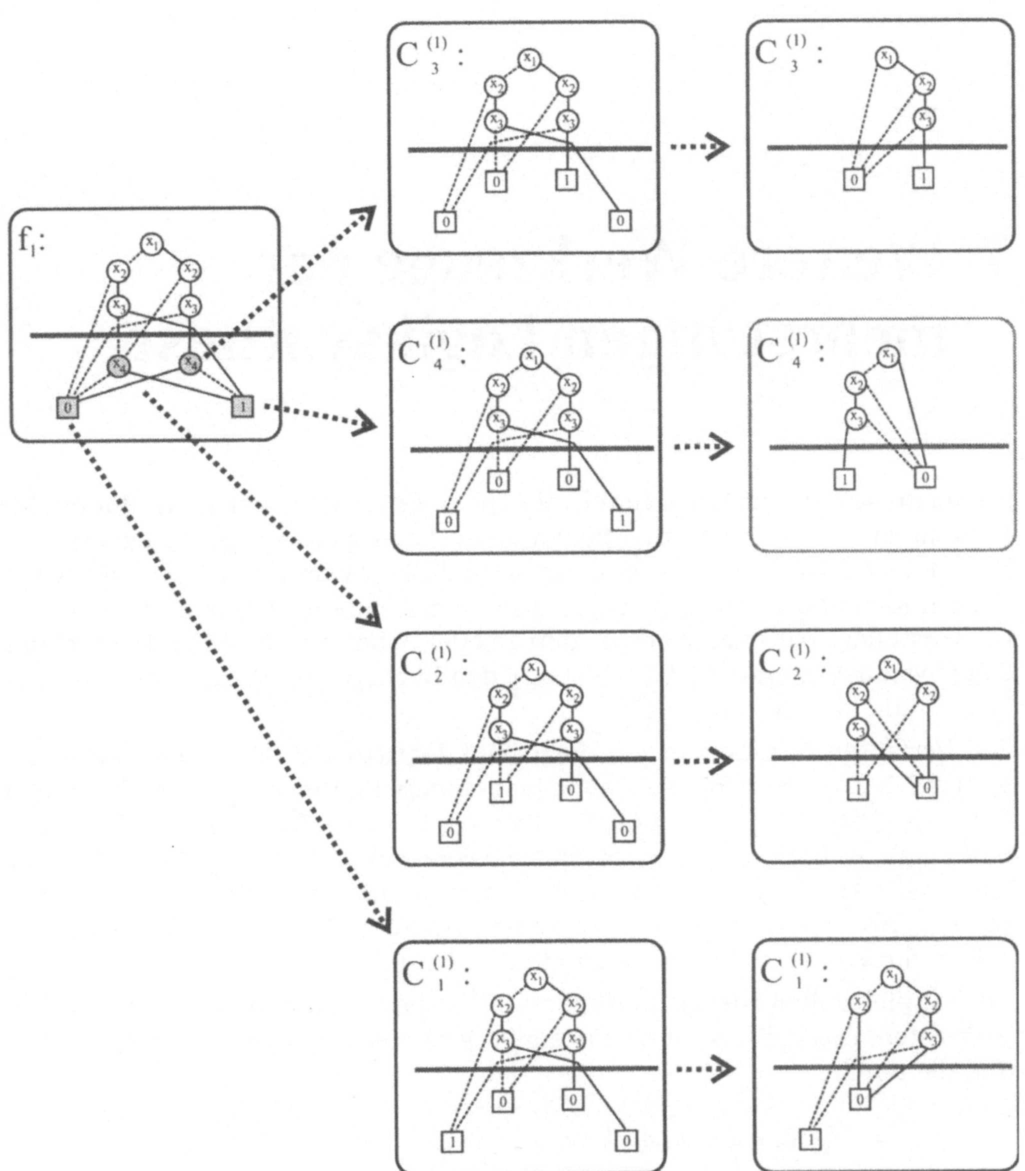

Abb. 6.15 Bestimmung der BDDs der Äquivalenzklassen $\{0,1\}^3 \mid_{\equiv_1}$.

7 Weitere Werkzeuge der mehrstufigen Logiksynthese

Nachdem wir im letzten Kapitel mit der funktionalen Zerlegung Boolescher Funktionen einen Ansatz zur mehrstufigen Logiksynthese kennengelernt haben, der erst vor kurzem wieder an Aktualität gewonnen hat, wollen wir in diesem Kapitel die Grundideen der bisher verwendeten algebraischen Verfahren vorstellen. Wir folgen hierbei zum Teil der Arbeit von Brayton, Hachtel und Sangiovanni-Vincentelli [BHSV90] und den Büchern von Hachtel und Somenzi [HS96] und de Micheli [dM94].

Die Verfahren arbeiten in der Regel auf logischen Netzwerken (siehe Abschnitt 2.3.2 auf Seite 57), bei denen jeder innere Knoten mit einem Booleschen Polynom beschriftet ist. Um die Fläche einer späteren Realisierung abschätzen zu können, werden jedem logischen Netzwerk $\mathcal{N}$ Kosten zugeordnet. Hier bietet sich die Anzahl der Gattereingänge an, die benötigt werden, wenn das logische Netzwerk $\mathcal{N}$ eins-zu-eins als mehrstufiger Schaltkreis realisiert wird. Wir wollen diese Kosten im folgenden mit $C(\mathcal{N})$ bezeichnen.

Als Beispiel wollen wir das in Abbildung 7.1 dargestellte logische Netzwerk $\mathcal{N}$ betrachten. Das logische Netzwerk stellt vier Boolesche Funktionen f_1, f_2, f_3, f_4 dar, die durch

$$
\begin{aligned}
f_1 &= x_1' \cdot x_4 + x_2 \cdot x_4 + x_3' \cdot x_4 + x_1 \cdot x_5' \\
f_2 &= x_1' + x_2' + x_3 \cdot x_5 + x_4 \cdot x_5 \\
f_3 &= x_1 \cdot x_3 + x_1 \cdot x_4 + x_2 \cdot x_3 + x_2 \cdot x_4 + x_5 \\
f_4 &= (x_1 + x_2)' \cdot x_3 + (x_1 + x_2) \cdot x_3' + (x_1 + x_2) \cdot x_3
\end{aligned}
$$

gegeben sind. Es besteht aus sieben inneren Knoten, die mit den Polynomen v, p, r, s, t, q und u beschriftet sind. Das Polynom v zum Beispiel besteht

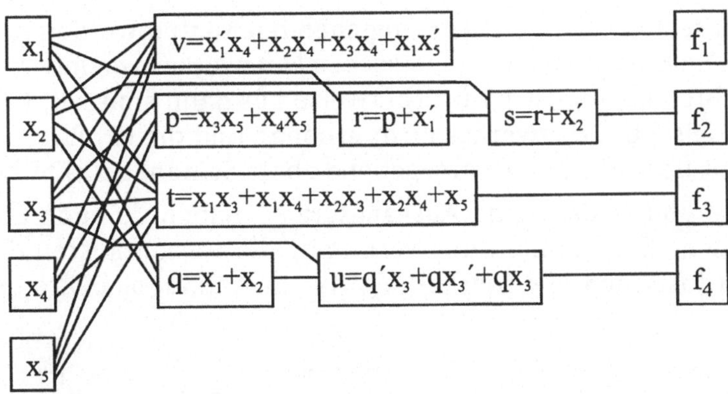

Abb. 7.1 Logisches Netzwerk

aus vier zweistelligen Konjunktionen und einer vierstelligen Disjunktion. Das Polynom v liefert so zu den Kosten $C(\mathcal{N})$ den Beitrag $4 \cdot 2 + 1 \cdot 4 = 12$. Das Polynom q trägt die Kosten 2 bei, da es nur aus einer zweistelligen Disjunktion besteht. Das Polynom t trägt die Kosten 13 zu den Kosten $C(\mathcal{N})$ des Netzes bei – es besteht aus genau vier zweistelligen Konjunktionen und einer fünfstelligen Disjunktion. Für das in Abbildung 7.1 dargestellte logische Netzwerk erhalten wir so die Kosten $C(\mathcal{N}) = 46$.

7.1 Optimierung logischer Netzwerke im Überblick

Betrachten wir das in Abbildung 7.1 dargestellte logische Netzwerk, so sehen wir, daß vielfältige Optimierungsmöglichkeiten bestehen.

7.1.1 Lokale Optimierung

Naheliegend ist es auf jeden Fall, zu jedem Polynom ein dazu äquivalentes Minimalpolynom zu berechnen. Verfahren hierzu haben wir in den Kapiteln 3 und 4 kennengelernt. In unserem Netz kann zum Beispiel das Polynom u, das durch $q' \cdot x_3 + q \cdot x_3' + q \cdot x_3$ gegeben ist, durch das Polynom $q + x_3$ ersetzt werden. Das hieraus resultierende logische Netzwerk hat nur noch Kosten 39. Wir haben ein Polynom mit Kosten 9 durch ein Polynom mit Kosten 2 ersetzt.

7.1.2 Eliminierung von Knoten

In dem logischen Netzwerk aus Abbildung 7.1 ist der Ausgangsgrad des inneren Knotens r gleich 1. Substituieren wir r im Polynom s, so kann der innere

Knoten r gelöscht werden. Die in r eingehenden Kanten werden zum Knoten s umgeleitet. Die Kosten des neuen logischen Netzwerkes verringern sich auf 38. Eine solche Substitution ist natürlicherweise nur dann sinnvoll, wenn sich die Kosten des logischen Netzwerkes nicht erhöhen und die Größe des Polynoms, in dem substituiert wird, eine vorgegebene obere Schranke nicht überschreitet.

Die Knoten p und q, die beide Ausgangsgrad 1 haben, können ebenfalls eliminiert werden. Die Eliminierung verringert die Gesamtkosten $\mathcal{C}(\mathcal{N}_1)$ des so enstehenden logischen Netzwerkes $\mathcal{N}_1$, das in Abbildung 7.2 dargestellt ist, auf 36.

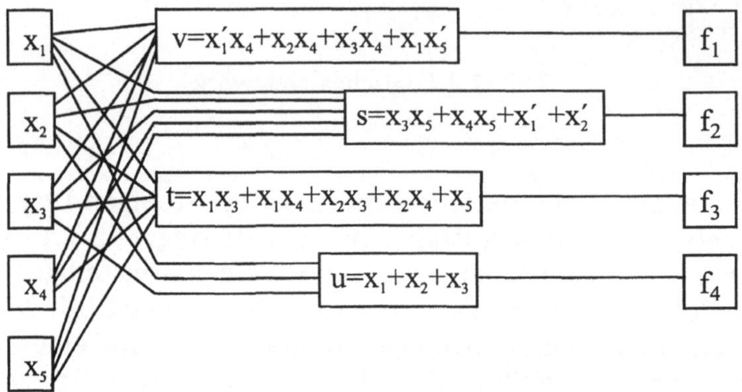

Abb. 7.2 Logisches Netzwerk $\mathcal{N}_1$ nach den lokalen Optimierungen und dem Eliminieren innerer Knoten

7.1.3　Zerlegung eines Knotens

Die entgegengesetzte Richtung, nämlich die Zerlegung eines Knotens in zwei Knoten, kann auch sinnvoll sein. Zerlegen wir den Knoten v, der durch das Polynom

$$v \;=\; x_1' \cdot x_4 + x_2 \cdot x_4 + x_3' \cdot x_4 + x_1 \cdot x_5'$$

beschrieben ist, in zwei neue Knoten j und v mit

$$j \;=\; x_1' + x_2 + x_3'$$
$$v \;=\; j \cdot x_4 + x_1 \cdot x_5',$$

so verringern sich die Kosten des logischen Netzwerkes auf 33.

7.1.4 Extraktion gemeinsamer Teilausdrücke

Größere Kostenersparnisse können wir erzielen, wenn es uns gelingt, gemeinsame Teilausdrücke verschiedener Polynome zu finden. Wir überlegen uns zum Beispiel, daß die Knoten

$$s = x_3 \cdot x_5 + x_4 \cdot x_5 + x_1' + x_2'$$
$$t = x_1 \cdot x_3 + x_1 \cdot x_4 + x_2 \cdot x_3 + x_2 \cdot x_4 + x_5$$

aus Abbildung 7.2 zerlegt werden können in

$$s = (x_3 + x_4) \cdot x_5 + x_1' + x_2'$$
$$t = (x_3 + x_4) \cdot x_1 + (x_3 + x_4) \cdot x_2 + x_5.$$

Zerlegen wir also die beiden Knoten in die Form

$$k = x_3 + x_4$$
$$s = k \cdot x_5 + x_1' + x_2'$$
$$t = k \cdot x_1 + k \cdot x_2 + x_5,$$

so reduzieren wir die Kosten auf 26. Abbildung 7.3 zeigt das so reduzierte logische Netzwerk $\mathcal{N}_2$.

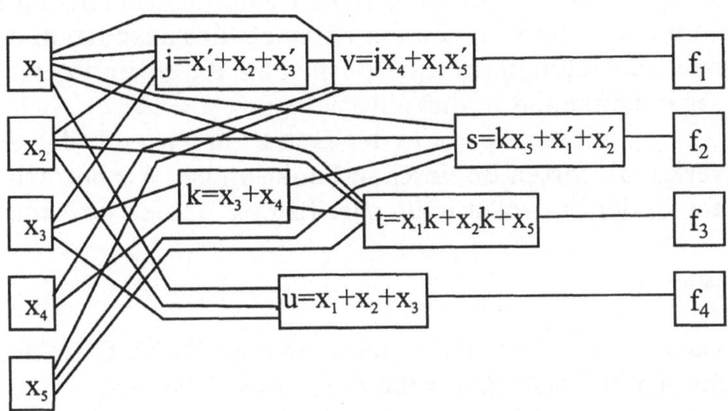

Abb. 7.3 Logisches Netzwerk $\mathcal{N}_2$ nach Extraktion eines zu s und t gemeinsamen Teilausdrucks

Gleiches können wir mit den inneren Knoten u und (dem nun neuen) Knoten t tun, die sich zerlegen lassen in

$$t = (x_1 + x_2) \cdot k + x_5$$
$$u = (x_1 + x_2) + x_3$$

Durch Extraktion des gemeinsamen Teilausdrucks $x_1 + x_2$ erhalten wir das in Abbildung 7.4 dargestellte logische Netzwerk $\mathcal{N}_3$, das Kosten 24 hat.

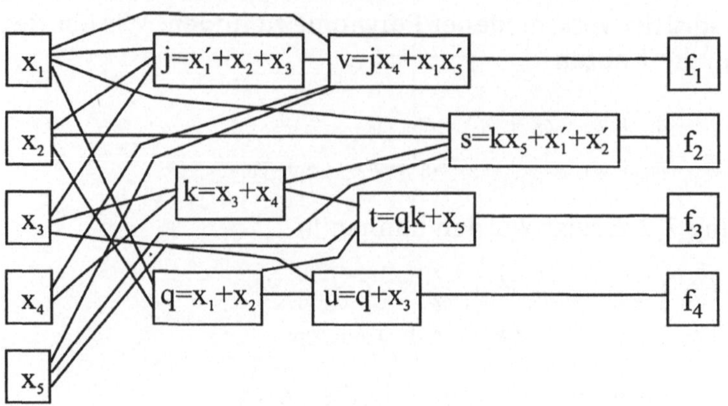

Abb. 7.4 Optimiertes Logisches Netzwerk $\mathcal{N}_3$

7.1.5　Lokale Optimierung unter Ausnutzung von Don't Cares

Haben wir Kenntnis davon, daß verschiedene Kombinationen von Leitungsbelegungen nicht möglich sind, so können wir auch dies ausnutzen, um das Netzwerk zu optimieren. Nehmen wir zum Beispiel an, daß x_1 und x_5 nie gleichzeitig den Wert 1 tragen können, d.h. daß jede Belegung $\alpha = (\alpha_1, \ldots, \alpha_5) \in \{0,1\}^5$ der Variablen $x_1, \ldots, x_5$ mit $\alpha_1 \cdot \alpha_5 = 1$ in der Don't Care-Menge der durch das logische Netzwerk realisierten Booleschen Funktion ist. Wir betrachten nun den inneren Knoten s, der die vollständig spezifizierte Boolesche Funktion

$$k \cdot x_5 + x'_1 + x'_2$$

beschreibt. Da $x_1 \cdot x_5$ wegen der angenommenen Don't Care-Bedingung nie wahr sein kann, kann s ersetzt werden durch das Polynom

$$k \cdot x_5 + x'_1 + x'_2 + x_1 \cdot x_5,$$

das äquivalent zu dem Polynom

$$x'_1 + x'_2 + x_5$$

ist. Gleichermaßen können wir das Polynom v ersetzen durch das Polynom

$$j \cdot x_4 + x_1.$$

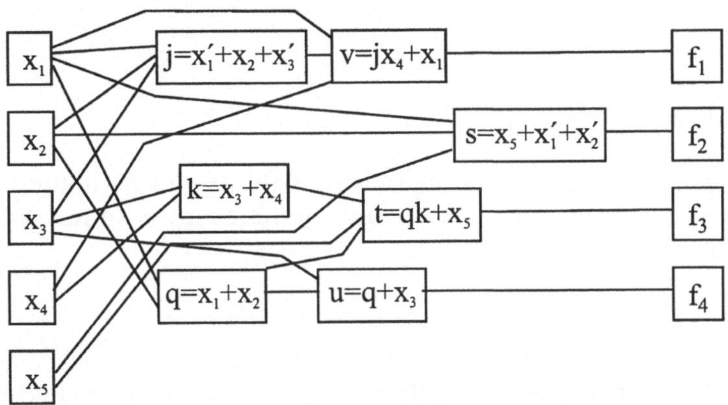

Abb. 7.5 Optimiertes Logisches Netzwerk $\mathcal{N}_4$ nach Ausnutzung der Don't Care Bedingung $x_1 \cdot x_5$

Wir erhalten somit das in Abbildung 7.5 dargestellte logische Netzwerk $\mathcal{N}_4$, das nur noch Kosten 20 hat.

Don't Cares können an jedem inneren Knoten eines logischen Netzwerkes existieren. Sie rühren zum einen davon, daß Belegungen von Signalen voneinander abhängig sind, und zum anderen dadurch, daß verschiedene Belegungen von Knotenausgängen von außen nicht beobachtbar sind. Im ersten Fall sprechen wir von *Erfüllbarkeits-Don't Cares*, im zweiten Fall von *Beobachtbarkeits-Don't Cares*.

7.2 Realisierung der Optimierungsschritte

Die Anwendung der oben angegebenen Transformationen auf ein logisches Netzwerk erfolgt in den Regel über sogenannte *Skripte*, in denen der Entwerfer angibt, welche Transformationstypen in welcher Reihenfolge anzuwenden sind. Begründet ist dieses Vorgehen dadurch, daß die Kosten der synthetisierten logischen Netzwerke in der Regel sehr von der Reihenfolge abhängen, in denen die Transformationen angewendet werden.

Wir wollen uns hier auf die Realisierung der einzelnen Transformationen beschränken. Von herausragender Bedeutung sind hierbei die Zerlegung eines Knotens, die Extraktion nichttrivialer gemeinsamer Teilausdrücke und die Berechnung der Don't Care-Menge der einzelnen Knoten. Auf die lokale Optimierung, auch unter Berücksichtigung einer Don't Care-Menge, sind wir in den vorherigen Kapiteln über zweistufige Logikminimierung schon ausführlich eingegangen. Die Eliminierung von Knoten ist vom algorithmischen Standpunkt her sehr einfach, so daß wir auch auf diese Operation nicht einzugehen brauchen.

7.2.1 Algebraische Division

Da die Division eine entscheidende Rolle sowohl bei der Zerlegung von Knoten
als auch bei der Extraktion nichttrivialer gemeinsamer Teilausdrücke spielt,
wollen wir uns zuerst auf die Division

$$\frac{p}{d} = (q, r)$$

eines Booleschen Polynoms p durch ein anderes Boolesches Polynom d, den
Divisor, konzentrieren. Hierbei sind q und r ebenfalls Polynome, der *Quotient*
und der *Rest*, wobei gelten muß, daß die beiden Booleschen Ausdrücke p und
$d{\cdot}q{+}r$ äquivalent sind. Die Division entspricht also der Zerlegung eines Knotens
bei vorgegebenem Divisor d.

Die Division ist in dieser allgemeinen Form nicht eindeutig. Wir überlegen uns
dies anhand des Polynoms

$$p = x_1 \cdot x_3 + x_2 \cdot x_3 + x_1 \cdot x_4$$

und des Divisors $d = x_1 + x_2$. Es ist leicht einzusehen, daß die beiden Gleichungen

$$\frac{p}{d} = (x_3, x_1 \cdot x_4) \tag{7.1}$$

$$\frac{p}{d} = (x_3 + x_1 \cdot x_4, 0) \tag{7.2}$$

gelten.

Um Eindeutigkeit zu erlangen, haben Brayton und McMullen [BM82] vorge-
schlagen, sich auf sogenannte *algebraische Transformationen* zu beschränken,
die es erlauben, Boolesche Ausdrücke nur mit Regeln, die in der Booleschen
Algebra *und* in der Algebra der reellen Zahlen gelten, zu transformieren. Aus-
geschlossen werden also die Idempotenz-Regeln

$$x_1 \cdot x_1 = x_1 \quad \text{und} \quad x_1 + x_1 = x_1,$$

die Regel

$$x_1 + (x_2 \cdot x_3) = (x_1 + x_2) \cdot (x_1 + x_3)$$

und die Absorptionsregeln

$$x_1 + (x_1 \cdot x_2) = x_1 \quad \text{und} \quad (x_1 + x_2) \cdot x_1 = x_1.$$

Zudem wird der Begriff des Komplements ignoriert.

Betrachten wir nochmals die Gleichung 7.2. Multiplizieren wir

$$(x_1 + x_2) \cdot (x_3 + x_1 \cdot x_4)$$

unter ausschließlicher Verwendung algebraischer Transformationen aus, so erhalten wir den Booleschen Ausdruck

$$x_1 \cdot x_3 + x_2 \cdot x_3 + x_1 \cdot x_1 \cdot x_4 + x_1 \cdot x_2 \cdot x_4,$$

der mit algebraischen Transformationen nicht weiter vereinfacht werden kann. Der Ausdruck $(x_1 + x_2) \cdot (x_3 + x_1 \cdot x_4)$ ist dementsprechend nicht überführbar nach p unter ausschließlicher Benutzung algebraischer Transformationen und kann somit nicht das Ergebnis der Division von p durch d in diesem algebraischen Modell sein. Anders verhält es sich mit der Gleichung 7.1, die im algebraischen Modell zulässig ist, da $(x_1 + x_2) \cdot x_3 + x_1 \cdot x_4$ durch Anwendung der noch erlaubten Distributivregel in $x_1 \cdot x_3 + x_2 \cdot x_3 + x_1 \cdot x_4$, also in das Polynom p, überführbar ist.

Wir wollen die bisher gemachten Bemerkungen formal fassen. Hierzu benötigen wir die grundlegenden Begriffe *algebraischer Ausdruck*, *Support eines algebraischen Ausdrucks* und *Orthogonalität algebraischer Ausdrücke*.

Definition 7.2.1 (algebraischer Ausdruck) *Ein Boolesches Polynom, in dem kein Monom durch ein anderes überdeckt wird, heißt* algebraischer Ausdruck.

Beispiel 7.2.1 $x_1 \cdot x_2 + x_1$ ist kein algebraischer Ausdruck, da das Monom $x_1 \cdot x_2$ von dem Monom x_1 überdeckt wird.

Definition 7.2.2 (Support) *Es sei p ein algebraischer Ausdruck. Dann wird die Menge der Variablen, die in p enthalten sind,* Support von p *genannt. Wir bezeichnen die Menge mit* $support(p)$.

Beispiel 7.2.2 Der algebraische Ausdruck $x_1 \cdot x_2 + x_1' \cdot x_2$ hat als Support die Menge $\{x_1, x_2\}$, da sowohl x_1 als auch x_2 als positives oder als negatives Literal im Ausdruck vorkommt. Wir bemerken, daß die durch diesen Booleschen Ausdruck beschriebene Boolesche Funktion unabhängig von der Belegung der Variablen x_1 ist. x_1 ist trotzdem im Support des algebraischen Ausdrucks enthalten.

Definition 7.2.3 (Orthogonalität) *Zwei algebraische Ausdrücke d und q heißen* orthogonal, *in Zeichen $d \perp q$, wenn $support(d) \cap support(q) = \emptyset$ gilt.*

Beispiel 7.2.3 Es gilt $x_1 + x_2 \perp x_3$. Der Ausdruck $x_1 + x_2$ ist jedoch nicht orthogonal zu $x_3 + x_1 \cdot x_4$, da beide algebraische Ausdrücke die Variable x_1 in ihrem Support haben.

Wir können nun definieren, was wir unter einer algebraischen Division verstehen.

Definition 7.2.4 (algebraische Division) *Es sei p ein algebraischer Ausdruck. Dann heißt ein algebraischer Ausdruck d algebraischer Divisor von p, wenn algebraische Ausdrücke q und r existieren, so daß*

a)   *$q \neq 0$ und $d \perp q$ gilt, und*

b)   *sich $d \cdot q + r$ nach p im algebraischen Modell überführen läßt.*

Schreibweise 7.2.5 *Da q und r nicht eindeutig bestimmt zu sein brauchen, schreiben wir $(q,r) \in \frac{p}{d}$.*

Beispiel 7.2.4 Der algebraische Ausdruck $d = x_1 + x_2$ ist ein algebraischer Divisor von $p = x_1 \cdot x_3 + x_2 \cdot x_3 + x_1 \cdot x_4$ mit $q = x_3$ und $r = x_1 \cdot x_4$. Es gilt also

$$(x_3, x_1 \cdot x_4) \in \frac{x_1 \cdot x_3 + x_2 \cdot x_3 + x_1 \cdot x_4}{x_1 + x_2}$$

Verlangen wir in der Definition 7.2.4 zusätzlich, daß der zu einem algebraischen Divisor d eines algebraischen Ausdrucks p gehörige Rest r minimal viele Monome enthält, so ist der Quotient q eindeutig bestimmt. Um dies einzusehen, gehen wir von zwei Paaren (q_1, r_1) und (q_2, r_2) aus $\frac{p}{d}$ aus. Sowohl für r_1 als auch für r_2 soll gelten, daß sie minimal viele Monome enthalten. Wir streichen nun in q_1 und q_2 alle Monome, die sowohl in q_1 als auch in q_2 enthalten sind. Ebenso streichen wir in r_1 und r_2 alle Monome, die sowohl in r_1 als auch in r_2 enthalten sind. Die resultierenden algebraischen Ausdrücke wollen wir mit $q_1^{(1)}$, $q_2^{(1)}$, $r_1^{(1)}$ und $r_2^{(1)}$ bezeichnen. Wegen Eigenschaft (b) der obigen Definition gilt

$$q_1^{(1)} \cdot d + r_1^{(1)} = q_2^{(1)} \cdot d + r_2^{(1)}.$$

Der algebraische Ausdruck $q_1^{(1)}$ muß leer, also gleich 0 sein. Ansonsten muß $r_2^{(1)}$ alle Monome enthalten, die durch algebraisches Ausmultiplizieren von $d \cdot m$ für ein Monom m aus $q_1^{(1)}$ entstehen. r_2 wäre also nicht minimal. Ebenso gilt, daß $q_2^{(1)}$ leer sein muß. Hieraus folgt $q_1^{(1)} = q_2^{(1)}$ und $r_1^{(1)} = r_2^{(1)}$ und somit auch $q_1 = q_2$ und $r_1 = r_2$.

Schreibweise 7.2.6 *Ist q der in diesem Sinne maximale Quotient, so benutzen wir für q die Schreibweise p/d.*

Bevor wir zum Divisionsalgorithmus kommen, müssen wir noch den Begriff des *Faktors* einführen.

Definition 7.2.7 (Faktor) *Ein algebraischer Divisor d heißt Faktor eines algebraischen Ausdrucks p, wenn $(p/d, 0) \in \frac{p}{d}$ gilt, also der minimale Rest bei der algebraischen Division von p durch d gleich 0 ist.*

Der Algorithmus zur Berechnung von p/d für zwei algebraische Ausdrücke p und d ist relativ einfach. Wir haben ihn in Abbildung 7.6 zusammengefaßt. Für jedes in d enthaltene Monom d_i überprüfen wir für jedes in p enthaltene Monom p_j, ob p_j alle Literale von d_i enthält. Falls ja, konstruieren wir das Monom $q_{i,j}$, indem wir aus p_j alle in d_i enthaltenen Literale streichen, und fügen $q_{i,j}$ in die anfangs leere Menge $Candidates_{d_i}$ ein. Die Monome, die im Durchschnitt der $Candidates_{d_i}$-Mengen liegen, bilden p/d. Es gilt also

Lemma 7.2.1 *Seien p und d zwei algebraische Ausdrücke mit $d = \{d_1, \ldots, d_m\}$, $Candidates_{d_i} = \{q \; : \; q \cdot d_i \in p\}$ und $Quotient = \bigcap_{i=1}^{m} Candidates_{d_i}$. Dann gilt*

1) *$(\forall d_i \in d)\ (\forall q_j \in Quotient) \; : \; q_j \cdot d_i \in p$*

2) *Die Menge $Quotient$ ist maximal mit der Eigenschaft 1.*

```
 1  Algebraische_Division (polynom p, d)
 2  var boolean first = TRUE;
 3      set Candidates, Quotient;
 4      monom d_i, p_j, q;
 5  end;
 6  begin
 7    forall d_i ∈ d do
 8      Candidates = ∅;
 9      forall p_j ∈ p do
10        if (d_i Faktor von p_j)
11          then q = p_j/d_i;
12              Candidates = Candidates ∪ {q};
13        fi;
14      od;
15      if (first)
16        then Quotient = Candidates;
17            first = FALSE;
18      else Quotient = Quotient ∩ Candidates;
19      fi;
20    od;
21    return Quotient;
22  end
```

Abb. 7.6 Algorithmus zur algebraischen Division

Wir wollen den Algorithmus noch kurz an einem Beispiel durchspielen.

Beispiel 7.2.5 Sei p der algebraische Ausdruck

$$x_1 \cdot x_3 \cdot x_6 + x_1 \cdot x_4 \cdot x_6 + x_2 \cdot x_3 + x_2 \cdot x_4 \cdot x_6 + x_5$$

und d gegeben durch

$$x_1 \cdot x_6 + x_2.$$

Im ersten Schleifendurchlauf wird überprüft, für welche Monome aus p das erste Monom $x_1 \cdot x_6$ aus d Faktor ist. Die entsprechenden Quotienten x_3 und x_4 werden in der Menge *Candidates* abgespeichert. und da es sich um den ersten Schleifendurchlauf handelt, in die Menge *Quotient* übernommen. Im zweiten Durchlauf wird die Überprüfung für das Monom x_2 von d gemacht. Dieses Monom ist Faktor von ebenfalls zwei Monomen aus p, nämlich den Monomen $x_2 \cdot x_3$ und $x_2 \cdot x_4 \cdot x_6$. Die Menge *Candidates* erhält also in diesem Durchlauf den Wert $\{x_3, x_4 \cdot x_6\}$. Im Durchschnitt der Mengen *Quotient* und *Candidates* liegt nur das Monom x_3. Es gilt also $p/d = x_3$.

7.2.2 Berechnung nichttrivialer algebraischer Divisoren

Um einen Knoten des logischen Netzwerkes zerlegen zu können, reicht es nicht zu wissen, wie zerlegt werden kann, wenn der Divisor bekannt ist. Vielmehr müssen wir uns noch Gedanken darüber machen, wie wir geeignete Divisoren finden können.

Es ist klar, daß es relativ einfach ist, einzelne Monome aus einem algebraischen Ausdruck zu extrahieren. Aus diesem Grunde wollen wir uns nur mit dem etwas schwierigeren Fall, nämlich der Extraktion von Divisoren, die aus wenigstens zwei Monomen bestehen, beschäftigen.

Definition 7.2.8 (nichttrivialer algebraischer Divisor) *Ein algebraischer Divisor eines algebraischen Ausdrucks heißt* nichttrivial, *wenn er aus wenigstens zwei Monomen besteht.*

Von besonderem Interesse sind hier die maximalen algebraischen Divisoren, die selbst nicht durch ein Monom ohne Rest dividiert werden können. Diese werden in der Literatur (siehe zum Beispiel [BM82]) als *Kernels* bezeichnet. Hierzu benötigen wir die Begriffe des *würfelfreien algebraischen Ausdrucks und des primären Divisors*.

Definition 7.2.9 (würfelfreier algebraischer Ausdruck) *Ein algebraischer Ausdruck p heißt* würfelfrei, *wenn es kein Monom gibt, der Faktor von p ist.*

Lemma 7.2.2 *Jeder würfelfreie algebraische Ausdruck besteht aus wenigstens zwei Monomen.*

Definition 7.2.10 (primärer Divisor) *Sei p ein algebraischer Ausdruck und c ein Monom. Dann heißt p/c primärer Divisor von p.*

Definition 7.2.11 (Kernel und co-Kernel) *Sei p ein algebraischer Ausdruck und d ein primärer Divisor von p. d heißt Kernel von p, wenn d würfelfrei ist. Die Menge der Kernels eines algebraischen Ausdrucks p bezeichnen wir mit $K(p)$.*

Gilt $d = p/c$ für einen Kernel d von p und ein Monom c, so heißt das Monom c co-Kernel von d.

Die Kernels eines algebraischen Ausdrucks p können durch Berechnung der co-Kernels bestimmt werden. Hierzu berechnen wir in einer Iteration für jede Teilmenge der Monome von p das maximale gemeinsame Teilmonom, beginnend mit Teilmengen der Größe 2, dann der Größe 3 und so weiter. In der i. Iteration werden die Teilmengen der Größe i betrachtet. Das Verfahren wird angehalten, wenn in einer Iteration keine neuen Teilmonome mehr berechnet werden konnten. Die so berechneten Teilmonome entsprechen den co-Kernels und umgekehrt.

Beispiel 7.2.6 Wir betrachten den algebraischen Ausdruck

$$p = x_1 \cdot x_3 \cdot x_5 + x_2 \cdot x_3 \cdot x_5 + x_4 \cdot x_5 + x_6$$

und konstruieren eine Matrix M, deren Zeilen und Spalten den Monomen aus p entsprechen. In die Komponente $M[m_1, m_2]$ für zwei Monome m_1 und m_2 speichern wir das maximale gemeinsame Teilmonom von m_1 und m_2 ab. Wir müssen hier immer das *maximale* gemeinsame Teilmonom c nehmen, ansonsten ist der dazugehörige algebraische Ausdruck p/c nicht würfelfrei. Dementsprechend erhalten wir die in Abbildung 7.7 dargestellte Matrix, wenn wir berücksichtigen, daß die Matrix symmetrisch und auf der Diagonale nicht von Interesse ist.

	$x_1 x_3 x_5$	$x_2 x_3 x_5$	$x_4 x_5$	x_6
$x_1 x_3 x_5$		$x_3 x_5$	x_5	
$x_2 x_3 x_5$			x_5	
$x_4 x_5$				
x_6				

Abb. 7.7 Co-Kernels der ersten Iteration

Die Co-Kernels der ersten Iteration sind $x_3 \cdot x_5$ und x_5. Die dazugehörigen Kernels sind $x_1 + x_2$ und $x_1 \cdot x_3 + x_2 \cdot x_3 + x_4$.

Um nun in der nächsten Iteration, die zu Teilmengen der Größe 3 gehörigen co-Kernels zu berechnen, haben wir die gerade aus Teilmengen der Größe 2 berechneten co-Kernels mit den Monomen aus p zu vergleichen. In Abbildung 7.8 sehen wir, daß keine neuen co-Kernels entstehen.

	$x_1 x_3 x_5$	$x_2 x_3 x_5$	$x_4 x_5$	x_6	$x_3 x_5$	x_5
$x_1 x_3 x_5$		$x_3 x_5$	x_5		$x_3 x_5$	x_5
$x_2 x_3 x_5$			x_5		$x_3 x_5$	x_5
$x_4 x_5$					x_5	x_5
x_6						

Abb. 7.8 Co-Kernels nach der zweiten Iteration

Somit sind alle co-Kernels, die verschieden von 1 sind, berechnet. Da p selbst würfelfrei ist, ist das 1-Monom ebenfalls ein co-Kernel von p. Zusammenfassend gilt also

$$K(p) \;=\; \{p,\; x_1 + x_2,\; x_1 \cdot x_3 + x_2 \cdot x_3 + x_4\}.$$

In der Abbildung 7.9 haben wir den Algorithmus nochmals zusammengefaßt. In den Mengen *kernels* und *co_kernels* werden die Kernels und co-Kernels des algebraischen Ausdrucks p gespeichert. Die Menge *new_co_kernels* enthält die in der letzten Iteration berechneten co-Kernels, die bis zu dieser Iteration noch nicht vorgekommen sind und *temp* die co-Kernels die in der aktuellen Iteration berechnet werden. In jeder Iteration wird für jedes Paar aus dem kartesischen Produkt der beiden Mengen *new_co_kernels* und p überprüft, ob sie ein gemeinsames Teilmonom besitzen. Ist dies der Fall, so wird das maximale gemeinsame Teilmonom zu der Menge der berechneten co-Kernels hinzugenommen. Um in die erste Iteration einsteigen zu können, wird die Menge *new_co_kernels* mit den Monomen des algebraischen Ausdrucks p initialisiert, so daß in der ersten Iteration wie vorgesehen das kartesische Produkt von $p \times p$ betrachtet wird.

Wir wollen den in Abbildung 7.9 skizzierten Algorithmus an einem Beispiel vorführen.

Beispiel 7.2.7 Wir betrachten den algebraischen Ausdruck

$$\begin{aligned}
p \;=\;\; & x_1 \cdot x_2 \cdot x_3 \cdot x_4 + x_1 \cdot x_2 \cdot x_3 \cdot x_5 + x_1 \cdot x_2 \cdot x_4 \cdot x_5 + x_1 \cdot x_6 + \\
& x_4 \cdot x_8 \cdot x_9 + x_5 \cdot x_8 \cdot x_9 + x_7.
\end{aligned}$$

Der Algorithmus arbeitet dann wie folgt:

Initialisierung

$co\_kernels = \emptyset$

$new\_co\_kernels = \{x_1 \cdot x_2 \cdot x_3 \cdot x_4,\; x_1 \cdot x_2 \cdot x_3 \cdot x_5,\; x_1 \cdot x_2 \cdot x_4 \cdot x_5,\; x_1 \cdot x_6,$
$\qquad\qquad\qquad x_4 \cdot x_8 \cdot x_9,\; x_5 \cdot x_8 \cdot x_9,\; x_7\}$

```
 1 berechne_kernels (polynom p)
 2 var polynom kernels, co_kernels, new_co_kernels, temp;
 3     monom m₁, m₂, q;
 4 end;
 5 begin
 6    co_kernels = ∅;
 7    new_co_kernels = p;
 8    while (new_co_kernels ≠ ∅) do
 9       temp = ∅;
10       forall m₁ ∈ new_co_kernels do
11          forall m₂ ∈ p do
12             q = gemeinsames_maximales_Teilmonom(m₁, m₂);
13             if ((m₁ ≠ m₂) und (q ≠ 1))
14                then temp = temp ∪ {q};
15             fi;
16          od;
17       od;
18       new_co_kernels = temp \ co_kernels;
19       co_kernels = co_kernels ∪ new_co_kernels;
20    od;
21    kernels = {p/c : c ∈ co_kernels};
22    if (p würfelfrei) then kernels = kernels ∪ {p} fi;
23    return kernels;
24 end
```

Abb. 7.9 Berechnung der Kernels eines algebraischen Ausdrucks p

Iteration 1

$temp = \{x_1 \cdot x_2 \cdot x_3,\ x_1 \cdot x_2 \cdot x_4,\ x_1,\ x_4,\ x_1 \cdot x_2 \cdot x_5,\ x_5,\ x_8 \cdot x_9\}$

$new\_co\_kernels = \{x_1 \cdot x_2 \cdot x_3,\ x_1 \cdot x_2 \cdot x_4,\ x_1,\ x_4,\ x_1 \cdot x_2 \cdot x_5,\ x_5,\ x_8 \cdot x_9\}$

$co\_kernels = \{x_1 \cdot x_2 \cdot x_3,\ x_1 \cdot x_2 \cdot x_4,\ x_1,\ x_4,\ x_1 \cdot x_2 \cdot x_5,\ x_5,\ x_8 \cdot x_9\}$

Iteration 2

$temp = \{x_1 \cdot x_2 \cdot x_3,\ x_1 \cdot x_2,\ x_1,\ x_1 \cdot x_2 \cdot x_4,\ x_4,\ x_1 \cdot x_2 \cdot x_5,\ x_5,\ x_8 \cdot x_9\}$

$new\_co\_kernels = \{x_1 \cdot x_2\}$

$co\_kernels = \{x_1 \cdot x_2 \cdot x_3,\ x_1 \cdot x_2 \cdot x_4,\ x_1,\ x_4,\ x_1 \cdot x_2 \cdot x_5,\ x_5,\ x_8 \cdot x_9,\ x_1 \cdot x_2\}$

Iteration 3

$temp = \{x_1 \cdot x_2,\ x_1\}$

$new\_co\_kernels = \emptyset$

$co\_kernels = \{x_1 \cdot x_2 \cdot x_3,\ x_1 \cdot x_2 \cdot x_4,\ x_1,\ x_4,\ x_1 \cdot x_2 \cdot x_5,\ x_5,\ x_8 \cdot x_9,\ x_1 \cdot x_2\}.$

Da in dieser dritten Iteration keine neuen co_Kernels mehr berechnet werden konnten, wird die Schleife verlassen. Es wird nur noch überprüft, ob der algebraische Ausdruck p würfelfrei ist. Dies ist hier der Fall. Somit ist das 1-Monom ebenfalls co-Kernel. Die Menge $K(p)$ der Kernels von p ist demzufolge gleich

$$\{p,\ x_4 + x_5,\ x_3 + x_5,\ x_2 \cdot x_3 \cdot x_4 + x_2 \cdot x_3 \cdot x_5 + x_2 \cdot x_4 \cdot x_5 + x_6,$$
$$x_1 \cdot x_2 \cdot x_3 + x_1 \cdot x_2 \cdot x_5 + x_8 \cdot x_9,\ x_3 + x_4,$$
$$x_1 \cdot x_2 \cdot x_3 + x_1 \cdot x_2 \cdot x_4 + x_8 \cdot x_9,\ x_4 + x_5,\ x_3 \cdot x_4 + x_3 \cdot x_5 + x_4 \cdot x_5\}.$$

7.2.3　Extraktion gemeinsamer nichttrivialer Divisoren

Kernels spielen nicht nur beim Zerlegen eines einzelnen algebraischen Ausdrucks eine herausragende Rolle, sondern auch bei der Extraktion gemeinsamer Teilausdrücke von verschiedenen algebraischen Ausdrücken. Es gilt der folgende Satz, der den Weg zu einem hinreichenden und notwendigen Test ebnet, der entscheidet, ob zwei algebraische Ausdrücke einen gemeinsamen nichttrivialen algebraischen Divisor haben.

Satz 7.2.3 *Seien $p^{(1)}$ und $p^{(2)}$ zwei algebraische Ausdrücke. Dann gibt es genau dann einen gemeinsamen nichttrivialen algebraischen Divisor d von $p^{(1)}$ und $p^{(2)}$, wenn es einen Kernel $k^{(1)} \in K(p^{(1)})$ und einen Kernel $k^{(2)} \in K(p^{(2)})$ gibt, die wenigstens zwei gemeinsame Monome enthalten, für die also $\mid k^{(1)} \cap k^{(2)} \mid\ \geq 2$ gilt.*

Beweis: Wir beweisen zuerst die Richtung von rechts nach links. Seien also $k^{(1)} \in K(p^{(1)})$ ein Kernel des algebraischen Ausdrucks $p^{(1)}$ und $k^{(2)} \in K(p^{(2)})$ ein Kernel des algebraischen Ausdrucks $p^{(2)}$ mit $\{s, t\} \subseteq k^{(1)} \cap k^{(2)}$. Da $k^{(i)}$ ein algebraischer Divisor von $p^{(i)}$ ist, ist auch jede Teilmenge von $k^{(i)}$ ein algebraischer Divisor von $p^{(i)}$, also auch $\{s, t\}$. Der algebraische Ausdruck $s + t$ ist also ein gemeinsamer nichttrivialer algebraischer Divisor von $p^{(1)}$ und $p^{(2)}$.

Um die andere Richtung zu beweisen, gehen wir davon aus, daß $p^{(1)}$ und $p^{(2)}$ einen gemeinsamen nichttrivialen algebraischen Divisor d besitzen. Da d nichttrivial ist, muß d aus wenigstens zwei Monomen bestehen. Wir machen nun folgende Konstruktion und Überlegungen:

1) Zu d konstruieren wir einen algebraischen Divisor e von d, der würfelfrei ist. Hierzu setzen wir zuerst e auf d. Ist d schon würfelfrei, so sind wir mit diesem Schritt schon fertig. Ist e nicht würfelfrei, so gibt es ein Monom c, der Faktor von e ist, also für den $e = c \cdot e_{new}$ für einen geeigneten algebraischen Ausdruck e_{new} gilt. e_{new} muß wenigstens zwei Monome enthalten, da e wenigstens zwei Monome enthält. Wir setzen nun e gleich e_{new} und fahren fort bis der algebraische Ausdruck e würfelfrei ist.

2) Der algebraische Ausdruck e ist algebraischer Divisor von d, der wiederum algebraischer Divisor von $p^{(1)}$ und $p^{(2)}$ ist. Also ist e auch algebraischer

Divisor von $p^{(1)}$ und $p^{(2)}$ und es gilt

$$
\begin{aligned}
p^{(1)} &= q^{(1)} \cdot e + r^{(1)} \\
p^{(2)} &= q^{(2)} \cdot e + r^{(2)}
\end{aligned}
$$

für geeignete algebraische Ausdrücke $q^{(1)}$, $q^{(2)}$, $r^{(1)}$ und $r^{(2)}$.

3) Nehmen wir nun an, daß $q^{(i)}$ kein Co-Kernel von $p^{(i)}$ ist, d.h. daß $q^{(i)}$ aus mehr als einem Monom besteht, so läßt sich $q^{(i)}$ schreiben als

$$
q^{(i)} = c^{(i)} + q_1^{(i)}
$$

für ein Monom $c^{(i)}$ aus $q^{(i)}$ und es gilt für einen geeigneten algebraischen Ausdruck $r_1^{(i)}$

$$
\begin{aligned}
p^{(i)} &= q^{(i)} \cdot e + r^{(i)} \\
&= (c^{(i)} + q_1^{(i)}) \cdot e + r^{(i)} \\
&= (c^{(i)} + q_1^{(i)}) \cdot e + c^{(i)} \cdot (r^{(i)}/c^{(i)}) + r_1^{(i)} \\
&= c^{(i)} \cdot (e + r^{(i)}/c^{(i)}) + (q_1^{(i)} \cdot e + r_1^{(i)}).
\end{aligned}
$$

Da e würfelfrei ist, muß auch $e + r^{(i)}/c^{(i)}$ würfelfrei sein. Zudem ist $c^{(i)}$ kein algebraischer Divisor von $q_1^{(i)}$, da $c^{(i)} + q_1^{(i)}$ ein algebraischer Ausdruck ist. Da $q^{(i)}$ und somit auch $c^{(i)}$ orthogonal zu e ist, ist $c^{(i)}$ dann auch kein algebraischer Divisor von $q_1^{(i)} \cdot e$. Somit ist $e + r^{(i)}/c^{(i)}$ ein Kernel von $p^{(i)}$. Also liegt e auch im Durchschnitt eines Kernels von $p^{(1)}$ und eines Kernels von $p^{(2)}$.

∎

Der gerade bewiesene Satz und der Beweis des Satzes selbst ziehen zwei wichtige Folgerungen nach sich. Zum einen kann in einfacher Weise festgestellt werden, ob zwei algebraische Ausdrücke einen gemeinsamen nichttrivialen algebraischen Divisor haben. Zum anderen zeigt der Beweis aber auch, daß im Fall, daß der Schnitt eines Kernels eines algebraischen Ausdrucks und eines Kernels eines anderen algebraischen Ausdrucks nicht leer ist, dieser Schnitt ein gemeinsamer algebraischer Divisor der beiden algebraischen Ausdrücke ist.

7.2.4 Berechnung der Erfüllbarkeits-Don't Cares

Wir wollen die Berechnung der Erfüllbarkeits-Don't Cares an einem größeren Beispiel erläutern und auf die Angabe einer formalen Prozedur verzichten. Wir betrachten hierzu das logische Netzwerk aus Abbildung 7.10 und nehmen an, daß alle Belegungen von x_1, x_2, x_3, x_4 vorkommen können mit Ausnahme der Belegungen, in denen sowohl x_1 als auch x_4 mit dem Wert 0 belegt ist. Es gilt also die Don't Care-Bedingung $x_1' \cdot x_4'$.

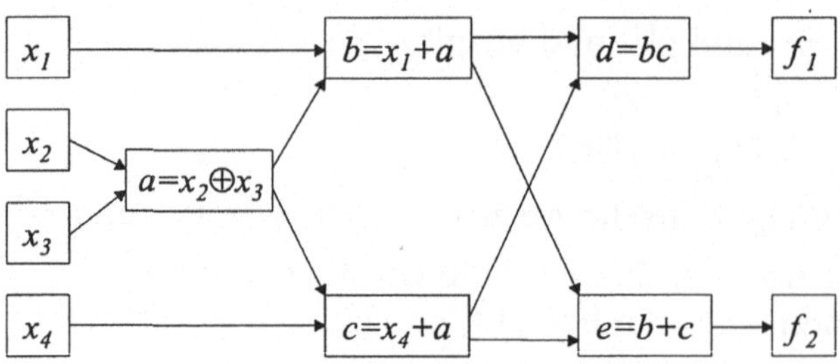

Abb. 7.10 Logisches Netzwerk

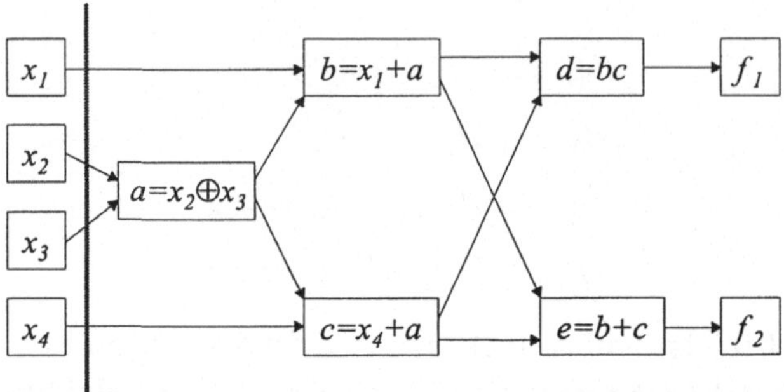

Abb. 7.11 Logisches Netzwerk mit Schnitt hinter den primären Eingängen

Wir legen nun, wie in Abbildung 7.11 gezeigt, einen Schnitt genau hinter die primären Eingänge des logischen Netzwerkes. Auf den auf dem Schnitt liegenden Leitungen gibt es wie gerade bemerkt die Don't Care-Bedingung $x_1' \cdot x_4'$. Sie besagt, daß zu jedem Zeitpunkt $x_1' \cdot x_4' = 0$ gilt. Belegungen, bei denen x_1 und x_4 auf den Wert 0 gesetzt sind, gehören zur Don't Care Menge, die dementsprechend durch

$$DC(cut_{\{x_1,x_2,x_3,x_4\}}) = x_1' \cdot x_4'$$

beschrieben ist.

Wir verschieben den Schnitt in topologischer Reihenfolge über die inneren Knoten und überlegen uns, welche Abhängigkeiten zwischen den Eingängen der inneren Knoten gelten. Für den gemäß einer topologischen Ordnung ersten Knoten, also den mit a markierten Knoten, gibt es keine Abhängigkeiten, da der Support von a nur die Variablen x_2 und x_3 enthält und die hier gültigen Don't Care-Bedingungen nur etwas über x_1 und x_4 aussagen. Es gilt also $DC(a) = \emptyset$. Wir verschieben nun den Schnitt über den mit a markierten Knoten hinweg (siehe Abbildung 7.12).

Auf den auf dem neuen Schnitt liegenden Kanten finden wir eine weitere

Abhängigkeit. Bezeichnen wir das Signal, das den mit a markierten Knoten verläßt, ebenfalls mit a, so wird zu jedem Zeitpunkt $a = x_2 \oplus x_3$ gelten. Wir haben also eine neue Don't Care-Bedingung gefunden, die durch den Booleschen Ausdruck $a \oplus (x_2 \oplus x_3)$ beschrieben werden kann. An dem aktuellen Schnitt werden alle gültigen Don't Care-Bedingungen durch den Ausdruck

$$DC(cut_{\{x_1,a,x_4\}}) = x_1' \cdot x_4' + a \oplus (x_2 \oplus x_3)$$

beschrieben. Eine Belegung der im aktuellen Schnitt liegenden Signale x_1, a und x_4 ist also genau dann in der Don't Care-Menge der mit b und c markierten Knoten, wenn der Ausdruck $DC(cut_{\{x_1,a,x_4\}})$ wahr ist. Da insbesondere die Leitung x_3 nicht im aktuellen Schnitt liegt, die Variable x_3 aber im Support der Don't Care-Bedingung ist, liegt eine Belegung von x_1, a und x_4 genau dann in der Don't Care-Menge von b und c, wenn die Don't Care-Bedingung unabhängig von der Belegung von x_3 wahr ist, also genau dann wenn der positive Kofaktor von $DC(cut_{\{x_1,a,x_4\}})$ nach x_3 und der negative Kofaktor von $DC(cut_{\{x_1,a,x_4\}})$ nach x_3 wahr ist. Gleiches gilt natürlich auch für das Signal x_2.

Definition 7.2.12 (Allquantor) *Es sei $f : \{0,1\}^n \to \{0,1\}$ eine Boolesche Funktion und $i \in \{1,\dots,n\}$. Dann heißt die Boolesche Funktion*

$$\forall_{x_i} f = f_{x_i} \cdot f_{x_i'}$$

Allquantor von f nach der Variablen x_i.

Die Don't Care-Bedingung des Schnittes $\{x_1, a, x_4\}$ wird demzufolge beschrieben durch

$$\forall_{x_2} \forall_{x_3} \left(x_1' \cdot x_4' + a \oplus (x_2 \oplus x_3) \right)$$

und es gilt

$$
\begin{aligned}
DC(&cut_{\{x_1,a,x_4\}}) \\
&= \forall_{x_2} \forall_{x_3} \left(x_1' \cdot x_4' + a \oplus (x_2 \oplus x_3) \right) \\
&= x_1' \cdot x_4' + \forall_{x_2} \forall_{x_3} \left(a \oplus (x_2 \cdot x_3' + x_2' \cdot x_3) \right) \\
&= x_1' \cdot x_4' + \forall_{x_2} \forall_{x_3} \left(a \cdot (x_2' + x_3) \cdot (x_2 + x_3') + a' \cdot (x_2 \cdot x_3' + x_2' \cdot x_3) \right) \\
&= x_1' \cdot x_4' + \forall_{x_2} \forall_{x_3} \left(a \cdot x_2' \cdot x_3' + a \cdot x_2 \cdot x_3 + a' \cdot x_2 \cdot x_3' + a' \cdot x_2' \cdot x_3 \right) \\
&= x_1' \cdot x_4' + \forall_{x_2} \left((a \cdot x_2 + a' \cdot x_2') \cdot (a \cdot x_2' + a' \cdot x_2) \right) \\
&= x_1' \cdot x_4' + \forall_{x_2} 0 \\
&= x_1' \cdot x_4'.
\end{aligned}
$$

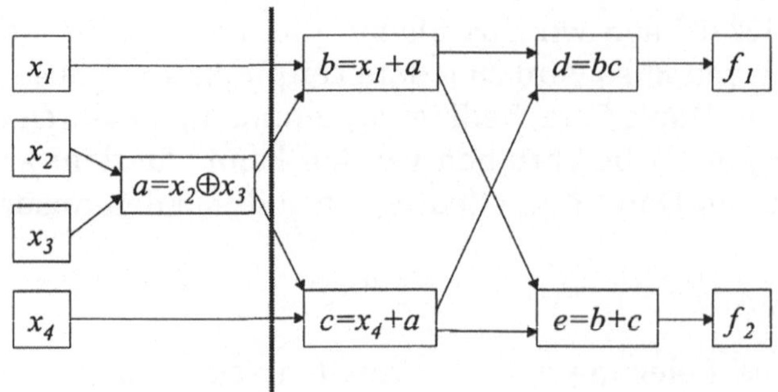

Abb. 7.12 Logisches Netzwerk mit Schnitt auf x_1, a, x_4

Wir schieben nun den Schnitt über den mit b markierten Knoten (siehe Abbildung 7.13) und erhalten wieder eine zusätzliche Don't Care-Bedingung für die Leitungen dieses Schnittes, nämlich $b \oplus (x_1 + a)$. Es gilt:

$$
\begin{aligned}
DC(cut_{\{b,a,x_4\}}) &= \forall x_1 \left(x_1' \cdot x_4' + b \oplus (x_1 + a) \right) \\
&= \forall x_1 \left(x_1' \cdot x_4' + b \cdot x_1' \cdot a' + b' \cdot x_1 + b' \cdot a \right) \\
&= (b' + b' \cdot a) \cdot (x_4' + b \cdot a' + b' \cdot a) \\
&= b' \cdot x_4' + b' \cdot a.
\end{aligned}
$$

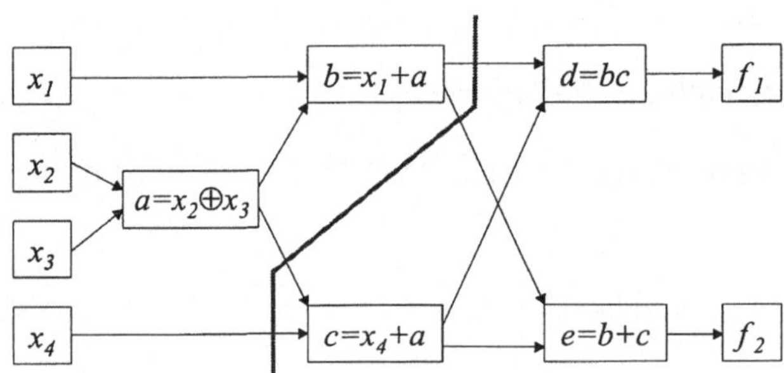

Abb. 7.13 Logisches Netzwerk mit Schnitt b, a, x_4

Wir verschieben den Schnitt gemäß der topologischen Sortierung weiter und gelangen zum Schnitt aus Abbildung 7.14 mit der Don't Care-Bedingung

$$
\begin{aligned}
DC(cut_{\{b,c\}}) &= \forall_{x_4} \forall_a \left(b' \cdot x_4' + b' \cdot a + c \oplus (x_4 + a) \right) \\
&= \forall_{x_4} \forall_a \left(b' \cdot x_4' + b' \cdot a + c \cdot x_4' \cdot a' + c' \cdot x_4 + c' \cdot a \right) \\
&= \forall_{x_4} \left((b' \cdot x_4' + b' + c' \cdot x_4 + c') \cdot (b' \cdot x_4' + c \cdot x_4' + c' \cdot x_4) \right) \\
&= \forall_{x_4} \left((b' + c') \cdot (b' \cdot x_4' + c \cdot x_4' + bc' \cdot x_4) \right)
\end{aligned}
$$

$$= \forall_{x_4} \left(b' \cdot x_4' + c' \cdot x_4 \right)$$
$$= b' \cdot c'.$$

Die Leitungen b und c können also nicht gleichzeitig den Wert 0 tragen. Der mit e markierte Knoten berechnet also die konstante Boolesche Funktion $\underline{1}$ und kann dementsprechend lokal optimiert werden.

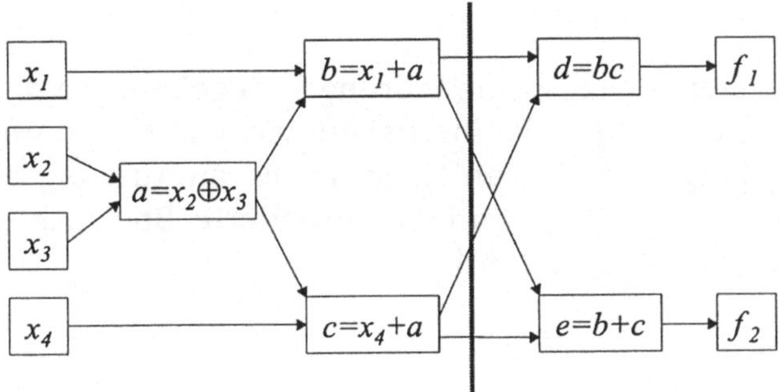

Abb. 7.14 Logisches Netzwerk mit Schnitt auf b, c

7.2.5 Berechnung der Beobachtbarkeits-Don't Cares

Die zweite Art von Don't Cares rührt daher, daß es interne Signalbelegungen geben kann, bei denen eine Änderung eines Signals nicht an wenigstens einen der primären Ausgänge weitergeleitet wird, d.h. daß die Signaländerung an keinem der primären Ausgänge beobachtbar ist. Die Berechnung solcher Beobachtbarkeits-Don't Cares ist sehr aufwendig und spielt eine herausragende Rolle beim Testen logischer Schaltwerke auf Fabrikationsfehler. Wir verweisen aus diesem Grunde auf das Buch von Abramovici, Breuer, und Friedman [ABF90], das sich speziell mit diesem Thema beschäftigt, und wollen an dieser Stelle nur auf die grundlegenden Ideen kurz eingehen.

Beobachtbarkeits-Don't Cares können für jedes interne Signal eines logischen Netzwerkes vorliegen. Zur Illustration betrachten wir das logische Netzwerk in Abbildung 7.15, speziell den mit x markierten inneren Knoten. Die Beobachtbarkeits-Don't Cares sind alle die Belegungen der Signale b und c, die verhindern, daß eine Änderung von x am primären Ausgang z des logischen Netzwerks beobachtbar ist. In unserem Beispiel ist das genau dann der Fall, wenn $y = 0$ ist, also wenn $b = 0$ oder $c = 0$ ist. Die Menge $ODC(x)$ der Beobachtbarkeits-Don't Cares des internen Signals x ist also gegeben durch $b' + c'$.

Die Berechnung der Beobachtbarkeits-Don't Cares eines internen Signals x kann über den Begriff des *gestörten logischen Netzwerks* erfolgen, den wir in Abbildung 7.16 an unserem Beispiel illustriert haben. In das logische Netzwerk

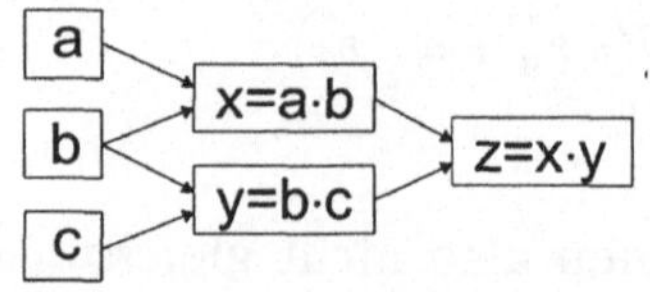

Abb. 7.15 Für welche Belegungen von b und c ist x in z nicht beobachtbar?

wird an dem internen Signal x eine Störung δ eingebaut, so daß nicht mehr x, sondern $x(\delta) = x \oplus \delta$ anliegt. δ ist hierbei ein virtueller primärer Eingang. Dies hat natürlich zur Folge, daß die an einem primären Ausgang berechnete Boolesche Funktion z in der Regel in eine veränderte Boolesche Funktion $z^x(\delta)$ übergeht. In unserem Beispiel wird

$$z = x \cdot y = a \cdot b \cdot c$$

abgeändert zu

$$z^x(\delta) = x(\delta) \cdot y = ((a \cdot b) \oplus \delta) \cdot b \cdot c.$$

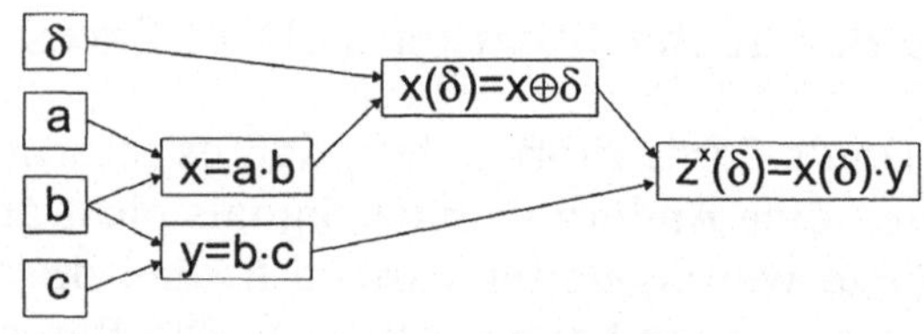

Abb. 7.16 Gestörtes logisches Netzwerk

Es ist klar, daß x genau dann nicht an z beobachtbar ist, wenn $z^x(0) \oplus z^x(1)$ nicht gilt, also $(z^x(0) \oplus z^x(1))'$ wahr ist. In unserem Beispiel ergibt sich also die Menge $ODC(x)$ der Beobachtbarkeits-Don't Cares des internen Signals x durch

$$
\begin{aligned}
(z^x(0) \oplus z^x(1))' &= (((a \cdot b) \cdot b \cdot c) \oplus ((a \cdot b)' \cdot b \cdot c))' \\
&= ((a \cdot b \cdot c) \oplus (a' \cdot b \cdot c + b' \cdot b \cdot c))' \\
&= ((a \cdot b \cdot c) \oplus (a' \cdot b \cdot c))' \\
&= (a \cdot b \cdot c + a' \cdot b \cdot c)' \\
&= (b \cdot c)' \\
&= b' + c'.
\end{aligned}
$$

Der Nachteil dieses Verfahrens besteht darin, daß für jeden inneren Knoten x und jeden primären Ausgang z eines logischen Netzwerkes, die Boolesche Funktion $z^x(\delta)$ dargestellt werden muß. Diese Darstellung, die in der Regel durch BDDs erfolgt, kann sehr groß sein verglichen mit der Größe der Darstellung der Menge $ODC(x)$ der Beobachtbarkeits-Don't Cares von x.

Aus diesem Grunde wird zumeist ein anderer Ansatz benutzt, um die Beobachtbarkeits-Don't Cares der Signale zu berechnen. Dieser Ansatz arbeitet bottom-up auf dem logischen Schaltkreis und setzt bei der Berechnung der Beobachtbarkeits-Don't Cares eines Signals x voraus, daß die Beobachtbarkeits-Don't Cares der nachfolgenden Signale schon berechnet worden sind.

Wir wollen die Idee an einem logischen Netzwerk mit baumartiger Struktur genauer erläutern. Unter einem *baumartigen logischen Netzwerk* verstehen wir hierbei ein logisches Netzwerk, bei dem jedes innere Signal Eingangssignal höchstens eines inneren Knotens ist. Zur Erläuterung der Idee betrachten wir das in Abbildung 7.17 gezeigte logische Netzwerk. Wir wollen uns überlegen, wie die Menge $ODC(x)$ der Beobachtbarkeits-Don't Cares des Signals x berechnet werden kann, wenn die Menge $ODC(z)$ schon berechnet ist. Offenbar setzt sich $ODC(x)$ aus allen Eingangsbelegungen von z, die eine Änderung an Signal x nicht weiterleiten, und allen Beobachtbarkeits-Don't Cares von z zusammen. Es gilt also

$$ODC(x) = (z_x \oplus z_{x'})' + ODC(z).$$

Hierbei bezeichnet z_x bzw. $z_{x'}$ den positiven bzw. negativen Kofaktor von z bezüglich x. Werten wir obigen Ausdruck aus, so erhalten wir

$$
\begin{aligned}
ODC(x) &= (z_x \oplus z_{x'})' + ODC(z) \\
&= ((1 + y) \oplus y)' + ODC(z) \\
&= (1 \oplus y)' + ODC(z) \\
&= (y')' + ODC(z) \\
&= y + ODC(z) \\
&= c + d + ODC(z).
\end{aligned}
$$

Allgemein gilt also bei baumartigen logischen Netzwerken für jedes innere Signal x

$$ODC(x) = (z_x \oplus z_{x'})' + ODC(z),$$

wobei z das Gatter ist, das von x getrieben wird, also das x als Eingabesignal hat.

Wir wollen unser Beispiel zu Ende führen und noch die Mengen $ODC(y)$, $ODC(a)$, $ODC(b)$, $ODC(c)$ und $ODC(d)$ berechnen. Aus Symmetriegründen

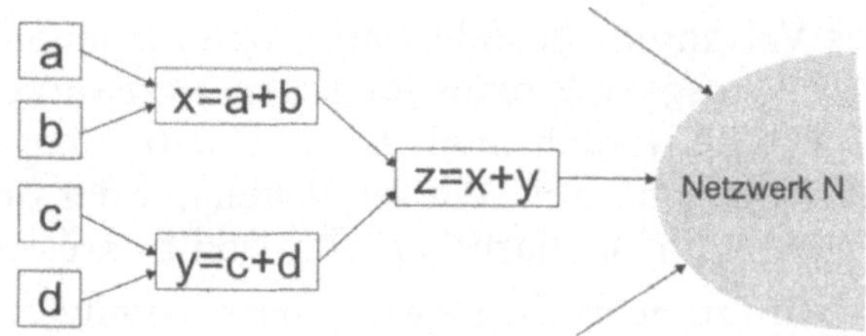

Abb. 7.17 Logisches Netzwerk mit baumartiger Struktur

können wir uns auf die Berechnung von $ODC(a)$ beschränken. Es gilt

$$
\begin{aligned}
ODC(a) &= (x_a \oplus x_{a'})' + ODC(x) \\
&= ((1+b) \oplus b)' + c + d + ODC(z) \\
&= b + c + d + ODC(z).
\end{aligned}
$$

Allerdings ist in diesem Zusammenhang zu beachten, daß im Hinblick auf Optimierungsmöglichkeiten bei der Logiksynthese gerade bei baumartigen logischen Netzwerken die Beobachtbarkeits-Don't Cares nur von untergeordnetem Interesse sind, da für einen Knoten z die Variablen, von denen die Beobachtbarkeits-Don't Cares abhängen, und die Variablen, von denen die an z berechnete Funktion abhängt, disjunkt sind, so daß hier die Beobachtbarkeits-Don't Cares nicht zu einer Optimierung herangezogen werden können. Interessant wird es erst, wenn dem logischen Netzwerk keine baumartige Struktur zugrundeliegt und Rekonvergenzen vorliegen. Eine *Rekonvergenz* liegt vor, wenn sich ein Signal x über mehrere Pfade zu einem Knoten z ausbreitet und somit die Belegungen der verschiedenen Eingänge von z nicht mehr unabhängig voneinander sind. Die bei Rekonvergenz vorliegende Situation haben wir in Abbildung 7.18 dargestellt.

Die Berechnung der Beobachtbarkeits-Don't Cares ist in diesem Fall jedoch wesentlich komplexer.

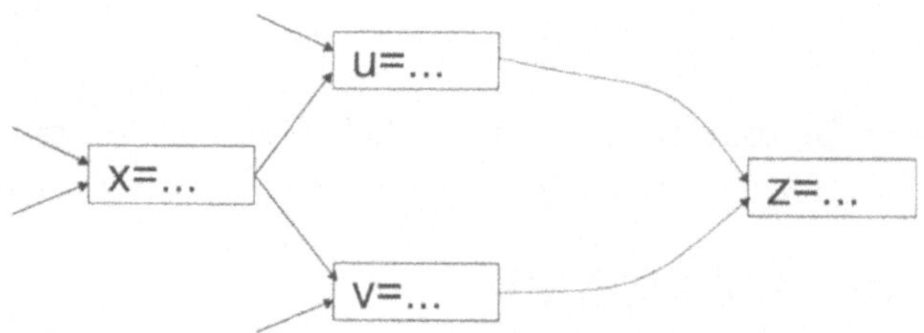

Abb. 7.18 Rekonvergenz

Die algorithmische Schwierigkeit liegt darin, daß der Ansatz, für jeden Pfad p

von x nach z die Beobachtbarkeits-Don't Cares zu berechnen und dann den Durchschnitt dieser Mengen zu bilden, falsch ist, d.h. nicht die Beobachtbarkeits-Don't Cares von x berechnet. Wir wollen dies an dem in Abbildung 7.19 gezeigten logischen Netzwerk zeigen.

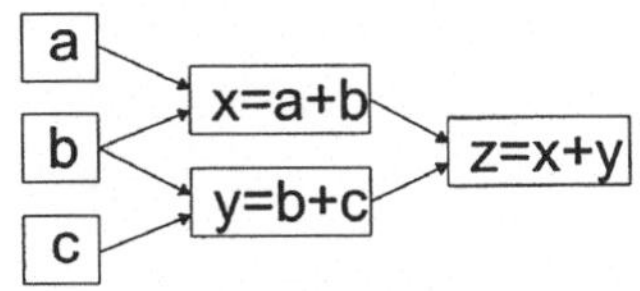

Abb. 7.19 Logisches Netzwerk mit Rekonvergenz

Es gibt zwei Pfade von dem Knoten b zum Knoten z, der Pfad (b, x, z) und der Pfad (b, y, z). Wie im Falle baumartiger logischer Netzwerke können wir die Menge $ODC^{(b,x,z)}(b)$ der Beobachtbarkeits-Don't Cares von b bezüglich des Pfades (b, x, z) berechnen. Wir erhalten

$$ODC^{(b,x,z)}(b) = a + b + c + ODC(z).$$

Für den Pfad (b, y, z) erhalten wir ebenfalls

$$ODC^{(b,y,z)}(b) = a + b + c + ODC(z),$$

so daß der Durchschnitt dieser Mengen gleich

$$a + b + c + ODC(z)$$

ist. Der Ausdruck besagt insbesondere, daß wir b am Ausgang von z nicht beobachten können, wenn $b = 1$ ist. Dies ist aber offensichtlich eine falsche Aussage für $a = 0$, $b = 1$ und $c = 0$.

Wir wollen hiermit das Kapitel schließen und für eine vertiefende Darstellung auf das Buch von Abramovici, Breuer, und Friedman [ABF90] verweisen, das sich speziell mit diesem, auch im Rahmen der Testbarkeit logischer Netzwerke wichtigen Thema beschäftigt.

8 Technologie–Anpassung bei mehrstufiger Logiksynthese

Während bei der zweistufigen Logiksynthese die berechneten Minimalpolynome direkt mit Programmierbaren Logischen Feldern (siehe Kapitel 2.2) realisiert werden können, müssen bei der mehrstufigen Logiksynthese die synthetisierten logischen Netzwerke über der durch die gewählte Technologie bereitgestellten Zellenbibliothek realisiert werden (siehe Abschnitt 2.3.1 auf Seite 53). Zur Realisierung eines logischen Netzwerkes dürfen nur Gatter aus der vorgegebenen Zellenbibliothek benutzt werden. Bei der Anpassung an die Technologie (genauer: an die Zellenbibliothek) sollte wie auch bei den bisher betrachteten Aufgaben versucht werden, die Fläche bzw. die Signallaufzeiten der Realisierung des logischen Netzwerkes zu minimieren.

Gegeben ist also

- eine Zellenbibliothek Ω in Form einer endlichen Menge von Booleschen Funktionen. Die Elemente einer Zellenbibliothek werden zumeist als *Gatter* bezeichnet.

- ein logisches Netzwerk $\mathcal{N}$, welches über der Zellenbibliothek Ω realisiert werden soll.

Damit eine Technologieanpassung auf jeden Fall möglich ist, muß das logische Netzwerk $\mathcal{N}$ so vorgegeben sein, daß jeder innere Knoten mit einem Booleschen Ausdruck markiert ist, der für sich von wenigstens einem Gatter der Zellenbibliothek Ω realisiert werden kann.

8.1 Die Grundidee

Sei $\Omega = \{\omega_1, \ldots, \omega_s\}$ mit $\omega_j : \{0,1\}^{n_j} \to \{0,1\}$ die gegebene Zellenbibliothek und s die Anzahl der Booleschen Funktionen, die Ω enthält. Desweiteren sei

$$n_{max} = \max\{n_1, \ldots, n_s\}$$

die maximale Anzahl der Variablen, die eine der Funktionen aus der Bibliothek Ω haben kann. Zu jeder Booleschen Funktion ω_j der Zellenbibliothek sei die durch das Gatter belegte Fläche und die Schaltzeit des Gatters bekannt.

Das zu realisierende logische Netzwerk $\mathcal{N}$ sei, wie vereinbart, so gegeben, daß jeder innere Knoten i von $\mathcal{N}$ eine Boolesche Funktion f_i realisiert, die in der Zellenbibliothek Ω enthalten ist.

Es fällt auf, daß jedes Gatter der Zellenbibliothek eine Boolesche Funktion mit nur einem Ausgang berechnet. Dies entspricht leider nicht ganz den praktischen Gegebenheiten, wo durchaus in den Zellenbibliotheken Gatter enthalten sein können, die mehrere Ausgänge haben. Der Grund für die hier gemachte Einschränkung liegt darin, daß nach unseren Kenntnissen kein effizienter Algorithmus existiert, der den allgemeinen Fall befriedigend löst.

Wir wollen im folgenden die Technologieanpassung einmal für den Fall betrachten, daß die Signallaufzeit der Schaltung minimiert werden soll, und einmal für den Fall, daß die durch die Gatter der Schaltung belegte Fläche minimiert werden soll. Illustrieren werden wir die Ideen an einer Zellenbibliothek, die aus den drei Booleschen Funktionen

$$NAND : \{0,1\}^2 \to \{0,1\} \text{ mit } NAND(x_1, x_2) = (x_1 \cdot x_2)',$$

$$EXOR : \{0,1\}^2 \to \{0,1\} \text{ mit } EXOR(x_1, x_2) = x_1' \cdot x_2 + x_1 \cdot x_2' \text{ und}$$

$$AO22 : \{0,1\}^4 \to \{0,1\} \text{ mit } AO22(x_1, x_2, x_3, x_4) = x_1 \cdot x_2 + x_3 \cdot x_4$$

besteht. Das zu realisierende logische Netzwerk sei das in Abbildung 8.1 dargestellte. Jeder innere Knoten des logischen Netzwerkes kann durch das $NAND$-Gatter der Zellenbibliothek realisiert werden. Damit ist sichergestellt, daß wenigstens eine Realisierung unseres logischen Netzwerkes $\mathcal{N}$ über der Zellenbibliothek $\Omega = \{NAND, EXOR, AO22\}$ existiert.

8.1.1 Minimierung der Signallaufzeit

Wir wollen in diesem Abschnitt ein Verfahren angeben, das ein gegebenes logisches Netzwerk $\mathcal{N}$ über der Zellenbibliothek Ω so realisiert, daß die *Signallaufzeit* der Schaltung minimal ist. Es soll also die Zeit minimiert werden, die die Schaltung benötigt, um eine Änderung der Belegung an einem ihrer Eingänge zu verarbeiten und gegebenenfalls die Belegung der Ausgänge zu aktualisieren.

In unserem Beispiel sei die Laufzeit des Gatters $NAND$ gleich 2 und die Laufzeit der Gatter $EXOR$ und $AO22$ gleich 3. Die Anpassung des logischen Netz-

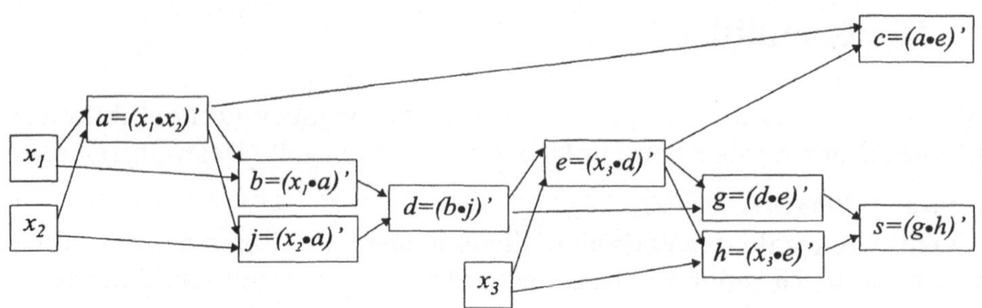

Abb. 8.1 Das zu realisierende logische Netzwerk $\mathcal{N}$

werkes $\mathcal{N}$ an die Zellenbibliothek Ω erfolgt über ein dynamisches Programm – eine ausführliche Einführung in dynamische Programme findet man in dem Buch von Horowitz, Sahni und Rajasekaran [HSR98] oder in dem Lehrbuch von Cormen, Leiserson und Rivest [CLR90].

Wir beginnen bei einem inneren Knoten, der nur primäre Eingänge von $\mathcal{N}$ als Eingänge hat. Wir vergleichen die durch diesen Knoten dargestellte Boolesche Funktion mit den in der Bibliothek enthaltenen Booleschen Funktionen ω_j. Wenigstens eine der Booleschen Funktionen aus Ω ist gleich der durch den Knoten dargestellten Booleschen Funktion. Wir nehmen die billigste dieser Booleschen Funktionen, um den Knoten zu realisieren, und ordnen dem Knoten als Information zu, durch welche Boolesche Funktion er realisiert wird und welche Kosten diese Realisierung hat. Wir gehen dann zu dem bzgl. einer topologischen Sortierung nächsten Knoten über.

In unserem Beispiel gibt es nur einen inneren Knoten, der nur von primären Eingängen abhängt. Es ist der Knoten a. Die einzige und damit auch billigste Realisierung von a über unserer Zellenbibliothek Ω ist die Realisierung durch ein $NAND$-Gatter, das Kosten 2 hat. Wir ordnen dementsprechend dem Knoten a wie in Abbildung 8.2 angedeutet das Gatter $NAND$ und die Kosten $cost(a) = 2$ zu.

Es sei v der Knoten, den wir im k. Schritt ($k \geq 1$) bearbeiten. Wir berechnen nun zu v die Menge $S(v)$ der *zusammenhängenden* logischen Teilschaltkreise von $\mathcal{N}$,

– die aus dem Knoten v und Vorgängern von v in $\mathcal{N}$ bestehen

– und von höchstens n_{max} Eingängen abhängen.

Einen solchen logischen Teilschaltkreis nennen wir *Sektor* von v. Leider kann die Menge der Sektoren eines Knotens v, die lokal über die Mengen der Sektoren der direkten Vorgänger von v berechnet werden kann (siehe [HK97]), bei großem n_{max} sehr groß werden, so daß in vielen Fällen auf Heuristiken zurückgegriffen wird. In vielen Heuristiken der Technologieanpassung werden zum

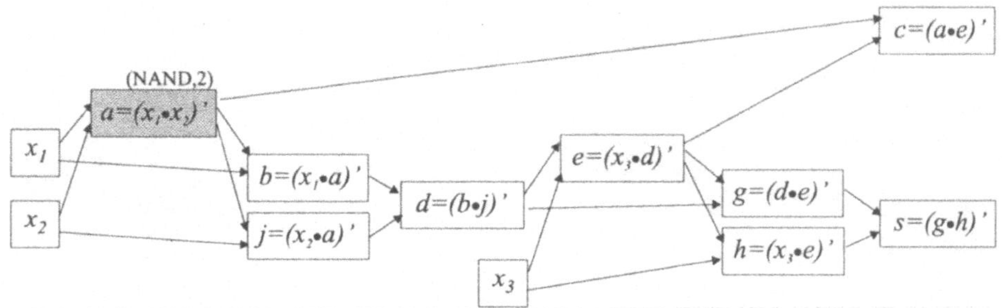

Abb. 8.2 Stand nach Abarbeitung des Knotens a

Beispiel nur Sektoren mit bis zu fünf oder sechs Eingängen betrachtet.

Abbildung 8.3 zeigt alle Sektoren des Knotens d. Die Schranke n_{max} ist bei unserer Zellenbibliothek gleich 4. Die Menge $S(d)$ der Sektoren von d besteht aus sieben Teilnetzwerken von $\mathcal{N}$. Die obere Schranke n_{max} ist bei den Sektoren von d nie beschränkender Faktor, da jedes der Teilnetzwerke, das d als einzigen Ausgang hat, von höchstens vier Werten abhängt.

Nachdem die Sektoren des Knotens v berechnet worden sind, wird für jeden dieser Sektoren überprüft, ob die von ihm dargestellte Boolesche Funktion in der Zellenbibliothek als Gatter enthalten ist. Wie Boolesche Funktionen verglichen werden können, soll uns im Moment nicht interessieren. Wir gehen in Kapitel 8.2 auf diese Thematik ausführlich ein. Existiert für einen Sektor i von v ein solches Gatter $\omega \in \Omega$, so ordnen wir dem Knoten v als Kosten die Kosten von ω plus das Maximum der Kosten der direkten Vorgängerknoten des Sektors i zu. Die Kosten spiegeln die Laufzeit der Realisierung des logischen Netzwerkes wider, d.h. realisieren wir den Sektor i durch das Gatter ω, so ist die Laufzeit, um die Belegung am Ausgang des Knotens v zu berechnen, gleich der Zeit, die benötigt wird, um alle Eingänge des Sektors auf ihre richtigen Werte zu legen, plus die Zeit, die Gatter ω benötigt, um aus der Belegung der Eingänge die Belegung des Ausgangs zu berechnen. Da wir die inneren Knoten des logischen Netzwerkes in einer topologischen Reihenfolge durchlaufen, sind die beste Realisierung und die jeweiligen Kosten jedes direkten Vorgängers des Sektors i schon berechnet. Gibt es für verschiedene Sektoren von v eine Realisierung durch Gatter der Zellenbibliothek Ω, so nehmen wir für v die Realisierung mit den geringsten Kosten. Den Algorithmus haben wir in Abbildung 8.4 zusammengefaßt.

Wir wollen das beschriebene Verfahren an unserem Beispiel illustrieren. Nachdem dem Knoten a als Realisierung ein $NAND$-Gatter mit den Kosten 2 zugeordnet worden ist, müssen wir im nächsten Schritt den Knoten b oder j bearbeiten. Nehmen wir an, wir fahren mit dem Knoten b fort. Es gibt zwei Sektoren von b, nämlich der Sektor, der nur aus dem Knoten b besteht, und der Sektor,

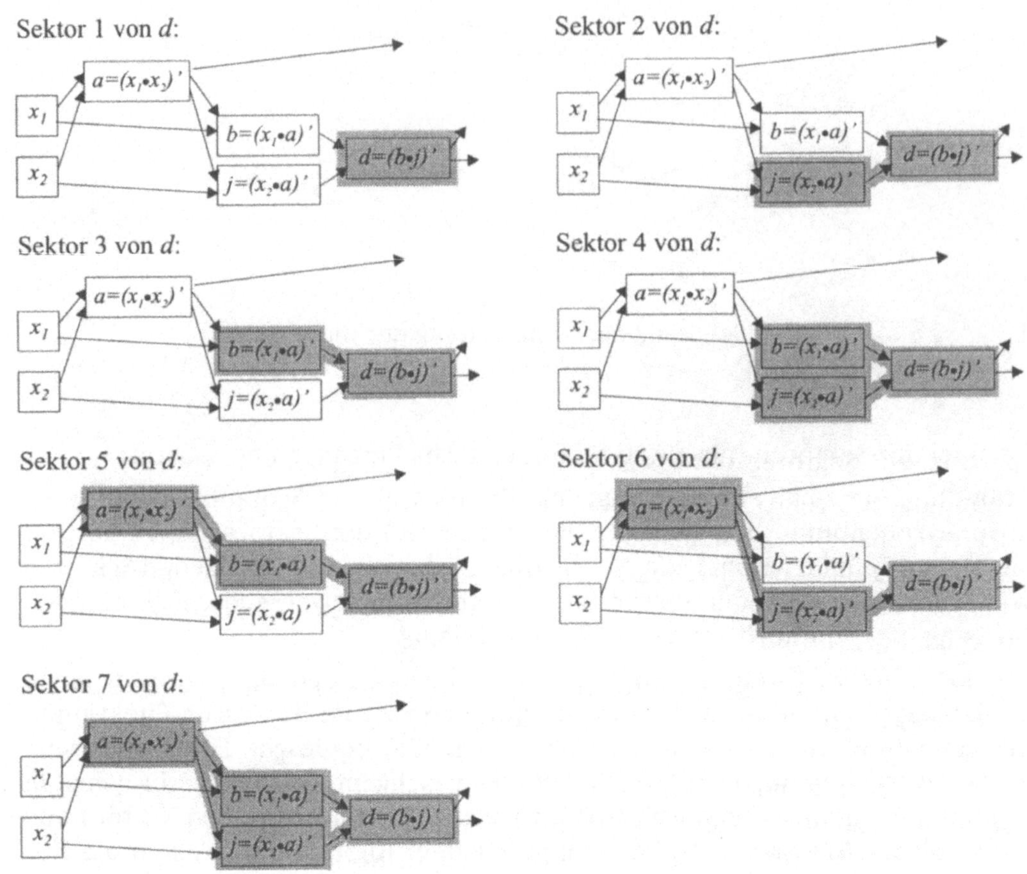

Abb. 8.3 Sektoren des Knotens d

der aus den Knoten a und b besteht. Der zweite Sektor realisiert die Boolesche Funktion $x_1 \cdot x_2 + x_1'$, die in unserer Zellenbibliothek nicht enthalten ist. Es gibt also keine Möglichkeit diesen Sektor durch ein Gatter der Zellenbibliothek zu realisieren. Dementsprechend kann der Knoten b nur durch ein $NAND$-Gatter realisiert werden. Die Kosten $cost(b)$ des Knotens b sind gleich 4, die sich aus der Laufzeit der Realisierung von a und der Laufzeit der Realisierung von b ergeben. Damit ist Knoten b fertig bearbeitet und wir gehen zu Knoten j über, der ebenfalls nur durch ein $NAND$-Gatter realisiert werden kann und die Kosten 4 hat. Abbildung 8.5 zeigt den Stand der Berechnung nach Abarbeitung von Knoten j.

Als nächstes wird der Knoten d bearbeitet, dessen Sektoren in Abbildung 8.3 zu sehen sind. Die durch die Sektoren berechneten Funktionen sind

Sektor 1: $(b \cdot j)'$,

```
 1 technologieanpassung (netzwerk N, bibliothek Ω)
 2 begin
 3    forall Knoten v aus N do cost[v] = +∞;  od;
 4    forall Knoten v aus N in topologischer Reihenfolge  do
 5       S(v) = {S : S Sektor von v};
 6       forall S ∈ S(v) do
 7          Sei f, die durch S dargestellte Boolesche Funktion;
 8          forall ω ∈ Ω do
 9             if (f == ω)
10                then
11                   temp = cost[ω] + max {cost[u] :  u ist Eingang von S};
12                   comment :  Ist u ein primärer Eingang, so soll cost[u] = 0 gelten
13                   if (temp < cost[v])
14                      then
15                         cost[v] = temp;
16                         implementation[v] = (S, ω);
17                   fi;
18             fi;
19          od;
20       od;
21    od;
22 end
```

Abb. 8.4 Technologieanpassung mit Minimierung der Signallaufzeiten.

Sektor 2: $b' + x_2 \cdot a$,

Sektor 3: $x_1 \cdot a + j'$,

Sektor 4: $(x_1 + x_2) \cdot a$,

Sektor 5: $x_1 \cdot x_2' + j'$,

Sektor 6: $x_1' \cdot x_2 + b'$ und

Sektor 7: $x_1' \cdot x_2 + x_1 \cdot x_2'$.

Wir sehen, daß nur die durch die Sektoren 1 und 7 realisierten Booleschen Funktionen in der Zellenbibliothek enthalten sind. Sektor 1 kann durch das $NAND$-Gatter, Sektor 7 durch das $EXOR$-Gatter realisiert werden [1]. Würden wir den Knoten d durch ein $NAND$-Gatter realisieren, so hätten wir die Kosten 2 für das $NAND$-Gatter plus die maximalen Kosten der direkten Vorgänger-knoten von Sektor 1, also plus das Maximum von $cost(b)$ und $cost(j)$. Wir

---

[1]Streng genommen kann Sektor 4 durch das Gatter $AO22$ realisiert werden, indem der zweite und vierte Eingang von $AO22$ auf ein Potential gelegt werden. Um das Beispiel übersichtlich zu halten, wollen wir diese Realisierung des Knotens d aber hier nicht in Betracht ziehen.

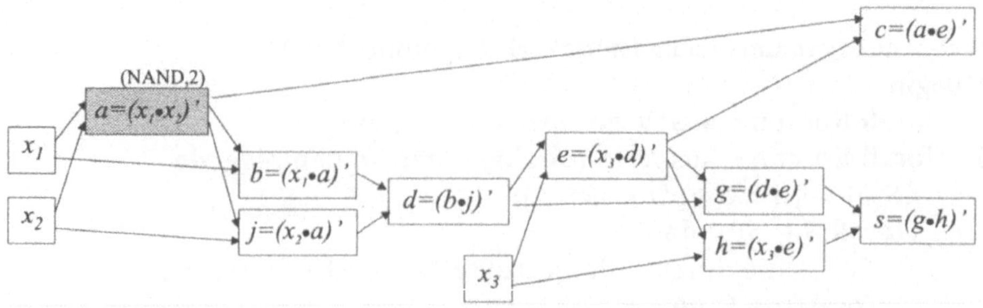

Abb. 8.5 Stand nach Abarbeitung der Knoten a, b und j

würden als Kosten also die Kosten $2 + 4 = 6$ erhalten. Realisieren wir Knoten d durch ein $EXOR$-Gatter, so sind die Kosten des Knotens d gleich den Kosten des $EXOR$-Gatters, also 3, da alle direkten Vorgängerknoten von Sektor 7 primäre Eingänge sind. Die beste Realisierung des Knotens v ist demnach das $EXOR$-Gatter.

Als nächstes werden die Knoten e, g und h (in dieser Reihenfolge) bearbeitet. Es stellt sich heraus, daß die beste Realisierung dieser Knoten jeweils eine Realisierung durch ein $NAND$-Gatter ist. Die Kosten $cost(e)$, $cost(g)$, $cost(h)$ der Knoten e, g und h sind demnach gleich 5, 7 und 7. Abbildung 8.6 zeigt den Stand der Berechnung nach Abarbeitung von Knoten h.

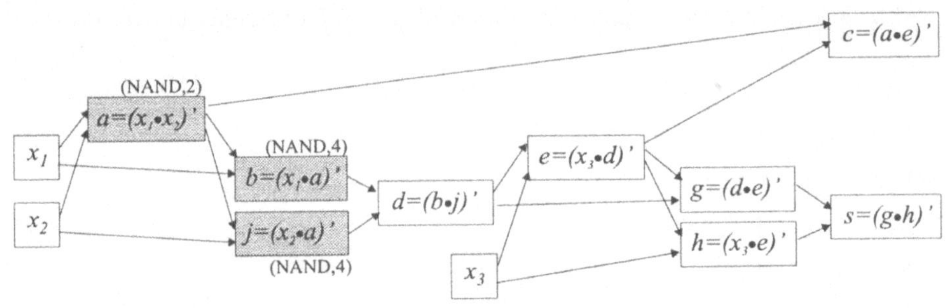

Abb. 8.6 Stand nach Abarbeitung der Knoten a, b, j, d, e, g und h

Es bleiben nur noch die Knoten s und c übrig. Bei Knoten s stellen wir wie bei Knoten d fest, daß nur eine Realisierung durch ein $NAND$-Gatter oder durch ein $EXOR$-Gatter möglich ist. Realisieren wir s durch ein $NAND$-Gatter, so erhalten wir die Kosten

$$cost(s) = 2 + \max \{cost(g), cost(h)\} = 9.$$

Realisieren wir s durch ein $EXOR$-Gatter, das den in Abbildung 8.7 dargestellten Sektor überdeckt, so erhalten wir als Kosten von s

$$cost(s) = 3 + cost(d) = 6.$$

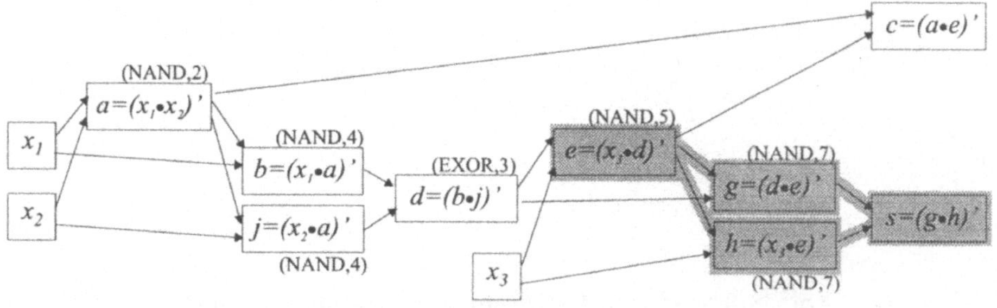

Abb. 8.7 Sektor des Knotens s, der realisiert wird.

Es gibt also eine Realisierung unseres logischen Netzwerkes über der Zellen-bibliothek $\Omega = \{NAND, EXOR, AO22\}$, bei der die Laufzeit über den lang-samsten Pfad von einem primären Eingang des Netzwerkes zu dem primären Ausgang s gleich 6 ist. Abbildung 8.8 zeigt diese Teilrealisierung, die aus zwei $EXOR$-Gattern besteht.

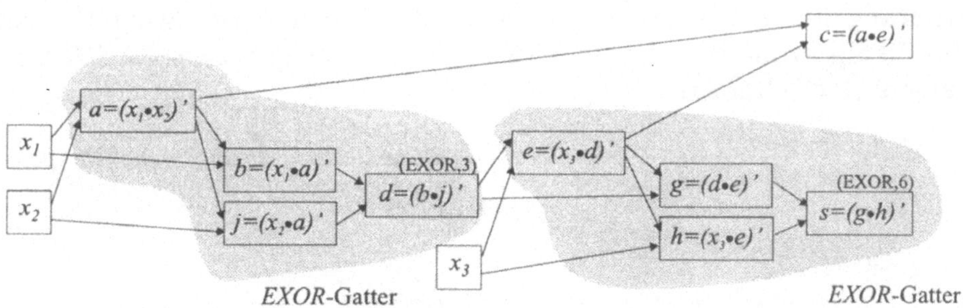

Abb. 8.8 Teilrealisierung für den primären Ausgang s unseres logischen Netzwerkes

Wir kommen nun zum letzten noch nicht bearbeiteten Knoten, dem Knoten c. Wir haben die Sektoren von c zu betrachten und für jeden der Sektoren zu ent-scheiden, ob die durch den jeweiligen Sektor definierte Boolesche Funktion in der Zellenbibliothek enthalten ist. Für den Knoten c gibt es genau zwei Sek-toren, die eine Boolesche Funktion aus der Zellenbibliothek realisieren. Es ist der triviale Sektor, der nur aus dem Knoten c besteht und der Sektor, der in Abbildung 8.9 dargestellt ist und die Boolesche Funktion

$$x_1 \cdot x_2 + x_3 \cdot d$$

darstellt.

Realisieren wir den Knoten c über den trivialen Sektor, d.h. durch ein $NAND$-Gatter, so erhalten wir die Kosten

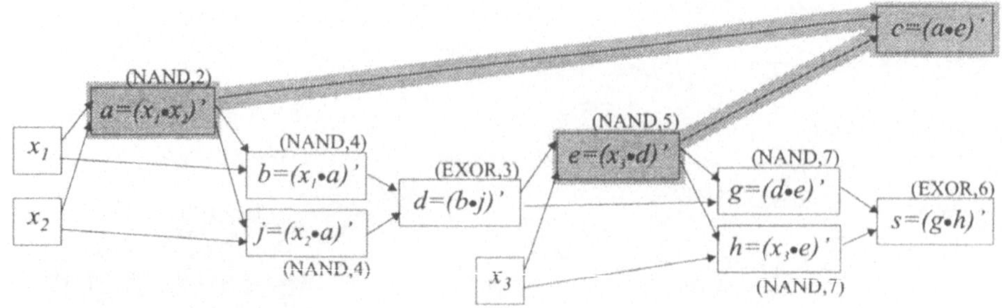

Abb. 8.9 Sektor des Knotens c, der realisiert wird

$$cost(c) = 2 + \max\{cost(a), cost(e)\} = 7.$$

Realisieren wir c durch das $AO22$-Gatter, so erhalten wir die Kosten

$$cost(c) = 3 + cost(d) = 6.$$

Die in Bezug auf Laufzeit beste Realisierung des Knotens c ist somit die Realisierung durch ein $AO22$-Gatter und wir erhalten die in Abbildung 8.10 gezeigte Realisierung für das logische Netzwerk $\mathcal{N}$, die optimal in Bezug auf die Laufzeit ist. Die Realisierung besteht aus insgesamt drei Gattern, zwei $EXOR$-Gattern und einem $AO22$-Gatter.

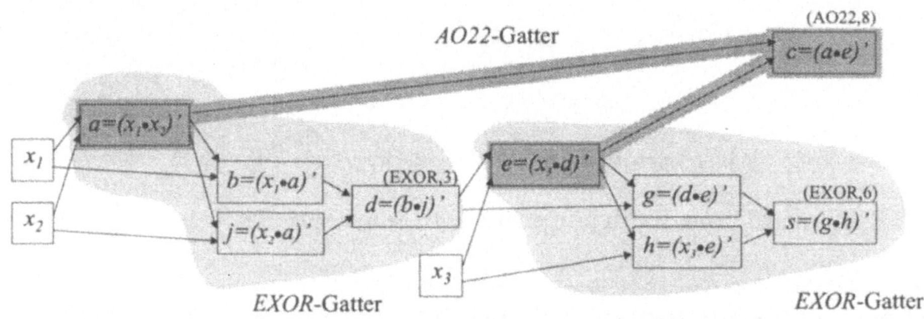

Abb. 8.10 Laufzeitoptimale Realisierung des logischen Netzwerkes

Das geschilderte Verfahren betrachtet jeden inneren Knoten v einmal. Zu jedem Knoten wird eine Menge von Sektoren von v berechnet, deren Boolesche Funktionen mit den Booleschen Funktionen der Zellenbibliothek verglichen werden.

Bevor wir uns nun der Fläche als Optimierungskriterium der Technologieanpassung zuwenden, wollen wir das bisher als Illustration eingesetzte logische Netzwerk leicht abändern, um zu zeigen, daß mit dem gerade gezeigten Verfahren der Technologieanpassung die Fläche explodieren kann. Das leicht am Knoten c abgeänderte logische Netzwerk sehen wir in Abbildung 8.11.

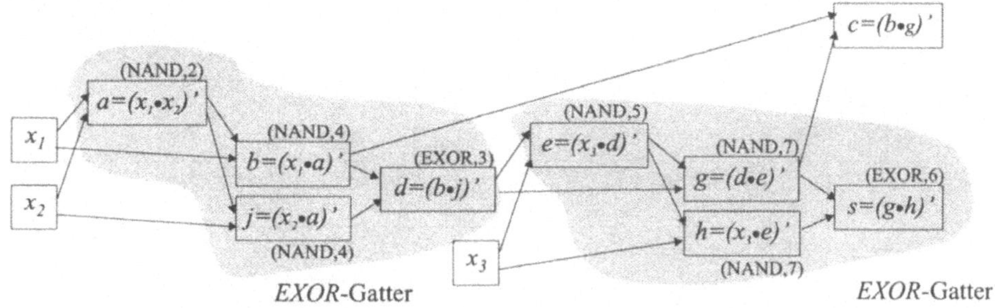

Abb. 8.11 Das neue logische Netzwerk

Da Knoten c vorhin als letzter betrachtet wurde, gilt sicherlich, daß sich bei der Bearbeitung der Knoten a, b, j, d, e, g, h und s nichts anderes tut als vorhin. Es liegt also die in Abbildung 8.11 dargestellte Situation vor. Bei der Bearbeitung des Knotens c stellen wir wieder fest, daß es genau zwei Sektoren von c gibt, die durch ein Gatter der Zellenbibliothek realisiert werden können. Dies sind der triviale Sektor, der nur aus dem Knoten c besteht und zu den Laufzeitkosten

$$cost(c) = 2 + \max\{cost(b), cost(g)\} = 9$$

führt und der Sektor, der aus den Knoten b, g und c besteht, der durch ein $AO22$-Gatter realisiert werden kann und die Laufzeitkosten

$$cost(c) = 3 + \max\{cost(a), cost(d), cost(e)\} = 8$$

verursacht. Dies führt zu der in Abbildung 8.12 gezeigten Realisierung für den primären Ausgang c. Wir kommen nun nicht mehr wie im vorherigen Beispiel mit drei Gattern aus, wir benötigen diesmal insgesamt fünf Gatter, zwei $EXOR$-Gatter, ein $AO22$-Gatter und zwei $NAND$-Gatter. Die beiden zusätzlichen $NAND$-Gatter benötigen wir, um die Signale zu erzeugen, die das $AO22$-Gatter als Eingang benötigt. Diese Signale werden zur Realisierung des primären Ausgangs s nicht benötigt. Sie liegen "versteckt" in den beiden $EXOR$-Gattern. Wir sprechen in diesem Zusammenhang von *überlappenden zu realisierenden Sektoren*.

8.1.2 Minimierung der Fläche

Wollen wir während der Technologieanpassung die Fläche der Realisierung des logischen Netzwerkes minimieren, so können wir wegen des Problems der sich überlappenden zu realisierenden Sektoren den gerade vorgestellten Ansatz nicht verwenden. Hinsberger und Kolla haben in [HK97] sogar gezeigt, daß das Problem der Technologie-Anpassung bezüglich der Optimierung der Fläche NP-vollständig ist. Das Problem der sich überlappenden zu realisieren-den Sektoren stellt sich jedoch nicht, wenn der zugrundeliegende Graph des

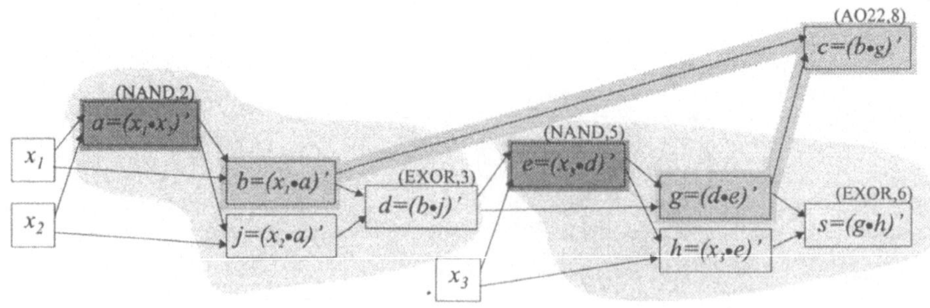

Abb. 8.12 Laufzeitoptimale Realisierung des neuen logischen Netzwerkes

zu realisierenden logischen Netzwerkes ein Baum ist [Keu87]. In diesem Fall kann das oben vorgestellte dynamische Programm auch hier angewendet werden, wobei sich die Kosten eines Knotens zusammensetzen aus den Kosten der Realisierung des Sektors und der *Summe* der Kosten der direkten Vorgänger dieses Sektors, da die Kosten nunmehr die Fläche und nicht mehr die Laufzeit widerspiegeln.

Ist das zu realisierende logische Netzwerk kein Baum, so geht man in der Regel so vor, daß das logische Netzwerk durch Entfernen von Ausgangskanten der inneren Knoten, deren Ausgangsgrad größer gleich 2 ist, in disjunkte Bäume zerlegt wird. Die so generierten Bäume werden jeweils für sich an die Zellenbibliothek angepaßt. Es gelten alle die Signale als primäre Eingänge eines Baumes, die im Baum nicht erzeugt werden, aber von denen ein innerer Knoten des Baumes abhängt.

8.2 Permutationsunabhängiger Boolescher Vergleich

Wie wir gerade gesehen haben, setzen Verfahren zur Technologieanpassung Verfahren zum Vergleich Boolescher Funktionen voraus, nämlich zum Vergleich der Booleschen Funktion, die durch einen Sektor eines inneren Knotens des zu realisierenden logischen Netzwerkes $\mathcal{N}$ dargestellt wird, mit einer oder allen Booleschen Funktionen der vorgegebenen Zellenbibliothek Ω. In Kapitel 2.3.2 haben wir mit reduzierten geordneten binären Entscheidungsgraphen eine Datenstruktur für Boolesche Funktionen kennengelernt, die kanonisch ist (siehe Lemma 2.3.1 auf Seite 63). Um zu überprüfen, ob zwei Boolesche Funktionen f und g gleich sind, haben wir demnach nur zu testen, ob der BDD von f dem BDD von g entspricht. Dies setzt aber voraus, daß uns die Zuordnung zwischen den Variablen der beiden Funktionen bekannt ist, damit wir die BDDs bezüglich der gleichen Variablenordnung aufbauen können. Bei dem Problem der Technologieanpassung liegt diese Information leider nicht vor.

Bei der Überprüfung, ob eine Boolesche Funktion, die durch einen Sektor des zu realisierenden logischen Netzwerkes definiert ist, durch eine gegebene Boolesche Funktion der Zellenbibliothek realisiert werden kann, muß demnach in einem ersten Schritt eine Korrespondenz der Variablen gefunden werden. Erst dann kann der eigentliche Vergleich der beiden Booleschen Funktionen erfolgen.

Wir haben also folgendes Problem P_π zu lösen, das in der Literatur den Namen *Permutationsunabhängiger Vergleich Boolescher Funktionen* trägt:

Gegeben
    seien zwei über der Variablenmenge $\mathcal{X} = \{x_1, \ldots, x_n\}$ definierte Boolesche Funktionen $f, g \in \mathcal{B}_n$.

Finde
    eine Permutation $\tilde{\pi} : \{1, \ldots, n\} \to \{1, \ldots, n\}$, so daß für die dazugehörige Permutation $\pi \in \mathcal{B}_{n,n}$, die durch

$$\pi(x_1, \ldots, x_n) = (x_{\tilde{\pi}(1)}, \ldots, x_{\tilde{\pi}(n)})$$

definiert ist,

$$(f \circ \pi)(x_1, \ldots, x_n) = g(x_1, \ldots, x_n)$$

    gilt.

Gibt es solche Permutationen $\tilde{\pi}$ und π, so heißen f und g *permutationsäquivalent* und wir schreiben $f =_\pi g$.

Definition 8.2.1 (Variablenpermutation) *Eine Boolesche Funktion* $\pi \in \mathcal{B}_{n,n}$ *heißt* Variablenpermutation, *wenn es eine bijektive Abbildung* $\tilde{\pi} : \{1, \ldots, n\} \to \{1, \ldots, n\}$ *gibt mit* $\pi(x_1, \ldots, x_n) = (x_{\tilde{\pi}(1)}, \ldots, x_{\tilde{\pi}(n)})$.

Wir wollen im folgenden den in [MM93, MMM95] vorgestellten Ansatz zur Realisierung des permutationsunabhängigen Booleschen Vergleichs vorstellen. Hierzu benötigen wir den Begriff der Signatur einer Variable.

Definition 8.2.2 (Signatur) *Es sei* $(\mathcal{U}, \leq)$ *eine total geordnete Menge. Eine Abbildung* $\mathcal{S} : \mathcal{B}_n \times \mathcal{X} \to \mathcal{U}$ *heißt* Signatur, *wenn für jede Boolesche Funktion* $f \in \mathcal{B}_n$ *und jede Variablenpermutation* π *die Gleichungen*

$$\mathcal{S}(f, x_i) = \mathcal{S}(f \circ \pi, x_{\tilde{\pi}(i)}) \quad \forall x_i \in \mathcal{X}$$

gelten.

Eine Signatur $\mathcal{S} : \mathcal{B}_n \times \mathcal{X} \to \mathcal{U}$ liefert für jede Boolesche Funktion $f \in \mathcal{B}_n$ eine von der Anordnung der Variablen unabhängige Charakterisierung ihrer Variablen.

Beispiel 8.2.1 Eine Signatur $\mathcal{S}$ muß der Variablen x_2 bezüglich der Booleschen Funktion

$$f(x_1, x_2, x_3) = x_1 \cdot x_2' + x_3$$

den gleichen Wert aus $\mathcal{U}$ zuordnen wie der Variablen x_1 bezüglich der Booleschen Funktion

$$g(x_1, x_2, x_3) = x_3 \cdot x_1' + x_2,$$

da sich die Booleschen Funktionen f und g nur in ihren Variablenanordnungen unterscheiden. Es gilt nämlich für $x_{\tilde{\pi}(1)} = x_3$, $x_{\tilde{\pi}(2)} = x_1$ und $x_{\tilde{\pi}(3)} = x_2$

$$
\begin{aligned}
(f \circ \pi)(x_1, x_2, x_3) &= f(x_{\tilde{\pi}(1)}, x_{\tilde{\pi}(2)}, x_{\tilde{\pi}(3)}) \\
&= f(x_3, x_1, x_2) \\
&= x_3 \cdot x_1' + x_2 \\
&= g(x_1, x_2, x_3).
\end{aligned}
$$

Wir wollen den auf Signaturen basierenden Lösungsansatz an einem abstrakten Beispiel durchspielen. Es seien hierzu zwei Boolesche Funktionen $f, g \in \mathcal{B}_4$ gegeben, die über der Variablenmenge $\mathcal{X} = \{x_1, x_2, x_3, x_4\}$ definiert sind. Wir wollen wissen, ob es eine Permutation der Variablen gibt, unter der die beiden Booleschen Funktionen f und g gleich sind. Hierzu berechnen wir zu jeder Variablen x_j eine *Signatur* $\mathcal{S}(f, x_j)$ bzgl. f und eine Signatur $\mathcal{S}(g, x_j)$ bzgl. g. Nehmen wir an, die Signaturen der Variablen bzgl. f und g seien ganze Zahlen und gegeben durch

$$
\begin{array}{ll}
\mathcal{S}(f, x_1) = 3 \qquad & \mathcal{S}(g, x_1) = 2 \\
\mathcal{S}(f, x_2) = 2 \qquad & \mathcal{S}(g, x_2) = 1 \\
\mathcal{S}(f, x_3) = 1 \qquad & \mathcal{S}(g, x_3) = 3 \\
\mathcal{S}(f, x_4) = 2 \qquad & \mathcal{S}(g, x_4) = 2.
\end{array}
$$

Da eine Signatur $\mathcal{S}(h, x_j)$ eine von der Anordnung der Argumente von h unabhängige Eigenschaft der Variablen x_j und der Booleschen Funktion h ist, können f und g nur dann permutationsäquivalent sein, wenn jeder Variablen von f eine Variable von g zugeordnet werden kann, die die gleiche Signatur hat. Dies ist unserem Beispiel der Fall. Wir sehen, daß wir der Variablen x_1 von f die Variable x_3 von g zuordnen müssen. Nur die Variable x_3 von g hat die gleiche Signatur wie x_1 von f. Für jede Variablenpermutation π, für die $f \circ \pi = g$ gilt, muß demzufolge $x_{\tilde{\pi}(1)} = x_3$ gelten. Analog hierzu muß auch $x_{\tilde{\pi}(3)} = x_2$ gelten. Ungeklärt bleibt weiterhin, welche der Variablen von g der Variablen x_2 von f, die als Signatur den Wert 2 hat, zugeordnet werden muß, da sowohl die Variable x_1 als auch die Variable x_4 von g den Signaturwert 2 hat. Gleiches gilt für die Variable x_4 von f.

Die Berechnung von Signaturen agiert offensichtlich als eine Art Filter, der Variablenpermutationen herausfiltert, die mit Sicherheit nicht zum Ziel führen. In unserem Beispiel können nur noch zwei der insgesamt $4! = 24$ Variablenpermutationen zu Boolescher Gleichheit von f und g führen. Sind die Signaturen aller Variablen einer Booleschen Funktion f unterschiedlich, so gibt es höchstens eine mögliche Korrespondenz zu den Variablen einer anderen Booleschen Funktion g, unter der Boolesche Gleichheit gelten kann.

Das Lösungsparadigma haben wir in Abbildung 8.13 zusammengefaßt. Hierbei sind Lf und Lg geordnete Listen der Signaturen der Variablen von f und von g. Nur wenn die beiden Listen übereinstimmen, kann permutationsunabhängige Gleichheit gelten. Sind die beiden Listen gleich, so können wir jeder Variablen x_i von f, die bzgl. f eine Signatur hat, die verschieden von den Signaturen der übrigen Variablen von f ist, eine Variable x_j von g zuordnen und die Zuordnung in der Menge *gefunden* aufnehmen. Dies ist genau dann der Fall, wenn der entsprechende Signaturwert nur einmal in der geordneten Liste vorkommt, also

$$Lf[k-1] \neq Lf[k] \neq Lf[k+1]$$

gilt. Hierbei nehmen wir an, daß $Lf[0] \neq Lf[1]$ und $Lf[n] \neq Lf[n+1]$ per Definition gilt. Für die restlichen Variablen müssen wir verschiedene Zuordnungen ausprobieren. Hierbei können wir uns aber auf solche Zuordnungen beschränken, bei denen jeder Variablen von f eine Variable von g mit dem gleichen Signaturwert zugeordnet wird.

Eine Signatur $\mathcal{S}$ erzeugt also disjunkte Teilmengen der Menge $\mathcal{X}$ der Variablen einer Booleschen Funktion f der Form

$$\mathcal{X}(\mathcal{S}, f, u) = \{x_i \; : \; x_i \in \mathcal{X} \text{ und } \mathcal{S}(f, x_i) = u\},$$

von denen höchstens endlich viele nichtleer sind. Betrachten wir die Menge

$$\Sigma(\mathcal{S}, f) = \{(u, |\mathcal{X}(\mathcal{S}, f, u)|) \; : \; |\mathcal{X}(\mathcal{S}, f, u)| \neq 0\},$$

so gilt folgendes Lemma

Lemma 8.2.1

a) *Ist $f =_\pi g$, so gilt $\Sigma(\mathcal{S}, f) = \Sigma(\mathcal{S}, g)$.*

b) *Zu jeder Booleschen Funktion $f \in \mathcal{B}_n$ gibt es eine zu f permutationsäquivalente Boolesche Funktion $f^{\leq} \in \mathcal{B}_n$, deren Boolesche Variablen $x_1, \ldots, x_n$ gemäß ihren Signaturwerten $\mathcal{S}(f, x)$ monoton steigend geordnet sind, d.h. für die*

$$\mathcal{S}(f^{\leq}, x_1) \leq \mathcal{S}(f^{\leq}, x_2) \leq \ldots \leq \mathcal{S}(f^{\leq}, x_n)$$

gilt. Es gibt

$$\prod_{u \in \mathcal{U}, \; |\mathcal{X}(\mathcal{S}, f, u)| \neq 0} |\mathcal{X}(\mathcal{S}, f, u)|!$$

viele solcher geordnete zu f permutationsäquivalente Boolesche Funktionen $f^{\leq, 1}, f^{\leq, 2}, \ldots$

```
 1  Permutationsunhaengiger_Vergleich (boolesche_funktion f, g)
 2  begin
 3    Lf = (); Lg = ();
 4    gefunden = ∅;
 5    forall variable xᵢ von f do Lf = Lf + S(f, xᵢ);  od;
 6    forall variable xⱼ von g do Lg = Lg + S(g, xⱼ);  od;
 7    Sortiere Lf und Lg;
 8    if (Lf == Lg)
 9      then
10        for k = 1 to n do
11          if Lf[k] ∉ {Lf[k − 1], Lf[k + 1]}
12            then
13              Sei xᵢ die Variable mit S(f, xᵢ) = Lf[k];
14              Sei xⱼ die Variable mit S(g, xⱼ) = Lf[k];
15              gefunden = gefunden ∪ {(xᵢ, xⱼ)};
16          fi;
17        od;
18        candidates = {π :  x_{π̃(i)} = x_{π̃(j)} ∀(xᵢ, xⱼ) ∈ gefunden und
19                  S(f, xᵢ) = S(g, x_{π̃(i)}) ∀xᵢ ∈ X ∀xⱼ ∈ X : (xᵢ, xⱼ) ∉ gefunden };
20        forall π ∈ candidates do
21          if ((f ∘ π) == g) then return 1;  fi;
22        od;
23    fi;
24    return 0;
25  end
```

Abb. 8.13 Permutationsunabhängiger Boolescher Vergleich

c)   *Zwei Boolesche Funktionen f und g sind genau dann permutationsäquivalent, wenn es ein Paar (i, j) gibt mit $f^{\leq, i} = g^{\leq, j}$.*

Beweis: Die Aussagen folgen unmittelbar aus den bisher gemachten Ausführungen. ∎

Zum Abschluß dieses Abschnittes wollen wir noch einige in der Praxis verwendete Signaturen vorstellen.

Eine einfache Signatur ist die Kardinalität der ON-Menge des positiven Kofaktors. Sie ist also definiert durch

$$\mathcal{S}_x(f, x_i) = |f_{x_i}|.$$

und heißt *Kofaktor-Signatur*.

Beispiel 8.2.2 Für die Boolesche Funktion $f = x_1 \cdot x_2' + x_3$ aus Beispiel 8.2.1 gilt $f_{x_1} = x_2' + x_3$, $f_{x_2} = x_3$ und $f_{x_3} = 1$ und somit $\mathcal{S}_x(f, x_1) = 6$, $\mathcal{S}_x(f, x_2) = 4$ und $\mathcal{S}_x(f, x_3) = 8$.

Wenden wir die Kofaktor-Signatur an, so bringt eine Signatur, die die Mächtigkeit $|f_{x_i'}|$ der ON-Menge der *negativen* Kofaktoren berechnet, wegen

$$2 \cdot |f| = |f_{x_i}| + |f_{x_i'}|$$

keine neue Information über die Variablen, da aus $|f_{x_i}| = |f_{x_j}|$ auch $|f_{x_i'}| = |f_{x_j'}|$ folgt.

Drei weitere in der Praxis verwendete Signaturen sind die Kardinalitäten der Erfüllbarkeitsmengen des Allquantors $\forall_{x_i} f$ (siehe Definition 7.2.12 auf Seite 257), des *Existenzoperators* $\exists_{x_i} f$ und der *Booleschen Differenz* $\partial f / \partial x_i$.

Definition 8.2.3 (Existenzoperator) *Es sei $f \in \mathcal{B}_n$ eine Boolesche Funktion und $i \in \{1, \ldots, n\}$. Dann heißt die Boolesche Funktion*

$$\exists_{x_i} f = f_{x_i} + f_{x_i'}$$

Existenzoperator von f nach der Variablen x_i.

Definition 8.2.4 (Boolesche Differenz) *Es sei $f \in \mathcal{B}_n$ eine Boolesche Funktion und $i \in \{1, \ldots, n\}$. Dann heißt die Boolesche Funktion*

$$\partial f / \partial x_i = f_{x_i} \oplus f_{x_i'}$$

Boolesche Differenz von f nach der Variablen x_i.

Wieder sehen wir leicht ein, daß wir wegen den beiden Gleichungen

$$2 \cdot |f| = |\exists_{x_i} f| + |\forall_{x_i} f|$$
$$2 \cdot |f| = 2 \cdot |\exists_{x_i} f| - |\partial f / \partial x_i|$$

nur eine dieser drei Signaturen benötigen. Wir entscheiden uns für die folgenden Ausführungen für die Kardinalität des Existenzoperators als weitere Signatur und nennen diese Signatur $\mathcal{S}_\exists$.

Die beiden Signaturen $\mathcal{S}_x$ und $\mathcal{S}_\exists$ lassen sich verfeinern, indem wir nicht alleine nach der Kardinalität der ON-Mengen von f_{x_i} bzw. $\exists_{x_i} f$ fragen, sondern auch noch wissen wollen, wieviele Elemente der ON-Menge dieser Booleschen Funktionen wie weit vom Knoten $(0, \ldots, 0) \in \{0, 1\}^n$ entfernt liegen. Als Distanz benutzen wir hierbei die Hamming-Distanz.

Formal können wir diese beiden Signaturen über eine Abbildung

$$\Psi : \mathcal{B}_n \to \mathbb{N}_0^{n+1}$$

definieren, die durch

$$\Psi(h) = (|h^{(0)}|, \ldots, |h^{(i)}|, \ldots, |h^{(n)}|)$$

mit

$$h^{(j)}(x_1,\ldots,x_n) = \begin{cases} 1, & \text{falls } h(x_1,\ldots,x_n) = 1 \text{ und } \sum_{i=1}^n x_i = j \\ 0, & \text{sonst} \end{cases}$$

gegeben ist.

Die verfeinerten Signaturen sind dann gegeben durch

$$\mathcal{S}_x^{erweitert}(f,x_i) = \Psi(f_{x_i})$$
$$\mathcal{S}_\exists^{erweitert}(f,x_i) = \Psi(\exists_{x_i} f).$$

Die Praxis hat gezeigt, daß diese vier hier vorgestellten Signaturen effizient für die Mehrzahl der verwendeten Booleschen Funktionen arbeiten, die durch BDDs in annehmbarem Platz dargestellt werden können, d.h. die Variablen in der Regel unterscheiden, so daß wir über die auf dem Universum $\mathcal{U}$ definierte totale Ordnung zu einer kanonischen Variablenordnung kommen. Signaturen versagen nur dann, wenn die zu untersuchende Boolesche Funktion $f \in \mathcal{B}_n$ irgendwelche Symmetrien enthält, also es eine nichttriviale Permutation $\tilde{\pi} :$ $\{1,\ldots,n\} \to \{1,\ldots,n\}$ gibt, so daß für die dazugehörige Variablenpermutation $\pi : \{0,1\}^n \to \{0,1\}^n$ die Gleichung $f \circ \pi = f$ gilt. In diesem Fall gilt für je zwei Variablen $x_i, x_j \in \mathcal{X}$ mit $x_{\tilde{\pi}(i)} = x_j$

$$\begin{aligned} \mathcal{S}(f,x_i) &= \mathcal{S}(f \circ \pi, x_{\tilde{\pi}(i)}) \\ &= \mathcal{S}(f \circ \pi, x_j) \\ &= \mathcal{S}(f,x_j). \end{aligned}$$

Eine Signatur kann demnach nicht zwischen den beiden Variablen x_i und x_j von f unterscheiden. Oft reicht jedoch schon die Kenntnis, daß eine spezielle Symmetrie vorliegt, um den permutationsunabhängigen Vergleich effizient durchführen zu können. Ist f zum Beispiel partiell symmetrisch in x_i und x_j und wissen wir dies auch – Algorithmen hierzu haben wir in Abschnitt 5.5 kennengelernt – müssen wir nur die beiden Variablen x_i und x_j in der Anordnung nebeneinander legen. Der permutationsunabhängige Vergleich mit einer anderen Booleschen Funktion ist unabhängig von der gewählten Reihenfolge der beiden Variablen, da f invariant gegenüber der Vertauschung der beiden Variablen ist. Ausführliche Untersuchungen hierzu findet man in [MMM95].

Wir haben uns nun noch zu überlegen, wie die gerade vorgestellten Signaturen effizient berechnet werden können. Wir gehen hierbei davon aus, daß die zu untersuchende Boolesche Funktion f durch einen BDD bdd_f dargestellt ist.

Ein effizientes Verfahren zur Berechnung des Signaturwerts $\mathcal{S}_x(f,x_i)$ der Variablen x_i bzgl. f wurde im Rahmen des ersten Asymmetrietests (siehe Lemma 5.5.3 auf Seite 195) schon vorgestellt. Die Laufzeit zur Berechnung aller Signaturwerte $\mathcal{S}(f,x_i)$ von f ist bei diesem Verfahren proportional zu $n \cdot |bdd_f|$. Hierbei bezeichnet n die Anzahl der Variablen von f und $|bdd_f|$ die Anzahl der inneren Knoten des BDD von f (siehe Definition 2.3.6 auf Seite 61).

Die Berechnung von $\mathcal{S}_\exists(f, x_i)$ ist aufwendiger, da zuerst der BDD von $\exists_{x_i} f$ aufgebaut werden muß. Erst dann kann mit einem bottom-up Lauf über den BDD von $\exists_{x_i} f$ der Signaturwert berechnet werden. Wie wir in Korollar 2.3.7 auf Seite 73 gesehen haben, kostet die Konstruktion des BDD von $\exists_{x_i} f$ im schlechtesten Fall $\mathcal{O}(|bdd_f|^2)$. Insgesamt erhalten wir also eine Laufzeit von $\mathcal{O}(n \, |bdd_f|^2)$, um die Signatur für alle Variablen von f zu berechnen.

Um $\Psi(h)$ für eine Boolesche Funktion h zu berechnen, gehen wir analog zu der Berechnung der Kardinalität der ON-Menge einer Funktion vor mit dem Unterschied, daß an jedem inneren Knoten v mit $index(v) = x_k$ nicht nur ein einzelner Wert, der die Anzahl der erfüllenden Belegungen von $x_k, \ldots, x_n$ für f_v angibt, sondern ein $(n + 1)$-dimensionaler Vektor gehalten wird. Die j. Komponente dieses Vektors gibt die Anzahl der erfüllenden Belegungen für f_v an, bei denen genau j Variablen auf 1 liegen. In jedem Schritt müssen also $n + 1$ Werte aktualisiert werden, so daß die Berechnung für $\Psi(h)$ eine Laufzeit in $\mathcal{O}(n \cdot |bdd_h|)$ benötigt. Die Berechnung von $\mathcal{S}_x^{erweitert}(f, x_i)$ benötigt für alle Variablen x_i zusammen demnach Laufzeit $\mathcal{O}(n^2 \cdot |bdd_f|)$ und die Berechnung von $\mathcal{S}_\exists^{erweitert}(f, x_i)$ Laufzeit $\mathcal{O}(n^2 \, |bdd_f|^2)$.

Die Berechnung der einzelnen Signaturen ist also unterschiedlich teuer. Es bietet sich an, zuerst die billigste der vier Signaturen, also die Kofaktor-Signatur $\mathcal{S}_x$, anzuwenden. Für alle Variablen, die durch diese Signatur nicht eindeutig charakterisiert werden können, sollte dann $\mathcal{S}_x^{erweitert}$ angewendet werden. Die teuerste Signatur $\mathcal{S}_\exists^{erweitert}$ sollten wir nur für die Variablen benutzen, denen durch die Signaturen $\mathcal{S}_x$, $\mathcal{S}_x^{erweitert}$ und $\mathcal{S}_\exists$ keine eindeutigen Werte zugeordnet wurden.

8.3 Technologie-Anpassung bei look-up table FPGAs

Ein Spezialfall der Technologieanpassung liegt vor, wenn die Zellenbibliothek aus allen Booleschen Funktionen $f : \{0,1\}^t \to \{0,1\}$ mit $t \leq k$ für eine Konstante $k \geq 2$ besteht. Dieser Fall liegt zum Beispiel dann vor, wenn look-up table FPGAs als Zielarchitektur benutzt werden. Da es 2^{2^k} Boolesche Funktionen in k Variablen gibt, ist es nicht praktikabel, den oben geschilderten Ansatz zur Technologieanpassung auch hier zu benutzen, da bei diesem Ansatz die Zellenbibliothek explizit aufgezählt werden muß. Für $k = 7$ sind das mehr als 10^{38} Boolesche Funktionen.

Es bietet sich hier an, den Ansatz der funktionalen Zerlegung (siehe Kapitel 6) zur Synthese anzuwenden. Die Rekursion stoppt an den Zerlegungs- und Zusammensetzungsfunktionen, die von k oder von weniger als k Eingängen abhängen. In diesem Fall ist kein abschließender Schritt zur Technologieanpassung notwendig. Die resultierenden Booleschen Funktionen, die alle höchstens k Eingänge und einen Ausgang haben, werden jeweils durch einen konfigurierbaren logischen Block (CLB) realisiert. Weitere Optimierungsmöglichkeiten ergeben sich lediglich dann, wenn es die zugrundeliegende Technologie erlaubt, 2^s ($s \geq 1$) Boolesche Funktionen $f_1, \ldots, f_{2^s} : \{0,1\}^{k-s} \to \{0,1\}$ in einem CLB zu realisieren, sofern diese Booleschen Funktionen zusammen von höchstens k Variablen abhängen. (Die Zahl s ist hierbei kleiner als eine von der Technologie vorgegebenen Konstante u.) In diesem Fall können unter Umständen mehrere Funktionen, die von weniger als k Eingängen abhängen, durch *ein* CLB realisiert werden. Erste Lösungsansätze zu diesem Problem findet man in [FRV91, CD92, CD93, MNS+90].

Literaturverzeichnis

[ABF90]   M. Abramovici, M. Breuer, and A. Friedman. *Digital Systems Testing and Testable Design*. IEEE Press, New York, 1990.

[Ake78]   S.B. Akers. Binary decision diagrams. *IEEE Trans. on CAD*, 27(6):509–516, 1978.

[Ash59]   R.L. Ashenhurst. The decomposition of switching functions. In *Proceedings of the International Symposium on the Theory of Switching*, pages 74–116, Comp. Lab. of Harvard University, 1959.

[BC95]   R. Bryant and Y. Chen. Verification of arithmetic functions with binary moment diagrams. *Design Automation Conf.*, pages 535–541, 1995.

[BFRV92]   S.D. Brown, R.J. Francis, J. Rose, and Z.G. Vranesic. *Field-Programmable Gate Arrays*. Kluwer Academic Publishers, 1992.

[BHMSV84]   R.K. Brayton, G.D. Hachtel, C.T. McMullen, and A.L. Sangiovanni-Vincentelli. *Logic Minimization Algorithms for VLSI Synthesis*. The Kluwer International Series in Engineering and Computer Science. Kluwer Academic Publishers, 1984.

[BHSV90]   R.K. Brayton, G.D. Hachtel, and A.L. Sangiovanni-Vincentelli. Multilevel logic synthesis. In *Proceedings of the IEEE*, volume 78, pages 264–300, 1990.

[BM82]   R.K. Brayton and C. McMullen. The decomposition and factorization of Boolean expressions. In *Int'l Symp. Circuits and Systems*, pages 49–54, 1982.

[Boo47]   G. Boole. *The Mathematical Analysis of Logic*. London: G. Bell, 1847. (Reprinted by Phylosophical Library, New York, 1948).

[BRB90]   K.S. Brace, R.L. Rudell, and R.E. Bryant. Efficient implementation of a BDD package. In *Design Automation Conf.*, pages 40–45, 1990.

[Bre79]   D. Brelaz. New methods to color vertices of a graph. *Communications of the ACM*, 22:251–256, 1979.

[Bry86]   R.E. Bryant. Graph–based algorithms for Boolean function manipulation. *IEEE Trans. on CAD*, 35(8):677–691, 1986.

[BSW94]   B. Bollig, P. Savicky, and I. Wegener. On the improvement of variable orderings for OBDDs. In *IFIP Workshop on Logic and Architecture Synthesis*, pages 71–80, 1994.

[CD92]   J. Cong and Y. Deng. An optimal technology mapping algorithm for delay optimization in lookup-table based FPGA designs. In *IEEE Int'l Conf. on CAD*, pages 48–53, 1992.

[CD93]   J. Cong and Y. Deng. On area/depth trade-off in LUT-based FPGA technology mapping. In *Design Automation Conf.*, pages 213–218, 1993.

[CLR90]   Th. Cormen, Ch. Leiserson, and R. Rivest. *Introduction to Algorithms*. The MIT Press, 1990.

[CM92]   O. Coudert and J. Madre. Implicit and incremental computation of primes and essential primes of Boolean functions. In *Design Automation Conf.*, pages 36–39, 1992.

[Cou94]   O. Coudert. Two-level logic minimization: An overview. *INTEGRATION, The VLSI Journal*, 17(2):97–140, 1994.

[Cur61]   H.A. Curtis. A generalized tree circuit. *Journal of the ACM*, 8:484–496, 1961.

[DB98]   R. Drechsler and B. Becker. *Graphenbasierte Funktionsdarstellungen*. B.G. Teubner Stuttgart, 1998.

[dM94]   G. de Micheli. *Synthesis and Optimization of Digital Circuits*. McGraw-Hill , Inc., 1994.

[Dre96]   R. Drechsler. *Ordered Kronecker Functional Decision Diagrams und ihre Anwendung*. Modell Verlag, Karben, Germany, 1996.

[Dre98]   R. Drechsler. Fast exact minimization of BDDs. In *Design Automation Conf.*, pages 200–205, June 1998.

[Ehr10]   P. Ehrenfest. Review of L. Couturat, 'The algebra of logic'. *Journal Russian Phys. & Chem. Society*, 42(10):382, 1910.

[FK81]   H. Fujiwara and K. Kinoshita. A design of programmable logic arrays with universal tests. *IEEE Trans. on Computers*, C-30(11), November 1981.

[FRV91]R. Francis, J. Rose, and Z. Vransenic. Chortle-crf: fast technology mapping for lookup table-based FPGAs. In *Design Automation Conf.*, June 1991.

[FS90]St.J. Friedman and K.J. Supowit. Finding the optimal variable ordering for binary decision diagrams. *IEEE Trans. on CAD*, 39(5):710–713, 1990.

[GJ79]M. Garey and D. Johnson. *Computers and Intractability: A Guide to the Theory of NP–Completeness*. W.H.Freeman & Co., San Francisco, 1979.

[HK97]U. Hinsberger and R. Kolla. Template: A generic technology mapping platform. Technical Report 186, Institut für Informatik, Universität Würzburg, November 1997.

[HOI90]T.T. Hwang, R.M. Owens, and M.J. Irwin. Exploiting communication complexity for multilevel logic synthesis. *IEEE Trans. on CAD*, 9(10):1017–1027, October 1990.

[HOI92]T. Hwang, R.M. Owens, and M.J. Irwin. Efficient computing communication complexity for multilevel logic synthesis. *IEEE Trans. on CAD*, CAD-11(5):545–554, May 1992.

[HS96]G. Hachtel and F. Somenzi. *Logic Synthesis and Verification Algorithms*. Kluwer Academic Publishers, 1996.

[HSR98]E. Horowitz, S. Sahne, and S. Rajasekaran. *Computer Algorithms*. Computer Science Press, imprint of W.H. Freeman and Company, 1998.

[ISY91]N. Ishiura, H. Sawada, and S. Yajima. Minimization of binary decision diagrams based on exchanges of variables. In *IEEE Int'l Conf. on CAD*, pages 472–475, November 1991.

[JKS93]S.-W. Jeong, T.-S. Kim, and F. Somenzi. An efficient method for optimal BDD ordering computation. In *Int'l Conf. on VLSI and CAD*, 1993.

[Kar63]R.M. Karp. Functional decomposition and switching circuit design. *Journal of Society of Industrial Applied Mathematics*, 11(2):291–335, June 1963.

[Keu87]K. Keutzer. DAGON: Technology binding and local optimization by DAG matching. In *Design Automation Conf.*, pages 341–347, 1987.

[KL70]   B. Kernighan and S. Lin. An efficient heuristic procedure for partitioning graphs. *Bell Systems Technical Journal*, 49(2):291–307, 1970.

[KMO89]   R. Kolla, P. Molitor, and H.G. Osthof. *Einführung in den VLSI-Entwurf.* Leitfäden und Monographien der Informatik. B.G. Teubner Verlag Stuttgart, 1989.

[Lee59]   C.Y. Lee. Representation of switching circuits by binary decision diagrams. *Bell System Technical Journal*, 38:985–999, 1959.

[Len90]   Th. Lengauer. *Combinatorial Algorithms for Integrated Circuits Layout.* John-Wiley & Sons, Inc,, New York, NY, 1990.

[LPPS93]   Y.-T. Lai, K.-R. Pan, M. Pedram, and S. Sastry. FGMap: A technology mapping algorithm for look-up table type FPGAs based on function graphs. In *Int'l Workshop on Logic Synthesis*, pages 9b1–9b4, 1993.

[LPV93]   Y.-T. Lai, M. Pedram, and S.B.K. Vrudhula. BDD based decomposition of logic functions with application to FPGA synthesis. In *Design Automation Conf.*, pages 642–647, 1993.

[LPV94]   Y.-T. Lai, M. Pedram, and S.B.K. Vrudhula. EVBDD-based algorithms for integer linear programming, spectral transformation, and function decomposition. *IEEE Trans. on CAD*, 13(8):959–975, 1994.

[McC56]   E.J. McCluskey. Minimization of Boolean functions. *Bell Syst. Tech. Journal*, 35(5):1417–1444, 1956.

[McC86]   E.J. McCluskey. *Logic Design Principles.* Computer Engineering. Prentice Hall, 1986.

[Meh88]   K. Mehlhorn. *Datenstrukturen und effiziente Algorithmen. Band 1 Sortieren und Suchen.* Leitfäden und Monographien der Informatik. Teubner Verlag, Stuttgart, 1988.

[Mei97]   Chr. Meinel. Binäre Entscheidungsgraphen. Vorlesungsskript, Fachbereich IV-Informatik, Universität Trier, 1997.

[Min93]   S. Minato. Zero-suppressed BDDs for set manipulation in combinatorial problems. In *Design Automation Conf.*, pages 272–277, 1993.

[MIY90]   S. Minato, N. Ishiura, and S. Yajima. Shared binary decision diagram with attributed edges for efficient Boolean function manipulation. In *Design Automation Conf.*, pages 52–57, 1990.

[MM93]   J. Mohnke and S. Malik. Permutation and phase independent Boolean comparison. *INTEGRATION, the VLSI journal*, 16:109–129, 1993.

[MMD95]   D. Möller, P. Molitor, and R. Drechsler. *Novel Approaches in Logic and Architecture Synthesis*, chapter *Symmetry based Variable Ordering for ROBDDs*, pages 70–81. Chapman & Hall, 1995.

[MMM95]   J. Mohnke, P. Molitor, and S. Malik. Limits of using signatures for permutation independent Boolean comparison. In *Asia and South Pacific Design Automation Conf.*, pages 459–464, August 1995.

[MMW93]   D. Möller, J. Mohnke, and M. Weber. Detection of symmetry of Boolean functions represented by ROBDDs. In *IEEE Int'l Conf. on CAD*, pages 680–684, November 1993.

[MNS+90] R. Murgai, Y. Nishizaki, N. Shenoy, R.K. Brayton, and A. Sangiovanni-Vincentelli. Logic synthesis for programmable gate arrays. In *Design Automation Conf.*, pages 620–625, 1990.

[Mor82]   B.M.E. Moret. Decision trees and diagrams. *ACM Computer Surveys*, 14(4):593–623, 1982.

[Mor92]   C. Morgenstern. A new backtracking heuristic for rapidly four-coloring large planar graphs. Technical Report CoSc-1992-2, Texas Christian University, Fort Worth, Texas, 1992.

[MS62]   E.J. McCluskey and H. Schorr. Essential multiple-output prime implicants. In *Proceedings of Polytechnic Institute Brooklyn Symposium*, volume 12, pages 437–457, April 1962.

[MS86]   C. McMullen and J. Shearer. Prime implicants, minimum covers, and the complexity of logic simplification. *IEEE Trans. on Computers*, 35:761–762, 1986.

[MS93]   P. Molitor and Chr. Scholl. Mehrstufige Logiksynthese unter Ausnutzung von Symmetrien und nichttrivialen Zerlegungen. Technical Report 02/1993, Sonderforschungsbereich 124 *VLSI Entwurfsmethoden und Parallelität*, Department of Computer Science, D-66041 Saarbrücken, 1993.

[MS94]   P. Molitor and Chr. Scholl. Communication based multilevel synthesis for multi-output Boolean functions. In *Great Lakes Symp. on VLSI*, pages 101–104, August 1994.

[MSBSV91] R. Murgai, N. Shenoy, R.K. Brayton, and A. Sangiovanni-Vincentelli. Improved logic synthesis algorithms for table look up architectures. In *IEEE Int'l Conf. on CAD*, pages 564–567, 1991.

[MT98] Chr. Meinel and Th. Theobald. *Algorithmen und Datenstrukturen im VLSI-Design*. Springer Verlag, 1998.

[MWBSV88] S. Malik, A.R. Wang, R.K. Brayton, and A. Sangiovanni-Vincentelli. Logic verification using binary decision diagrams in a logic synthesis environment. In *IEEE Int'l Conf. on CAD*, pages 6–9, November 1988.

[PS95] S. Panda and F. Somenzi. Who are the variables in your neighborhood. In *IEEE Int'l Conf. on CAD*, pages 74–77, 1995.

[PSP94] S. Panda, F. Somenzi, and B.F. Plessier. Symmetry detection and dynamic variable ordering of decision diagrams. In *IEEE Int'l Conf. on CAD*, pages 628–631, 1994.

[Rud93] R. Rudell. Dynamic variable ordering for ordered binary decision diagrams. In *IEEE Int'l Conf. on CAD*, pages 42–47, November 1993.

[Sas93] T. Sasao. *Logic Synthesis and Optimization*. Kluwer Academic Publisher, 1993.

[Sch96] Chr. Scholl. *Mehrstufige Logiksynthese unter Ausnutzung funktionaler Eigenschaften*. PhD thesis, Institut für Informatik, Universität des Saarlandes, Germany, 1996.

[Sha38] C.E. Shannon. A symbolic analysis of relay and switching circuits. *AIEE Transactions*, 57:713–723, 1938.

[She95] N. Sherwani. *Algorithms for VLSI Physical Design Automation*. Kluwer Academic Publisher, 2nd edition, 1995.

[SM95a] Chr. Scholl and P. Molitor. Communication based FPGA synthesis for multi-output Boolean functions. In *Asia and South Pacific Design Automation Conf.*, pages 279–288, August 1995.

[SM95b] Chr. Scholl and P. Molitor. *Novel Approaches in Logic and Architecture Synthesis*, chapter *Efficient ROBDD Based Computation of Common Decompomposition Functions*, pages 57–63. Chapman & Hall, 1995.

[SMHM97]   Chr. Scholl, St. Melchior, G. Hotz, and P. Molitor. Minimizing OBDD sizes of incompletely specified Boolean functions by exploiting strong symmetries. In *European Design & Test Conf.*, March 1997.

[SMMD99]   Chr. Scholl, D. Möller, P. Molitor, and R. Drechsler. BDD minimization using symmetries. *IEEE Trans. on CAD*, 1999.

[SSL$^+$92]   E. Sentovich, K. Singh, L. Lavagno, Ch. Moon, R. Murgai, A. Saldanha, H. Savoj, P. Stephan, R. Brayton, and A. Sangiovanni-Vincentelli. SIS: A system for sequential circuit synthesis, May 1992. Department of EE and CS, UC Berkeley.

[Sto36]   M.H. Stone. The theory of representations for Boolean algebras. *Trans. American Mathematical Society*, 40:37–111, 1936.

[WEA95]   B. Wurth, K. Eckl, and K. Antreich. Functional multiple-output decomposition: Theory and an implicit algorithm. In *Design Automation Conf.*, June 1995.

[Weg87]   I. Wegener. *The Complexity of Boolean Functions*. John Wiley & Sons Ltd., and B.G. Teubner, Stuttgart (Wiley–Teubner Series in Computer Science), 1987.

[Weg89]   I. Wegener. *Effiziente Algorithmen für grundlegende Funktionen*. B. G. Teubner Stuttgart, 1989.

Index

Drechsler/Becker
Graphenbasierte Funktionsdarstellung

Boolesche und Pseudo-Boolesche Funktionen

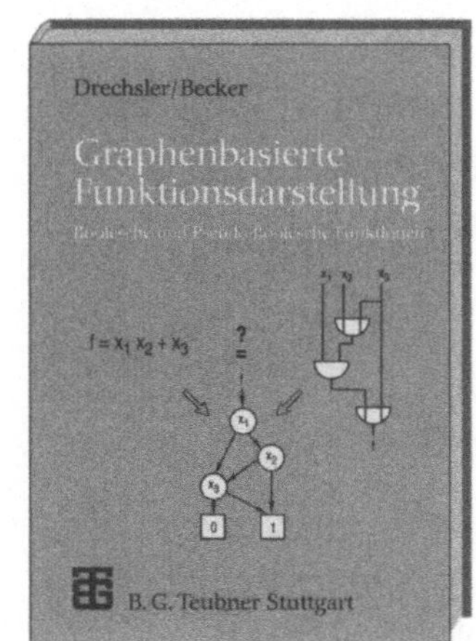

Von Dr. **Rolf Drechsler**
und Prof. Dr. **Bernd Becker**
Albert-Ludwigs-Universität
Freiburg

1998. 200 Seiten.
16,2 x 22,9 cm.
(Leitfäden der Informatik)
Kart. DM 38,–
ÖS 277,– / SFr 34,–
ISBN 3-519-02149-8

Kompakte Darstellung und effiziente Manipulation Boolescher Funktionen ist in vielen Anwendungen, insbesondere des computergestützten Schaltkreisentwurfes, eine zentrale Aufgabe. Im Hinblick auf Anwendungen ist es dabei von großem Interesse, einen guten Kompromiß zwischen oben angesprochener Kompaktheit und Effizienz zu finden. Besonderes Interesse finden in diesem Zusammenhang die von Bryant 1985 eingeführten Ordered Binary Decision Diagrams (OBDDs): Sie werden insbesondere in den Bereichen Verifikation und Logiksynthese auch industriell erfolgreich eingesetzt.

Mit wachsender Zahl von Anwendungen sind auch inhärente Nachteile sichtbar geworden und haben insbesondere in den letzten drei Jahren zu Weiterentwicklungen des Basiskonzeptes geführt. Dabei hat sich eine ganze Familie von graphenbasierten Funktionsdarstellungen entwickelt, die je nach Anwendungsgebiet Vorteile gegenüber den klassischen OBDDs bieten.

In diesem Buch wird eine Klassifizierung der verschiedenen Ansätze sowohl aus theoretischer wie auch praktischer Sicht gegeben. Es werden diverse Datenstrukturen für Boolesche (und ganzzahlige) Funktionen vorgestellt und deren Vor- und Nachteile untersucht.

Das Buch wendet sich sowohl an den Einsteiger als einführende Darstellung als auch an den erfahrenen Benutzer. Es werden verschiedene Anwendungen diskutiert, die dem Leser ein tieferes Verständnis der Materie ermöglichen.

Aus dem Inhalt

Decision Diagrams – Bit-level Decision Diagrams – Word-level Decision Diagrams – Darstellungsgröße von Decision Diagrams – Algorithmen für Decision Diagrams – Implementierung – Experimentelle Ergebnisse – Ausblick und weitere Anwendungen – Weitere Ansätze mit Decision Diagrams

Preisänderungen vorbehalten.

B. G. Teubner Stuttgart · Leipzig

Ströle
**Entwurf
selbsttestbarer
Schaltungen**

Von Dr. **Albrecht Ströle**
Universität Karlsruhe

1998. 322 Seiten mit 144 Bildern.
16,2 x 23,5 cm.
(TEUBNER-TEXTE zur
Informatik, Bd. 27)
Kart. DM 78,–
ÖS 569,– / SFr 70,–
ISBN 3-8154-2314-7

Die heutige Halbleitertechnologie kann nicht garantieren, daß alle gefertigten Chips korrekt funktionieren, selbst wenn der Entwurf fehlerfrei ist. Dieses Buch spannt einen Bogen von den Defekten bei der Halbleiterfertigung über die klassischen Testmethoden hin zu Selbsttestverfahren und den neuesten Forschungsarbeiten, die auf eine Integration von Entwurf und Test zielen und aus Verhaltensbeschreibungen automatisch gut testbare Schaltungen synthetisieren.

Für den Selbsttest werden alle notwendigen Hilfsmittel wie Testmustergeneratoren und Kompaktierer für die Testantworten in die Schaltung eingebaut, so daß der Chip sich autonom, ohne teure externe Geräte testen kann. Der Testablauf wird dann so geplant, daß viele Teilschaltungen gleichzeitig bearbeitet werden und der gesamte Chiptest nur kurze Zeit benötigt.

Aus dem Inhalt
Einleitung – Testprobleme – Selbsttest als Lösung – Aufbau des ̇Buchs – Defekte und Fehler – Defekte bei der Halbleiterfertigung – Bestimmung der realistischen Fehler – Teststrategien – Schaltungsbeschreibung – Fehlermodelle und Testmuster – Verbesserung der Testbarkeit – Durchführung des Tests – Auswahl einer Teststrategie – Methoden und Hardware-Strukturen für Mustererzeugung und Kompaktierung – Rückgekoppelte Schieberegister – Zellulare Automaten – Multifunktionale Testregister – Mustererzeugung und Kompaktierung mit arithmetischen Funktionseinheiten – Synthese selbsttestbarer Schaltungen – Selbsttestbare Strukturen – Synthese leicht testbarer Steuerwerke – High-Level-Synthese für leicht testbare Datenpfade – Optimaler Testregistereinbau – Planung des Testablaufs

B. G. Teubner Stuttgart · Leipzig